本书为教育部人文社会科学重点研究基地重大项目"政府决策的制度—心理机制"（10JJD630015）项目成果

— 公共管理认知研究丛书 —

政府决策的制度—心理机制

景怀斌 ◎ 著

中国社会科学出版社

图书在版编目(CIP)数据

政府决策的制度：心理机制／景怀斌著.—北京：中国社会科学出版社，2016.10
（公共管理认知研究丛书）
ISBN 978-7-5161-8769-2

Ⅰ.①政…　Ⅱ.①景…　Ⅲ.①国家行政机关—决策—研究—中国　Ⅳ.①D63

中国版本图书馆 CIP 数据核字（2016）第 196887 号

出 版 人	赵剑英	
责任编辑	孙　萍	
责任校对	胡新芳	
责任印制	王　超	

出　　版	中国社会科学出版社
社　　址	北京鼓楼西大街甲 158 号
邮　　编	100720
网　　址	http://www.csspw.cn
发 行 部	010-84083685
门 市 部	010-84029450
经　　销	新华书店及其他书店
印　　刷	北京君升印刷有限公司
装　　订	廊坊市广阳区广增装订厂
版　　次	2016 年 10 月第 1 版
印　　次	2016 年 10 月第 1 次印刷
开　　本	710×1000　1/16
印　　张	22.25
插　　页	2
字　　数	343 千字
定　　价	79.00 元

凡购买中国社会科学出版社图书，如有质量问题请与本社营销中心联系调换
电话：010-84083683
版权所有　侵权必究

公共管理认知研究丛书
编委会

主编：景怀斌

编委：（按姓氏笔画排序）

马　骏　　牛美丽　　朱亚鹏

朱旭峰　　陈丽君　　肖　滨

赵玉芳　　胡　平　　唐文方

景怀斌　　谭安奎

总　序

推进公共管理的认知科学研究

人既是自主的行为主体，也是不同层级组织的管理对象，因此，研究人的心智机制的认知科学与研究社会良性运作机制的公共管理科学可以通过对"人"的理解而联结起来。两个学科群的交叉是相关方法论和学科知识的框架性构建，其基本问题需要反思：

一　认知科学推进到公共管理的意义

对于公共管理来说，其价值在于：首先，对公共管理活动的认知解释，可以提供底层理论解释。认知科学是对人的认知过程的研究，认知是人的行为的天然动因和必然伴随物。[1] 这意味着，了解了人或组织的心理机制，就可以从最根本的层面把握组织、社会行为规律；其次，极大地拓展公共管理的知识领域。认知科学是包含哲学、心理学、神经科学、计算科学、语言学、文化人类学六个学科的学科群，[2] 把认知科学的学科群推进到公共管理，意味公共管理有 N×6（公共管理领域×认知科学）新学科出现，可能出现诸如公共管理的神经认知科学，公共管理计算科学等等学科；第三，也将带来诸多新的公共管理手段。如计算机"深度学习"的处理器芯片，通过深度神经网络，模拟人脑的机制来学习、判断、决策，实现机器人脸识别、语音识别等，带来如用手机拍照

---

[1] 景怀斌：《心理意义实在论》（第 2 版），暨南大学出版社 2005 年版，第 70—89 页。
[2] Wilson, K., *The MIT Encyclopedia of the Cognitive Sciences*, Cambridge, MA: The MIT Press, 1999.

就知道照片中的人是谁，可对众多视频进行智能归类，只要在路边随便拍下一棵树，就可以搜索到这棵树的所有资料。①类似的具有认知科学性质的新技术进入公共管理，无疑提供了新的公共管理手段。最后，认知科学的研究方法极大地提升公共管理的学科规范水平。认知科学是以经验研究为特征的学科，认知科学推进到公共管理，意味着经验方法更多地进入公共管理，这将很大地提升公共管理的经验科学水平，而这正是公共管理作为学科合法性的要点所在。②

对于认知科学来说，同样意义重大：其一，拓展了认知科学的领域。长久以来，认知科学以个体认知为关注点，而公共管理的认知研究，使其不得不关注组织—社会性认知现象。对这些现象的研究，无疑会拓展认知科学的领域。其二，推动着认知科学的自身反省。公共管理是以公共性为特征的管理现象，这一特征将对以个体为范式的认知科学研究纲领提出挑战，引发认知科学的反省与完善，反过来将极大地促进认知科学的发展。

两个学科群的结合自然会引发学科范式的适应或变迁问题，即以个体为先在认知主体的认知科学推展到多主体的公共管理，其范式与关键变量该有什么样的变化？这是关乎两个学科结合的基本问题。

二 认知科学与公共管理范式比较

（一）范式及特征

科学哲学意义上的范式（paradigm）概念与托马斯·库恩（Thomas Kuhn）联系在一起。库恩在《科学革命的结构》中阐述了"范式"的概念。③他在三种意义上使用"范式"：一是作为一种信念、形而上学思辨的哲学范式或元范式；二是作为科学习惯、学术传统的社会学范式；三是作为依靠本身成功示范的工具、解疑难的方法，用来类比的图像，

---

① 吴月辉：《我国研发全球首个能"深度学习"的处理器芯片》，《人民日报》2016年3月23日第23版。
② 颜昌武、马骏：《公共行政学百年争论》，中国人民大学出版社2010年版。
③ 托马斯·库恩：《科学革命的结构》，金吾伦、胡新和译，北京大学出版社2003年版。

是人工范式或构造范式。概言之，范式是科学家集团所共同接受的，对本体论、认识论和方法论一组假说、理论、准则和方法的总和，是科学所赖以运作的理论基础和实践规范，是学术思维方式，概念体系和评价标准。范式的基本特征为：（1）具有公认性；（2）范式是由基本定律、理论、应用以及相关的仪器设备等构成的整体，给科学家提供了研究纲领；（3）范式为科学研究提供了可模仿的成功先例。对于科学家共同体来说，它意味着：什么样的现象要研究？什么样的问题探索是有意义的？问题应当如何被构建？实验应当如何进行？研究的结果如何解释？[1]

（二）认知科学的范式

认知科学有多种界定，一般被理解为研究人类感知和思维信息处理过程的科学，包括从感觉的输入到复杂问题的求解。认知科学家的兴趣在于研究人如何获取、加工、保持和利用信息，并据此作为行为和获得后续知识的基础。认知科学的研究范围包括计算与认知、符号结构与认知、心智结构与认知、语法语义与认知、脑与认知等等。

认知科学作为学科其基本观点散见于20世纪40—50年代的一些特殊学科，60年代以后得到了较大的发展。1975年，美国学者将哲学、心理学、语言学、人类学、计算机科学和神经科学六大学科整合在一起，形成了认知科学。认知科学有6个支撑学科，即心智哲学、认知心理学、认知语言学（或称语言与认知）、认知人类学（或称文化、进化与认知）、人工智能和认知神经科学。这6个支撑学科之间互相交叉，又产生出11个新兴交叉学科：①控制论；②神经语言学；③神经心理学；④认知过程仿真；⑤计算语言学；⑥心理语言学；⑦心理哲学；⑧语言哲学；⑨人类学语言学；⑩认知人类学；⑪脑进化。很多人相信，认知科学将与纳米技术、生物技术和信息技术结合起来，改变21世纪人类的生存方式。

认知科学研究在不同阶段有不同的范式。一般认为，认知科学可划分为两个发展阶段：第一阶段从20世纪50—80年代，被称为"第一代

---

[1] Oppenheimer, D., "Information Processing as a Paradigm for Decision Making", *Annual Review of Psychology*, Vol. 66, Issue 1, 2015, pp. 277-294.

认知科学";第二阶段从 20 世纪 80 年代后期至今,被称为"第二代认知科学"。两个研究阶段奉行不同的研究范式:第一代认知科学的研究范式突出表现出基于智能活动的表征—计算假说,其核心观点是,认知是个体的,合乎理性的、抽象的、思维和知觉与行为分离,认知原理是普遍的,认知科学所探索的认知理论、方法、形式等可应用于一切认知环境。第二代认知科学范式是,把人类认知看作根植于社会性和物质性的活动,形成以情境性或嵌入性为立足点的认知过程。其基本观点是,认知是社会性的,产生于人类所建构的环境中;认知是具身的,身体因素在认知中发挥着重要作用;认知是具体的,是语境依赖的;认知是接合性的,是与周围环境因素相互作用的结果;认知是特殊的,严重依赖于特定环境。也就是说,个体与环境中的某些因素共同形成了认知主体。①这一范式被概括为 4E 范式,即体化认知(embodied cognition)、嵌入认知(embedded cognition)、生成认知(enactive cognition)和延展认知(extended cognition)。这个范式强调认知主体的自生、自发性强调意义寻求(Sense-making)、具身、生产性、经验性。与早期认知科学研究范式的对大脑的计算表征过程不同。②

也有学者指出,以范式的研究纲领、工作方式和基础假设为标准,可以看出认知科学的研究范式转变:经历了从最初的符号主义到联结主义,再到行为主义工作范式的转变;从最初的问题求解程序到人工神经网络和人工生命的研究,经历了从符号计算到神经计算和进化计算的转变。③

统合认知科学研究范式的历史与现状,从认知科学整体看,其学科范式特征可以概括为:

第一,总体上是理性主义的。它认为认知主体是个人利益算计或情感满足,总是追求最大认知效能的。

第二,认知主体是意志自由的。它认为认知行动者是自我选择,自主行动的。虽然后期的认知研究注意到了认知的情境性,但仍以认知主

---

① 刘高岑:《延括认知假说:认知科学的新范式?》,《科学技术哲学研究》2009 年第 6 期。

② Kirchhoff, M. D. Enaction, "Toward a New Paradigm for Cognitive Science", *Philosophical Psychology*, Vol. 26, No. 1, 2013, pp. 163-167.

③ 刘晓力:《认知科学研究纲领的困境与走向》,《中国社会科学》2003 年第 1 期。

体主动性行为选择为前提。

第三，认知行动者的心理依据复杂多样，但是个体性的。认知科学新范式虽然认识到人的认知受其文化、情境等因素制约，但仍是从个体自身的角度理解这一特征的，并把这些因素转变为个体性的心理过程。

（三）公共管理的特征

公共管理的定义很难界定。公共管理作为现代学科，是西方社会制度的体现与表达，是现代国家效率要求使然。美国以"新政"为分界，从市政管理变为国家行政，随着社会管理的复杂化，公共行政的效率问题就成为突出的社会问题。威尔逊、古德诺等提出"政治—行政二分原则"，对公共行政进行效率性研究，成为现代公共管理诞生的标志。二战加速了这一趋势。20世纪50年代后，公共行政研究再度把视线从国家中的行政现象转向了组织中的管理现象，70年代以来，随着新公共管理的提出，公共管理的概念得以再度流行起来，形成了工商管理的研究路径和政策学院的研究途径，即B途径和P途径。20世纪80年代以来的公民主义和行政伦理研究，又使参与治理成为方兴未艾的运动，公共管理的新着力点。①

虽然学者们在公共管理概念无法取得统一认识，但其学科实质是明显的——西方政治体制的学术反映，偏重于政治与行政分离下的行政或公共管理的效率关注。西方政体显然不是公共管理的唯一实体，尤其是诸如中国这样党政一体的国家。由此，从中国的传统、体制也可以得出偏重政府角色的定义——公共管理是当下国家为增进其基于文化性政治理念而建立的政体合法性和有效性的政治、政策与管理活动。

这个定义强调了公共管理的国家力量或政府主导性，提示了以此为主轴的公共管理特征：

第一，公共管理的依托实体是国家。公共管理外在或潜在地以国家实体存在为基础，如国家版图，军队等国家机器，公共行政部门，公共事务相关机构与人员。实体的体现者或执行者是国家管理人员。

---

① 张康之、张乾友：《公共性视角下的公共行政概念——20世纪后期公共行政研究视角的转变》，《东南学术》2013年第3期。

第二，国家是基于某种历史性的文化理念而建立起来的政体。如中华人民共和国即基于中国传统文化的历史，汲取马克思主义而建立的党政一体的国家；美利坚合众国即基于新教信仰而建立的具有浓重宗教意味的三权分立国家。

第三，政体合法性是国家存在的法理依据。合法性有多种表现，大致有两类：一是法律契约合法性，二是心理契约合法性，如中国道统权力正当性学说属于后者。

第四，合法性增强是国家公共管理的动力。国家如同人追求长寿一样对其存在性有本能追求。合法性增强体现在两个方面：政体理念的传播和政府有效性。二者是互动性的，政体理念具有意识形态性，以价值认定的方式给定政权合法性，有效性则是以公共行政为主干的公共管理的效率与绩效问题。它本身也可以成为合法性的标准之一。

第五，公共管理有效性与政治合法性不是必然的合力关系。有效的公共行政在一定的时候会摧毁合法性。合法性变异更会激发社会危机。当然，无效的公共管理也能导致政权的覆灭。

公共管理活动的特征对认知科学研究有如下要求：

第一，公共管理的主体是组织—人。公共管理是以国家为依托的，以政府为载体的管理活动，社会相关机构参与的社会协同活动，公共管理的主体是组织，或组织化人（群），而不是个体本身。

第二，公共管理参与者是利益集团。利益集团表现为以物质、阶级利益或观念的。利益集团围绕社会问题，发生互动、交易等博弈活动。这使公共问题的认知表现出社会过程性，而不是单纯的个体认知过程性。

第三，公共管理的运行依据是制度。公共管理是以政府为主导的各种有形无形的组织活动，而组织意味着以制度化的方式进行。制度是有形的各种法律、行政条文，也可以是无形的文化、组织潜在规则，等等。

（四）认知科学与公共管理研究范式差异

长期以来，认知科学的"认知"往往指个体认知——个体基于自己的价值观和分析能力对事物进行解释、判断，做出行为选择的过程。对于公共管理而言，公共认知是集群性的，是群体、组织或社会阶层在群体—组织—社会互动力量耦合而形成社会态度或行为。显然，个体认知与公众认知的形成机制是不同的。

比较认知科学与公共管理的实质与特征，二者研究范式存在某些本质性的差异：

第一，认知主体的不同。传统的认知科学的主体是个人的，而公共管理的认知主体是政府组织或其他公共组织中的人。个体与组织的根本特征在于，个体是基于个人意志的行动过程，而组织则是基于制度的个体间协作行为。当然，任何组织都是由"人"组成的，在这个意义上公共管理的主体是组织—人。只不过，组织人的行动逻辑不是个体性意志自由的，而是组织性的。由此，公共管理的研究对象应由个体人到组织人。

第二，意义构建机制不同。"意义寻求"是人的本质需要。"意义寻求"可以被理解为获得生命秩序感、目的感、有效感等意义性感受的心理过程。[①] 对于个体而言，生命意义感是自我性的。而对公共管理组织来说，则是基于政体理念之上的，如自由、平等、公平等这类社会意义原则而构建，这些均是指社会关系而言的。其中，政体理念是公共组织运行的意义构建核心，社会也是在这个共享"意义"上运行的。

第三，行动原则不同。个体认知过程是意志自由和自我判断，而组织则是基于制度性的、以任务为主导的人的集合行动。组织运行的依据是组织理念与制度约束。个体与组织本质的差异是，一个是自律性的，一个他律性的。公共管理的行动原则由个体理性认知转换为组织制度协同认知机制。

第四，认知机制的基本特征不同。个体的目标往往是利益或价值追求的最大化实现。而对于公共管理来说，这是不可能的。由于社会中不同组织均是追求利益最大化，不可能完全实现，利益博弈更多是互惠式的。而且，社会的本质是文化性的，它往往不是利益诉求的最大化，而是共识最大化。

概言之，公共管理认知科学研究范式应有自己的范式，即从认知科学的个体理性范式走向社会性范式。其特征为，认知主体是群体—组织

[①] Park, C. L., " Making Sense of the Meaning Literature: An Integrative Review of Meaning Making and Its Effects on Adjustment to Stressful Life Events", *Psychological Bulletin*, Vol. 136, No. 2, 2010, pp. 257-301.

人,而非个体;行动依据是价值追求的最大化,而非效益最大化,是制度规约的而非意志自由的;行动舞台是社会的,而非个体情境性的;行动过程是关系性的,而非孤立的。

三 公共管理认知科学研究的关键变量

作为意义构建性的,有意识的社会性协作、控制、引导活动,公共管理是基于文化及其核心信念,以政府为主导的国家寻求政体合法性与有效性的管理活动,对其进行认知科学研究,应特别关注的关键变量包括:

(一) 文化及其终极观

文化有很多定义。从心理层面看,文化是共享的、符号的认知或意义系统,它是在共享的语言、历史、地理环境下的接受、相信、评价、沟通、行动,一代又一代有修正地传递下去的。[1]共享的文化塑造了个体心理,铸造了人的生命意义世界,使人成为具有社会属性的人。

文化以终极观为核心的。终极观(spirituality)原被理解为与教会生活相对应的尘世,现被理解为通过个体的神圣化追寻来获得生命存在终极意义的精神现象,常指非宗教人士的终极性观念系统。西方的"神圣"观念与上帝联系在一起,其终极观往往围绕彼岸世界的"造物主"展开;中国传统终极观更多的是由"天"、"道"和"理"的衍化而生发的对"人之为人"的思考,大都是基于现世之"道"而获得的生命体悟。

终极观是处于文化系统底层的核心性和框架性理念。从个体层面看,终极观决定了人的生活观,影响着人的认知方式(如宗教信念即为一种认知图式)、情感和情绪,也影响着人的心理健康状况,具有人格整合的功能。[2] 从社会层面看,某一文明体系公认的终极观是该体系精

---

[1] Triandis, H. C., "The Psychological Measurement of Cultural Syndromes", *American Psychologist*, Vol. 51, No. 4, 1996, pp. 407–415.

[2] Hill, P. C., Pargament, K., Hood, R. W., Mccullough, M. E., Swyers, J. P., Larson, D. B. & Zinnbauer B. J., "Conceptualizing Religion and Spirituality: Points of Commonality, Points of Departure", *Journal for the Theory of Social Behaviour*, Vol. 30, No. 1, 2000, pp. 51–77.

神生活、社会道德、法律秩序，甚至制度设计的基础。例如，有学者认为，美国是以新教对"自我"的理解为模型而建立起来的国家，是"一个以教会为灵魂的国家"。美国社会生活的各个方面，从自我观念、道德依据、市场经济，到民主与政体，无不有基督教观念的影子。①

就公共管理视野看，终极观是一个国家国体、政体的底层信仰理念基础，能够最大程度地给定国家政体或国体的合法性来源，最大程度地提供国家凝聚的精神依据，其作用极为重要。

（二）意识形态

意识形态有诸多定义，政治学、社会学、传播学和心理学等有大量研究。仅就心理层面看，意识形态被看成是人有意无意秉持的解释现状合理性和期待未来合理秩序的政治理念。它是个体与其所认同的群体共有的信念体系，包含了众多认知、情感和动机的成分。意识形态被认为是进行社会组织的工具，具有建构政治知识和技能的认知功能。

意识形态是个体基于终极观的对社会"应当是什么"的愿景式理念。人有多种观念性基础需要或动机，包括：有择亲和（elective affinity）动机，指信仰的结构和内容带来的对同类事物的相互吸引力和认同动机；关系动机（relational motives），即归属和建立人际关系，与他人融为一体，共享现实；认知动机（epistemic motives），即降低不确定性、复杂性或模糊性，建立确定、结构化、秩序化的认知要求；存在动机（existential motives），消除威胁环境，寻找安全、自尊和生命的意义；体制正义动机（system justification），对现状辩护、支持，视当前的社会安排为公正、合法和符合人的愿望。②这些是意识形态为什么是核心性理念的原因所在。

（三）制度

奥斯特罗姆认为，制度的使用常见于两种类型，一是指组织性实

---

① Bellah, R. N., "Meaning and Modernity: America and the World", in Richard Madsen (et al. eds.), *Meaning and Modernity: Religion, Polity and Self*, Berkeley and Los Angeles, CA: University of California Press, 2002, pp. 258-261.

② Jost, J. T., Federico, C. M. & Napier, J. L., "Political Ideology: Its Structure, Functions, and Elective Affinities", *Annual Review of Psychology*, Vol. 60, 2009, pp. 307-337.

体,如美国国会、政党等;二是指"人类反复使用而共享的由规则、规范和策略构成的概念"[①]。在操作意义上,制度可以界定为工作规则的组合,通常用来决定谁有资格在某个领域制定决策,应该允许或限制何种行动,应该使用何种综合规则,遵循何种程序,必须提供或不提供何种信息,以及如何根据个人的行动给予回报。[②] 制度的特征为结构的、稳定的、管治约束的、共享的。对于服务于国家政治理念的政府而言,最大的制度应当是"体制"。制度性运作要以国家暴力为基础。

对于公共管理来说,制度是管理的依据,也是社会行为整合的强制规则。制度变量作为外在变量,对于公共认知的作用如何,是认知科学研究应特别需要关注的。

(四) 利益

人首先是利益追求者,利益包括物质利益和精神利益。

人的利益来自人的需要。心理学对需要有大量的研究,传统代表性的理论有,需要层次理论、成就动机理论、强化理论、目标理论、公平理论,等等。分析这些需要理论,可以概括出:第一,需要可以大致划分为生存需要和情感精神需要。生存需要指满足个体生命存在,更有利地生存的需要。这要通过理性、效率的方式来满足,这形成了以科学理性为核心的理性工具文化系统。同时,人不仅仅是"物"的存在,还是"精神"存在,因永恒追求和终极感而具有价值性需要。第二,生存需要和情感精神往往经历"硬性"需求而转换,即在基本生存程度上,物质需要是首要的,但在物质性的生存需要满足后,情感精神需要成为必要。第三,情感精神需要对物质生存需要有价值引导作用,一方面情感精神需要本身是人的重要需要,另一方面,情感精神需要往往支配、解释了物质生存需要,对于人来说,价值需要甚至更为重要。[③]

---

① 埃莉诺·奥斯特罗姆:《制度性的理性选择:对制度分析和发展框架的评估》,见萨巴蒂尔编《政策过程理论》,彭宗超等译,生活·读书·新知三联书店2004年版,第47页。

② Ostrom, E., "Coping with Tragedies of the Commons", *Annual Review of Political Sciences*, Vol. 2, Issue 1, 1999, pp. 493–535.

③ 景怀斌:《公务员职业压力:组织生态与诊断》,中央编译出版社2011年版。

上升到公共层面，物质利益与精神利益表现出更复杂的整合。个体需要是明确的，但在群体、组织、社会层面，需要不仅仅是个人体悟到、感受的或迫切的，还是引导的、媒体启示的。其中，情感精神性的需要往往是公共需要的主导或激发者。在一定的历史时期，导致社会发生巨变的原因，往往不是生存需要，而是价值性选择，所谓"不自由，毋宁死"，"不公平，不能活"，"无尊严，宁弃命"，其原因在于此。

人的利益追求往往是最大化的。从这一特征形成了最大理性化认知模式。其基本思想是：第一，人是理性的，前瞻的，追求最大效用的。第二，确定论的世界观，认为事物发展是可以预测和把握的，人的偏好也是恒定的。第三，信息是充分的。认为信息是可以完整获得的，且人能够对所有信息和结果进行全面的理解与把握。

然而，在公共世界里，利益最大效益模型难以真正实现。社会是关系的，存在不同的利益诉求，在常规的状态下，利益团体或阶层是博弈的，难以达到单一胜者。由于人的心理是价值的，价值的标准是多维的或相对的，利益博弈者往往通过价值或利益的退让或交易，实现有限理性理论所说的相对满意原则，达成社会的多元共存。

无论利益在社会中如何作用，它总是基于人的多种需要的，是公共管理的认知科学研究关键变量之一。

（五）关键变量的社会化——他者的层级与作用特征

人的心理具有自组织的特征，即个体能够根据所在的环境条件，自我生发意义，支配自身的现实活动。在公共管理视野下，认知的关键变量会随其作用的条件而整合，表现出综合功能。

就心理的基本构成看，人的"意义世界"表现出特有的二维系统——理性工具心理系统和价值情感心理系统，即人的心理活动具有或包含二维性：一方面，人的物质生命生存通过以效率、理性算计为特征的观念，认知过程和心理特征来实现。如做事信奉效率，习惯以有用无用来认知事物，等等。这可称为理性工具心理系统。另一方面，人的终极需要或根本性的意义系统通过以价值观认定的德性方式来满足。这可称为价值情感心理系统，包括相关的终极观、认知过程和心理特征的现象。① 心理二维系统的关系为：第一，融合性。人的任何心理活动都蕴含或均是理性和情感心理系统交互作用的结果。即使看似理性的认知过程，也有情感心理系统的参与。如情感因素对认知过程的影响。第二，交互评价性。理性工具心理系统对价值情感心理中有评价作用，反之亦然。如价值情感的有效性考虑。第三，动态变化性。理性工具和价值情感心理系统是随着人的活动、成长而变化的，在不同情况下各有可能处于支配地位。如青年人心理更多表现出理性工具心理特征，老年人可能更多表现出价值情感心理特征。第四，价值情感心理系统的统合性，即价值情感心理系统可以统合工具理性心理系统，特别是基于信仰的价值情感心理系统具有核心统合作用。如信仰对人生的统合现象。

个体的心理—意义世界进入组织与社会中，人的意义世界与周围的他人、群体、组织等会发生互动，带来了性质不同的意义认知作用方式：

第一，个体行为的意志自由原则。在个体自由独处情况下，个体按照自己的意志或意向选择活动和行为。个体是有自由意志的，是意向实现的有机体。

第二，群体的他者—接受原则。个体一旦进入群体，即与他人构成互动关系。无论个体是否愿意，在群体下，个体的意义生成和行为原则就不得不成为他者接受原则，即行为必定是情境性的，他人、场景和时间决定个体的行为内容与方式。他者接受既是无形的心理影响，也是有形的习俗规则。

第三，组织的他者—制度原则。个体一旦进入制度化的组织中，他者原则即转化为制度原则。组织明确的或潜在的各种制度、规则约束便无时无刻不对个体产生限制与制约。如果说群体下的他者尚有一席可以选择的话，制度则是强制性的。

第四，社会行为的文化约束原则。个体进入更为松散的社会中，他者制约便体现为共享性的文化心理约束，如价值观、道德观等等。这些观念看似柔弱，却对人、组织、社会有极大影响，甚至以自我意识反对，但无意识遵从的方式发挥作用。

总之，在公共管理中，认知不再是个体的自我选择，而是场景性

---

① 景怀斌：《心理意义实在论》（第2版），暨南大学出版社2005年版。

的、制度性的、文化性的。这意味着，认知科学的个体范式不再适合于公共管理的认知科学研究。公共管理的认知科学研究应有自己的范式，即意义的和社会性的文化、制度范式。

四 "公共管理认知学"，两种路径

认知科学与公共管理的结合，因研究主体与方式的侧重不同，会带来两种公共管理的认知研究路径：

第一，认知科学的公共管理认知研究。

此即把公共管理问题还原、体现为个体层面的认知，形成认知科学的公共管理认知研究。

如意识形态的认知研究。意识形态既是个体的，也是社会的，社会的意识形态是公共管理的关键变量，其作用机制可以在公共管理框架下进行，也可以在认知科学框架下进行。认知科学框架下的意识形态研究，习惯上把其还原为个体认知的因素来考虑，这是把社会变量个体化，以此解释其认知机制。

此路径不能或很好地解释公共认知的群体化、制度化认知，是认知科学在社会文化等维度下的自然延伸。

第二，公共管理的公共管理认知研究。

这即以公共管理为主体，以认知的思维方式和视野，来研究公共管理问题。如同样是意识形态研究，与认知科学的公共管理研究不同，它把意识形态作为公共问题来研究，即意识形态如何基于个体，在群体、社会、国家水平作用的机制，从而为公共管理提供理论参照。

公共管理的公共管理认知研究主体是公共管理，不是个体认知性的，而是组织和政府的认知，是以群体—组织—文化—国家为逻辑线路的，其目的是提高公共管理的合法性与有效性。

这一路径下的研究，不再是认知科学新的领域，而是公共管理现象的认知科学解释。

无论是认知科学还是公共管理，西蒙的贡献都是巨大的。西蒙对认知的研究,使其成为认知科学奠基人之一,而他充满争议的公共管理见解,也使其在公共管理领域有长久的影响。有人这样评价,西蒙的逻辑实证主义,事实与价值分离的方法论的最大遗产是,他迫使公共管理进入自我反省和再评估期,这虽然导致并继续导致公共管理长期的身份认同危机,但也使公共管理表现出更强烈的意愿来处理价值性问题(value-based issues)。在这个意义上,西蒙将在公共管理的神庙中永远有突出的位置。[①] 然而,奇异的是,认知与公共管理的结合,却不见来者。"只可惜,美国公共行政学并未真正继承西蒙的研究。在公共行政学中,西蒙的研究一直处于'引而不用'的境况。"[②]

回味西蒙的贡献与"困境",或许对开展公共管理认知研究有方法论启示。在笔者看来,西蒙的成功在于回到了常识。回到常识,使西蒙离开了当时占主导地位的行为主义研究范式,提出了有限理性的基本理论。"有限理性"本身与其说是深奥的学理发现,不如说是回到了生活常识(因为人的理性有限性是生活经验,甚至是常人自己可以感知的)。这样说不是否认西蒙的贡献,而是说,学术知识的盲点往往是对当下生活经验的忽视。同样,西蒙的认知研究没有推到公共管理,固然有学科差异问题,但其中的一个内在原因恐怕是,个人的认知不同于公共领域的认知,由此也使其知识迁移面临适应性困境。这启示,公共管理认知研究,要重回"常识"——重回公共管理现象的政体、政府特征"常识",回到公共管理的组织性、文化性、政府性"常识"。公共管理的认知研究与体系构建需要从这些社会性特征出发,而不是外在学科本本的机械"拿来"。

2000 年以来,我们在"公共管理的公共管理认知研究"路径下,先后开展了包括公共管理的认知基础、政府决策的制度—心理机制、社会变迁与社会认知结构变化、新"左""右"意识形态现象的认知研究、中共重大决策的事实—价值逻辑、宗教信仰与社会认知、国家认同等公

---

① Peter L. Cruise, "Positively no Proverbs Need Apply: Revisiting the Legacy of Herbert A. Simon", *International Journal of Organization Theory and Behavior*, Vol. 7, No. 3, 2004, pp. 363-384.

② 马骏:《中国公共行政学:回顾与展望》,《中国行政管理》2012 年第 4 期。

共管理问题的认知研究。十几年的摸索，有成功，也有挫折，终使我们的方向感日渐清晰，方法论逐步明确，学术框架日渐丰满。"公共管理认知研究丛书"是这些研究成果的初步展现。它们代表了我们的学术成就，也展现了我们可能的不足。无论哪方面都会鞭策我们继续在这个领域有更多的投入。当然，更期待更多来自认知哲学、认知心理学、认知语言学、认知人类学、人工智能，甚至认知神经科学的学者关注和推动，更期待他们的成果能够纳入这套丛书，共同促进这个领域的发展。

是为总序。

景怀斌

2016年4月6日

前　言

　　尼古拉·J. 福斯在论及组织经济学中西蒙的有限理性理论时说："太多引用而很少有用。"（"much cited and little used."）[①] 这种说法无疑有争议，但也在一定程度上说明，在决策领域有巨大影响的有限理性并不能完美解释所有决策现象。这一点，推至现实中的政府决策恐怕更是如此。

　　政府决策的重要性是双重的：一则任何社会治理的战略、方针和措施的出台无不通过决策而实现；二则决策过程本身既是管理对象也反映了所在组织的属性。或许在这一意义上，西蒙的"管理即决策"之论更让人深思。由此，理解中国社会管理现象和模式，政府决策机制是不能忽视的重要问题。

　　政府决策研究应取制度—心理互动框架。政府是基于国体、政体的公共管理机构。政府组织最大的特征无疑是政治性和组织性。人当然是决策的主体，也正是如此，决策科学、认知科学、心理学等均是以个体为中心来研究决策的。故而，在笔者看来，组织决策的关键变量不再是个人的理性或有限理性的独立作用过程，而是个体—群体—组织层面诸因素的融合和互动。这意味着组织决策的研究范式应不同于传统的"个体"范式，应转变为"组织"范式，而组织范式的相关变量及其函数关系远超个体。以"组织"为范式的决策研究，重要的变量是制度。由此，制度—心理互动构成了组织决策研究的分析框架。如果说政治、行政科学的决策研究往往只见制度、社会过程、利益集团而不见人的心理

[①] Nicolai J. Foss, "Bounded Rationality in the Economics of Organization: 'Much Cited and Little Used'", *Journal of Economics Psychology*, Vol. 24, No. 2, 2003, pp. 245-264.

过程，心理学的研究只见心理过程而不见制度与社会规约，那么制度—心理机制框架下的研究，则能揭示制度—心理互动下制度作用及其心理化机制，从而深层揭示政府运行的真实过程。

中国政府决策有独特性。中国政府是由中共政治理念所形成的政体为依托的、旨在增强其合法性和社会治理有效性的公共行政组织。其制度变量既有宪法、法律、规定和组织运行原则等明文规则，也有实际运行于政府组织的现实规则、惯例习俗甚至潜规则，它们成为"规则光谱"，使组织（人）的行为均可对应于光谱。以中国政府的决策行为为对象的研究，既可以对中国政府决策真实过程及特征进行剖析，也可以对制度优势与问题进行反思，相关的政治—政府底层学理亦可管窥一斑。

本书是教育部人文社会科学重点研究基地重大项目（10JJD630015）的最终研究成果。项目得以顺利推进，得益于诸多学者的支持。马骏教授、张海清教授、朱亚鹏教授、郭忠华教授、牛美丽教授等都先后对本书研究有不同程度的帮助。博士生傅承哲、张简、李松、周佳、林艳，硕士生杨静静、阮望舒不同程度参与了本项目的研究工作。其中，杨静静的硕士毕业论文修订后为本书的第六章，傅承哲、阮望舒等撰写的实验报告修订为本书第八章。还要感谢填写问卷、参加实验的朋友、同学，没有这些基础数据，本书的相关章节即为无源之水，无本之木。本书的出版，也得益于中国社会科学出版社重大项目出版中心主任王茵和编辑孙萍博士的大力支持。无论是丛书的策划还是书稿的文字调整，她们都付出了很大心血。对此书有过帮助的人，在此也一并致谢。

景怀斌

2015 年 11 月 22 日

目 录

第一章 研究问题与任务 ……………………………………… (1)
 一 中国发展需要决策视角的解释 ……………………… (1)
 二 政府决策内在机制的探析与反思 …………………… (6)
  （一）中国政府决策真实过程描述 ……………………… (6)
  （二）政府决策质量管控 ………………………………… (7)

第二章 决策研究状况与可能突破的视野 …………………… (8)
 一 决策与政府决策 ………………………………………… (8)
 二 决策理论的范式与层次 ………………………………… (9)
 三 个体决策理论 …………………………………………… (11)
  （一）理性最大效用理论 ………………………………… (11)
  （二）有限理性理论 ……………………………………… (13)
  （三）生态理性理论 ……………………………………… (15)
 四 群体决策的理论 ………………………………………… (16)
  （一）群体决策 …………………………………………… (16)
  （二）团体思维 …………………………………………… (19)
  （三）群体分散 …………………………………………… (21)
 五 政府决策的理论 ………………………………………… (21)
  （一）组织过程理论 ……………………………………… (21)
  （二）官僚政治理论 ……………………………………… (22)
  （三）渐进决策论 ………………………………………… (23)
  （四）多元启发理论 ……………………………………… (25)

（五）政策过程诸理论 …………………………………………（27）
　六　中国政府决策的研究 ………………………………………（28）
　七　政府决策研究的挑战 ………………………………………（30）
　　（一）"理论的"与"真实的"决策之间的分离 ………………（31）
　　（二）个体范式与政府组织范式的隔膜 ………………………（32）
　　（三）静态截面与动态过程的紧张 ……………………………（33）
　八　可能突破的视野：制度—心理机制 ………………………（34）
　　（一）政府决策本质上是制度性的 ……………………………（34）
　　（二）政府决策的公共社会性 …………………………………（35）
　　（三）政府决策是由人进行的 …………………………………（35）
　　（四）政府决策是在制度—心理机制下完成的 ………………（36）

第三章　研究概念与框架 ……………………………………………（38）
　一　概念厘定 ……………………………………………………（38）
　　（一）中国政府决策 ……………………………………………（38）
　　（二）制度 ………………………………………………………（41）
　　（三）决策者 ……………………………………………………（43）
　二　政府决策的制度—心理空间 ………………………………（49）
　三　研究内容 ……………………………………………………（51）
　　（一）政府决策的制度形态 ……………………………………（51）
　　（二）政府决策者的"心理模型" ………………………………（53）
　　（三）政府决策的组织方式 ……………………………………（54）
　　（四）政府决策的深层理论问题 ………………………………（58）

第四章　研究策略与方法 ……………………………………………（60）
　一　研究策略 ……………………………………………………（60）
　　（一）问题中心、学科思维的策略 ……………………………（60）
　　（二）"问题空间"的因素—结构—功能构建策略 ……………（62）
　　（三）"时地人"的通情式解释 …………………………………（64）
　二　方法选用 ……………………………………………………（70）
　　（一）案例法 ……………………………………………………（70）

（二）问卷实验法……………………………………………（71）
（三）实验法…………………………………………………（71）
（四）扎根理论………………………………………………（75）

第五章 中国政府决策的构成要素及其结构…………………（78）
一 中国政府体制………………………………………………（79）
（一）国体与政体……………………………………………（79）
（二）"党的领导"制度………………………………………（80）
（三）国家权力结构…………………………………………（84）
二 决策制度……………………………………………………（85）
（一）民主集中制……………………………………………（85）
（二）政府重大决策程序制度………………………………（86）
（三）党政联席会议制度……………………………………（88）
三 政府决策者…………………………………………………（89）
（一）直接决策者与第一决策者……………………………（89）
（二）决策咨询机构相关方…………………………………（93）
四 公共问题与决策任务………………………………………（94）
五 中国政府决策的结构特征…………………………………（96）
（一）党的核心地位…………………………………………（97）
（二）党政合一………………………………………………（98）

第六章 政府决策的生态机制……………………………………（100）
一 决策的生态视野……………………………………………（100）
二 政府"二次决策"现象……………………………………（102）
（一）"二次决策"现象界定………………………………（102）
（二）"二次决策"的必然性………………………………（103）
三 网吧政策的"二次决策"…………………………………（108）
（一）案例背景………………………………………………（108）
（二）2002年之前的网吧政策制定…………………………（110）
（三）2002年至2004年网吧政策制定………………………（111）

（四）2005年至2009年网吧政策制定 …………………（115）
　　（五）2009年至2012年网吧政策制定 …………………（119）
　四　网吧"二次决策"中的作用因素与机制 ………………（126）
　　（一）政策空间与地方自主裁量 …………………………（126）
　　（二）政府立场 ……………………………………………（128）
　　（三）决策者的心理 ………………………………………（132）
　　（四）决策群体心理 ………………………………………（134）
　　（五）利益博弈 ……………………………………………（137）
　　（六）"二次决策"的议程形成 …………………………（140）
　　（七）"二次决策"的政策目标形成 ……………………（143）
　　（八）"二次决策"的生态机制 …………………………（143）
　五　"二次决策"评价 ………………………………………（145）
　　（一）积极作用 ……………………………………………（145）
　　（二）存在问题 ……………………………………………（148）
　　（三）启示 …………………………………………………（155）

第七章　官员的决策心理模型 …………………………………（158）
　一　研究问题 …………………………………………………（158）
　二　问卷设计 …………………………………………………（159）
　　（一）决策心理因素 ………………………………………（159）
　　（二）决策心理 ……………………………………………（160）
　　（三）模拟决策任务 ………………………………………（160）
　三　样本 ………………………………………………………（162）
　四　决策心理基本状况 ………………………………………（163）
　　（一）总体状况 ……………………………………………（163）
　　（二）价值观状况 …………………………………………（164）
　五　决策过程感知 ……………………………………………（166）
　六　决策取向 …………………………………………………（167）
　七　决策人口学变量差异 ……………………………………（168）

八　决策心理模型…………………………………………（173）
　　　（一）"政府绩效"取向决策心理模型………………（174）
　　　（二）"集体利益"取向决策心理模型………………（177）
　　　（三）"民本"取向决策心理模型……………………（179）
　　　（四）"民权"取向决策心理模型……………………（183）

第八章　"民主集中制"的制度效应与心理化机制…………（185）
　一　实验的理论框架……………………………………（186）
　　　（一）三种主要决策制度………………………………（186）
　　　（二）制度作用的群体决策研究………………………（188）
　　　（三）研究的操作理论框架……………………………（190）
　二　研究方法……………………………………………（192）
　　　（一）实验设计…………………………………………（192）
　　　（二）被试………………………………………………（192）
　　　（三）实验任务…………………………………………（193）
　　　（四）刺激材料…………………………………………（193）
　　　（五）决策行为记录表…………………………………（194）
　　　（六）决策心理体验问卷………………………………（195）
　　　（七）实验程序…………………………………………（196）
　　　（八）实验操纵效果检验………………………………（197）
　三　实验结果……………………………………………（198）
　　　（一）不同决策制度下的群体行为指标异同…………（198）
　　　（二）不同决策制度下个体行为指标比较……………（199）
　　　（三）不同决策制度下的决策心理体验………………（202）
　　　（四）决策心理与决策行为的相关分析………………（203）
　四　"制度"效果………………………………………（205）
　五　制度作用的机制……………………………………（206）
　　　（一）民主集中制………………………………………（208）
　　　（二）民主投票制………………………………………（209）
　　　（三）协商民主制………………………………………（210）

（四）制度作用的一般方式 …………………………………（211）
　　（五）三种制度在群体决策运行中的效果评价 …………………（213）
六　制度心理化机制 ………………………………………………（213）
　　（一）制度心理化的理论框架 ……………………………………（214）
　　（二）决策群体的制度感知、遵循和应对的差异 ………………（216）
　　（三）决策个体属性与制度心理化的关系 ………………………（219）
　　（四）群体决策中制度遵循的心理过程 …………………………（223）

第九章　几个底层理论问题 ……………………………………（232）
一　政府决策的国家逻辑 …………………………………………（232）
　　（一）生命体：国家本质的中国式隐喻 …………………………（232）
　　（二）生命体国家逻辑及其特征 …………………………………（237）
　　（三）国家逻辑的三重对应 ………………………………………（241）
　　（四）国家逻辑下"公共管理"的任务 …………………………（247）
二　政府决策的"事实"与"价值" ……………………………（250）
　　（一）中国政府决策中的"价值" ………………………………（251）
　　（二）中国政府决策中的"事实" ………………………………（256）
　　（三）中国政府决策中的价值—事实逻辑 ………………………（257）
三　制度—心理机制中的规则变异 ………………………………（258）
　　（一）制度及其变异 ………………………………………………（259）
　　（二）制度"心理化" ……………………………………………（262）
　　（三）制度—心理机制下的"规则" ……………………………（264）
　　（四）"制度失效"及其组织化 …………………………………（268）
四　"领导中心模式"的决策现实规则 …………………………（270）
　　（一）"领导中心模式"现象 ……………………………………（270）
　　（二）"领导中心模式"的决策机制 ……………………………（271）
　　（三）领导中心模式决策的特征 …………………………………（273）
五　民主集中制的决策质量管控 …………………………………（280）
　　（一）政府决策质量管控的分析框架 ……………………………（280）
　　（二）民主集中制的制度优势与问题 ……………………………（282）

（三）民主集中制的制度效应最大化措施 …………………（285）

附录一　决策心理因素与模型调查问卷 ……………………（288）

附录二　决策实验材料 ………………………………………（299）

参考文献 ………………………………………………………（314）

第一章

研究问题与任务

任何一项研究，都是围绕现实挑战或理论困境而形成的问题展开的，而研究问题的解决，又是基于某种逻辑而形成的研究任务而进行的。研究问题和研究任务互动性地决定了研究的定位、视野。这些是需要首先回答的前导性问题。本书的问题识别和研究任务确定如下。

一 中国发展需要决策视角的解释

自1949年到2014年，中华人民共和国成立已65年，中国社会产生了巨大的变化。1953—2013年，中国国内生产总值（GDP）按可比价计算增长了122倍，年均增长8.2%。1952年国内生产总值只有679亿元，2013年达到568845亿元，占全球GDP比重达到12.3%（见图1—1）。人均GDP由1952年的119元增加到2013年的41908元（约合6767美元），根据世界银行划分标准，已由低收入国家迈进中等收入国家行列。城镇居民家庭恩格尔系数由1956年的42.6%下降到2013年的35.0%，农村居民家庭恩格尔系数由1954年的68.6%下降到2013年的37.7%。2013年，中国高等教育毛入学率达到34.5%，全国普通本专科在校生达到2468万人。居民平均预期寿命由新中国成立前的35岁提高到2010年的74.8岁；婴儿死亡率由200‰下降到2013年的9.5‰。[1]

国际货币基金组织（IMF）2014年10月7日公布的《全球经济展望》

---

[1] 马建堂：《六十五载奋进路 砥砺前行谱华章——庆祝中华人民共和国成立65周年》，《人民日报》2014年9月24日第7版。

估计，中国的国内生产总值2014年将达17.6万亿美元，超越美国17.4万亿美元的经济规模荣登世界之最（见图1—2）。中国经济占世界经济的比例为16.5%，小幅超越占世界经济比例16.3%的美国0.2个百分点。①

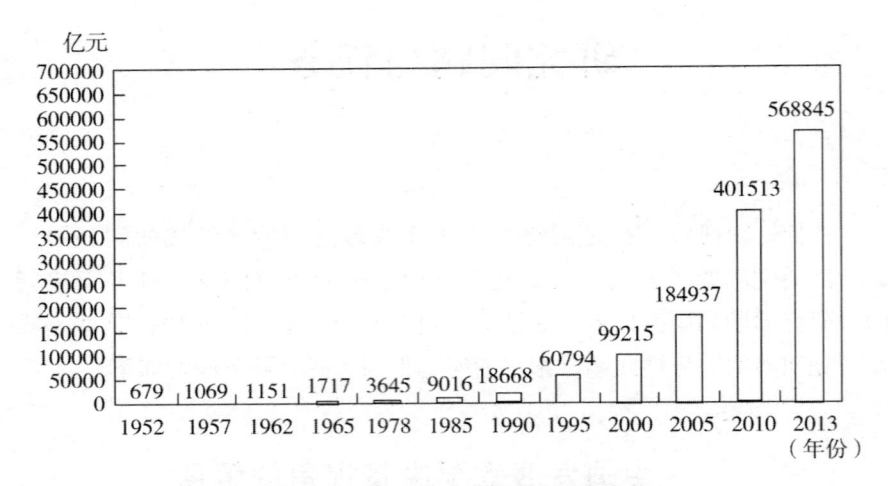

图1—1 1952—2013年国内生产总值

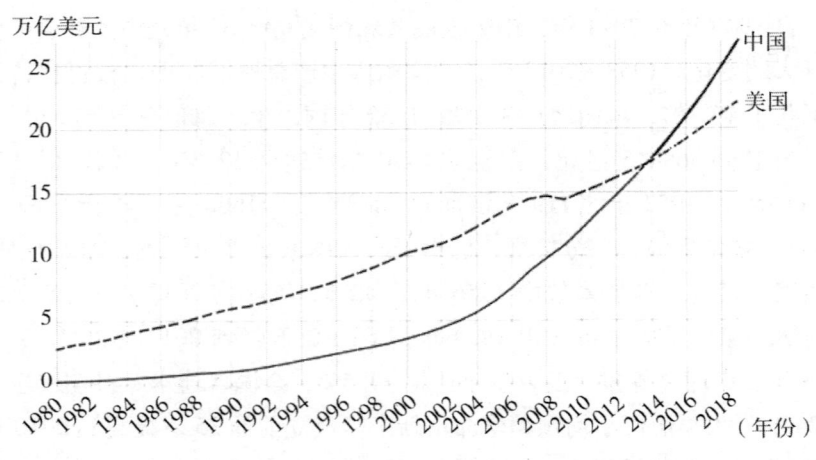

图1—2 按购买力平价计算的GDP发展趋势

注：实线代表中国，虚线代表美国。

---

① ［美］马克·冈洛夫：《IMF：中国经济以购买力计算超越美国》，2014年10月9日，观察者网（http://www.guancha.cn/Mark-Gongloff/2014_10_09_274232.shtml）。

从国际比较的角度看，综合麦迪逊（Maddison，2010）、美国中央情报局和联合国的数据（换算成1990年国际美元），中国人均GDP从1950年的448美元增加到1978年的978美元花了28年，改革开放从978美元到2012年的9400美元花了34年。要走新中国62年类似的发展道路，英国分别花了600年和368年（总计968年），法国用了700年和268年（总计968年），德国用了700年和269年（总计969年），美国用了200年和132年（总计332年），日本用了890年和82年（总计972年）。不要忘记，中国的人口规模超过前面所有发达国家之和，控制的资源也少得多。用计量经济学的方法来证明经济增长的收敛趋势，完全无视中国的道路创新打破了西方模式的发展规律。① 历史不同时期的发展因素有异，有些无法绝对比较，但中国的发展的确有值得关注的重大理论和现实问题。

当然，这些"生硬"的数据并不能全面地描述中国真实的状况，中国社会仍存在大量的问题："当前，国内外环境都在发生极为广泛而深刻的变化，我国发展面临一系列突出矛盾和挑战，前进道路上还有不少困难和问题。比如：发展中不平衡、不协调、不可持续问题依然突出，科技创新能力不强，产业结构不合理，发展方式依然粗放，城乡区域发展差距和居民收入分配差距依然较大，社会矛盾明显增多，教育、就业、社会保障、医疗、住房、生态环境、食品药品安全、安全生产、社会治安、执法司法等关系群众切身利益的问题较多，部分群众生活困难，形式主义、官僚主义、享乐主义和奢靡之风问题突出，一些领域消极腐败现象易发多发，反腐败斗争形势依然严峻，等等。解决这些问题，关键在于深化改革。"② 20世纪90年代后期以来，腐败和两极分化已形成巨大的社会隐患。此方面的问题同样值得反思。

尽管如此，起码可以说，中国已经从以鸦片战争、甲午战争、抗日战争等为标志的民族危亡、几近任人宰割的积贫积弱的状态走向国家强盛的态势。

---

① 陈平：《中国调结构，到底怎么调——与吴敬琏、林毅夫商榷》，《经济导刊》2015年第1期。

② 习近平：《关于〈中共中央关于全面深化改革若干重大问题的决定〉的说明》，2013年11月，新华网（http://news.xinhuanet.com/politics/2013-11/15/c_118164294.htm）。

回顾中国近百年来，尤其是中华人民共和国的历史，大致可以分为三个"30年"。（1）1921—1949年以政权夺取为目标的武装斗争阶段。这个时期，中国共产党最大的目标是民族解放、政权获取，是血与火的救亡图存时期，也是漫长的革命时期。"革命"是社会变革的极端方式，是诸多矛盾剧烈冲突的暴力解决方式，革命当然也是残酷的，社会以"生命"、"献身"等方式进行整合。中国共产党作为中国革命的一方，以生存淘汰的方式，形成了自己的领导、决策模式。整个中国社会、文化、经济都在战争和革命中进行了重构。中国共产党后来的诸多国家治理思维方式、体制、方法与其战争经验有着千丝万缕的联系。（2）1949—1979年以政权稳固为宗旨的国家基础建设时代。这个时期最大的任务是在外部势力威胁下的存在与发展。中国共产党基于战争经验，基于内外环境，选择了自力更生、自主生存的基本道路。国家需要在短时期走向强大的道路，不得不实行土改和工业化，中国逐渐建立起完整的工业体系，完成了从农业国到工业国的过渡。（3）1980年至今以经济壮大为主的改革开放时期。随着国家基本力量的壮大，国家安全的解决，加之随着信息技术的发展，全球化时代的道路，中国的目标指向富强型国家、富裕型社会。

三个30年，乃是传统意义的三代人时间，对于个体而言，生命存在或许是血与火的战争恐惧时期，或是在理想主义的激情时期，或是经济至上的务实时期，无法选择，不得不承担所处时代人的责任或义务，但从一个国家而言，一个现代政党而言，在不同的时期，虽然执政党具体的指导思想有差异，政治取向内容表述不同，甚至有互为否定、矛盾处，但其实质是一脉相传的，即中国共产党在国家主义的立场上，在共产主义、社会主义理念指导下，建立了国家，建设了国家，建构了有自己特色的政治、社会、经济体制。这个过程有失败、失误，有内部或外部争议，有争斗，三代人民付出了重大牺牲，但有意无意间，这个体制有了自己的实体——日渐强大的"中华人民共和国"，有了政体特征、领导制度安排特征、社会管理特征，它们共同成为中国国家特征。无论喜欢与否，认同或不认同，无论有什么（政治）价值判断，它都"在"那里，它都"在作用"，都构成严肃的人文、社会科学对象，成为诸多学科不能回避的"对象"。

对此，官方的总结是，中国走上了有自己特色的社会主义道路。65年来，中华人民共和国在成功战胜各种艰难险阻、取得辉煌成就的非凡历程中，积累了宝贵经验，可以总结为做到了"四个始终坚持"：始终坚持党的领导，不断加强党总揽全局、协调各方的领导核心作用；始终坚持中国特色社会主义制度，不断发挥制度的优越性；始终坚持解放和发展社会生产力，不断夯实社会主义发展的物质基础；始终坚持改革开放，不断解放思想、创新体制机制。①

从政治学和国家管理或公共管理来说，对中国发展过程和特征的概括，学者称之为中国模式，指中国在发展过程中逐渐发展起来的一整套有自己特征的发展战略和治理模式。其特征被概括为"一国四方"，即中国是一个"文明型国家"，有四个方面的制度安排：在政党制度方面是一个"国家型政党"，代表了整个国家和民族的整体利益；在民主制度方面是"协商民主"，包括在决策领域实行的"新型民主集中制"；在组织制度方面实行的是"选贤任能"；在经济制度方面是"社会主义市场经济"，是中华文明的基因、社会主义的因素和西方文化元素共同作用的结果。其四条思路和经验，即民本主义、组织起来、综合创新、上下策结合。②

对中国发展及其模式的研究，自然可以多学科、多侧面、多视野地解读，但就国家的社会管理主体——政府来看，其决策机制需要研究。中国作为一个大国，它有一个独立的、由各个省市尤其是市县一级地方政府组成的决策体系。在西方经济中只有政府和市场的关系，但在中国，又多了一个政府内部的中央政府和地方政府的关系。中央政府是国家级的经济发展的谋划者和代表者，而地方政府之间存在着竞争、合作的关系，这样一种既竞争又合作的地方政府体系，是西方市场经济中不曾见到过的；再加上已经发展起来的竞争型的企业体系，构成了中央政府、地方政府和企业三大主体互动的关系。③ 研究政府首要的方面恐怕

---

① 马建堂：《六十五载奋进路 砥砺前行谱华章——庆祝中华人民共和国成立65周年》，《人民日报》2014年9月24日第7版。
② 张维为：《中国超越》，上海人民出版社2014年版。
③ 史正富：《如何理解中国经济体制两个三十年?》，2014年10月4日，观察者网（http://www.guancha.cn/shizhengfu/2014_10_04_273019.shtml）。

是决策问题。因为,一个基本的常识是,所有的国家管理措施、公共政策、社会治理方式都必然通过决策来进行。诚如西蒙(Simon)所说,"决策制定过程是理解组织现象的关键所在"①。当然,西蒙的决策含义较广,与管理一词重叠。② 美国学者弗兰西斯·福山认为:"中国之所以能成功地应对金融危机,是基于她的政治体制能力,能够迅速做出重大的、复杂的决策,并有效地实施决策,至少在经济政策领域是如此。"③

在笔者看来,政府决策活动具有双重性:一则任何社会治理的战略、方针和具体措施的出台无不通过决策而实现;二则决策过程本身既是管理对象也反映了所在组织的属性。或许在这一意义上,西蒙的"管理即决策"之论更让人深思。因此,中国政府的决策研究是理解中国现象或中国模式不可或缺的视野。

由此可见,研究真实的政府决策过程,是理解中国、解释中国、提升中国的重要学术视野。

二 政府决策内在机制的探析与反思

研究中国政府决策机制的总体目标是,描述中国政府决策的行为规律,解释中国式管理,提高国家治理水平。围绕此,有这样几个具体学术任务。

(一) 中国政府决策真实过程描述

在静态层面,描述中国政府决策的体制与制度状况,探析相关因素;在动态层面,探析政府决策的作用机制、演化路径与资源利用特

---

① [美]赫伯特·西蒙:《管理行为:管理组织决策过程的研究》,杨砾、韩春立、徐立译,北京经济学院出版社1988年版,第31页。

② 西蒙的"决策"含义是较宽泛的,在很多时候其"决策"等同于"管理"。决策是西蒙分析问题的视野或前提。如此,才能理解西蒙的思想。参见 B. R. Fry, Herbert A. Simon, "A Decision-making Perspective", in B. R. Fry (ed.), Mastering Public Administration: From Max Weber to Dwoight Woldo, Chatham, NJ: Chatham House Publishers, 1989, pp. 181-217。

③ Francis Fukuyama, "Why China Does Capitalism Better than The U. S.", Time, Vol. 3, 2011.

征，得出政府决策的生态学解释；在特征上，探析中国政府决策者制度和相关者的个体和群体特征；基于上述过程实证描述，提炼核心理论问题，形成政府决策的个体、群体、政府组织层面的决策理论。

（二）政府决策质量管控

政府决策是实践性问题。决策意味着以现在的知识对未来进行判断与行动选择，存在天然的不确定性。政府决策失误即是这方面的后果体现。世行报告显示，中国"七五"和"九五"期间，投资决策失误率大约为30%，资金浪费损失在4000亿元到5000亿元。依据《中国统计年鉴》（2005年、2006年），"十五"期间，公共决策的失误每年估计都达1000亿元人民币左右。516项由国债投资建设的项目中有136项未能按时完成，占到1/4。[①] 可见，政府决策失误问题是极大的社会和经济问题。

政府决策总是由人做出的，从有限理性理论看，政府主导的公共决策问题是非结构性的，不同人有不同的可接受度，加之多元主体的价值—事实复杂性，政府出台的政策既不可能得到所有人赞同，也可能与现实有差异。而决策者往往是怀着良好动机制定政策，把自己偏好的可接受当作唯一满意解，自以为惠及全民，但民众却不接受，由此引发诸多政治、经济、社会、文化问题。这就是说，政府决策永远都存在问题，因此，如何提高政府决策的质量，提高政府决策的共识程度，是政府决策管理的天然问题。

针对政府群体决策存在的问题，相关的应用研究是：

第一，什么是好的政府决策？

第二，如何在政府决策的形式程序上对政府决策进行质量管控？

上述理论和应用目标，构成了本书的学术任务。

---

① 殷耀、黄豁、叶建平：《决策失误的调查报告》，《检察风云》2011年第9期。

第二章

决策研究状况与可能突破的视野

政府决策属于组织行为性质，它既是决策者个体的，也是群体的，更是组织的。以中国政府决策真实过程描述、机制概括为研究任务的理论构建，自然应以这几个层面的理论知识为基础，因此，有必要对决策研究进行全面但概括性的回顾，透视其不足，形成自己的研究视野。

一 决策与政府决策

决策有很多定义，大致可以分为狭义和广义两种界定方式。狭义看，决策即在几种行为方案中做出抉择。从广义看，决策包括在做出最后抉择前后所必须做出的一切活动。管理的决策理论代表人西蒙把决策分为情报、设计、选择和评价四个阶段。决策的心理学操作定义为，是人们（及其他有机体或机器）基于愿望（效用、个人价值观、目标、结果等）和信念（期望、知识、手段等）而选择行动过程的现象。决策包括三个有机成分：行动过程，包括选项及备选方案；对事物客观状态、过程、事件的信念（包括结果状态及达到的手段）；描述行为选择结果的愿望、价值观或效用。好的决策标准是，在给定的环境下选择可以应用的、有效达到决策者目标的选择。[1]

"政府决策"，顾名思义是由政府做出的决策。汉语中的"政府"一名，源于唐宋时期的"政事堂"和"二府"的合称。唐宋时中央机关机

---

[1] Hastie, R., "Problem for Judgment and Decision Making", *Annual Review of Psychology*, Vol. 52, Issue 1, 2001, pp. 653-683.

构为三省六部，即尚书省，下设吏部主管行政事务；中书省起草政令，实为秘书班子；门下省掌管出纳和常命，有审查诏令权力。唐朝为提高工作效率有时将中书省和门下省合署办公，称为"政事堂"。宋代将"政事堂"设于中书省内，称为中书。宋初年还设立枢密院，主管军事。中书省和枢密院并称为"二府"。"政事堂"和"二府"合称即为后来的"政府"。现代意义上广义的政府被看成是制定和实施公共决策，实现有序统治的机构，泛指各类国家公共权力机关，即通常所谓的立法机构、行政机构和司法机构等，代表着社会公共权力，是国家权威的表现形式。狭义上的政府是国家权力机关的执行机关，即一个国家政权体系中依法享有行政权力的组织体系。故而，政府决策可以理解为，国家行政机关在法定的权力和职能范围内，按照一定的程序和方法而做出的处理国家公共事务的决定过程。

政府决策与公共政策不是等同关系。《韦伯斯特词典》（*Webster's Dictionary*）对公共政策的表述为，经过审慎的决策和协调而选择的、有计划的管理行为路线。虽然公共政策还难以有公认的定义，但有几个明确的特征：公共政策为政府制定和启动，公共政策为公众解释和推动，公共政策是社会问题。广义看，公共政策过程指从公共政策问题确认到政策终结的过程，包括公共政策议程、公共政策方案、方案选择、方案合法化、公共政策执行、效果评估、方案进行的环节；狭义看，指从确认政策目标到抉择政策方案的过程。无论如何，公共政策是政策过程后的选择，即存在一个决策过程。在这个意义上，决策是公共政策的核心要素或环节，但不能与公共政策过程等同。

二　决策理论的范式与层次

决策的研究因不同的视野而形成了不同的范式，也因研究对象及其解释框架而形成了不同的层次。

从决策的学科范式看，形成了目前常见的三种解释范式，即逻辑的、统计的和启发式的。① 也有学者认为，决策研究可分为两大类：一类是经济学的规范理论（normative theories），指能够产生最好选择的决策，如期望效用理论（expected utility theory）；另一类是描述性的心理理论（descriptive psychological theories），即以各种启发式解释规范理论在现实中失效的情况。② 这些相关研究体现在数学、心理学、经济学、神经科学等。③④

这些范式是在决策研究的过程中逐步形成的。早期统计学家、逻辑学家对决策进行了基于理性认定的开创性研究，形成了统计决策理论和模型。⑤ 之后，决策研究先后出现了有限理性决策模型⑥、启发式决策模型⑦、生态理性决策模型⑧，等等。近来，自然情境性的决策研究为人强调。自然决策（naturalistic decision-making，NDM）是在真实世界中进行的，社会的、情感的和环境的因素被考虑进去，与经典决策（the classical decision-making，CDM）的实验室、典型化处理不同，自然决策更关注决策群体的互动，深度生态效果（indepth ecologically valid），适合用定性和定量方法进行研究。⑨

---

① Gigerenzer, G. & Gaissmaier, W., "Heuristic Decision Making", *Annual Review of Psychology*, Vol. 62, 2011, pp. 451-482.

② Lee, D. Seo, H. & Jung, M. W., "Neural Basis of Reinforcement Learning and Decision Making", *Annual Review of Neuroscience*, Vol. 35, No. 6, Dec. 2012, pp. 287-308.

③ Kissoon, N., Campbell, B. & Syed, N., "Does Your Organization Have Drive?", *Physician Executive Journal*, Vol. 35, Issue 2, Mar./Apr. 2009, pp. 30-33.

④ Connor, P. E., Becker, B. W., "Personal Value Systems and Decision-making Styles of Public managers", *Public Personnel Management*, Vol. 32, Issue 1, Spring 2003, pp. 155-180.

⑤ 熊卫：《经典决策理论的基础及发展》，《求是学刊》2007年第6期。

⑥ Simon, H. A., "Public Administration in Today's World of Organizations and Markets", *Political Science & Politics*, Vol. 33, Issue 4, Dec. 2000, pp. 749-756.

⑦ Peters, E., McCaul, K., Stefanek, M. & Nelson, W., "A Heuristics Approach to Understanding Cancer Risk Perception: Contributions from Judgment and Decision-making Research", *Annals of Behavioral Medicine*, Vol. 31, Issue 1, 2006, pp. 45-52.

⑧ Gigerenzer, G. & Gaissmaier, W., "Heuristic Decision Making", *Annual Review of Psychology*, Vol. 62, 2011, pp. 451-482.

⑨ Patel, V. L., Zhang, J., Yoskowitz, N. A., Green, R. & Sayan, O. R., "Translational Cognition for Decision Support in Critical Care Environments: A Review", *Journal of Biomedical Informatics*, Vol. 41, No. 3, Jun., 2008, pp. 413-431.

决策研究中因决策主体差异而有不同层次，即个体、群体和组织层次。大量的研究是以个体为研究对象的，这在统计学和心理学的研究中尤为突出，即使研究群体或组织问题，也相关性地化约为个体决策过程，而管理学、公共管理和政治学则倾向于从组织层面来解释。显然，因所关注的决策主体不同，形成的理论特性不同。这从字面上看，都是讨论决策，但似乎各无关系。由此也可以看出，不同层次的决策研究如何有机贯通，是决策研究需要关注的问题。

三 个体决策的理论

这一层面的决策研究以个体为研究对象。目前决策理论中，大量属于这个层次，其中有代表性的理论有以下几个。

（一）理性最大效用理论

这是最早，迄今仍最有影响力的决策理论，在统计学和心理学中仍占据优势，也是决策研究潜在的指导性原则。

随着近代西方理性思想的确立，"人"逐步被理解为理性的、能够实现个人利益最大化的有机体。这一理解伴随西方文化近现代的强势而扩展到世界其他文化。亚当·斯密在其《国富论》中对人有三个推论，人是"自利"的，人是"理性行为"的，良好的法律和制度可以使追求个人利益最大化的自由行动者卓有成效地增进社会的公共利益。这成为现代早期政治学、经济学、心理学等的理论基石。[1]

基于人的理性认知，形成了决策的理性最大效用理论。其基本思想是：第一，人是理性的、前瞻的，追求最大效用的。人是有最大利益追求的主体，有精明计算心智的能力，是可以控制非理性的欲望和偏见的。人在决策时，总是面向未来，理性地收集信息、分析信息，然后按照最大效用原则做出决策。第二，确定论的世界观，认为事物发展是确

---

[1] [美]赫伯特·西蒙：《管理行为：管理组织决策过程的研究》，杨砾、韩春立、徐立译，北京经济学院出版社1988年版，第31页。

定、不变的，机制的，是可以预测和把握的，人的偏好也是恒定的。第三，信息是充分的。认为信息是可以完整获得的，且人能够对所有信息和结果进行全面的理解与把握。

基于这些基本的认定，在统计学家、逻辑学家推动下，早期决策理论形成了统计决策性质的期望效用理论。如冯·诺伊曼和摩根斯顿的期望效用理论与萨维奇（Savage）的主观期望效用理论。他们认为，决策要同时考虑收益和获得收益的概率，前者是客观概率而后者是主观概率。决策者会选择二者乘积值最大的方案。后来，阿罗和德布鲁（Arrow and Debreu）将其吸收进瓦尔拉斯均衡的框架中，成为处理不确定性决策问题的分析范式。这一理论假定决策者的偏好是固定不变的，决策者理性地对可能发生事件的概率做出估计，然后对其决策产生的后果做出预期，遵循统计学的基本原则对所有可得信息进行分析处理，达到最终的最大效用抉择。①

传统的期望效用理论为学者不断发展，如卡内曼（Kahneman，1978）提出主观权重效用（Subjectively Weighted Utility，SWU）的概念，他用决策权重替代线性概率，这可以解释阿莱悖论和共同比率效应，即人在决策时，对结果确定的现象过度重视的现象。但不能解释优势原则的违背。卢姆斯和瑟顿（Loomes and Sudgen，1982）所提出的"后悔模型"，引入了一种后悔函数，将效用奠定在个体对过去"不选择"结果的心理体验上（放弃选择后，为不佳结果感到庆幸，放弃选择后，为更佳结果感到后悔），分别发展为前景理论和"后悔理论"。

前景理论是心理学及行为科学的研究成果。"前景理论"由卡尼曼和沃特斯基提出，通过修正最大主观期望效用理论发展而来。它假设风险决策过程分为编辑和评价两个过程。在编辑阶段，个体凭借"框架"（frame）、"参照点"（reference point）等采集和处理信息；在评价阶段依赖价值函数（value function）和主观概率的权重函数（weighting function）对信息予以判断。价值函数是经验型的，它有三个特征：一是大多数人面临获得时是风险规避的；二是大多数人面临损失时是风险偏爱的；三是人们对损失比对获得更敏感。这样，人们在面临获得时往往不

---

① 熊卫：《经典决策理论的基础及发展》，《求是学刊》2007年第6期。

愿冒风险；而在面对失去时会容易冒险。损失时的痛苦感要大大超过获得时的快乐感。此理论引申的四个基本结论：确定效应，处于收益状态时，多数人是风险厌恶者；反射效应，处于损失状态时，多数人是风险喜好者；损失规避，多数人对损失比对收益敏感；参照依赖，多数人对得失的判断往往由参照点决定。简言之，人在面临获利时，不愿冒风险；而在面临损失时，人人都成了冒险家。而损失和获利是相对于参照点而言的，改变评价事物时的参照点，就会改变对风险的态度。

后悔理论的核心思想是，决策者会对自己所处的现实状况与可能处于的状况进行比较，如果决策者发现自己选择其他方案可以得到更好的结果，那么内心可能会感到后悔；反之，就会感到欣喜。因此，当面临新的选择时，决策者会回忆自己之前的经历，形成可能面临的后悔或欣喜的预期。故而，决策者的决策受两个因素影响：备择对象所能获得的结果和后悔或欣喜的预期。[①]

（二）有限理性理论

有限理性学说（bounded rationality）是诺贝尔获奖者赫伯特·西蒙提出的。该理论对当代管理学、政治学、经济学、心理学等有重大影响，不同学科对其思想表述有所不同。赫伯特·西蒙的基本观点是，决策是管理核心，有限理性的决策标准是满意原则。这是建立在其相关研究之上的。他认为：（1）人类的理性行为为任务环境（task environments）和运算能力（the computational capabilities）结构所决定，故而，研究决策问题，应从问题结构和人的特征来分析。（2）人是有限理性的。人因经历和能力限制，不能对所有环境信息、所有行动过程、所有行动结果、所有行动偏好有全面的估计和判断，人的计算能力也是有限的。人有理性，但理性是有限度的。（3）生活和管理中的所有问题可分为两类：一类结构良好，可用有限多的规则概括所有或大部分要素间的联系。这类问题可称为算法问题，存在唯一满意解（satisfactory solution）。微观经济学中经济人决策模式即适合这类问题。另一类没有统一结构，或者说非结构化或结构化程度低。由于决策者在决策过程中不可

---

① 张顺明、叶军：《后悔理论述评》，《系统工程》2009年第2期。

避免地要受到其个人素质的局限，包括价值观、经验技能、知识深度、对决策目标的了解程度以及信息的沟通、资料的完备程度，甚至个人偏好的影响。因此，决策的正确性具有相对的意义。这类问题可称启发式问题，只能寻求某种可接受解（acceptable solutions）。（4）解决问题过程中的价值判断和手段选择。价值与事实、目的与手段是问题解决难以分离的影响要素。西蒙认为，以往的经济学往往只注重研究决策结果的合理性问题，忽视决策过程本身的研究。为此，西蒙提出决策的分解、价值判断和手段选择。（5）解决问题，不完全有最优化，而只有满意化。如果任务是高结构化的（highly structured），任务指向的启发式就很有效果，如线性代数的系统算法。然而，当任务（task domain）是很少结构性的，或者结构是不可知的，则必须使用所谓的弱方法（weak methods）。在这样的情况下，经验就很有用。其中之一是满意使用经验（satisfying-using experience），建构解决问题的期望，进而寻求达到这个期望的方法。（6）解决问题的方式不仅是计算与推理，还是启发式的。情境中的突出特征（salient features）诱发了过去的经验，从而使决策表现出再认（recognition）、经验法则（rule of thumb）等启发式方式。[1] 现实中的决策往往通过再认、启发式寻找（heuristic search）、模式识别（pattern recognition）、推断（extrapolation）等方式进行。[2]（7）在有限理性看来，决策表现出意向理性原则（principle of intended rationality）、适应原则（principle of adaptation）、不确定原则（principle of uncertainty）、交换原则（principle of trade-offs）。[3]

在组织决策层面，赫伯特·西蒙强调组织因素对决策的作用。他认为，组织不仅塑造和发展了人的习性，还以组织的方式授权于某些人，使其有影响组织和他人的力量，组织的信息沟通结构确定了制定决策的信息环境。就组织决策而言，西蒙指出：（1）从过程看，决策由找出制

---

[1] Simon, H. A., "Proceedings of the American", *Philosophical Society*, Vol. 137, 1993, pp. 638-647.

[2] Simon, H. A., "Invariants of Human Behavior", *Annual Review of Psychology*, Vol. 41, Issue 1, 1990, pp. 1-20.

[3] Jones, B. D., "Bounded Rationality and Public Policy: Herbert A. Simon and the Decisional Foundation of Collective Choice", *Policy Sciences*, Vol. 35, Issue 3, Sep. 2002, pp. 269-284.

定决策的根据，找到可能的行动方案，在诸行动方案中进行抉择，对已选择的方案及其实施进行评价等环节构成。（2）从作用因素看，决策中是价值与事实、手段与目的交织而难以截然分离地对决策产生作用。（3）组织结构因素影响决策。组织目标，组织的正式结构与非正式结构，组织的领导、权威、群体、信息沟通、角色、组织认同等都会对决策产生影响。可见，有限理性的组织决策理论有突出的整体和动态特征。

（三）生态理性理论

在有限理性基础上，心理学出现了生态理性（ecological rationality）决策观念。吉仁泽（Gigerenzer）基于进化论思想，提出 ABC（Adaptive Behavior and Cognition）决策理论。

该理论建立在有限理性和生态理性基础上，认为人类和动物既不是非理性的，又不是纯理性的，有限理性可使他们在现实环境中做出快速而节俭性的判断和决策，这对人的生存已经足够。现实环境并不苛求人类和动物，也就是说并不要求人类和动物时时处处都做出最优化选择和决策，那种奢望通过无限理性实现最优化目标的经典理性论者反而是不合时宜的。他们对理性的最低要求是：能够与现实环境（包括自然和社会环境）的要求相匹配。这种理性被称为生态理性。由此，有机体是否有理性或其做出的判断和决策是否合理，应该用现实的外在标准来判断，而不是用经典理性论者所推崇的概率和统计标准来判断。人脑生物和社会进化使得人具备了一套心理捷径，即一套能够做出快速反应的工具，即适应性工具箱（adaptive toolbox）做出决策。他们发现这些心理捷径在做某些决策时非常有效。

虽然这些启发式用于解决不同的问题，但它们有共同的结构。首先，我们需要寻找环境中的信息和线索，然后据此做出决策。因此，启发式包括引导搜索的规则（search rule）。其次，必须懂得停止搜索，启发式也包括停止策略（stopping rule），即考虑到几条线索后就中止搜索。最后，必须做出决策（decision rule）。

基于生态理性的启发式决策类型有：基于无知的决策规则（如再认启发式）、单一理由决策规则（如最近启发式、最少化启发式）、排除规则（如排除归类法）及满意性规则（如抱负水准终止规则）。实验研究、计算机模拟、数学分析等证明，尽管这些决策是快速的、节俭的，但其成效并不比多元回归和贝叶斯模型等传统决策方法的成效差。[1][2]

四 群体决策的理论

群体决策（group decision making）是以群体为决策主题的决策过程。其代表性领域为管理学和政治学，对这一主题的研究，形成了不少理论。

（一）群体决策

群体决策指群体联合行动抉择过程。一般来说，群体决策效果要好于个体决策。但群体决策是复杂的过程，群体中的各方既可能为了共同利益而参与同一行动，也可能为不同利益而参与同一行动。[3] 群体决策中既存在着为组织利益牺牲个体现象，也存在着自私、个人目标和社会利益不一致、"搭便车"等现象。群体决策也会导致出现社会困境（social dilemmas）和组织惰性现象（social loafing）。

群体决策研究主要集中在群体决策能力与决策结果、决策规则优化、最佳群体结构和群体规模、领导在群体决策中的影响、群体成员互动与决策等方面。[4]

群体决策研究可以追溯到法国数学家博尔达（Borda）于1784年关于选举制的论文以及孔多塞（Condorcet）于1875年发表的陪审团定理，但群体决策作为明确的概念则是在1948年由D. 布莱克（Black, D.）

---

[1] 刘永芳:《快速节俭启发式——相关争议与简短评论》,《心理科学进展》2009年第5期。

[2] Gigerenzer, G. & Gaissmaier, W., "Heuristic Decision Making", *Annual Review of Psychology*, Vol. 62, 2011, pp. 451–482.

[3] 李武、席酉民、成思危:《群体决策过程组织研究述评》,《管理科学学报》2002年第2期。

[4] Kameda, T., Tsukasaki, T., Hastie, R., Berg, N., "Democracy under Uncertainty: The Wisdom of Crowds and the Free-rider Problem in Group Decision Making", *Psychological Review*, Vol. 118, No. 1, Jan. 2011, pp. 76–96.

首次提出。① 阿罗（Arrow，1951）提出了著名的不可能性定理，从数学上证明了给定一些合理性条件，没有任何一种决策过程是公正的。西蒙和马奇对组织管理中的决策问题进行了富有成效的研究。20 世纪 70 年代后，群体决策研究沿两条途径进行：一是心理学家以试验方法，分析群体相互作用对偏好转移的影响；二是对个体偏好进行数量集结。群体决策研究主要集中在公平与效率问题、决策权测评与配置问题，形成了群体偏爱分析、群体排序规则、群体效用理论、偏爱展示理论、群体偏差度分析、对策型群体决策、群体多目标决策以及群体决策支持系统等领域。20 世纪 80 年代后，有数学工作者加入该领域研究趋势，形成群体决策的不同数学模型。近年来，群体决策在经济学上有很大进展。② 目前，群体决策研究存在的问题是，注重专家判断和信息集结方法，忽视组织结构对群体决策的影响；规范性研究与描述性研究难以一致；公平原则与效率原则无法统一；群体决策的理论研究无法与实际很好结合。就研究方式看，大多数群体决策研究是在有控制的实验条件下进行，缺少真实、自然背景下的决策研究。③

群体决策的心理行为研究，一直是群体决策研究的重要层面或领域。其中社会心理、组织心理有大量的研究。群体决策研究如同个体决策研究趋势一样，日渐转向真实自然情境中（naturalistic decision making, NDM）。在群体决策研究问题上，群体绩效及群体决策（group performance and group decision making）是主要领域。研究发现，群体决策常常不能达到最优绩效，表现出所谓的过程丢失现象（process loss），许多研究表明，群体绩效表现出亚优化（suboptimality）。群体决策中出现诸如证实偏差（confirmation bias）、过度自信（over confidence）、群体极化效应（group polarization effects）、集体信息共享偏差（collective information sharing bias）、常识效应（common knowledge effect）、互相促动效应（mutual enhancement effect）等群体影响现象。

---

① 李武、席酉民、成思危：《群体决策过程组织研究述评》，《管理科学学报》2002 年第 2 期。

② Cardella, E. & Chiu, R., "Stackelberg in the Lab: The Effect of Group Decision Making and 'Cooling-off' Periods", *Journal of Economic Psychology*, Vol. 33, No. 6, Dec. 2012, pp. 1070–1083.

③ 丛艳、朱永杰：《群体决策理论研究述评》，《经济师》2007 年第 2 期。

群体决策的一个突出领域是高层管理团队的群体决策研究。自汉布里克和梅森（Hambrick and Mason, 1984）对高层管理团队（top management team, TMT）的组织行为进行开创性研究以来，在高层管理团队内涵、高层管理团队构成特征、高层管理团队过程和高层管理团队绩效等方面有诸多研究。① 在企业高层团队决策研究方面，研究表明，高层群体互动对组织决策至关重要。群体不仅会对个体产生影响，而且团队本身作为整体会表现出新的特质，通过对决策程序进行组织资源和组织设计来实现。TMT 具有整体式的元结构（meta construct）特征，这既是团队整合的方式，也是领导行为产生的关键。高水平的团队是通过互动，参与决策进行组织管理的。② 当然，团队中是合作与竞争并存。合作与竞争理论（Theory of Cooperation and Competition）③ 表明，复杂性 TMT 能够通过两类认知过程——差异化（differentiation）和整体化（integration），处理探索与消除冲突。④⑤ TMT 团体相互作用，会形成整体的认知地图，称为主导逻辑（dominant logic）。TMT 群体的社会过程、人格、权力、政治过程影响了群体知识水平。⑥ 总体而言，TMT 团队决策方式常见有：社会决策图式（social decision scheme, SDS）、信息取样模型（information sampling model）、项目排序任务（ranking item task）以及组织中以安全优先的团队（safety priority team）。影响团队决策的因素为外

---

① 鲁倩、贾良定：《高管团队人口统计学特征、权力与企业多元化战略》，《科学与科学技术管理》2009 年第 5 期。

② Carmeli, A., Halevi, M. Y., "How Top Management Team Behavioral Integration and Behavioral Complexity Enable Organizational Ambidexterity: The Moderating Role of Contextual Ambidexterity", *The Leadership Quarterly*, Vol. 20, No. 2, 2009, pp. 207–218.

③ Chen, Y. F. & Tjosvold, D., "Participative Leadership by American and Chinese Managers in China: The Role of Relationships", *Journal of Management Studies*, Vol. 43, Issue 8, Dec. 2006, pp. 1727–1752.

④ Carmeli, A., Halevi, M. Y., "How Top Management Team Behavioral Integration and Behavioral Complexity Enable Organizational Ambidexterity: The Moderating Role of Contextual Ambidexterity", *The Leadership Quarterly*, Vol. 20, No. 2, 2009, pp. 207–218.

⑤ Friedrich, T. L., Vessey, W. B., Schuelke, M. J., Ruark, G. A. & Mumford, M. D., "A Ramework for Understanding Collective Leadership: The Selective Utilization of Leader and Team Expertise Within Networks", *The Leadership Quarterly*, Vol. 20, 2009, pp. 933–958.

⑥ Bennett III, R. H., "The Importance of Tacit knowledge in Strategic Deliberations and Decisions", *Management Decision*, Vol. 36, Issue 9–10, Nov.–Dec. 1998, pp. 589–597.

部环境稳定、任务信息一致性、沟通等方面。① 群体成员的差异性对群体决策同时有正面或负面作用。②

（二）团体思维

团体思维是群体决策一个异常现象，也有人翻译为团体迷思（Group-think），指在决策过程中，由于团体成员倾向于将自己的观点与团体一致，从而不能客观分析对象，导致严重负面后果的团体决策现象。

一般认为，团体思维最早由美国心理学家詹尼斯（Irving Janis）于1972年提出。但威廉·萨菲尔（William Safire）于2004年8月8日在《纽约时报杂志》撰文指出，团体思维一词实为威廉·H. 怀特（William H. Whyte）于1952年在《财富》杂志首先提出。詹尼斯对团体思维的定义为一种思考模式，团体成员为维护团体的凝聚力、追求团体和谐共识，而不能现实地评估其他可行办法的过程。詹尼斯通过研究猪猡湾事件、偷袭珍珠港事件、朝鲜战争、越战、古巴导弹危机、水门事件等美国外交决策事件，参照各个事件的环境、决策过程、决策结果，归纳出团体思维的模型。它包括八项诱发的前置因素、八项表现形式及七项对群体决策过程及结果的影响。八项诱发因素：（1）群体高度凝聚力，成员有高度的同质性，有一个很强势的领袖，使之相同的观念和风格为大家接受；（2）群体隔绝外界信息与分析；（3）命令式领导；（4）决策规范缺乏条理；（5）群体成员背景和价值观的相似性；（6）组织突然面临外界强大压力；（7）团体没有信心寻求比领导所提出的更好的方案；（8）成员自尊心低落。群体思维的根本原因：一是群体压力，即群体因各种原因，心理上组织异议，使全体一致。二是因外部压力如时间压力导致的全体一致。八项表现形式：（1）无懈可击错觉。群体过分自信和盲目乐观，忽视潜在的危险及警告，意识不到决策的危险性。（2）集体合理化。通过集体将已经做出的决策合理化，忽视外来

---

① 蒋丽、于广涛、李永娟：《团队决策及其影响因素》，《心理科学进展》2007年第2期。
② Rijnbout, J. S. & McKimmie, B. M., "Deviance in Organizational Group Decision-making: The Role of Information Processing, Confidence, and Elaboration", *Group Processes & Intergroup Relations*, Vol. 15, No. 6, Nov. 2012, pp. 813-828.

的挑战。将时间花在如何将决策合理化上，而不是重新对它们进行审视和评价。(3) 对群体道德深信不疑。成员相信群体所做出的决策是正义的，不存在伦理道德问题。(4) 对外偏见，认为任何反对他们的人或者群体都是邪恶和难以沟通协调的，故不屑与之争论；或者认为这些人过于软弱、愚蠢、不能够保护自己，认为自己群体既定的方案会获胜。(5) 对异议者施加压力。对于怀疑群体立场和计划的人，群体总是立即给予反击，但常常不是以证据来反驳，取而代之的是冷嘲热讽。为了获得群体的认可，多数人在面对这种嘲弄时会变得没有主见而与群体保持一致。(6) 自我审查。对于议题有疑虑时总是保持沉默，忽视自己心中的疑虑，认为自己没有权力去质疑多数人的智慧。(7) 全体一致的错觉。群体的意见看起来是一致的，并由此造成群体统一的错觉。表面的一致性又会使群体决策合理化，甚至可以使很多荒谬、罪恶的行动合理化。(8) 心灵守卫（mindguards）。某些成员会有意扣留或隐藏那些不利于群体决策的信息和数据，或者是限制成员提出不同意见，以此来保护决策的合法性和影响力。[①]

保罗·哈特（Paul't Hart）把詹尼斯的集体思维传统用在政府管理中。[②] 他把集体思维理解为，"拥有重大项目或者政策决定权的高层小团体运作中的错误"的行为，给出集体思维的特征：小组很小；小组相当清晰地确定下来，是一群"圈内人"；小组以组长为基础，有高度集中的决策模式；小组关心的安全漏洞或者其他限制导致它高度评价秘密进行；小组在巨大的压力下行动；小组做出具有极大风险的决策，涉及巨大的利害关系和可能危险；小组在处理非常迫切和紧迫的议题；小组的糟糕信念与手头要决策的内容有具体关系；糟糕信念很肤浅，它们不是关于身份认同问题的；最终承认缺陷的潜力往往存在。帕克（Park, 1990）回顾了相关的文献发现，大部分报告只部分支持贾妮斯的理论假设。贾妮斯团体思维理论应当被修正，甚至应为更普遍的团体决策模型

---

① James K. Esser, "Alive and Well after 25 Years: A Review of Groupthink Research", *Organizational Behavior and Human Desion Processes*, Vol. 73, Nos. 2/3, 1998, pp. 116-141.

② Paul't Hart, *Groupthink in Government: A Study of Small Groups and Policy Failure*, Baltimore: Johns Hopkins University Press, 1994.

所替换。①

(三) 群体分散

明茨、米夏尔和莫拉格（Mintz, Mishal, and Morag）提出了与群体思维相反的一种消极群体决策类型。他们称之为 Polythink，指对相同决策问题、目标和解决方法的多元认知而导致无法获得共识，其原因是决策群体因在理解决策问题上的方式不同而无法达成共识，导致无法最后决策。其决策结果是：导致有缺陷的、次优的决策；有限地评估备选方案、目标和风险；选取有用的信息；决策中的无力或无能。

他们给出了 Polythink 与群体思维特征类似的特征：第一，较大群体冲突的可能性；第二，较大泄密可能性；较小的以一个声音发表意见的可能性；更大的框架效应可能性；没有错误的余地（no room for errors）；最低公约数的采用；因群体意见多样而扩大愿景。②

五 政府决策的理论

政府组织是政治的，也是行政的。政府的政治性说明政府天然受政治体制的影响，受国家制度制约；政府的行政性说明政府以效率追求为天然原则。政治性和行政性统一的政府，表现出多面性。不同面向的解释，构成了政府决策的诸多维度。代表性的维度与理论体现在如下方面。

(一) 组织过程理论

组织过程模式（Organizational Process Model）类似于控制论的观点，认为决策是组织的产出，而组织是标准化的程序过程，是基于组织内常规运作程序的一种机械的或半机械的过程的产物。组织过程模式的特点

---

① Esser, J. K., "Alive and Well after 25 Years: A Review of Groupthink Research", *Organizational Behavior and Human Decision Processes*, Vol. 73, Issue 2, Feb.-Mar. 1998, pp. 116-141.

② Steven B. Redd and Alex Mintz, "Policy Perspectives on National Security and Foreign Policy Decision Making", *Policy Studies Journal*, Vol. 41, Issue S1, Apr. 2013, pp. S11-S37.

如下。

首先，决策的主体是政府内部组织。在一个分权式的政府中，政府领导人与相关的行政部门在一个封闭的组织系统中进行决策。政府决策按照正规运作程序（SOP），其间的关键角色是各种行政组织，而不是最高决策人。大多数行政组织相对于最高决策人来说具有一定的自主权。在这种模式里，政府涉及外交事务的行政部门在各自的领域里按照既定的 SOP 自动采取对应措施，而最高决策者所做的只是顺应各个组织的请求做出应有的回答，或者在必要时调整政府内各组织之间的关系。在这一模式中，最高决策者在决策中缺乏主体性，对外政策实际上成为那些涉及外交行政事务组织的一系列具体对外政策的总和。

其次，政策的内容是由政府内部各组织所具备的 SOP 所决定的。由于根据事先确定的 SOP 进行决策，就必然导致重视前例的倾向，而决策一旦形成，又会有很大的惯性和延续性。久而久之，就容易陷入渐进主义，即 t 点时做出决定能够预测 $t+1$ 时将做出的决定；而 t 点时所作的决定又可从 $t-1$ 时的决策中找出原因。这就导致各组织的成员日复一日地干着几乎同样的事，当今的许多决策和对外政策都反映出多年积累下的官僚习气。

再次，各组织之间必然要发生激烈的竞争。由于每一个行政组织都试图在推进自己的组织使命、职业角色和常规运作程序方面有所建树，并捍卫自己的组织利益，因而各组织之间必然要发生激烈的竞争。因此，由行政机构控制的决策过程可能不仅会使对外政策不太具有内聚力，还可能出现彼此对立的政策。[①]

（二）官僚政治理论

官僚政治模式（Bureaucratic Politics Model）则是从政府内各个成员的活动为着眼点进行分析，描述的是一种既非集权又非理智化的决策过程。它基于一种多元的、权力分散的决策环境。

官僚政治模式，也可称为政府内部政治模式（Governmental Politics Model）。其中心假设是，政府决策时政府领导人及其在不同的官僚机构

---

① 冯玉军：《对外政策研究中的决策理论》，《世界经济与政治》2000 年第 2 期。

中的代表们相互竞争、讨价还价的结果。由于参与决策的每个人都有不同的目标，而又没有一个权威来控制整个决策过程，因此整个决策程序围绕着决策者彼此间的竞争和妥协来进行。

官僚政治模式中关键性的命题是：地位决定立场（where you stand depends on where you sit）。每个决策者大都关心国家安全利益、组织利益、国内政治利益和个人利益，每位决策者都想推进这些利益。但与合理选择理论不同，决策结果不是依靠决策者对这些利益的理性权衡，而是与其他成员的周旋。决策者依据自己的地位来决定自己的政治立场，比如国防部长首先关心国家安全利益，外交部部长优先考虑与他国的关系，而最终的决策结果则取决于各成员的地位权限和有效使用这种权限的能力。

在现实的对外决策中，决策单位往往是具有高度内聚力的小集团，它存在着以下一些弱点：（1）小集团内部有趋向同一的自然趋势，使决策者丧失了多种方案的选择机会。（2）小集团往往过于重视自己机构的组织利益，并试图与其他官僚机构保持距离，因此它们的情报研究工作总是不够全面。（3）小集团内部协调一致和集体精神的需要，导致决策者们刻意追求意见统一，往往排斥于己不利的情报，忽视对可能出现的意外的预测。因此，小集团思维最终限制了对各种行动方案的客观评判，压制了自由讨论，影响了决策者们对情报的准确掌握和对问题的正确定性。[①]

（三）渐进决策论

西蒙强调，政治科学要理解权力如何最大限度地与民主体制一致。在戴伊和齐格勒看来，国家政策只反映盛行于精英中的价值观，是精英决定的。由于精英们在社会制度的基本准则等方面意见一致，只是在很少一些问题上有分歧，国家政策的改变是缓慢的。奥斯特罗姆（Ostrom）试图整合认识科学研究成果，在个体、个体集合及制度结构和规则下研究公共资源的群体决策机制。布坎南则以"经济人"为出发点，探讨在政治领域中经济人行为是怎样决定和支配集体行为的。他认为，

---

① 冯玉军：《对外政策研究中的决策理论》，《世界经济与政治》2000 年第 2 期。

人们在政治活动达成协议、协调冲突、制定规则无不建立在自愿的基础上，因而类似市场中的交换，把其理解为一个在解决利益冲突时进行交换达成协议的过程。

这方面有代表性的理论是"渐进决策论"。林德布洛姆（Lindblom）认为，政策认知和决策是充分意识到的理性过程，政策有时是决策者之间政治妥协的产物。政策有时来自新的机会，根本不是来自"问题"。政策有时并不是决定的，而是发生的。这一理论是直接针对理性决策理论的缺陷，从"决策实际上如何做"而不是"应如何做"的角度出发而提出的。[①]

"渐进决策论"的基本主张为：

第一，对决策中的理性有不同的理解。传统的理性决策要求先有一个既定的问题，然后清晰地制订方案、选择方案和实施方案等。然而"渐进决策论"认为，在实际生活中，决策者面临的问题并非完全既定。即使面对既定问题，不同的人往往有不同看法，从而无法完全准确地界定问题。决策过程中的目的和手段分析也不是清晰万能的，而是有局限的。对一项复杂的决策而言，分析永远是无穷的，有时甚至还会造成错误。同时，由于受到时间和费用的限制，决策也不可能无止境地分析下去。决策还会受到个人价值观的影响，仅依靠理性分析并不能很好地解决问题。"好"的政策是"同意"性的，而不是最恰当的目的和手段性的。

第二，在渐进决策看来，政策的制定是在过去经验的基础上，经过逐渐修补的渐进过程来实现的。政府决策不仅是个体决策的，而且是与公共政策的方方面面有密切联系的整体过程，个体决策也影响着组织中的其他决策。

第三，强调质量转换。渐进决策看上去似乎行动缓慢，但这是决策效果累积的过程，是量变到质变的过程。其实际变化的速度往往要大于一次重大的变革，通过变化的逐层累积，最终达到根本变革的目的。渐进决策步子虽小，却可以保证决策过程的稳定性，达到稳中求变的效果。渐进的方式也比较容易获得支持。

第四，决策的过程实际上是持续的比较过程。一些重要的可能结

---

① 丁煌：《林德布洛姆的渐进决策理论》，《国际技术经济研究》1999年第3期。

果、选项、价值观可能被忽略。但这些可以通过持续比较而矫正。通过在不同时间、条件下的不同方案的持续比较，最后得出"好的"决策。[1]

（四）多元启发理论

政治—启发决策理论（poliheuristic theory of decision making）或译为多元启发（poliheuristic）由从事外交研究的专家提出。从语义看，该词是复合词，由前缀 poly- 和 heuristic 构成。poly- 有两层意思，一指多元（many），另一指政治（politics）领域，故似有两种译法：一为多元启发理论，一为政治—启发理论。因为 Heuristic 则有"捷径、启发性"意思，通常翻译为"启发"，即决策者用启发式的方法解决处理大量信息，进行决策的现象。故从其理论实质看，译为政治—启发理论更为贴切。

该理论认为，决策有两个阶段，第一阶段为认知阶段。在这一阶段，决策者采用的是基于维度（demension-based）原则和非补偿性（noncompensatory）原则进行。所谓基于维度原则，指决策者会放弃在关键维度上不符合最低标准的方案，最主要的维度一般都是政治维度。而非补偿性原则指在重要维度上的低效用并不能用其他维度上的高效用来补偿，其他维度上的高效用并不能补偿重要维度上的低效用，否则就会放弃该方案。对外决策过程中，政治维度经常是非补偿性的，领导人对各个方案进行对比分析时，首要考虑的是这一方案是否会伤害到自己的政治利益，如果这一方案在政治维度上是低效用的，即便它在经济或其他维度上具有很高的效用，决策者也会放弃它。这点与理性选择理论形成鲜明的对比。不同政体形式下领导人的政治考虑是不一样的：（1）一党专政政府的领导人会排除那些不能够充分满足政党利益的方案。（2）个人独裁政府的领导人会排除那些不能满足保持自己政治地位的方案。（3）军事独裁政府的领导人会排除那些不能充分满足占统治地位的军事集团利益的决策方案。而影响决策者的国内政治维度的因素主要包括：第一，威胁领导者的政治生存；第二，公众对政策支持的急剧下降；第三，领导者的支持率显著下降；第四，选举前景暗淡；第五，对

---

[1] Chales E. Lindblom, "The Science of 'Muddling' Through", *Public Administration Review*, Vol. 19, No. 2, 1959, pp. 79-88.

现政权的内外威胁；第六，党内的竞争和敌对；第七，政治联盟或政治的瓦解；第八，国内示威、游行、暴动等。

第二阶段是理性选择阶段。在这一阶段中，决策者基于预期效用（expected utility）规则和词典编纂式（lexicographic choice）原则（即最重要维度上的最优化原则）对第一阶段所做出的方案集合进行理性的分析，选出最终的政策方案。预期效用规则的目的是对每个方案进行成本收益分析。词典编纂式原则指决策者从最重要维度内的方案中选择出一个效用最大的方案，实现效用最大化的目标。当一个方案在关键维度上经过评估而被采用时，决策过程便告一段落。

与其他理论相比，该理论的特征是：第一，非整体性研究（nonholistic search），它更多地运用启发式决策规则，在一个或多个标准的基础上采用或拒绝不合理的政策选择。非整体性研究的特点贯穿于决策的全过程。第二，基于维度的过程（demension-based process），指问题的特性影响决策者判定哪一个维度是关键的，决策者会放弃在关键维度上不符合最低标准的方案。一般而言，进入决策者考虑范围的维度有政治维度、经济维度、战略维度等，一般都将政治维度视为关键维度。第三，非补偿性决策原则（noncompensatory decision rules），指其他维度上的高效用并不能补偿重要维度上的低效用。对决策者而言，政治维度一般都是最重要的维度，如果在政治维度上的效用很低的话，这一方案仍会被排除在考虑范围之列。如领导人生存的威胁，政策的公众支持重大下跌，声望的急剧下跌，选举前景的成败，国内反对，对政权生存的威胁，政党内的敌对与竞争，政权面临的内部或外部挑战，联盟、政府或者政权潜在的崩溃，对领导人的政治权力、尊严、荣誉或合法性的威胁；示威、暴乱，存在被某种政治力量否决的可能（例如，政府议会中占多数的政党）。第四，满意行为（satisfying behavior）。由于高度复杂的环境、不完全的信息以及时间的限制，决策过程不可避免地具有不确定性和评估的复杂性，最终的方案很有可能不是效用的最大化，而只是令决策者相对满意的结果。决策者最终选取的方案并不是能够最大化自己利益的方案，而是寻求一个令人满意的或足够好的方案。第五，对排序敏感的研究（order-sensitive search）。理性选择理论的假定是，方案的变化及其排列顺序，不会对决策者的偏好产生影响。与理性选择模式的假定不同，多元启发理论则认为，方案排列顺序的变化在实际操作过程中会对决策者的偏好与选择产生很大影响。①②③

(五) 政策过程诸理论

与政府决策相关的公共研究领域是政策过程理论。政策过程 (policy process) 是指从政策问题提上议程、政策选择、政策执行、评估和反馈、政策修正或终止的相关问题发生过程。由于其长期性和复杂性，政策过程关涉派生诸多流程，如政策议题创始、预评、选择、执行、评估、终止。显然，政策过程包含了政府决策，政府决策是政策的要素之一。

但是，政策过程与政府决策不完全等同。首先，政府决策往往是政府的社会管理行为，主体是政府，而政策议程则要考虑立法、执行或社会舆论，其主体是社会相关的多部分的整合；其次，政府决策往往是行政执行决策，既包括对立法的执行，也包括自身的行政法规的决策，还有具体社会管理问题的决定，而政策过程则关注社会整体性的政策如何决定。

如今，政策议程是成熟的领域，有诸多的理论，代表性的有：拉斯韦尔提出的"阶段启发法"，认为"决策过程"（the decision process）有七个阶段：情报、提议、规定、合法化、应用、终止和评估。到20世纪80年代后期，"阶段启发法"受到了众多的批评，形成了诸多的替代理论框架。有代表性的是制度性的理性选择框架、支持联盟框架、多源流分析框架、间断—平衡框架、政策传播框架、大规模比较研究方法的因果漏斗框架和其他框架、权力竞技场、文化理论、建构主义者框架、政策领域框架。当然，还有一些其他的理论框架，如政策网络框架，等等。④

此外，管理学的垃圾箱理论（The Garbage Can Theory）也是从组织的视野对决策的解释，由詹姆斯·马奇（James March）、科恩（Michael

---

① 韩召颖、袁维杰：《对外政策分析中的多元启发理论》，《外交评论》2007年第12期。

② Steven B. Redd and Alex Mintz, "Policy Perspectives on National Security and Foreign Policy Decision Making", *Policy Studies Journal*, Vol. 41, Issue S1, April 2013, pp. S11–S37.

③ Jonathan W. Keller and Yi Edward Yang, "Empathy and Strategic Interaction in Crises: A Poliheuristic Perspective", *Foreign Policy Analysis*, Vol. 5, No. 2, April 2009, pp. 169–189.

④ [美] 萨巴蒂尔编：《政策过程理论》，彭宗超译，生活·读书·新知三联书店2004年版。

D. Cohen)、奥尔森（Johan G. Olsen）等人提出。

鉴于已有不少公共政策著作有详细介绍，这里就不展开介绍了。

六 中国政府决策的研究

中国政府决策研究，制度与宏观方面已有大量研究。1950年后，西方开始兴起中国政策过程研究的热潮。从五六十年代到90年代，以美国学者为主的西方学者的研究视角从精英、派系逐渐转向官僚组织，其政策过程的模式包括理性决策模型、权力斗争模型、讨价还价模型、各自为政模型、竞争性说服模型等。[①] 政府改革模式如"试点"制度[②]、中国地方公共管理改革参加[③]、中国公共管理的领导特征[④]，等等。[⑤]

[①] 薛澜、陈玲：《中国公共政策过程的研究：西方学者的视角及其启示》，《中国行政管理》2005年第7期。

[②] S. 海尔曼：《中国经济腾飞中的分级制政策试验》，《开放时代》2008年第5期。

[③] Li, L. C., "Decision-making in Chinese Local Administrative Reform: Path Dependence, Agency and Implementation", *Public Administration and Development*, Vol. 29, Issue 1, Feb. 2009, pp. 79-87.

[④] Pittinsky, T. L. & Zhu, C., "Contemporary Public Leadership in China: A Research Review and Consideration", *The Leadership Quarterly*, Vol. 16, No. 6, 2005, pp. 921-939.

[⑤] 研究中国政府的决策模式，历史的维度应是一个方面。这方面，庙算决策模式值得一提。"庙算"，一般理解为庙堂的策划，指朝廷的重大决策。传说这是春秋战国时期的战争决策方式——当遇到国家战事时，国君和大臣集中于祖庙，议于明堂，通过一定的仪式，拟定克敌制胜的战略方针，从而对战争全局进行指导。"庙算"决策突出表现在《孙子兵法·计篇》："兵者，国之大事，死生之地，存亡之道，不可不察也。故经之以五事，校之以计，而索其情。一曰道，二曰天，三曰地，四曰将，五曰法。道者，令民于上同意也。故可与之死，可与之生，而不畏危；天者，阴阳、寒暑、时制也；地者，远近、险易、广狭、死生也；将者，智、信、仁、勇、严也；法者，曲制、官道、主用也。凡此五者，将莫不闻。知之者胜，不知之者不胜。故校之以计，而索其情。曰：主孰有道？将孰有能？天地孰得？法令孰行？兵众孰强？士卒孰练？赏罚孰明？吾以此知胜负矣。将听吾计，用之必胜，留之；将不听吾计，用之必败，去之。计利以听，乃为之势，以佐其外。势者，因利而制权也。兵者，诡道也。故能而示之不能，用而示之不用，近而示之远，远而示之近。利而诱之，乱而取之，实而备之，强而避之，怒而挠之，卑而骄之，佚而劳之，亲而离之，攻其无备，出其不意。此兵家之胜，不可先传也。夫未战而庙算胜者，得算多也；未战而庙算不胜者，得算少也。多算胜少算，而况于无算乎！吾以此观之，胜负见矣。""庙算决策"重视决策谋划的重要性，给出了"庙算"的"五事七计"的庙算知胜决策模式。"五事"即"道、天、地、将、法"。"七计"即"主孰有道、将孰有能、天地孰得、法令孰行、兵众孰强、士卒孰练、赏罚孰明"，凸显了中国传统上根据条件而进行决策的辩证的决策思维。

近年来，中国学者努力从自己的实际出发，构建中国政府决策的理论。如"上下来去"的政策过程模型。宁骚认为，基于西方经验的政策过程模型难以真正揭示我国公共政策成功的动力因素。只有依据本土资源构建的政策过程模型，才有可能对当代中国的伟大决策实践有较强的解释力。以中国领导层制定与执行政策的思维和实践方式为原型，当代中国政策的社会认识过程是一个从"形而下"到"形而上"再到"形而下"的过程，政策的社会操作过程是一个"从群众中来，到群众中去"的过程，整体上把公共政策的运作过程概括为"上下来去"的模型。模型中的"上"，指的是主观、精神、认识、理论以及居于上位或核心地位的政策行为者；"下"，指的是客观、物质、实践、行动以及居于下位或外围地位的政策行为者。"上"与"下"是互动的，互动的路线和方向在政策的社会认识的过程中是客观—主观—客观（物质—精神—物质）、实践—认识—实践、个别——一般—个别；在社会操作的过程中是从群众中来，到群众中去，操作性程序是群众—领导—群众、民主—集中—民主、点—面—点。这两个过程中的上下互动都不是一次完成的，而是要经过无数次的循环往复。这一模型包含的两个过程和各过程内的两个阶段彼此互动，并分解为四个子模型：政策认识的实事求是模型、政策操作的群众—领导模型、政策操作的民主—集中模型、政策操作的试验模型。"上下来去"政策过程模型是由若干个亚模型组成的，如决策认识的真理性模型、群众—领导模型、个别——一般模型，等等。[①]

王绍光等通过新医改案例分析，提出中国政府的共识型决策模式。他们认为中国中央政府重大政策的决策模式已由过去的"个人决策"、"集体决策"转向一种民主化、科学化水平更高的"共识型决策"。"中国式共识型决策"模式有两大支柱，即"开门"与"磨合"机制。"开门"机制，同西方自由民主国家决策中主要由不同社会团体组织起来"闯进来"影响决策不同，除了"闯进来"之外，还有"请进来"和"走出去"，其中最关键的是"走出去"。"走出去"、调查研究、了解国

[①] 宁骚：《中国公共政策为什么成功？——基于中国经验的政策过程模型构建与阐释》，《新视野》2012年第1期。

情的优良传统，即在制定重大公共政策时，通过下基层、下一线，展开各种形式的调查研究，倾听民意，"摸透下情"，化解矛盾，使决策建立在实事求是的基础之上。各种意见也纷至沓来，如何既能够科学、民主地吸收合理意见和诉求，又能将不同的意见和偏好整合起来，最关键的还需要适时地终止不必要的纷争。现有体制在多主体、多层次、多阶段、多轮互动的群体决策过程中，有三种"磨合"方式："下层协商"，即决策部委之间的政策协商；"中层协调"，即各类横向部际协调和领导机构的协调；"顶层协议"，即集体决策，领导拍板。最终的拍板定案大都是在一系列高层会议程序中来实现的，如政治局会议、政治局常委会、国务院常务会，都是最强有力的政策整合和共识构建机制。在现行的西方体制下，重大国家决策的运作机制多采取"制衡"式，即决策权不仅被分割成若干部分，由不同机构分掌，而且使它们享有彼此否决的权力，形成相互牵制的局面，让其中任何一部分都不能独占优势。制衡的优势是防止独裁，但缺点是容易形成政策僵局：过多的否决点、过多的否决玩家，使整个决策过程支离破碎，便于特殊利益集团各个击破，劫持整个决策过程。与西方国家探索实行的"共识型"决策比较，中国在重大决策过程中通过涵盖整个体制的且不同层次的有效协调、协作和协议达至最广泛的共识，决策以民意和民心为旨归，这是超越西方国家"共识型"决策的重要一环。[①]

七 政府决策研究的挑战

传统的决策研究视决策为信息的综合判断，这种范式要么以最大理性为表征，要么以最佳选择为标准。尽管相关的解释框架有变化，但其背后的理性原则是明显的。[②] 然而，与现实中的决策比较，尤其是政府决策研究面临如下三个常见的问题。

[①] 王绍光、樊鹏：《中国式共识型决策："开门"与"磨合"》，中国人民大学出版社2013年版。

[②] Oppenheimer, Daniel, "Information Processing as a Paradigm for Decision Making", *Annual Review of Psychology*, Vol. 66, No. 1, Jan. 2015, pp. 277–294.

（一）"理论的"与"真实的"决策之间的分离

大多决策研究表现出还原的、理想的框架解释。从理性决策模型，到有限理性和启发型决策模型，再到生态理性决策模型，在决策心理过程上，从早期计算机隐喻下的图式理论（schema theory）、心理模型理论（mental models）视野，到强调直觉和偏差（heuristics and biases）的行为决策理论（behavioral decision theory），都是理论背景下的研究。

这些理论发现或理论总结无疑对于理解决策的机理有很大价值，但也显示了其理论典型化特征，即通过对现实中的决策的概括、典型化处理而解释，从而与真实决策发生的具体情况有隔离。

故而，目前的决策研究越来越走向真实的情境。如在决策群体方面，从注重领导本身（leader-centric）到背景性领导（contextual leadership），从静态向动态组织社会结构中考察，从注重宏观和微观（macro/micro）到介乎二者之间的 meso 考察，从背景—领导—下属—组织文化—环境因素互动中理解领导与团队决策。实践取向的理论（practice-oriented theorising），基于经验的路径（the experience-based approach）受到重视。[1] 经典决策模型（the classical decision-making，CDM）与自然决策（naturalistic decision-making）互为补充。[2] 真实环境中的实验或研究，利于寻找消除群体决策的决策心理效应的实际手段。[3]

真实的决策更是价值性的，当决策面对大量的信息，且时间有限时，价值观作用更大。由于人的存在的意义本质特征，人更多是二维性质的，即情感价值与理性工具心理的。[4] 价值观对群体决策的影响是通过优先原则方式。[5] 而高层领导方面，信仰作用（spiritual leadership）、

---

[1] Miller, S., Hickson, D. & Wilson, D., "From Strategy to Action: Involvement and Influence in Top Level Decisions", *Long Range Planning*, Vol. 41, No. 6, 2008, pp. 606–628.

[2] Patel, V. L., Zhang, J., Yoskowitz, N. A., Green, R. & Sayan, O. R., "Translational Cognition for Decision Support in Critical Care Environments: A Review", *Journal of Biomedical Informatics*, Vol. 41, No. 3, 2008, pp. 413–431.

[3] Marewski, J. N. & Schooler, L. J., "Cognitive Niches: An Ecological Model of Strategy Selection", *Psychological Review*, Vol. 118, No. 3, Jul. 2011, pp. 393–437.

[4] 景怀斌：《心理意义实在论》（第2版），暨南大学出版社2005年版。

[5] Connor, P. E., Becker, B. W., "Personal Value Systems and Decision-making Styles of Public Managers", *Public Personnel Management*, Vol. 32, Issue 1, Spring 2003, pp. 155–180.

伦理领导（ethical leadership）现象获得学术界重视与认可，下属的思想形式（mind-sets）作用也越来越得到认定。过去认为与认知无关的高度不确定性的意识形态（Ideologies），也被证明具有认知功能，起到了社会心理模型的共享框架（shared framework of mental models）作用，被认为是人们关于群体解释环境和环境应如何构建的心理依据，在决策中有极大作用。① 政治立场对于决策有明显影响。② 等等。

可见，解释真实的而不是实验室的决策机制是一个方向。

（二）个体范式与政府组织范式的隔膜

当前大量的决策研究是以"个体"为理论基点的。在大部分决策研究者看来，决策是个体的。但政府决策实际上是组织决策。组织中的个体与单独存在状态下的个体是有本质差异的。组织中的个体是具有他者效应，即受组织的制度、组织中他人的影响而不再是完全基于自己的判断来分析问题、做出决策。

在大部分决策研究者看来，决策是个体的，且主体上仍是理性人，是效益的最大化。即使所谓的决策的启发式过程（heuristic processing），也是以个体依据经验，直觉、自动化的判断过程。其核心是解释个体如何通过研判情境，通过直觉而不是通过各种选项的理性比对而进行决策。如著名的基于再认的决策（recognition-primed decision making）。该模型强调，人们之前的经验使人们形成了抽象的心理模型或原型，这是人们判断态势、设定优先级、确定相关信息、分析可能情况、确定行动方式的心理依据，经验使决策者过滤掉不重要的信息集中于那些有价值的信息。大量的研究表明，这个模式是普遍的③。等等。

政府决策而言，决策的维度不仅仅是最大效益问题。政府是基于上级政策和指导，对所辖区域社会、经济、文化发展方向和布局有相当自决性，直接进行广大区域社会管理的中层政府。政府的决策不仅仅是效

---

① Jost, J. T., Federico, C. M. & Napier, J. L., "Political Ideology: Its Structure, Functions, and Elective Affinities", *Annual Review of Psychology*, Vol. 60, 2009, pp. 307-337.

② Puvathingal, B. J. & Hantula, D. A., "Revisiting the Psychology of Intelligence Analysis: From Rational Actors to Adaptive Thinkers", *American Psychologist*, Vol. 67, No. 3, Apr. 2012, pp. 199-210.

③ Ibid..

益，还是社会的、政治的。由此，政府决策的过程就不再是单一的效益问题，而是多重标准问题。这提示，需要超越"理性"范式，在新的决策思维下来解释：政府如何对决策问题进行选择？其群体决策行为的总体过程和机制是什么？决策者以什么样的方式进行决策？其决策方式和方法的优势和潜在问题是什么？如何使政府提高决策水平？等等。

政府决策是更为组织化的组织。中华人民共和国政府由中央人民政府和地方政府构成。地方政府为省级、地级、县级和乡级四级为主与省级、县级和乡级三级并存。地方政府虽然不同于中央政府的全局性、政治性，也不同于基层政府的事务性、执行性，是基于上级政策和指导，对所辖区域社会、经济、文化发展方向和布局有相当自决性，直接进行广大区域社会管理的中层政府。无论是中央政府还是地方政府，由于中国是单一制国家，政府的运行原则和方式的同构性，具有政治性和事务性管理功能。中国政府组织实际存在"领导中心模式"。这既是领导模式，也是组织运作模式，还是组织管理模式。① 由此可见，政府组织的决策不再是个人的"自主"、"理性"判断，而是组织化的个人过程。这样，个体性的决策模式就不适合解释组织化的政府决策过程，需要新的决策模式来解释。组织决策的研究，应考虑涵盖"制度"变量为决策变量。

（三）静态截面与动态过程的紧张

大多的政府决策（过程）研究，重点讨论政策（决策）"过程"，关注多主体、多阶段的过程，而没有很充分地揭示其中的主导者——决策者。在这样的研究范式下，决策者被假定为在体制中的恒定角色或看不见的角色。但这一预设与现实情况并不吻合。任何决策都是由决策者做出的，决策者（人）从来都是主动的，都是有自己的价值观、认知风格和个性的解释者，人的心理活动是人社会行为的天然动因和必然伴随物。②

此外，决策无疑是个过程，但同时，决策是由一个个动态的、阶段

---

① 景怀斌：《公务员职业压力：组织生态与诊断》，中央编译出版社2011年版。
② 景怀斌：《心理意义实在论》（第2版），暨南大学出版社2005年版。

性的决策构成的。政府决策的研究不仅要从过程来考察，也要看特定时间下的决策如何达成。

可见，政府决策的研究，见过程不见人，或见人不见过程都是不完整的，应有静态与动态的结合。

八 可能突破的视野：制度—心理机制

面对政府决策研究的状况与趋势，确定政府决策的制度—心理研究视野。

（一）政府决策本质上是制度性的

中国古语言，"千人同心，则得千人之力；万人异心，则无一人之用"。科斯说，我们每个人都生活在一定的制度中，人类自身的福利依赖于整个社会所能够提供的产品与劳务，而后者又取决于整个经济制度运作的效率。[1] 诺斯认为，任何经济、政治、社会都是人为性的有序的结构社会。这个结构是规则、惯例、习俗和行为信念的复杂混合体，它们一起构成我们日常行为的选择方式，并决定了我们达到预期目标的路径。[2] 可见，社会的存在与发展，离不开制度，制度在人的社会中具有根本性的整合功能。

对于政府而言，制度的作用更为突出。因为，政府是服务于国家政治理念的大型公共组织，其运作是靠各种制度维持的。

从政府决策与制度关系看，政府决策是国家政府组织以各种制度为依据的公共问题解决方案的选择，其决策任务评估、决策方案选择、决策效果评价，无不以国家制度的方式进行。由此看，政府决策的本质是制度性的。

---

[1] ［美］罗纳德·H.科斯：《新制度经济学》，载［美］道格拉斯·诺斯《制度、契约与组织——从新制度经济学角度的透视》，梅纳尔主编，刘刚等译，经济科学出版社 2003 年版，第 12 页。

[2] ［美］科斯、诺思、威廉姆森等：《制度、契约与组织——从新制度经济学角度的透视》，刘刚等译，经济科学出版社 2003 年版，第 15 页。

（二）政府决策的公共社会性

政府承担社会公共问题的管理与治理，因此，政府决策有突出的社会性特征。

第一，决策过程是主管首长主导的多部门、多阶段联合进行的。相关领导层、民众、媒体、咨询机构都可能对决策群体产生影响，社会组成要素对决策有不能忽略的影响。

第二，决策任务是非结构性的。政府决策任务是社会问题，社会问题的认定和理解固然是基于事实的，但更多是受价值观影响的。社会问题是非结构性的开放问题，是要通过满意原则来实现的。

第三，政府决策问题是变化的、动态的。不同时期的问题是不一样的，即使同一问题，在不同的历史条件下认知和解决也是不同的。

这提示，政府决策不存在唯一最优或满意解，应超越个体层次的算法问题，在社会要素博弈层面进行研究。

（三）政府决策是由人进行的

政府决策是制度的，但是，制度的理解和运行，毕竟是由人实施的。同时，人的任何行动都以自己的心理为基础。因此，政府决策最后要落脚于人或群体的心理解释。

不少学者已从心理层面对制度如何作用进行过分析。西蒙、诺斯、布坎南、奥斯特罗姆等都是基于人的心理理解而形成各自的学说的，他们也均以各自的贡献获得诺贝尔奖。西蒙以人的有限理性分析了决策的基本过程与特征；诺斯从人的认知，把文化习俗制度等引入经济制度分析；布坎南基于"经济人"的理性选择，分析公共选择；奥斯特罗姆从人行动舞台行为理解人在公共资源利用中如何形成规则和行动。这些无不是行为层面的分析。当然，他们的理论目的和侧重点不同，应用的领域也有差异，但说明了心理层面的分析对于解释现实问题的重要性。

对于政府决策而言，决策往往是通过政府主要决策人为中心的群体方式完成。政府决策心理的讨论，要兼顾个体—群体—组织若干层面来理解。

(四) 政府决策是在制度—心理机制下完成的

政府决策，一方面是制度作用的过程，另一方面又是"人"的心理解释的过程，由此，制度—心理机制的视野，就成为理解政府决策真实过程的自然选择。

这一视野的出发点意味着：

第一，人是在制度下行为的。现代人的生存方式已有组织化特征，即现代人是通过"组织"化而生存，组织是人获得生存资源、发挥潜能的社会背景，离开组织，人便不能体会其社会价值。按照西蒙的说法，理性的个体是且必须是组织化和制度化的个体。个体行为需要在组织背景中理解。[①] 组织的本质是制度化的，人的行为无不是制度规约下的行为或者说是政府制度运行下的产物。在斯科特看来，组织制度是为社会生活提供稳定性和意义的规制性、规范性和文化—认知性要素，以及相关活动与资源。它们要么强制，要么以群体压力，要么以个体认同的方式对人产生作用，从而带来组织期待的行为。[②] 政府组织更是以政治理念为核心的高度制度化组织，其制度对人有政治的和有效的双重要求。因此，诸如西蒙以"理性"为标准来要求、解释公共组织，是不合适的。[③]

第二，人对制度的遵从又是心理解释性的。从人的心理基本过程看，人对任何事物的理解都是以自己的心理为基础的，[④] 对制度遵从也是心理化的，即制度是通过人的心理化而作用的。

由此，研究政府决策应在制度—心理机制的视野下进行。

制度—心理机制视野与其他制度理论有所区隔。应当看到，"制度"是众多学者关注的，但是，"制度"理解的侧重点在不同学者那里是不

[①] B. R. Fry, Herbert A. Simon, "A Decision-making Perspective", in B. R. Fry (ed.), *Mastering Public Administration: From Max Weber to Dwoight Woldo*, Chatham, NJ: Chatham House Publishers, 1989, pp. 181-217.

[②] [美] W. 理查德·斯科特：《制度与组织——思想观念与物质利益》（第3版），姚伟、王黎芳译，中国人民大学出版社2012年版，第55—80页。

[③] 西蒙以"理性"等同于"效率"，以效率作为组织分析的标准，适合营利组织，但与公共组织有差异，公共组织的价值性、道德性不同于营利组织。参见 Charles R. Davis, "The Administrative Rational Model and Public Organizaiton Theory", *Administration & Society*, Vol. 28, No. 1, 1996, pp. 39-60.

[④] 景怀斌：《心理意义实在论》（第2版），暨南大学出版社2005年版。

同的。马克思从生产力、生产关系的角度分析制度如何形成。凡勃伦从社会惯例的角度来理解制度，在生存竞争的进化论框架下解释制度的变迁。西蒙、布坎南、奥斯特罗姆的理论有所区隔。西蒙、布坎南是从人的心理特性解释决策或公共选择，奥斯特罗姆则从人的行动选择的舞台背景分析制度何以形成并为集体所遵从。

本书选定的制度—心理机制着力点为，人如何在已有的制度下以自己的心理为基础，解释制度并遵守制度，通过政府组织内或组织外的群体合作或互动行为，完成符合组织任务的政府决策过程。可见，这是有自己独特侧重点的研究视野。

本书将在这一视野下考察中国政府决策的真实过程和问题，反思其背后的公共管理基本问题。

第三章

研究概念与框架

从制度—心理机制视野出发，按照"问题解决"的思路，中国政府决策研究，进一步可以整理出四个递进性学术任务。

第一，中国政府决策的体制和制度是什么？它们如何以组织化的方式发挥作用？

第二，政府决策者的心理是什么？其决策心理模型是什么？

第三，政府决策的制度—心理机制如何？这会带来什么样的组织决策生态规则？

第四，中国政府决策群体机制是什么？其内在的问题与对策又是什么？

为实现这些研究任务，需要构建自己的理论基础与框架。本章通过决策、政府决策概念的界定，研究框架的确立，确定研究的具体内容。

一 概念厘定

概念是研究的出发点，为开展本书研究，需要对相关概念进行界定。

（一）中国政府决策

基于人的意义属性对决策可以界定为，决策是决策主体基于情感价值观念偏好与理性效益最大化标准或二者统合从若干指向目标的行为方案做出选择的行为过程。决策包含三个基本要素：其一，任务，即决策要解决的问题；其二，决策者，任何决策都是决策主体（人、动物或机器）完成的，其中人是有多种偏好的，如利益诉求、价值目标、社会压力感受等；其三，决策条件与决策约束，即决策可资利用的物质、信息、技术基础、规则等。

政府决策一般可以理解为，国家行政机关在法定的权力和职能范围内，按照一定的程序和方法而做出的处理国家公共事务的决定过程。

中国政府决策的界定则要结合中国政府的特征来界定。

中国政府有狭义和广义界定。狭义的政府指国家行政机关。《中华人民共和国宪法》第八十五条规定："中华人民共和国国务院，即中央人民政府，是最高国家权力机关的执行机关，是最高国家行政机关。"人民代表大会行使立法权（第五十八条、第一百条），人民法院行使审判权（第一百二十六条），人民检察院行使检察权（第一百三十一条），人民政府行使行政权（第三、五、六节）。但是，《中华人民共和国宪法》序言明文指出："一九四九年，以毛泽东主席为领袖的中国共产党领导中国各族人民，在经历了长期的艰难曲折的武装斗争和其他形式的斗争以后，终于推翻了帝国主义、封建主义和官僚资本主义的统治，取得了新民主主义革命的伟大胜利，建立了中华人民共和国。从此，中国人民掌握了国家的权力，成为国家的主人。"中华人民共和国是以中国共产党为领导的，党是核心。广义的政府又指以中国共产党为核心的党政一体的国家管理机构。

由此，中国政府决策可以理解为，以党为核心的国家行政机关在法定的权力和职能范围内，按照一定的程序和方法而做出的处理国家公共事务的决定过程。

这个定义有两方面的特殊性：一是政府决策与个体、群体决策有本质差异。在心理学、决策科学研究中，决策主体往往是个体，即决策被理解为个人的选择。这一理论预设的前提是个人是有意志自由的，个人会基于利益最大化，进行最符合自己利益的最优选择——决策。这是孤立的个体主义的理性最大效益行为范式。当然，即使在个体理性层面，这一范式并不完全符合人的实际。实际上，个体决策是个人基于自己的情感价值系统或理性工具系统的认知、判断和选择。同时，人不是孤立的，而是受个人网络因素影响。作为社会人，个人生活于家庭和不同社会网络中，个人的决策往往受父母、朋友等的影响。决策是个体在社会网络关系中进行的。二是政府决策显然是国家组织范式的。政府首先是最具有组织性的公共组织。组织是基于特定任务追求的人的集合，是制度化的。如军队、企业、学校、医院等有自己的战略和日常决策。政府组织决策是政府为完成一定公共管理任务而进行的方案选择，是通过直接负责人为核心的组织化群体决策方式完成的。

政府决策有这样的特征：第一，是国家组织的。政府是基于政治理念或意识形态而建立起来的国家组织。政府组织背后是国家理念。国家是基于一定理念建立的社会政体。国家理念往往是终极价值观性质的，如美国的新教理念与三权分立政体有极大关系，中国传统的儒家理念与"皇权"政体等。因此，政府决策行为具有突出的价值—事实、手段—目的等有限理性特征。第二，是法定权力制度性。政府决策是国家行政机关在法定的权力和职能范围内，按照一定的程序和方法而做出的有关公共事务的决定，政府决策具有制度性。第三，社会开放性的，政府决策是群体的和社会的。政府虽然是决策的主体，但政府决策是由一群人完成，而且，在现代社会，政府决策是社会开放性质的，社会不同力量、国家组织不同部门都会对决策产生影响。组织不同的领导、同事等也会对决策产生影响。

政府决策的特征实际上框定了研究的侧重点。

第一，政府决策不是纯粹的个人偏好选择，而是国家组织主体的选择，故研究的主体是组织而不是个人。在组织层面，个体的心理倾向当然会发生作用，但在组织情境下，个人的心理不再是单纯的个人因素，不再是付出—收益的算计过程，而是以信仰—价值观为核心的情感心理与最大利益化的工具理性心理共同作用过程，而这个过程常常需要结合个体在群体—组织中的生存策略来理解。

第二，政府决策不是个人偏好的选择，而是某一组织（国家、区域政府）的政治、利益、文化诸因素互动下的选择。故而，组织决策必须把制度、规则变量作为主要变量来思考，要在制度—心理机制中来分析问题。

第三，政府决策是多部门的协作过程，要思考其过程性的、程序性的连贯过程，需要以生态学的视野来分析问题。

由此也提示了中国政府决策与西方政府决策是有体制差异的。国家是基于某种信仰理念而建立的国体与政体。由于不同文化的差异，国体和政体也是有差异的。政府更多的是政体的功能体现。中国政府是以党为核心的党政一体的国家，中国政府的决策方式与西方如美国的决策方式不同。这样，不能简单地把美国的决策方式及其理论套用到中国政府决策中，而是需要从中国政府的决策体制中来理解中国政府决策的内在机制。

本书在上述定义及其特征辨析前提下进行讨论。

（二）制度

制度也是一个难以一言以蔽之的概念。"制度"一词在中国古籍中出现较早，如《易》云"节以制度"，其作用在"节"，制度是约束社会人群行动的共同规则。① 在西方文化中，（制度）"它既包括组织，也包括用以构成组织内和组织间相互作用模式的规则"。制度的使用常见于两种类型：一是指组织性实体，如美国国会、政党等；二是指"人类反复使用而共享的由规则、规范和策略构成的概念"②。在奥斯特罗姆（1999）看来，制度可以界定为工作规则的组合，通常用来决定谁有资格在某个领域制定决策，应该允许或限制何种行动，应该使用何种综合规则，遵循何种程序，必须提供或不提供何种信息，以及如何根据个人的行动给予回报。③ 制度的特征为结构的、稳定的、管治约束的、共享的。在诺斯看来，制度还是历史的积累。历史重要的原因不只在于学习历史能够以古喻今，还在于因为社会中制度的连续性将现在与未来紧密地和过去连接在一起。今天与明天人类的选择在过去就已立下雏形，而

---

① 严耕望：《中国纸质制度史纲》，上海古籍出版社2013年版，第2页。

② ［美］埃莉诺·奥斯特罗姆：《制度性的理性选择：对制度分析和发展框架的评估》，载萨巴蒂尔编《政策过程理论》，彭宗超等译，生活·读书·新知三联书店2004年版，第47页。

③ 奥斯特罗姆试图整合认识科学中的研究成果，建立可行的模型，以探讨和解释人类在各样的制度下的选择。她认为，任何活动情境的结构可以分为基本的、普遍的七个成分或因素：参与者、地（职）位、行动、结果、联结行动和结果的变换函数（transformation functions）、信息、报酬（相关的积极回报和消极惩罚）。适度情境有很多结构，但系这七个因素的组合。情境的解释和预测，依赖情境中的行动者的四个主要特征：拥有的行为参数类型、信息加工方式、决策方式或直觉、带入到情境中的资源。这些因素在个体、个体集合及制度结构和规则下有不同的表现特征（Ostrom，1999）。制度除直接约束人外，还通过历史起作用。

过去究竟是什么，则唯有从制度的演进历史中去探求。①

制度作为普遍现象，是众多学者关注的。在政治科学领域，有学者曾归纳出制度研究的规范制度主义、理性选择制度理论、历史制度主义、经验制度主义、社会学制度主义、利益代表制度主义、国际制度主义等派别。② 它们围绕制度的理解、制度如何作用、制度如何演变、制度的功能等问题，进行各自的讨论，给出各自的理论解释。

对于国家来说，最大的制度应当是"体制"。亨廷顿指出，体制是一套"稳定，有明确价值观，重复性的行为模式"，其最重要的功能是推动集体行动。没有一套相对稳定的明确规则，人类每进行一次新的互动都将不得不坐下来重新谈判，其时间和组织化成本是人类不能支付，因此，任何人类组织都依赖于体制。体制规则往往是由文化决定的，不同的社会和不同的时代对应着不同的规则，创建规则和遵守规则的能力则已经深深地烙印在人类的思维里。人类遵循规则的自然倾向赋予制度以惯性，也是人类的社会合作水平远高于任何其他动物的原因。但制度的稳定性正是政治衰败的根源所在。③

制度还包括明文制度之外的非正式制度，如社会道德、组织规则和行为方式。制度虽然可以有一系列的层级结构，但大部分的契约还是显得不完全，因此非正式的限制也会影响真正合约的履行，"没有任何一套规则或非正式约束会被完全实施，总存在一个不完全的制度"④。非正式制度同样重要。诺斯认为，从社会层面看，任何经济、政治、社会都是规则、惯例、习俗和行为信念的复杂文化混合体，它们构成人们日常行为的选择方式，并决定了人们达到预期目标的路径。以惯例、习俗和行为信念为核心的非正式规则甚至具有正式规则不能替代的作用，而这

---

① ［美］道格拉斯·诺斯：《制度、制度变迁与经济成就》，刘瑞华译，（台北）时报文化出版企业有限公司 1994 年版。

② ［美］B. 盖伊·彼得斯：《政治科学中的制度理论："新制度主义"》（第 2 版），王向民、段红伟译，上海世纪出版社 2011 年版，第 18—22 页。

③ ［美］弗朗西斯·福山：《衰败的美利坚——政治制度失灵的根源》，2014 年 10 月 12 日，观察者网（http：//www.guancha.cn/fu-lang-xi-si-fu-shan/2014_ 10_ 12_ 275200_ s. shtml）。

④ ［美］科斯、诺思、威廉姆森等：《制度、契约与组织——从新制度经济学角度的透视》，刘刚等译，经济科学出版社 2003 年版。

些则来自代代传承成为文化的一部分。①

对于中国政府来说,政治规矩也被认为是需要遵守规则,包括了正式制度与非正式制度。习近平对此有过论述。党的规矩包括四个方面:第一,党章是全党必须遵循的总章程,也是总规矩;第二,党的纪律是刚性约束,政治纪律更是全党在政治方向、政治立场、政治言论、政治行动方面必须遵守的刚性约束;第三,国家法律是党员、干部必须遵守的规矩;第四,非正式制度是党在长期实践中形成的优良传统和工作惯例。纪律是成文的规矩,一些未明文列入纪律的规矩是不成文的纪律。党内很多规矩是我们党在长期实践中形成的优良传统和工作惯例,经过实践检验、约定俗成、行之有效,需要全党长期坚持并自觉遵循。习近平对于"不守政治规矩"的现象有所总结。比如,在原则立场上,不守规矩主要体现为不能自觉与党中央保持一致,包括"在原则问题和大是大非面前立场摇摆","对涉及党的理论和路线方针政策等重大政治问题公开发表反对意见",甚至是"对中央方针政策和重大决策部署阳奉阴违","口无遮拦,毫无顾忌"。又如,在党内团结方面,不守规矩的主要体现是"团团伙伙"、小山头、小圈子、宗派主义。2013年和2014年,习近平两次在不同场合表示,党的干部来自五湖四海,不能借着老乡会、同学会、战友会等场合,搞小圈子、拉帮结派、称兄道弟,"宗派主义必须处理,山头主义必须铲除"②。

由此,本书的"制度"定义为:国家政体基于某种理念而制定的包括宪法、法律、各种规定,对国家组织和群体有强制约束的明文制度或习惯规则。

(三) 决策者

政府决策虽然是以政府的形式进行的,是组织行为,但组织行为毕竟是由特定的人(团体)做出的。因此,研究政府决策,同样需要研究能够做出政府决策的决策者。这自然要理解人的心理实质和结构。

---

① [美] 道格拉斯·诺斯:《制度、契约与组织——从新制度经济学角度的透视》,梅纳尔主编,刘刚等译,经济科学出版社2003年版,第15页。
② 习近平:《谈政治规矩 要做到"五个必须"》,2015年7月21日,人民网(http://cpc.people.com.cn/xuexi/n/2015/0721/c385474-27336357.html)。

对人本质特征的理解，是随着人类文明的发展而变化的。不必说古今中外远古人类的诸多宗教信仰活动蕴含着极为丰富的人性理解，仅仅从现代学术史看，人对自身的理解随着"科学"的发展而变化。其中，"革命性"的变化是，随着西方近代理性思想的确立，"人"逐步被理解为理性的、能够实现个人利益最大化的有机体。并且，这一理解伴随西方文化近现代的强势而扩展到世界其他文化。有限理性虽然注意到了人的认识有限和价值观的作用，但仍然以理性为主要框架。

那么，这个生命体的真实存在状态到底是什么？答案是：人是有价值性的"意义"人。无数学者对此有基本判断，如著名心理学家布鲁纳指出，"意义"应是心理学的中心概念，人的心理活动及其过程始终关涉意义的构建；[1] 著名社会学家布鲁姆指出，忽视人的活动的意义，是对被研究行为的歪曲；[2] 等等。

当然，对"意义"的理解，不同学科甚至不同学者有各自的界定。这里仅从基本层面对其界定：从心理过程看，"意义"指人对重要的或不重要的、真实存在的或虚构事件的心理构建过程。[3] "意义"可以理解为个体具有我向性的意向事物的符号含义及情感状态。"意义"是个体已有的心理内容选择、解释环境信息，产生情境性认知的过程。个体在此"意义"推动下产生行动。[4]

人"意义"内容是以终极观为核心的。在汉语里，"终极观"可以理解为人对"人之为人"生命存在之根本价值的信仰系统。在英语中，终极观念有两个含义相关的词——spirituality 和 religion。这两个词均与基督教的文化传统相关，并随着基督教的发展发生了复杂的意义演化，二者之间难以截然区分。[5] 前者现被理解为个体通过神圣化追寻获得生命存在终极意义的精神现象，指非宗教人士的终极观念系统；后者指对

---

[1] 参见 Jerome Bruner, *Acts of Meaning*, Cambridge, MA: Harvard University Press, 1990, p. 33。

[2] 参见 Herbert Blumer, *Symbolic Interactionism: Perspective and Method*, Berkeley and Los Angeles, CA: University California of Press, 1969, p. 3。

[3] 参见 J. T. Cacioppo, L. C. Hawkley, E. M. Rickett and C. M. Masi, "Sociality, Spirituality, and Meaning Making: Chicago Health, Aging, and Social Relations Study", *Review of General Psychology*, Vol. 9, No. 2, 2005, pp. 143-155。

[4] 景怀斌：《公务员职业压力：组织生态与诊断》，中央编译出版社2011年版，第49页。

[5] 参见 Philip Sheldrake, *A Brief History of Spirituality*, MA: Blackwell Publishing, 2007。

神圣问题系统回答基础上形成的规范化知识和制度化的行为系统,如基督教。[1] 二者共同之处在于,它们都认可通过追求"神圣"的方式来获得生命的意义。[2]"终极信仰"存在突出的文化差异。对西方而言,其终极观围绕彼岸世界的"造物主"——上帝而展开,而中国则是围绕内在体悟性的"天"、"道"和"理"等自然精神而认定。无论"终极观"系统存在何种内容差异,其精神(心理)功能作用是相同的——以根本性的意义系统给定了人及社会存在的价值和方向感。这表现为,在个体方面,"终极观"决定了人的基本生活观,影响着人的认知方式(如宗教信念即为一种认知图式)、情感特征,也影响着心理健康,具有人格整合功能;[3] 在社会方面,某一文明体系公认的终极观就成为该体系精神生活、社会道德、法律秩序,甚至制度设计的基础。"每个社会都设法建立一个意义系统,人们通过它们来显示自己与世界的联系。"[4]

人的"意义"化生存本质是由人的身—心存在特性决定的。人具有独特的自然属性和心理属性——人类的大脑结构、抽象语言符号使用,尤其是由此而生的高级自我意识使人产生了只有人类才有的终极追求。脑科学研究发现,人的大脑虽然只有1500克左右,但却有1000多亿个神经细胞。人的大脑神经根据化学成分、形状与连接方式的不同,类型有几千种之多,而人体其他器官一般只有少数几种细胞类型。[5] 大脑的特殊结构使人能够使用抽象语言符号,具有动物所没有的"概念化自

---

[1] 参见 E. Bartoli, "Religious and Spiritual Issues in Psychotherapy Practice: Training the Trainer", *Psychotherapy: Theory, Research, Practice, Training*, Vol. 44, No. 1, 2007, pp. 54-65。

[2] 参见 P. C. Hill & K. I. Pargament, "Advances in the Conceptualization and Measurement of Religion and Spirituality: Implications for Physical and Mental Health Research", *Psychology of Religion and Spirituality*, Vol. (S). No. 1, 2008, pp. 3-17。

[3] 参见 P. C. Hill, K. Pargament, R. W. Hood, M. E. Mccullough, J. P. Swyers, D. B. Larson & B. J. Zinnbauer, "Conceptualizing Religion and Spirituality: Points of Commonality, Points of Departure", *Journal for the Theory of Social Behaviour*, Vol. 30, No. 1, 2000, pp. 51-77。

[4] [美] 丹尼尔·贝尔:《资本主义文化矛盾》,赵一凡、蒲隆、任晓晋译,生活·读书·新知三联书店1992年版,第197页。

[5] 参见 Department of Health and Human Services, *Mental Health: A Report of the Surgeon General*, PA: U.S. Public Health Service (http://www.surgeongeneral.gov/library/mentalhealth/toc.html), 1999, p. 32。

我"（conceptual self），[①] 从而产生高级自我意识，能够反思自己的存在方式和心理状态。这使人对自己的存在产生终极追问：自己存在的价值到底是什么？什么是生命的永恒？如何才能永恒？而人的永恒性终极需要面对生理有限性时，成为存在焦虑的总根源。面对生命存在有限性，人的永恒问题只能而且必然地以精神永恒的方式实现，而精神永恒只有通过宗教的、哲学的等以德性为核心的终极观念系统来化解或实现。

如此，人的心理"意义世界"表现出特有的二维系统——理性工具心理系统和价值情感心理系统，即人的心理活动具有或包含二维性：一方面，人的心理活动具有以效率、理性算计为特征的价值观念、认知过程和心理特征。如做事信奉效率，习惯以有用无用来认知事物，等等。这可称为理性工具心理系统。另一方面，由于生命的有限性，人的终极需要通过以终极价值认定为特征的德性方式来满足。在人类漫长的心灵发展历程中，逐渐形成了以哲学和宗教为代表的终极价值观念系统来满足生命永恒和价值的根本需要。故称为价值情感心理系统，包括相关的终极观、认知过程和心理特征的现象。[②] 人的心理的二维系统，尤其是后者，是人之为人的根本特征。关于这点，古代哲人已有清晰论证。"人之所以异于禽兽者几希，庶民去之，君子存之。舜明于庶物，察于人伦；由仁义行，非行仁义也。"[③] "天之所生，地之所养，惟人为大。人之所以为大者，以其有人伦也。"[④] 在中国古代哲人看来，人与动物虽然在很多方面相同，但人之不同于其他动物，根本在于人有以终极价值为支配的社会人伦观念和行为。这实乃人类行为和存在的实质。在这个意义上，正是人类的价值情感系统决定了人类文明的特质，也因为终极观念系统形成于不同历史、地理和文化背景而有多样性，遂构成了今天所见到多样文化或文明。

[①] 参见 M. R. Leary & N. R. Buttermore, "The Evolution of the Human Self: Tracing the Natural History of Self‐Awareness", *Journal for the Theory of Social Behaviour*, Vol. 33, No. 3, 2003, pp. 365–404.

[②] 景怀斌：《心理意义实在论》（第 2 版），暨南大学出版社 2005 年版。

[③] 《孟子·离娄》（下）。

[④] 朱熹：《四书章句集注》（滕文公章句下），中华书局 1983 年版，第 274 页。

心理的二维系统范畴可在更广泛的学科范围得到佐证。"理性"一词是西方哲学的重要范畴，有不同理解，如康德的"纯粹理性"与"实践理性"，韦伯的"工具理性"与"价值理性"，蒂利希的"技术理性"与"存在理性"。广义的理性包含着作为"知性"的知，作为"实践"的行，联结着作为"真观"的悟。它不排斥推理又不止于推理，扎根于经验又反思着经验，要描述现象又要直观本质。[①] 在社会文化分析中，韦伯将黑格尔哲学的"理性"（reason）——事物本质和内在规律性——改造成为社会学的"合理性"（rationality）概念，指人们通过理性计算，选择相应的手段去实现目的的心理过程。韦伯的理性观念可归纳为四种类型，即实践理性（practical rationality）、理论理性（theoretical rationality）、实质理性（substantive rationality）和形式理性（formal rationality）。实践理性指任何纯粹以个人自身利益来定位的俗世活动；理论理性指通过诸如逻辑论证、因果推断、意义体系的创设等愈益精确的抽象概念去操控现实世界，涉及的是人的认知思想活动；实质理性，也称价值理性或伦理理性，指以某种特定的终极信念立场为行动指南依归，表现在内在一致性（internal consistency）、系统性（systematic character）及绝对详尽性（absolute comprehensiveness）；形式理性指超越个别经验，以普遍的、抽象的规则和可计算程序为标准，对追求目标的过程做出合理的安排。韦伯认为，唯形式理性只在社会工业化之后才逐渐形成，如经济、法律、行政管理和科学等方面最明显，其他三种理性在所有人类社会都可以找到。理性又可进一步归为两类：一是工具理性，即关注手段与目标之间的有效性，包括实践理性和形式理性。二是价值或实质理性，所关注的是不计后果地遵从某些价值准则行事。韦伯认为，价值不能依靠科学方法判定高低。[②] 在韦伯看来，工具理性指："通过对外界事物的情况和其他人的举止的期待，并利用这种期待作为'条件'或者作为'手段'，以期实现自己合乎理性所争取和考虑的作为成果的目的。"价值理

---

① 何光沪：《二十世纪西方宗教哲学略论》，载吕大吉《西方宗教学说史》，中国社会科学出版社1994年版，第846页。

② 参见 S., Kalberg, "Max Weber's Types of Rationality : Cornerstones for the Analysis of Rationalization Processes in History", *American Journal of Sociology*, Vol. 85, No. 5, 1980, pp. 1145–1179。

性则指:"通过有意识地对一个特定的行为——伦理的、美学的、宗教的或作任何其他阐释的——无条件的固有价值的纯粹信仰,不管是否取得成就。"① 可见,西方哲学中的工具理性和价值理性说法类似于笔者提出的心理二维性。所不同的是,在笔者看来,诸如韦伯等的工具理性、价值理性等不是孤存于社会文化层面的,而取决于人的心理的二维性。更进一步看,本质上决定于人的生命有限性和精神无限性的身心存在特性。

概言之,心理二维系统的特征可概括如表3—1。

表3—1　　心理的理性工具与价值情感二维系统差异表现

	理性工具	价值情感
目的	生存	生命价值
性质	有效性	德性、社会秩序
特征	科学、效率	情感、信仰
心理体验	有效、有用,理性意义	意义,生命意义
社会领域	效率、利益	公平、正义

心理二维系统的关系为:第一,融合性。人的任何心理活动都蕴含着两种系统心理因素作用,均是理性和情感心理系统交互作用的结果。即使心理的认知过程,这看似理性心理的过程,也有情感心理系统的参与。第二,交互评价性。理性工具心理在价值情感心理中有维持、评价作用,价值情感心理也同样对理性工具心理有维持、评价作用。第三,动态变化性。理性工具和价值情感心理系统是发展变化的。第四,价值情感心理系统的统合性,即价值情感心理系统可以统合工具理性心理系统,特别是基于信仰的价值情感心理系统具有核心和突出的作用。

以心理二维系统为框架的意义化生存的机理——"意义"形成和作用机制可概括如图3—1所示。

---

① [德] 马克斯·韦伯:《经济与社会》(上卷),林荣远译,商务印书馆1997年版,第56页。

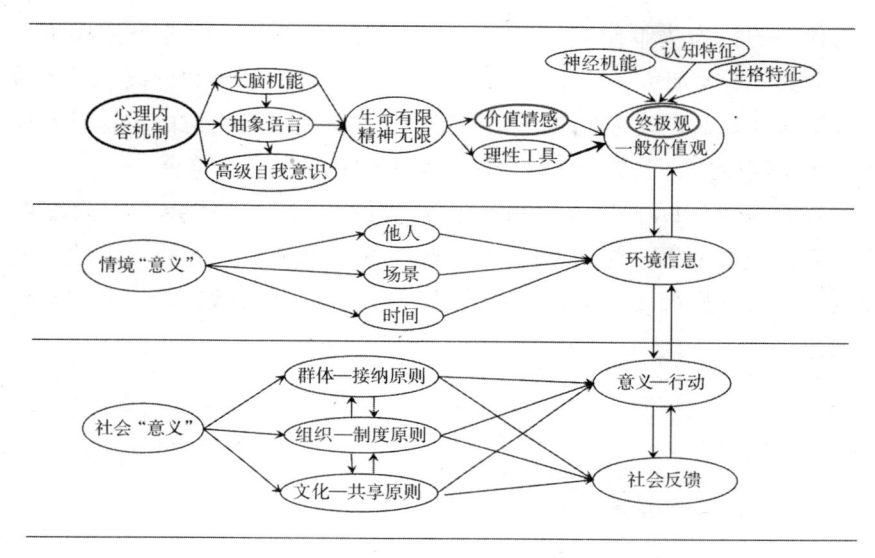

图 3—1　"意义"作用机制

由此可见，无论人的决策如何，无不为其心理二维系统的相关因素所决定。

具体看，人何以解释制度，并选择性执行？这取决于人的心理三要素。第一，人的价值观念系统。人是理念之人，是以终极观为核心，解释事物包括制度。人对制度的遵从，也是基于自己的价值观系统。第二，人的认知特征。人是通过感觉、知觉、记忆、思维等方式认知外部世界的，人的认知特征也是有差异的，有的人是整体思维性的，有的人是局部性的。这些都会影响他对制度的理解与选择。第三，人格特征也影响人对制度的解释和选择性执行。人的我向性、人的开放性等品质均会对个体的制度理解产生不同程度的影响。

二　政府决策的制度—心理空间

长期以来，政府决策研究表现为制度与人的脱离。政治学、公共管理、历史学等方面的研究侧重于制度性、社会性、利益博弈；而以心理学为代表的行为决策研究，长期关注心理过程—形式性的个体决策过程，尤其实验室研究，集中于算法性决策。二者的差异和分离，导致政府决策研究要么是政府组织的，要么是个体最优或最满意的，这与政府决策既是制度的，也是个体或群体、组织的基本状况不符合。

政府决策实际上是政府组织在开放的条件下对社会重大问题解决方案的选择过程，它是制度的、政府的，也是领导人的。因此，要在制度—心理框架下，动态、系统地进行，可以形成如图3—2的理论框架。

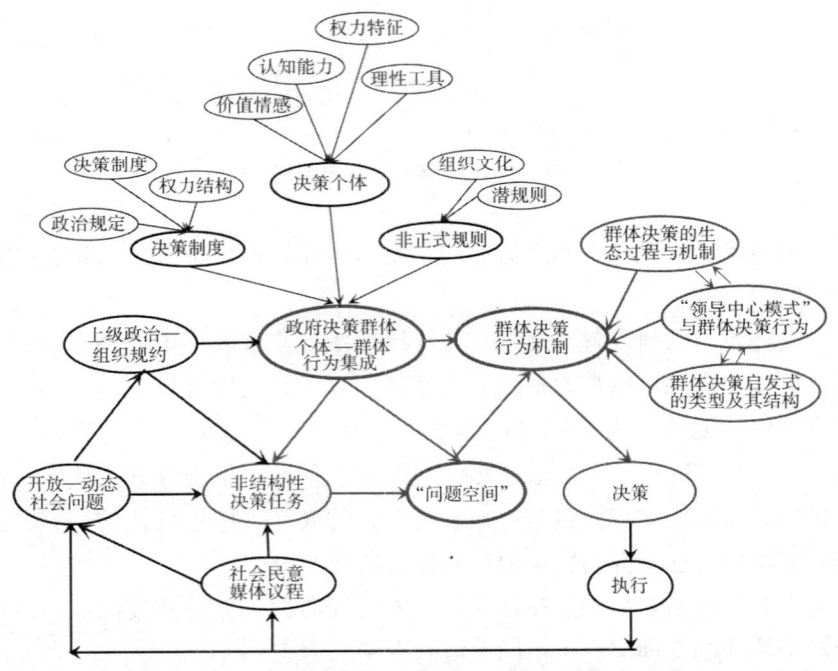

图3—2 基于有限理性的政府群体决策行为机制理论框架

这个研究框架把政府决策放在"上下左右"的生态学框架下进行，政府决策从来是来自社会问题的，而这样的问题从来也是在上下级链条、社会环境因素互动的情境下由某一级政府进行的。需要考虑政府、社会、问题、传媒等因素。

三 研究内容

在上述理论框架下,基于本书探析政府群体决策行为机制与特征,提高政府决策水平的核心科学问题,研究内容确定为如下四个。

(一) 政府决策的制度形态

政府决策涉及决策制度、公共问题本身、上级组织与领导、下属单位及其他不同层级的相关政府部门、参与决策的不同层级群体、直接决策者、民众、媒体、民众等因素。这些相关因素是如何作用的?哪些因素会成为主要因素?决策者会选择什么样的决策建议?等等。此外,还涉及组织间关系。政府不同层面组织存在大量的同级或类似组织,这就形成了组织间的关系。如不同地区或部门的领导因处于晋升而进行竞赛性的发展设计,外显的指标影响组织决策,如 GDP 绩效追求。[1] 这都影响着决策。这需要整体性的考虑,动态的考察。西蒙也特别强调组织作为整体对决策的作用。

开展这方面的研究,生态行为理论是可以借鉴的视野。生态行为理论是受生物进化论启发而形成的行为解释理论。它不赞同孤立的线性心理原因解释,强调应把心理和行为置于真实生态情境中,在人与社会、人与自然整体联系中来探索行为规律。基于进化论强调自然环境对生物物种的决定性影响。物种是对环境适应的进化结果,生态行为理论关注生物体所处的环境与其行为可利用性(affordances)间的规律性关系。[2] 可利用性指因其潜在可利用线索和行动机会为生物体知觉,带来生物体基于代价与利益分析性地与之进行各种行为互动的环境存在。这是生物体进化资源获取机制之一,也提示生物体利用外部资源与自身的知觉能

---

[1] Pittinsky, T. L. & Zhu, C., "Contemporary Public Leadership in China: A Research Review and Consideration", *The Leadership Quarterly*, Vol. 16, No. 6, 2005, pp. 921–939.

[2] Gibson, J. J., *The Ecological Approach to Visual Perception*, Boston, MA: Houghton Mifflin, 1979.

力有关。① 生态行为视野强调四个原则：相互依赖（interdependence）、系统开放与反馈（open Systems and Feedback Loops）、资源循环利用（cycling of Resources）、适应（adaptation）。由于人具有更高级的可利用性知觉，会考虑物质、地点、物体、事件等环境因素之间的关系，表现出复杂的环境—人互动性，人—环境结合构成了整体性的生态系统。在这个系统下，生物、物理与心理共同决定了人的生态行为。人的生态行为过程是动态过程，要考虑时间（time）、总体状态（total state）、空间（space）、距离（distance）、阶段（phase）之间的关系。②③④

生态行为思想应用于管理科学研究中，强调考虑人内部、人际、组织、制度、物理环境、技术的关系网以及其他政治和社会因素背景性环境价值的共同作用，强调主体与环境之间的动态适应关系。⑤⑥ 生态行为思想是决策过程与机制依据的必要理论依据。⑦

生态行为思想对于政府群体决策研究的启示是，研究政府群体决策，要考虑政府运作相关复杂因素对决策过程的影响，应在决策群体与社会环境、公共决策任务、群体他人、制度与决策者等多重关系中理解决策。同时，也应关注政府决策群体所处的环境与其行为可利用性资源的规律性关系，从而对决策的整体过程、动态机制进行揭示。由此，本书将关注以下三点。

---

① Miller, G., "Reconciling Evolutionary Psychology and Ecological Psychology: How to Perceive Fitness Affordances", *Acta Psychologica Sinica*, Vol. 39, No. 3, May. 2007, pp. 546–555.

② Araújo, D., Davids, K., Hristovski, R., "The Ecological Dynamics of Decision Making in Sport", *Psychology of Sport and Exercise*, Vol. 7, No. 6, 2006, pp. 653–676.

③ Hirose, N., "An Ecological Approach to Embodiment and Cognition", *Cognitive Systems Research*, Vol. 3, No. 1–3, Dec., 2002, pp. 289–299.

④ Hodges, B. H., "Good Prospects: Ecological and Social Perspectives on Conforming, Creating, and Caring in Conversation", *Language Sciences*, Vol. 29, No. 5, 2007, pp. 584–604.

⑤ Stokols, D., Misra, S., Moser, R. P., Hall, K. L. & Taylor, B. K., "The Ecology of Team Science: Understanding Contextual Influences on Transdisciplinary Collaboration", *American Journal of Preventive Medicine*, Vol. 35, No. 2, Aug. 2008, pp. 96–115.

⑥ Marewski, J. N. & Schooler, L. J., "Cognitive Niches: An Ecological Model of Strategy Selection", *Psychological Review*, Vol. 118, No. 3, Jul. 2011, pp. 393–437.

⑦ McNamara, J. M., Trimmer, P. C. & Houston, A. I., "The Ecological Rationality of State-dependent Valuation", *Psychological Review*, Vol. 119, No. 1, Jan. 2012, pp. 114–119.

第一，政府决策过程的相关因素及其关系。诸如以公共问题为联结的决策制度、社会—民众、上级政府、组织环境与技术、组织结构、组织部门间关系等群体决策有无影响？其影响方式是什么？哪些因素会发生突出的作用？

第二，政府决策过程环节机制。政府决策的空间、阶段过程如何？特征如何？后果如何？

第三，政府决策中可利用性资源（affordances）获取的机制是什么？决策者如何知觉到或选择政府内外可资利用的决策资源？这一机制的决策者行为机制是什么？

（二）政府决策者的"心理模型"

西蒙和人工智能开创者之一纽厄尔在研究人类问题解决时提出了问题空间（problem space）理论。他们认为，人类解决问题的信息加工过程的基本特征是确定的。人们头脑所感知的世界，是人对纷繁噪乱的真实世界经过重大的简化处理后得到的一个模型。[①] 在问题解决时，任务环境（task environment）被心理表征为"问题空间"。问题解决即发生在"问题空间"中。"任务环境结构"决定了"问题空间"的可能结构。"问题空间"结构决定着问题解决的程序，"问题空间"的问题解决过程是系列性的，以逐步推进的方式进行，表现为信息构建、模拟程序、计划与抽象程序、产出系统等方式。问题解决表现出依赖经验等启发式。他们强调，研究人类问题解决，不仅要考察外显的行为，重要的是要考察人头脑中内隐的行为，包括头脑中问题的给定条件、目标和允许的认知操作构成。他们特别强调，"问题空间"是人在解决问题时对面临任务环境的内部表征，而不是任务环境本身。

西蒙的有限理性基本观和"问题空间"思想提示，研究政府决策，首要的方面是，政府决策者是如何理解和看待决策问题的，即所谓决策的"问题空间"现象。问题空间是决策者头脑中考察问题解决活动发生的内部空间，包括他们所了解到问题给定条件、目标和允许的认知操作

---

① ［美］赫伯特·西蒙：《管理行为：管理组织决策过程的研究》，杨砾、韩春立、徐立译，北京经济学院出版社1988年版。

构成。对于政府决策而言,问题形成更为复杂。政府决策者面对的潜在决策任务很多,如政治、经济、文化、民意、媒体议程、上级指示,等等。其中哪些问题会进入决策者视野,成为决策问题?著名公共决策学者林德布洛姆(Lindblom)甚至认为,决策与其说是理性过程,不如说是面对不同利益和团体成员互动而形成。由此看,公共决策背后首先蕴含着有限理性行为的基本问题——"问题空间",即决策者如何理解和解释所要决策的问题,其心理上的给定条件、目标和允许的认知操作是什么?他们的"问题空间"表现特征如何?是什么样的原因造成的?这即决策者"问题空间"状况与形成机制问题。

(三) 政府决策的组织方式

政府决策是在领导的推动下进行的,决策的"领导方式"或组织方式是重要的内容。

第一,政府组织决策的意义构建。政府组织是特殊的组织。同如何组织一样,政府组织存在意义寻找(sense making)。同个体一样,组织存在有意义化构建现象。组织中意义寻找是决策者基于其社会系统心理模型(mental model of the social system)而对组织价值进行心理构建。[1] 有学者指出,决策者组织意义寻求体现在六个方面:时间框架(time frame)、追求结果的性质、追求的结果的类型、模型构建的焦点、原因控制点、原因的可控性。[2] 组织领导人的意义构建,决定了组织决策的方案的选择。如魅力领导的意义构建决策是未来指向的,实用型领导意义构建决策则是当前指向和问题解决指向的,等等。[3]

第二,组织习惯。政府组织除了明文制度规约外,组织习惯也会产生影响。路径依赖(path dependence)是个可以借鉴的思路。路径依赖指经济、社会和技术系统一旦进入某一路径(无论是"好"还是"坏"),

---

[1] Mumford, M. D., Antes, A. A., Caughron, J. J. & Friedrich, T. L., "Charismatic, Ideological and Pragmatic Leadership: Multi-level Influences on Emergence and Performance", *The Leadership Quarterly*, Vol. 19, No. 2, 2008, pp. 144-160.

[2] Ibid..

[3] Hunter, S. T., Bedell-Avers, K. E. & Mumford, M. D., "The Impact of Situational Framing and Complexity on Charismatic, Ideological, and Pragmatic Leaders: Investigation Using a Computer Simulation", *The Leadership Quarterly*, Vol. 20, No. 3, June 2009, pp. 383-404.

由于惯性的力量而不断自我强化、自我积累，使得该系统锁定于这一特定路径，即使有更优的路径也无法将其取代。路径依赖最早由古生物学家提出。后来经济学家将其用来进行技术和制度变迁分析。目前，路径依赖理论广泛用于政治学、社会学和经济管理等以解释经济社会系统演化。其中，进化博弈论考虑到人的认知能力，它认为，路径依赖是指制度重建时，由参与者的认知能力所决定的主观选择模型，继续认同旧的基本制度结构，因此旧制度在新政权中以新的形式延续。路径依赖是一种"锁定"，这既有可能是有效率的，也有可能是无效率的。社会心理、认知、认同、选择性注意中表现出路径依赖性的认知凝滞。① 这提示，组织如同个体一样，会积累自己的经验，由此，组织决策有可能表现出路径依赖式的决策启发式。

第三，政府决策注意力问题。在有限理性看来，决策任务是任务环境与决策者认知能力互动的结果。因人的认知能力所限，只能关注特定的问题而使其成为决策问题，这即决策注意力问题。② 值得关注的是，心理学过程性的注意力问题为政治学、经济学家重视和拓展，形成了专门的研究领域。如公共政策注意力问题，以分析政府为什么在特定的时间关注特定的问题，从而解释公共政策制度的内在机制。③ 再如注意力经济学，该判别认为，农业时代的核心资源是土地，工业时代的核心资源是能源，信息时代的核心资源便是注意力。由于信息时代海量信息，人们只能关注部分信息，注意到的信息成为经济形态和牟利资源，遂形成了所谓的注意力经济。④ 这些注意力研究拓展对政府决策也有启示，即政府为什么注意特定的公共问题？从决策者的"问题空间"机制入手，可以对此做出一定解释。当然，公共组织决策不仅是个体的，更是群体性和国家组织性的，也要结合制度因素来考虑。由此，也可对政府

---

① 曹瑄玮、席酉民、陈雪莲：《路径依赖研究综述》，《经济社会体制比较》2008年第3期。

② ［美］赫伯特·西蒙：《管理行为：管理组织决策过程的研究》，杨砾、韩春立、徐立译，北京经济学院出版社1988年版。

③ ［美］布莱恩·琼斯：《再思民主政治中的决策制度：注意力、选择与公共政策》，李丹阳译，北京大学出版社2010年版。

④ 张雷：《经济和传媒联姻：西方注意力经济学派及其理论贡献》，《当代传媒》2008年第1期。

组织决策的规律做出行为层面的理论解释。

第四，组织利益。在社会现实中，决策的背后往往是利益博弈。林德布洛姆的渐进决策理论认为，决策要面对不同利益和团体成员的影响。决策与其说是问题，不如说是选择。权力是在个体或集体行动者之间结构化不平衡的资源交换。[1]

第五，领导模式与决策方式。领导方式管理学有大量的研究。先后出现了品质领导（trait-based leadership）、任务—关系取向维度的领导理论（task and relationship orientated leadership）、交换领导（leader-member exchange）、权变理论（contingency theories）、后现代领导理论（postindustrial leadership）、共享领导理论（shared leadership）、雇员（仆人）型（servant leadership），等等。[2] 领导研究也越来越走向真实世界，如看到和重视意识形态领导（ideologues）和实用主义领导（pragmatics）。[3] 认识到无论是领导研究的委托—代理（principal-agent），还是社会交换模式（social-exchange models），都没有充分说明领导过程的复杂性，如真实世界领导过程的强制性。现实中的领导是特定组织中领导者、被领导者、任务、环境等多种因素互动的结果。[4] 领导及领导方式指引着群体决策，是影响决策过程和结果的主要因素。[5] 此外，也应重视领导的认知风格（cognitive and decision-making style），如分析—整体维度（"analytic" versus "holistic"）[6]；决策风格（decision-making style），如直接型（directive）、分析型（analytical）、概念型（conceptu-

---

[1] Pye, A. & Pettigrew, A., "Strategizing and Organizing: Change as a Political Learning Process Enabled by Leadership", *Long Range Planning*, Vol. 39, No. 6, Dec. 2006, pp. 583-590.

[2] Avolio, B. J., Walumbwa, F. O. & Weber, T. J., "Leadership: Current Theories, Research, and Future Directions", *Annual Review of Psychology*, Vol. 60, 2009, pp. 421-449.

[3] Mumford, M. D., Antes, A. A., Caughron, J. J. & Friedrich, T. L., "Charismatic, Ideological and Pragmatic Leadership: Multi-level Influences on Emergence and Performance", *The Leadership Quarterly*, Vol. 19, No. 2, 2008, pp. 144-160.

[4] Ahlquist, J. S. & Levi, M., "Leadership: What It Means, What It Does, and What We Want to Know About It", *Annual Review of Political Science*, Vol. 14, 2011, pp. 1-24.

[5] 毕鹏程、郎淳刚、席酉民：《领导风格和行为对群体决策过程和结果的影响》，《西安交通大学学报》2005年第2期。

[6] Dutta, D. K. & Thornhill, S., "The Evolution of Growth Intentions: Toward a Cognition-based model", *Journal of Business Venturing*, Vol. 23, No. 3, 2008, pp. 307-332.

al)、行为型(behavioral) 等作用。①

另外,领导也应考虑决策群体互动。现代决策往往是通过群体方式进行的。群体成员会相互影响。高层群体具有行为整体的元结构(meta construct)特征,致力于多方面和集体互动。② 团队信息交换、合作,决策参与能够显著地预测决策质量。当然,团队是合作与竞争并存。有效的复杂性高层能够通过两类认知过程——差异化(differentiation)和整体化(integration)处理冲突。高层团队的良好互动,可以互补性地开发资源和技术,提高高层心理能力和组织认同。③④ 但群体也可能出现负面的情况,如"搭便车"等现象、社会困境(social dilemmas)和组织惰性现象(social loafing)。⑤ 最严重的,即众所周知的团体思维。⑥⑦ 研究表明⑧,群体决策也会出现证实性偏见(confirmation bias)、过度自信(overconfidence)、群体极化(group polarization)等现象。此外,群体决策中有各种各样的相互影响策略。常见的人际影响技术为:希望性的断言(assertiveness 或 pressure tactics)、交换(exchange tactics)、联盟(coalition tactics)、讨好策略(ingratiating tactics)、理性说服(rational persuasion)、鼓励性诉求(inspirational appeals)、咨询(consultation)。

---

① Connor, P. E., Becker, B. W., "Personal Value Systems and Decision-making Styles of Public Managers", *Public Personnel Management*, Vol. 32, Issue 1, Spring 2003, pp. 155–180.

② Carmeli, A., Halevi, M. Y., "How Top Management Team Behavioral Integration and Behavioral Complexity Enable Organizational Ambidexterity: The Moderating Role of Contextual Ambidexterity", *The Leadership Quarterly*, Vol. 20, No. 2, 2009, pp. 207–218.

③ Ibid..

④ Friedrich, T. L., Vessey, W. B., Schuelke, M. J., Ruark, G. A. & Mumford, M. D., "A Ramework for Understanding Collective Leadership: The Selective Utilization of Leader and Team Expertise Within Networks", *The Leadership Quarterly*, Vol. 20, 2009, pp. 933–958.

⑤ Kameda, T., Tsukasaki, T., Hastie, R., Berg, N., "Democracy under Uncertainty: The Wisdom of Crowds and the Free-rider Problem in Group Decision Making", *Psychological Review*, Vol. 118, No. 1, Jan. 2011, pp. 76–96.

⑥ Janis, I. L., "Groupthink", *Psychology Today*, Nov. 1971, pp. 43–46.

⑦ Esser, J. K., "Alive and Well after 25 Years: A Review of Groupthink Research", *Organizational Behavior and Human Decision Processes*, Vol. 73, Issue 2, Feb.–Mar. 1998, pp. 116–141.

⑧ Straus, S., Parker, A. & Bruce, J., "The Group Matters: A Review of Processes and Outcomes in Intelligence Analysis", *Group Dynamics: Theory, Research, and Practice*, Vol. 15, No. 2, Jun. 2011, pp. 128–146.

在公共政策决策中，常用的是鼓励性诉求和理性说服。[1] 团体相互作用，会形成整体的认知地图，这称为主导逻辑（dominant logic），决定了组织行动、影响的潜在范围和管理能力。群体对组织决策问题的认知受群体水平的知识结构的制约。[2] 实用性领导常用理性的权术，如资源控制、诉诸专家，而不是攻击、联盟建立、地位、个人恳求来施加影响。[3]

中国政府组织表现出"领导中心方式"的现实规则，即政府实际存在着第一责任人在组织决策、资源分配、晋升、绩效评价诸方面的起点和终点作用。这是西方的领导理论不能涵盖的。中国政府组织还表现出以国家的愿景—理念为基础，以高阶组织第一领导人的心理接纳为依据构成纵向的层级领导核心，次级组织第一责任人则通过对人财物，特别是晋升控制的方式，进行组织管理。这一模式也与家长式领导不同。[4]

研究问题可以围绕以下方面展开。

第一，在中国制度—心理维度下，群体决策的现实规则如何形成？

第二，"领导中心模式"是不是普遍存在？有无其他现实规则？不同现实规则的形成机制是什么？

第三，"领导中心模式"群体行为后果是什么？是否必然带来群体思维（groupthink）或其他行为后果？

显然，这方面的研究可以对群体决策的重大问题进行回应，如对西方所谓的群体思维问题给出中国制度—文化心理比较。

（四）政府决策的深层理论问题

政府决策不是制度的简单作用，也不是官员个体性的理性选择，而是涉及国家本质和运作的组织抉择。因此，政府决策涉及底层问题，如政府决策的制度合理性问题、政府决策的国家逻辑问题、政府决策的价

---

[1] Jensen, J. L., "Getting One's Way in Policy Debates: Influence Tactics Used in Group Decision-making Settings", *Public Administration Review*, Vol. 67, Issue 2, Mar. 2007, pp. 216–227.

[2] Bennett, R. H., "The Importance of Tacit Knowledge in Strategic Deliberations and Decisions", *Management Decision*, Vol. 36, Issue 9–10, Nov.–Dec. 1998, pp. 589–598.

[3] Mumford, M. D., Antes, A. A., Caughron, J. J. & Friedrich, T. L., "Charismatic, Ideological and Pragmatic Leadership: Multi-level Influences on Emergence and Performance", *The Leadership Quarterly*, Vol. 19, No. 2, 2008, pp. 144–160.

[4] 景怀斌：《公务员职业压力：组织生态与诊断》，中央编译出版社 2011 年版。

值观念问题。西蒙指出，解决问题的过程有两个心理成分——价值与事实。"价值"是"应当如何"，而"事实"要素是就"怎样"而言。手段的选择往往取决于价值判断，而价值判断则与一个人、一个社会的信仰信念系统相关。这提示，政府决策者的决策不是理性的算计，更可能是受价值—事实、手段—目的混合因素影响下的抉择。在一定意义上，政府即基于某种信念（意识形态）建立起来的社会管理组织，故研究政府决策的机制和规律，不能不关注价值观对决策的影响。

故而，研究中国情境下的政府群体决策机制，不能不关涉制度、政治和价值—事实与评价和对策建议。

第一，中国政府决策机制的底层实质是什么？

第二，中国政府决策如何评价？其优势、问题如何看？

第三，完善政府决策机制的方向有哪些？

第四章

研究策略与方法

在明晰了中国政府决策研究概念与内容框架后，如何具体开展研究，就是需要正面回答的方法论问题了。

科斯在谈到经济学研究应整体考虑时，曾引述两句诗词："我的确看到了马的缰绳和嚼子，但有血有肉的马在哪儿？"[1] 这形象地说明，虽然某一角度的研究能够解释所研究现象的某一特性，但最好的做法是，应全面、深层地看待问题。方法论的全面考虑涉及研究策略与方法选用。

一　研究策略

方法论的思考，既有整体设计性的策略考虑，也要有具体方法的选择。本书按如下策略展开。

（一）问题中心、学科思维的策略

现代科学已形成了三个大分支：第一，自然科学：研究自然界的物质结构、形态和运动规律的科学分支。往往以"硬"和"显"的方式起作用，很容易证明或者证伪。第二，社会科学：研究人类关系，阐述各种社会现象及其发展规律，如政治学、经济学、军事学、社会学等。要求实证性，在经验世界里得到证实或证否。主要从社会和人类角度来研

---

[1] ［美］道格拉斯·诺斯：《制度、契约与组织——从新制度经济学角度的透视》，梅纳尔主编，刘刚等译，经济科学出版社2003年版，第12页。

究的科学。第三，人文科学：研究人类价值和精神的学问，最初见于在中世纪教会中占统治地位的神学。后狭义指对拉丁文、希腊文、古典文学的研究，几经演变，包括哲学、音乐、艺术、神学、伦理学等。与社会科学有交叉，人文科学为社会科学提供了研究的基础。学科分化日趋突出。

目前很多人认为社会科学与自然科学是一样的，是一个根发出的两个芽，因此要用相同的标准和要求来看待，这种观点是学术界的主流。但是不完全这样，笔者认为自然科学要回答一个问题的准确性和精确性，而社会科学则是侧重透彻性和深刻性，这就是自然界和社会界的差别。故而社会科学的各个理论间应该是互补的。能够对特定的问题做概括和解释，那就是好的理论。社会科学与自然科学的关系是"准"与"透"的关系，社会科学以其深刻性和洞察力为标准。

社会科学学科日益分化和强化，其好处是带来研究深度的推进。但也带来新的问题——同一社会现象被不同的范畴概念或理论构建，成为人为性的"学术问题"，与真实存在有异；理论研究得出了不同的理解，形成了所谓小型化理论，导致同一现象学术解释的不可沟通；至于为研究而研究、为发表而发表的现象则亦是这一范式的副产品。

如何既承认学科差异，又避免这样的状况？

笔者提出"问题中心、学科思维、现实回应"的研究策略。

"问题中心"即以所研究的社会问题为重心或最高标准，以分析问题所需的学科或边界，打破学科分界或者超越学科分界，以全面、深入解释问题为重心，需要什么样的知识和理论，即运用什么样的理论和知识。或者说，"以问题为中心"而不是以学科为中心地构建研究问题。"问题中心"研究策略有这样几个优势：

第一，可以消解学科界限，更全面地界定研究对象。现代社会科学带来了研究问题的学科化界定，在很多情况下，不是因为问题需要研究，而是因为一个学科的特征需要确定问题，即先确定某一问题是否属于某个学科，再用学科来解释。这一研究问题界定做法与实际并不相符，问题总是在那里，学科是人为的解释。

第二，可以避免简单地限于现成的学科框架，界定不同性质的研究问题。以中国为例，中国作为被现代化国家，近代以来不得不走上西方式的学术范式，由于大量引进西方社会科学概念与理论，结果中国问题被西方社会科学概念框架化了。如中国传统的"天下"观被"国家"观了，中国党政一体的现状被"政党"化了，中国传统的级差伦理被"公私"伦理化了，中国传统"智"被"智力"化而没有了"慧"了，等等。诸如此类的西方的理论框架解释使中国现象被学术西方化了。如果说其学术后果是以理论的方式呈现可以判断，那么其潜移默化的思想后果则难以给出批判，其后果可能要严重得多。中国社会是否对西方文化进行了心理改造，还难以定论。

第三，问题中心回避了前面两种问题，可以从实际出发，形成自己的研究问题界定。这一方面可以从现实出发，与西方社会科学研究进行比较；另一方面，也可以从中国特有的现象出发，构建自己的问题界定，形成自己独有的理论。例如，中国传统没有西方基督教意义上的宗教，但中国有儒释道这样自己的信仰。题目同样具有安身立命的信仰功能，只是这样的功能无法为基督教这样的信仰系统化理论解释。若以中国自己的信仰问题和结构出发，可以构成自己独特的信仰理论，不仅可以与基督教比较，也有自己的独特学理价值。

"学科思维"即对现实问题进行学科思维的研究，而不是简单的学科理论研究。如政府决策，可以有政治学的权力制约思维、社会学的社会要素互动机制探讨、心理学的心理认知及其机制的分析，但不适合仅以单一学科框架来解释。如此，可以给出全面又有学科特性的理解，给出"通透"的解释，从而带来不同学科对某一社会现象的互补理解。

"现实回应"指学术研究目的要回到现实层面去解释现象，理解其机理，形成改进建议。任何研究都有现实价值的一面，只是有些作用直接，有些研究间接。学术研究不应为研究而研究，而应对人们所关注的具体问题提供解释和处理建议。

基于这一策略，政府决策的研究将在现象基本层面进行问题厘定。

（二）"问题空间"的因素—结构—功能构建策略

有了研究问题，如何构建研究框架？这是一个操作性的研究策略问题。本书采用问题空间的因素—结构—功能构建策略。

研究者的"问题空间"与"事实空间"是不同的。表现为：其一，"问题空间"与事实空间并不必然一致。研究者的先在状态（理论、知识、思维方式、意识形态、世界观等）或多或少地决定了他的问题意识，问题意识决定了研究者的分析视野，视野带来了问题的界定。而事实空间则是所研究的问题在现实中的存在，是人、社会结构、文化、经济、政治等因素的统合方式或结果。其二，问题空间是研究者在与研究问题的认知互动中逐步形成的"心理空间"，是问题某些特性和研究者双方共同决定了所研究的问题空间，由于现代学术研究者的专业训练，问题空间是有学科特性的，而"事实空间"是不分学科的。其三，"问题空间"的界定不同带来的理论解释不同。如果是把"问题空间"界定为社会性的，理论解释侧重于社会过程；如果把"问题空间"界定为心理过程，理论解释侧重于心理机制。而"事实空间"则是"客观性"地"在"那里。

可见，"问题空间"构建至为关键。那么，该如何构建，不同学者有不同做法。笔者（2011）曾概括出"因素—结构—功能"的研究框架策略。其要点为：第一，因素—结构—功能互动构建研究框架。"因素"指所研究问题的构成成分，因素既是形式的，也可是意义内容的。"结构"指因素之间的稳定关系。"因素"因其性质而与其他"因素"形成不同的关系，从而内在地构成事物存在的结构。"功能"指问题空间在社会—文化—情境中的作用或功用。在研究者的学术体验和文献基础上，以"问题空间"为对象，通过因素—结构—功能的反复思考，三者单向或多向互动而形成研究框架，构建研究框架。第二，研究者智慧贯穿原则，即研究者以其智慧对问题进行整体把握。现代学术是分学科的，但实际问题是"不分科的"，研究者不仅要有跨学科的知识，还要有跨学科的理论思维能力，通过虚（推理—直觉）—实（经验）结合的方式，构造研究问题。第三，研究中有"反身思维"。反身性（reflexive analysis）指研究者持续的、主观的、动态的自我评价，是研究者自己对研究对象、场景时刻的、有意识的自我警觉。这提示，研究者要对自己研究进行反思与把握。例如，为什么要研究这个问题？所关注的问题到底是什么？研究者的作用如何？此问题空间的社会—文化—情境存在状况是什么？这一机制如图4—1所示。

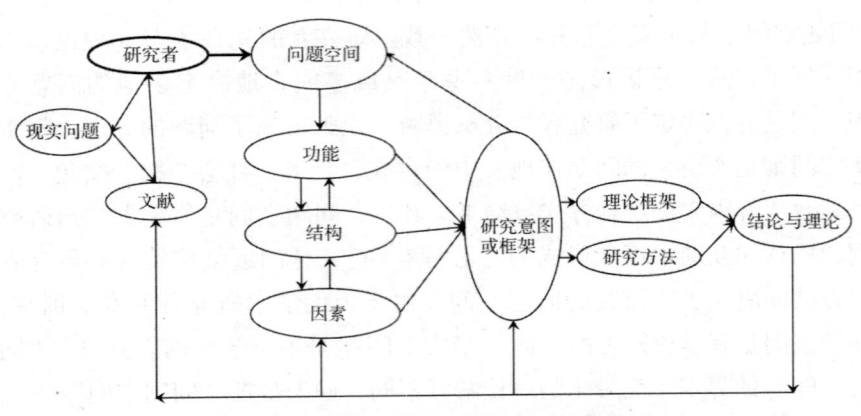

图4—1 因素—结构—功能研究框架构建

问题空间的特征是：第一，问题空间不是具体研究问题，不是假设，不是预先的概念，而是研究的基本结构或框架。第二，问题空间重在研究问题要素—结构—功能的关系寻找，寻找基本社会过程的因素、机制，是实现理论饱和的基础。第三，问题空间是开放的和动态的，从开始的初步框架，到最后理论形成整个过程中，都应围绕问题空间发展和提炼。第四，问题空间是形式化构造，是通过因素—结构—功能逻辑的反复提炼而形成。

（三）"时地人"的通情式解释

社会、文化问题研究往往离不开历史事实与历史分析。这就引发一个问题，如何"历史"地看待和分析问题？笔者认为，应有"时地人"的历史考察原则。

"时地人"原则指应从时间、地点、人所构成的历史空间中解析资料、分析问题和做出判断。[①] 从社会科学的层面看，"时地人"体现在这些方面。

---

① 历史学家提醒，对历史的考察，要思考其具体历史情境，这即"时地人"的立场。参见蔡鸿生《关于知、识、史的联系与区别》，载《读史求识录》，广东人民出版社2010年版，第36—50页。

1. "时地人"的意涵

"时地人"为研究对象发生的时空特征和人的特征的集合。

第一,"时"为时代、历史和时间感。

人和社会事件无不发生于某一时代。而时代具有"时间"为时空限制的精神气质。这就是说,一个时代有一个时代的主流价值观、行为方式和社会心态或特征。理解一个时代,需要以那个时代的精神气质来理解,而不能简单地以"当今"的时代精神对历史进行"当下化"解释。例如,1784年2月20日美国商船"中国皇后"号载有西洋参、皮毛、棉花等货物由纽约启航,航行时间为188天于当年8月28日到达广州黄埔港。显然,以今天互联网时代的即时通信立场、体验,是不能深切体会这个"漫长"航行时空下的心理和社会感受的。

从严格意义看,应进入历史事件发生的时代、时期及其负载的价值观念、精神气质,才能理解历史事件的脉络。如对于农耕时期"水"的倚重,若不是进入靠天吃饭的情境中,今人可能不能理解"水"的作用。若没有这一历史感的理解,仅以今天农作物的科技技术是不能理解传统农耕生活的艰辛的。同样道理,对中国历史的理解,也不能静态化、单一化。简单地把皇权视为独裁而无视谤木、谏官、封驳、相权、集议、三权制衡(中书省决策,门下省审核,尚书省执行)等的权力制约机制与作用,是不全面的。

第二,"地"为地理环境、地域、地点。

"地"有三层含义:一是地理环境,即一个社会或国家存在的物质空间。社会的诸多特征无不与其地理环境相关。如中国大部分位于中纬度地区,属北温带,南部少数地区位于北回归线以南的热带,没有寒带。地表西部以山地为主,东部则以平原和丘陵为主。地势总特征为西部高,东部低。从青藏高原向北、向东,各类地形呈阶梯状逐级降低。平原和丘陵主要集中在东部,这里土壤肥沃,开发历史悠久。中国的地理环境决定了中国传统社会的农耕文明,农耕文明对于家庭有天然的要求,而家庭纽带整合的理论要求,是中国儒家文明形成的社会基础。二是地域。地域往往预示着不同区域的社会经济、文化水平和性格特征。

如著名的爱辉—腾冲线揭示的地域特征。① 三是地点或情境。任何事件都发生于特定的地点，是情境的。情境的因素对于事件的发展和进展在一定条件下甚至是关键的。稳定的素质与地点的情境结合才是事件全部的信息。地点或是宫廷，或是乡间，或是激情的生死拼搏，或是激扬文字的士人学识碰撞，其情境下人的心理是不同的。所以，要理解事件的前后脉络，离开情境，是不完整的。

第三，"人"为价值的、认知的、性格的。

人是复杂生命意义存在，意义是人的本质。人的意义系统是以终极观为核心的心理内容义系统，包括信仰、价值观、态度。信仰不仅有相应的文化形态，也成为信徒人的生命的依据。公认的终极信念体系不仅决定该文明体中人的认知和行为方式，也决定该文明体的社会结构和形态。如西方基督教信仰体系决定了西方长达千年的政教合一的中世纪宗教社会形态，其思想中的契约思想促进了现代西方的法制观念，对上帝的认知影响了西方职业精神、诚信观念等核心价值观。②

人的意义更多体现在具体的价值观。价值观是个体以信仰为基础的系统化的心理内容，包括个体对自己、对他人、对社会等方面的看法。克拉克洪（Kluckhohn）把价值观定义为：一种外显或内隐的，有关什么是"值得的"看法，它是个人或群体的特征，影响人们对行为方式、手段和目标的选择。施瓦茨（Schwartz）归纳了十种价值观类：（1）自我导向（self-direction）；（2）刺激（stimulation）；（3）享乐主义（hedonism）；（4）成就（achievement）；（5）权力（power）；（6）安全

---

① 地理学家胡焕庸（1901—1998）在1935年提出了爱辉—腾冲线。这条线从黑龙江省爱辉到云南省腾冲，大致为倾斜45度。它基本上与中国400毫米等降水量线重合。线东南方以平原、水网、丘陵、喀斯特和丹霞地貌为主要地理结构，约有96%的人口居住在约占全国土地面积36%的东南部地区；线西北方人口密度极低，是草原、沙漠和雪域高原的世界，约4%的人口居住在约占全国土地面积64%的西北部地区。它也是历史地理分界线，是中原王朝直接影响力和中央控制疆域的边界线，是汉民族和其他民族之间战争与和平的生命线。它的东部，是农耕的、宗法的、科举的、儒家的……一句话，是大多数人理解的传统中国；而它的西部，则是或游牧或狩猎，是部族的、血缘的、有着多元信仰和生活方式的非传统儒家中国。此外，中国南方与北方，甚至不同省级的地域特征，均是理解特定事件的参照。类似地，不同文明产生、发展及其特征，均应从其地理环境来理解。刘桂侠：《爱辉—腾冲人口分界线的由来》，《地图》2004年第6期。

② ［德］马克斯·韦伯：《新教伦理与资本主义精神》，于晓、陈维纲译，生活·读书·新知三联书店1987年版，第58—68页。

(security);(7)遵从(conformity);(8)传统(tradition);(9)慈善(benevolence);(10)大同主义(universalism)。[1]

态度则是价值观与社会现象互动而产生的对人、事、物的具体看法,包括三个因素,即认知因素、情感因素和意向因素。认知因素指对态度对象带有评价意义的叙述,包括个人对态度对象的认识、理解、相信、怀疑以及赞成或反对等。情感因素指对态度对象的情感体验,如尊敬—蔑视、同情—冷漠、喜欢—厌恶等;意向因素是指对态度对象的反应倾向或行为的准备状态,即准备对态度对象做出何种反应。

人的意义功能是通过认知过程,以能力的方式实现的。"认知"指个体对事物认识的心理过程,包括感知过程、记忆、思维过程等。人的认知因人的大脑机能特征和经验而有不同方式、不同能力。能力是个体顺利完成某种活动所必备的个性心理特征。能力是在掌握知识的过程中形成和发展的,同时,掌握知识又必须以一定的能力为前提。能力的核心是人的智力。斯腾伯格(Sternberg)认为,智力应被理解为复杂推理和问题解决的信息加工过程,即分析的、创造的、实践的过程。加德纳(Gardner)认为,智力是有机整体,包括了言语的、逻辑数学的,空间、音乐、身体运动、人际关系的,内在个人的,自然的。[2]

人也具有不同的性格。性格是认知、情感和行为的复杂组织,它赋予个人生活的倾向和模式(一致性)。人格包含结果和过程,并且反映着天性(基因)和教养(经验)。另外,人格包含过去的影响及对现在和未来的建构,过去的影响中包含对过去的记忆。[3] 心理学对性格有诸多研究,形成了六大流派:行为—学习、精神分析、特质、认知、生物和人本。目前影响比较大的是"大五人格模型":开放性(openness):想象、情感丰富、审美、求异创造、智慧等;责任心(conscientiousness):胜任工作、公正、有条理、尽职、成就、自律、谨慎克制等;外倾性(extraversion):热情、社交、果断、活跃、冒险、乐观等;随和或

---

[1] 张敏、邓希文:《基于动机的人类基础价值观理论研究——Schwartz 价值观理论和研究述评》,《宁波大学学报》(教育科学版)2012 年第 1 期。

[2] Robert Andrew Wilson and Frank C. Keil, *The MIT Encyclopedia of the Cognitive, Sciences*, Cambridge: The MIT Press, 1999, pp. 409–410.

[3] [美] L. A. 珀文:《人格科学》,周榕等译,华东师范大学出版社 2001 年版,第 415 页。

宜人性（agreeableness）：信任、直率、利他、依从、谦虚、移情等；神经质性（neuroticism）：焦虑、敌对、压抑、自我意识、冲动、脆弱等。性格决定行为方式，进而影响工作。外向的人与内向的人面对同样的事情会选择不同的处理方式，由此也决定着他们的工作特征。

总之，"人"是价值的、认知的、性格的、情感的，人因与他人的互动关系也表现出不同的特征，成为社会事件的构成要素，也提示了社会的复杂性。理解人，也要通过人的心理世界来理解。

2. "时地人"的"通情式"思维

因为"时地人"的复杂性，对历史事件或社会事件的理解，应有"时地人"原则，即以历史的、情境的、心理的方式去分析研究对象，反省研究者自身的局限，从而更准确地把握问题。

"时地人"策略要求研究者"通情"地进入历史事件。"通情"（empathy）乃一心理学概念，指一个人在内心以他人的视角，他人的感受，进入他人的心理世界，理解其心理体验与心理感受，是知觉别人观点，体验和共鸣别人情感和行为的能力。其核心成分是像他人那样产生同样的情感体验，理解他人内在经验的品质和能力（know another person's inner experience），或者接受他人情感的过程（feel/perceive the feelings/emotions of other people）。"通情"有三个基本成分：知觉和区分别人的情绪，即认识、确定和标明别人的情绪；以别人的角度思考（perspective and role taking），即假设和体验别人经验的能力；情绪反应的能力，即类似别人情绪反应的能力。[1]"通情"的心理过程是，有理解对方心理状态的意愿，在内心扮演对方角色，体验对方的感受，判断对方的心理状态。这包括认知、情感和预期三个方面的替代体验：认知的替代体验，指个人理智上对他人内部经验的洞察、理解；情感的替代体验，指在情感上体验他人的内部情绪状态；预期的替代体验，指个人能预期他人在具体情境中的情感反应。有学者指出，"通情"有四个阶段：情绪认知（emotion recognition），认知他人的情绪情况；他人思考（perspective-taking），把自己放到别人的位置，体验他人的处境；情绪体验

---

[1] Changming Duan and Clara E. Hill, "The Current State of Empathy Research", *Journal of Counseling Psychology*, Vol. 43, No. 3, 1996, pp. 261-274.

（emotion replication），体会他人同样的情绪；反应决定（response decision），对他人的情况做出反应。①

"时地人"的原则，也要以发展、动态的视野去分析"事件"。由"时地人"构成的事件有发展性和变化性。任何历史人物均是生命过程的展开，均有成长的过程，也均有心理变化的过程，也有情绪波动的时刻，对于历史人物的理解，也应在行为发生的时间内进行。

3. 研究者首先应被研究

公共管理研究者可能遇到双重身份紧张：一方面，公共管理研究者是从事公共管理问题研究的人，是知识的创新者，这是通过理性化的心智活动而实现的，即他们必须以"理性人"的方式实现其学术构建任务；另一方面，公共管理研究者也是社会人，天然地具有心理的另一特征——是持有某种价值情感的"意义"生命体。因其学术活动天然与公共权力部门关系密切（如众多的公共管理学家直接或间接不同程度地参与政府管理活动），他们较之于其他学科，可能有更多机会推行其主张于公共生活。

有些公共管理研究者并没有清晰地意识到自己独特的双重身份，导致学术主张与生活价值合二为一。在一定意义上，西/沃政治—行政之争即有此因。沃尔把人的价值情感精神（需求）作为公共管理的基础或最高原则，使学科服务于人的价值认定。这当然有事实基础，如国家的"政治"从来就对国家"行政"有支配性和统领性。西蒙提倡以学术理性支配公共行政学，这无疑是公共行政学科发展的需要，有知识理性化的正当性。他们二人因出发点和问题角度不同，主张均有合理性。但就此争论无法取得共识看，深层原因在双方囿于工具理性与价值情感纠合在一起的存在事实，未能区隔各自主张的前提、对象和目标。

因此，对于公共管理研究者，应注意研究者立场问题。其一，应认识到研究者的价值观对学术研究的天然作用。虽然诸如韦伯、西蒙所说的"价值中立"、"价值无涉"值得倡导和肯定，但严格来说，真正的"价值无涉"难以做到。这不仅在于，同任何人一样，公共管理研究者

---

① 中国大百科全书总编辑委员会《心理学》编辑委员会：《中国大百科全书（心理学卷）》，中国大百科全书出版社1991年版，第383页。

的学术行为是在其心理二维系统推动下产生的意义化行动,其价值情感心理天然的是学术行为的先在要素,相当程度上决定着其解释问题的视野与框架。如价值观最集中表现——宗教信仰本身即是一种认知框架。①这对人的生活有全方位的影响。还在于个人对与其价值观接近的事物必然产生亲和反应,此即所谓的政治人"见其所将见"等现象的心理机理。② 这说明公共管理研究者"价值人"角色对"学术人"角色影响的必然性。对此,若没有清醒的自我反思,自然会"盲点性"地把自己先在价值应用于学术构建,还自以为自己的学术构建是"客观的"。其二,在社会生活中,公共管理研究者应把"学术人"和社会生活中的"价值人"相区隔。每个人有权力追求自己认定的价值生活,但学者没有权力以"学术"掩盖其价值先在或主张,也没有权力在知识理性面罩下,不经过批判性反思或多方平等对话,以未取得共识的方式来影响公共权力,左右他人。

由此,应提倡超越理性原则——认可社会的、个体的价值情感在公共管理活动中的天然作用,对研究者的双重角色进行区隔并处于理性反省之下。

二 方法选用

基于上述研究策略,针对第三章所定的研究内容,选择如下具体研究方法。

(一) 案例法
政府决策的生态过程问题,适合采用案例方法。

---

① 参见 D. N. McIntosh, "Religion as Schema, with Implications for the Relation Between Religion and Coping", *International Journal for the Psychology of Religion*, Vol. 5, No. 1, 1995, pp. 1–16.
② 马奇列出了六种现象:"见其所将见"、"好其所将好"、"见其所乐见"、"好其所乐好"、"见其所被乐见"、"好其所被乐好",颇能说明这个问题。参见詹姆斯·G. 马奇、约翰·P. 奥尔森《重新发现制度:政治的组织基础》,张伟译,生活·读书·新知三联书店 2011 年版,第 40—41 页。

案例研究通过案例"故事"的描述，揭示案例构成的相关因素、因素关系及其结构，从而给出理论结论。案例分析虽然不适合推断结论，但通过对研究对象的要素关系进行解释，能够对问题的实质与机制进行"生态"性解释。

政府决策过程既是外在的，也是内在的。所谓外在指政府决策最后是通过政策或法令的方式公之于众的，是见之于社会的，但是政府决策的过程则是不完全为外界知悉。因此，探析其要素、作用过程，明晰其发展阶段，是政府决策案例分析可以达到的。

本书拟选择一个省级政府的文化政策决策案例，分析政府决策的生态过程及机制。

（二）问卷实验法

问卷调查方法是基于某一理论框架设计问卷项目，进行大样本调查，从而可以在统计学意义上给出推断判断的研究方法。当然，其推断不是个人心理意义上的，而是数据形式上的理论结论。

政府决策自然离不开官员的"选择"，官员的心理因素无疑有极大的作用。官员如何解释决策问题？如何按照规则来做出选择？其心理模型和特征是什么？这些都不是单个官员的数据能够实现的，需要抽象层次的理论推断来实现。

本书为了研究官员决策的心理要素，还考虑增加一个要素，即加入实验性的变量，通过构造虚拟决策问题，以此为因变量，考察官员在做出这个决策时的心理过程与规律，从而更好地考察官员决策的心理模型。

（三）实验法

学术研究的基本任务是对自然、人文、社会、科学、技术等现象进行描述、解释及其理论的应用。其中，关键和困难的环节是对所研究对象的内在机制的解析，而这在现代科学研究范式上，体现为对其因果关系及其机理的分析与验证。由于自然，尤其是社会现象的复杂性，自然情形下的观察是被动的、表面的。因此，如何主动地、深度地、操控性地进行因果关系机理研究，就成为现代科学研究的方法论追求目的。基于西方宗教信仰中的理性学派传统，萌芽于文艺复兴后期，成型于近代资本主义早期，完善于科学理性昌盛的 20 世纪 20 年代中期的实验研究方法，目前已成为自然科学、社会科学的重要研究方法之一，其影响力如此之强，以至如哲学这样高度抽象的学科，也出现了如"实验哲学"这样的研究方式。[1]

实验方法是现代社会科学常用的一种研究方法。它是基于一定的理论框架，构造研究情境，通过随机和操控方式，考察变量间的因果关系，对于验证理论假设、形成变量因果结论有极大的作用。实验法是指理论驱动（即理论判断验证为研究目标）下，在典型或人为特定的条件下，采用科学仪器、设备，主动干预和控制研究对象，获取因果关系科学事实，验证理论假设的研究方式。[2] 实验法的基本逻辑是：（1）确定研究问题，构建理论框架；（2）理论操作化，包括理论命题变量指标化，因果规律自变量、因变量操作化，指标数据化，统计方法适应性选择，等等；（3）实验操作与监控；（4）分析解释实验结果，形成理论结论。这是一个从理论意图到变量操作，到因果关系解释，再到形成理论结论的过程。其不同过程的方法、知识，如理论构建、实验设计和数据分析等构成了实验研究方法论知识体系。随着自然和社会科学实验研究的发展，如今已成为包括诸多实验方法和统计方法构成的庞大、复杂学科体系。

实验法之所以被视为科学研究的经典方式，在于其人为性、操控性（manipulation）和随机性（randomization）的特征。人为性指实验研究往往是通过人为设定环境或条件，构造"纯"理想的事件环境，在此环境下观察、测量被试的行为变量；操控性指对理论的变量关系进行呈现、控制、强化等，使所研究的因果关系得以重复展现，以发现其内在因果机制；随机性则是以随机原则控制被试、条件，保证因果关系不是偶然的、内生或外在系统误差带来的，保证因果变量的普遍性。正是这些方式的综合应用，使科学研究最为关注的因果关系可以从复杂的社会文化

---

[1] Joshua Knobe, Wesley Buckwalter, Shaun Nichols, Philip Robbins, Hagop Sarkissian, and Tamler Sommers, "Experimental Philosophy", *Annual Review of Psychology*, Vol. 63, 2012, pp. 81-99.

[2] Murray Webster, Jr. and Jane Sell, *Laboratory Experiments in the Social Sciences*, Academic Press (Elsevier), 2007.

背景下被抽离出来,以可控的方式进行验证,从而对不确定世界的内在机制给出确定的解释。①

实验研究最为人所诟病的问题是外在效度问题。外部效度指科学研究中的实验结果类推到真实社会情境中的其他母体或环境的有效性。②用更通俗的话说,即人为实验条件下的研究发现推论到现实情境所产生的失效现象。对于实验研究的外部效度问题,学术界有不少争论或解释。笔者认为,应这样理解:一是实验研究的优势是内部效度而非外部效度。应当承认,实验研究,尤其是社会科学的实验研究,外部效度困境确实存在,但不能因此而对实验研究的价值完全否定。实验研究根本特质是以操控的方式对所研究的理论问题进行因果关系呈现、验证和重复检验,从而验证对事物规律进行理论解释。正如阿希的从众实验情境在真实生活中几乎不会发生一样,恰恰是实验室的从众研究方式才能给出如此令人震惊的从众因果规律。③ 二是实验研究的结论有特定的逻辑界限。任何研究方法的研究结论在推论上均有逻辑依据,如果说调查问卷结果适合分布式推论,个案方法适合结构式推论,实验研究方法则只适合因果关系性推论。因此,实验方法做出的结论不应是分布式推论或结构式推论。而这一点,不要说刚刚从事实验研究的学者,甚至是有经验的学者,也可能无意识地把因果逻辑推论转变为分布式推论逻辑,从而带来外在效度的严重误差。

政治科学与公共管理的实验研究进展较为滞后。政治科学的实验研究已从偶尔为之,发展成为普遍接受和有影响力的研究范式。政治学家奥斯特罗姆之所以能够获得2009年的诺贝尔经济学奖,与其实验方法的娴熟应用不无关联。④ 至于公共管理学科,实验研究更为滞后。直到近期,才有意识地推进这方面的工作。如 PAR(Public Administration Re-

---

① Thomas R. Palfrey, "Laboratory Experiments in Political Economy", *Annual Review of Political Science*, Vol. 12, 2009, pp. 379-388.

② Murray Webster, Jr. and Jane Sell, *Laboratory Experiments in the Social Sciences*, Academic Press (Elsevier), 2007.

③ Asch, S. E., "Opinions and Social Pressure", *Scientific American*, Vol. 193, No. 5, 1955, pp. 31-35.

④ Rebecca B. Morton, Kenneth C. Williams, *Experimental Political Science and the Study of Causality*, Cambridge University, 2010.

view) 拟于 2015 年出版实验方法研究的专刊。[1] 由此可见，公共管理的实验研究，是值得大力推动的，有巨大学术潜力的研究方式和领域。

实验研究作为一种方法，可以引入公共管理学科；实验研究作为一种知识创造的方法，其本身需要结合学科特征被研究而发展。公共管理科学开展实验研究，虽然存在汲取与追赶这些学科的任务，但也要注意形成自己实验研究特色。

首先，应依据公共管理的学科特征选用实验方法。实验研究虽然涉及大量的技术甚至技巧问题，但从根本看，是以理论构建为驱动的。而理论构建，不同学科的逻辑基础是不同的。就公共管理而言，即使从最直接、简单的定义理解，公共管理的特征是政治—文化—社会性的，也不同于个体性的心理学研究，不同于效用最大化的经济学研究。由此，显然要以不同于心理学、经济学等的学科方式进行理论构建。笔者给出的建议是，"问题中心，公共管理思维方式"的研究策略，即把研究问题放置于其真实的社会情境中思考其发生的逻辑过程，但以公共管理的学科思维方式来构建。现代学科有界限，但"问题"总是在"那里"，"问题"是不分学科的，因此以某一学科为解释框架，可能肢解了"问题"的内在脉络，使研究"问题"失真。但是，现代学科毕竟有各自的学科立场，而这个立场，突出体现在某一学科的思维方式。如心理学的思维方式以最简单的方式概括，即以还原分析的方法研究心理机制。公共管理的学科思维方式可以概括为以合法性和有效性检视公共管理的活动与措施的恰当性。那么，在此基础上，如何构建研究的理论框架，即以学科思维方式，以因素—结构—功能的逻辑，构建理论框架，即所研究对象的构成要素是什么？要素间的结构是什么？结构具有什么样的功能？功能如何成为公共管理活动与问题？等等。进而采用实验方法验证理论判断。[2] "问题中心，公共管理思维方式"既可以与所研究的问题情境契合，也有自己的学科特征。

---

[1] Sebastian Jilke, Steven Van de Walle, Soonhee Kim, "Towards an Experimental Public Administration: Call for Papers-symposium", *Public Administration Review*, 2014, p. 74.

[2] 景怀斌：《公务员职业压力：组织生态与诊断》，中央编译出版社 2011 年版。

其次，公共管理也注意形成自己学科特有的实验方法。不少社会科学在发展中形成了自己的实验方法。例如，心理学实验方法的成熟，与其早期心理物理学的实验研究历程分不开。随着现代技术手段的发展，心理学汲取了脑神经研究手段，形成了脑认知研究实验技术。类似地，公共管理能否结合自己的研究形成自己的实验方法？这是完全可能的。如中国试点政策制定，是否可以与心理学的现场实验结合，从而真正成为"试点"实验研究？这需要问题中心导向下的长期努力。

最后，同任何方法都有局限一样，实验研究有自己特定的适应范围。对于实验研究，虽然需要大力推进，但它不是"包打天下"的，应根据研究任务与问题选择相应的方法。

中国政府决策发生于自己的体制和组织中，与其他类型制度和组织的决策相比，其优势和问题在哪里？无疑，这具有制度反思的功能。这一功能的实现，可以在理想的情境下，通过实验控制比较而给出回答。

本书通过实验方法，比较研究不同制度下的群体决策机制，探析决策的制度效应。

（四）扎根理论

扎根理论的目标是揭示感兴趣的社会现象背后的基本社会过程（the basic social process，BSPs）。格拉泽（Glaser，1978）概括了两类BSP，即基本社会心理过程（a basic social psychological process，BSPP）和基本社会结构过程（basic social structural process，BSSP）。政府决策的研究旨在解释决策者如何理解和解释问题，如何选择处理问题的方式，本质上是对政府过程的基本社会过程进行研究，适合采用此方法。

从过程看，扎根理论指透过有系统的收集和分析资料的研究历程之后，从资料所衍生而来的理论。其目的是通过对现实存在但不易于注意到的社会过程的结构分析，从而揭示某一形式社会现象的根本模式。[①]目前，扎根理论形成了以格拉泽和施特劳斯（Strauss）的原始版本，施特劳斯和科尔宾（Cobin）的程序化版本，卡麦兹（Charmaz）的构建型

[①] Glaser, B. G., *The Grounded Theory Perspective I: Conceptualization Contrasted with Description*, Mill Valley: Sociology Press, 2001.

版本。①虽然扎根理论存在诸多争议，也有许多误用②，但扎根理论有为大家认可的基本程序：扎根理论"理论抽样"原则③，进行抽样访谈，形成"数据"，通过概念持续比较（constant comparisons）的方式进行资料的意义分析，逐步把纷繁的原始资料缩减、转化、抽象为更高层次的概念、范畴，进而通过深度分析范畴的性质、特征、关系，形成理论。在研究过程中，要循环性地对资料进行比较、归纳、演绎，从而形成符合其材料的理论。

就笔者的学研体会看，扎根理论方法具有契合人的社会现象特性的独特性。如果说量的研究借助于典型化方式而获得的"数据"来确认变量间的因果关系是其长处，那么，面对人是意义化生存、社会现象的意义性现实④，面对社会问题难以给出清晰的边界，量的典型化数据获取方式和平均人假定无疑有其潜在局限。而诸如扎根理论的定性研究方式恰恰关注研究对象的"意义"因素间关系与机制，正是其"用武之地"。此外，扎根理论认可研究者自身因素对学术解释的作用，也符合社会科学研究的基本事实。⑤

政府决策是复杂的过程，是政治的、制度的、人员的互动过程。这是一个宏大的事件过程。因此，如何通过外在的信息，解释其实质，其背后的基本社会过程，需要高度的思辨分析。研究这一问题，虽然不是严格的扎根理论过程，但其原则可以采用。

其中，"一切皆是数据"（all is data）是一个基本方式，是扎根理论研究代表人物格拉泽反复强调的。它意味着当研究者进入某个领域后，与其相关的一切材料都可以成为研究数据。数据不仅包括访谈材料、观

---

① 费小东：《扎根理论研究方法论：要素、研究程序和评判标准》，《公共行政评论》2008年第3期。

② Roy, S., "What Grounded Theory Is Not", *Academy of Management Journal*, Vol. 49, 2006, pp. 633-642.

③ Fassinger, R. E., "Paradigms, Praxis, Problems, and Promise: Grounded Theory in Counseling Psychology Research", *Journal of Counseling Psychology*, Vol. 52, No. 5, Apr. 2005, pp. 156-166.

④ 景怀斌：《心理意义实在论》（第2版），暨南大学出版社2005年版。

⑤ 景怀斌：《职业压力感视野下公务员机制的问题与建议》，《公共行政评论》2008年第4期。

察结果，还包括一切可以帮助研究者产生概念、形成理论的如非正式访谈、讲话、研讨、报纸文章、邮件、电视节目，等等，甚至还包括研究者的自我分析和追问。

这一方式贯彻在本书中，即以政府决策为中心，与之相关的理论研究、政府官员的访谈和讨论、相关案例、新闻报道等为本书的"数据"。按照扎根理论的基本做法，对相关概念、因素（范畴）、关系不断比较、归纳，形成具有逻辑关系的解释框架或"理论"。

这一方法的研究，试图回答中国政府决策的宏观过程与特征，回答其深层的理论关注问题。

第五章

中国政府决策的构成要素及其结构

基于上述因素—结构—功能的理论构建策略,研究中国政府的决策,应从政府决策的构成要素及其结构开始。由此形成这样的思路,首先分析政府决策的构成要素,探讨其特征;其次分析这些要素如何构成理论上的决策结构。

政府决策的基本要素为:第一,政府组织。政府组织是基于政治理念而构建的执行国家或社会管理功能的机构。政府组织是政治性的,即不同于私人组织,它在"政治正确"的基础上,追求公共管理的有效性。第二,决策问题。如同个体决策一样,政府决策总是面对问题的——政府决策的任务空间。政府决策的问题既可能是当下的民众生计、生活问题,也可能是关乎社会未来发展的战略问题,是动态多样变化的。政府决策问题的突出特征是开放性的多元标准下的问题。社会不同利益主体有不同的诉求,他们的利益和价值诉求体现在政府决策任务上,即难以有单一的标准来衡量,无法达到绝对最大利益。第三,决策者,任何个体或组织的决策,均是由主体性的人做出的。政府组织的决策是由政府组织负责人或责任群体做出的。作为政府组织的决策者,他们既是个体性选择,也是组织性的行为。他们代表政府解释问题,形成意向,在政府组织的制度框架下进行选择。

这三个基本要素为中国政府的体制、制度和组织结构所框定,带来某些本质特征。

一　中国政府体制

国家政治制度，本质上是国家权力组织机构及其运行的程序和方式，它规范着整个社会人与人之间的相互关系，是社会公共权力的体现。这一套组织结构及其运行程序，用现代社会通用的文字表达出来便是宪法、民法、刑法、民事和刑事诉讼法、行政法及各自的关系法等。

对中国这样的党政一体的国家来说，政府是以党为核心的，党政一体的政治和行政组织，是由中央—省—市—县—乡—村层级的公共组织构成的国家和社会管理机构。相应地，中国政府决策也意味着以党为核心或中心的，具有政治性和行政性的国家管理组织所做出的具有社会治理功能的公共决定。

（一）国体与政体

中国政府的性质和组织方式，是由中国的国体与政体决定的。

"国体"指国家的根本性质，即国家的阶级本质性质和阶级内容。政体则指国家政权的组织形式和管理形式，即统治阶级采取何种方式组织自己的政权机关，实现自己的统治。国体决定政体，但政体有相对的独立性，同样的国体可以有不同的政体形式。从内容和形式的关系讲，政体作为国家政权的组织形式，体现国体的性质，使国体得以实现。一个国家必然要求实现国体和政体的内在统一，两者相辅相成。[1]

中国实行工人阶级领导的、以工农联盟为基础的人民民主专政的国体，实行人民代表大会制度的政体，实行中国共产党领导的多党合作和政治协商制度，实行民族区域自治制度，实行基层群众自治制度，具有鲜明的中国特色。[2]

中国的政体与国体的特征为：中国的国家权力分工不分立，不是

---

[1] 李铁映：《国体和政体问题》，《政治学研究》2004年第2期。
[2] 习近平：《扎根本国土壤　汲取充沛养分的制度最可靠也最管用》，2014年9月5日，新华网（http://news.xinhuanet.com/politics/2014-09/05/c_1112384336.htm）。

"三权分立",也不同于"议行合一"体制,而是实行"五权分工体制",即党中央掌握领导权,全国人民代表大会拥有立法权,国务院行使行政权,检察院和人民法院行使司法权,全国政协行使参政议政权。

国家权力分工不分立的根本在于,党的领导提供了国家权力整合的平台,所有国家机关统一在党中央领导下开展工作。国家权力的实际运行就如同邓小平所说的那样:"属于政策、方针的重大问题,国务院也好,全国人大也好,其他方面也好,都要由党员负责干部提到党中央常委会讨论,讨论决定之后再去多方商量,贯彻执行。"[①]

(二)"党的领导"制度

按照中国的政治构架,"党"居于国家的领导核心位置。"党"领导社会各界的先进代表制宪、立法;而宪法和各种具体法律则体现出党的政治领导和国家的基本性质。

1. 宪政设计

中华人民共和国宪法确认了中国共产党的国家领导地位。宪法序言指出:"国家的根本任务是,沿着中国特色社会主义道路,集中力量进行社会主义现代化建设。中国各族人民将继续在中国共产党领导下,在马克思列宁主义、毛泽东思想、邓小平理论和'三个代表'重要思想指引下,坚持人民民主专政,坚持社会主义道路,坚持改革开放,不断完善社会主义的各项制度,发展社会主义市场经济,发展社会主义民主,健全社会主义法制,自力更生,艰苦奋斗,逐步实现工业、农业、国防和科学技术的现代化,推动物质文明、政治文明和精神文明协调发展,把我国建设成为富强、民主、文明的社会主义国家。"

这一宪法地位和实际运行的政府制度,奠定了中国共产党的国家领导制度。当代中国政府的制度框架是由宪法所规定的宪政结构系统和由中共党章所规定的党政结构系统构成的。就宪政结构而言,宪法规定,全国人民代表大会是最高国家权力机关,国务院为中央人民政府,是最高国家权力机关的执行机关。《中华人民共和国地方各级人民代表大会

---

① 邓小平:《改革开放政策稳定,中国大有希望》(1989年9月4日),载《邓小平文选》第3卷,人民出版社1993年版,第319页。

和地方各级人民政府组织法》规定：省、自治区、直辖市、自治州、县、自治县、市、市辖区、乡、民族乡、镇设立人民代表大会和人民政府。省、自治区、直辖市的人民政府的各工作部门受人民政府统一领导，并且受国务院主管部门的领导或者业务指导。根据中国共产党章程的规定，中共全国代表大会和它产生的中央委员会，是党的最高领导机关，党的中央委员会选举产生党的中央政治局及其常务委员会。中央书记处是中央政治局及其常委会的办事机构，在中央政治局及其常委会的领导下开展工作。从实际情况看，党对政府影响的制度性安排为：第一，宪政结构接受党（中共）管干部（人才）的原则。国家机关及政府重要领导干部由党推荐。国家政权机关必须贯彻执行党所制定的干部（人才）路线、方针、政策。第二，国家机关中担任领导职务的人员多是中共党员。[1]

2. 党的领导小组制度

党的领导还有一个制度性的安排，即各种各样的由党主导的"领导小组"，如十八大后成立的中央全面深化改革领导小组、中央网络安全和信息化领导小组、中央军委深化国防和军队改革领导小组、中央财经领导小组、中央港澳工作协调小组、中央新疆工作协调小组、中央西藏工作协调小组、中央党的群众路线教育实践活动领导小组、中央宣传思想工作领导小组、中央党的建设工作领导小组、中央巡视工作领导小组。这些小组由党的主要领导担任组长。领导小组一般由组长、副组长、组员组成，办公室是相对常设的办事机构。领导小组发挥统筹协调功能，兼顾"决策"和"议事协调"功能。领导小组的首要职能是"决策"。因而组长和副组长通常由层级较高的领导担任，中央层面，总书记、总理都会在小组里担任重要职位。而各省也会安排对口的机构做改革协调和推进工作，并由党委"一把手"牵头小组的各项工作。领导小组在同级政府里属于规格最高的机构之一，具有独特的组织和权力结构，有力地增强了政治决策的执行力度和效果。由此产生的路径依赖效应，使领导小组的生命力得到延续，并逐渐固化为一种模式，是党领导全面工作的制度安排之一。[2]

---

[1] 张立荣：《当代中国政府决策与执行的结构解析》，《华中师范大学学报》2004年第3期。
[2] 桂田田：《常委小组职务：习近平至少兼4个小组组长（名单）》，《北京青年报》2014年6月23日。

3. 党组制度

中国共产党是执政党，党的领导是中国特色社会主义最本质的特征，是做好党和国家各项工作的根本保证。坚持党的领导，首先是要坚持党中央的集中统一领导，这是一条根本的政治规矩。党组是保证党的领导的制度措施。

党组是党中央和地方各级党委在非党组织的领导机关中设立的组织机构，是实现党对非党组织领导的重要组织形式和制度保证。党组是上级党的委员会在非党组织中的派出机关，党组必须服从批准它成立的党的委员会的领导。

1989年6月，党的十三届四中全会召开，党和国家的领导体制发生重大变化。全会强调，党对政府不仅实行政治领导，还要实行组织领导和思想领导。具体体现之一，就是重新恢复前一时期普遍撤销的政府内的党组。1992年的十四大党章修正案规定，在中央和地方国家机关、人民团体、经济组织、文化组织和其他非党组织的领导机关中，可以成立党组。首次规定党组讨论和决定本部门的重大问题。而对于各级党和国家机关中党的基层组织的规定，基本上没有变化，即仍是协助行政负责人完成任务，不领导业务工作。

2002年，十六大党章修正案除依旧明确党组讨论和决定本部门的重大问题外，又首次明确"党组发挥领导核心作用"，并做好干部管理工作。这样，政府党组的基本重大职能就有了三项。于是，各级政府部门逐渐演变为通常设立党组，少数的设立党的基层组织如党委、党总支、党支部。目前，党组工作条例还没有制定。

党组与党委的区别是，党委由党员大会或党的代表大会选举产生，而党组则由党的委员会决定；党的委员会可以批准接受党员，党组不能；党委可以决定对党员处分，而党组一般不能；党委与下属的委员会是领导关系，而党组则是指导关系。

中共各级党委在各级政府领导机关中建立党组，党组的任务主要是负责实现党的路线、方针、政策，讨论和决定本部门的重大问题，团结非党干部和群众，完成党和国家交给的任务，指导机关党组织的工作。在实际运作中表现为中共组织、行政机关、人大、政协等机构多位一体，形成以中共组织为主导的中国政府决策与执行机制。①

党中央对全国人大常委会、国务院、全国政协、最高人民法院、最高人民检察院的统一领导，很重要的一个制度就是在这些机构成立党组。中央政治局常委会听取全国人大常委会、国务院、全国政协、最高人民法院、最高人民检察院党组汇报工作，是保证党中央集中统一领导的制度性安排，意义十分重大，对全党也具有十分重要的示范意义。

当政府部门设立党组后，如何健全政府部门党组制度，发挥党组的领导核心作用，同时坚持行政首长负责制，就成为引起我们深思的一个问题。为此要坚持如下两个原则：一是坚持地方党委"总揽全局、协调各方"与政府"独立负责、协调一致"两者并重的原则。二是坚持民主集中制的基础原则。关于民主集中制、行政首长负责制、党组的领导核心作用三者的关系问题，要通过科学的制度设计，在坚持民主集中制原则的基础上，既坚持集体领导、民主集中、个别酝酿、会议决定的原则，充分发挥党组的领导核心作用；落实行政首长负责制，保证部门正职的权威和行政效率。同时，还要发挥领导班子个人分工负责的优势，充分调动副职工作积极性，达成权力制衡和监督。为此要注意落实副职领导的基本权责如知情权、参与决策权、有关副署权等。②

党组通过嵌入非党组织的领导机关构建起了非党组织与党组织之间的关联。党组发挥领导核心作用的逻辑是：党组织领导党组，党组统一党员负责人意志与行动，党员负责人影响非党员负责人，形成非党组织的共同领导意志和行动，进而领导非党组织。这样，既保证了非党组织依然通过自身的领导机关实现基本功能，又保证了党的领导通过非党组织的领导机关来实现。

如此，党与政府两大结构系统既有静态结构、运行周期和工作原则方面的相同点或相似点，又有领导体制、运行时间和组织基础方面的不同点。在实际运作中表现为中共组织、行政机关、人大、政协等机构多位一体，形成以中共组织为主导的中国政府决策与执行机制。

---

① 张立荣：《当代中国政府决策与执行的结构解析》，《华中师范大学学报》2004年第3期。

② 李宜春：《政府部门党组制度与行政首长负责制》，《经济社会体制比较》2013年第6期。

（三）国家权力结构

目前中国形成六权分工制度安排。这一套体制与其他国家有共同之处，但是又不同于三权分立的体制。在中央层面，党中央行使领导权，全国人民代表大会行使立法权，国务院行使行政权，检察院和人民法院行使司法权，全国政协行使参政议政权，军事委员会行使军事权。这六权不是平行的，它们不但有横向职能分工，也有纵向的职责分工。

党的领导权处于纵向权力分工的顶层，通过行使领导权对整个国家的发展方向起到引领的作用。对于参政议政权是导向性领导，引导其围绕党中央确定的中心与大局开展参政议政工作；对于立法权是程序性领导，领导其参与协商并审议通过党提出的建议和主张；对于行政权是间接领导，通过党政结合体制，使得党的方针政策得到贯彻；对于军事权是直接领导，通过党军合一体制，实现对于军事权的直接领导、绝对领导；对于司法权是宏观领导，主要是领导司法机关正确贯彻党的路线、方针，不具体干预司法机关独立行使职权。

全国人大的立法权处于纵向权力分工的第二层，国家主席、副主席由其任免，行政权、司法权、军事权都由其任免行使机关的领导人员，并接受其监督。

参政议政权、行政权、司法权、军事权处于纵向权力分工的第三层，在党的领导下分别履行自身职权，并受到立法权的制约与监督。

中国六权分工体制是从中国土壤中生长出来的政治制度，经过长期历史检验。中国的实践也拓宽了传统政治学对于政治权力的认识，如果说三权分立体制的理论基础在于人性恶的假设，基于分权制衡的原则，那么六权分工体制更侧重于人性善的假设，更基于群策群力的原则。六权分工制当然有其他国家难以比拟的优势。例如，由于党的领导权提供了国家权力统合的功能，大家可以心往一处想，劲往一处使，而不是相互拆台、议而不决、决而不行。此外，中国将参政议政权作为正式的国家权力，这使得凡事都要协商、有事多商量成为中国政治生活的常态，通过不断听取吸收各方面的意见，使得决策结果更加符合实际，更加科学。

当然，六权分工体制也有其缺陷，比如如何让宪法文本更加符合实际的政治体制架构，如何进一步规范党的领导权，如何有效制约和监督一把手的权力,如何更好地解决好党政分工问题,如何更切实地发挥人大、政协的监督功能,如何进一步推进检察机关与审判机关更加独立公正地行使检察权与审判权,这都还需要我们进行长期不懈的探索。①

二 决策制度

(一)民主集中制

《中华人民共和国宪法》第一章总纲的第三条规定:"中华人民共和国的国家机构实行民主集中制的原则。全国人民代表大会和地方各级人民代表大会都由民主选举产生,对人民负责,受人民监督。国家行政机关、审判机关、检察机关都由人民代表大会产生,对它负责,受它监督。中央和地方的国家机构职权的划分,遵循在中央的统一领导下,充分发挥地方的主动性、积极性的原则。"

"民主集中制"既不是民主制,也不是集中制。既有民主,又有集中,才能实现"既有纪律又有自由,既有统一意志又有个人心情舒畅那种生动活泼的政治局面"的政治民主目标。从这个意义上看,中国的民主集中制对西方民主制是一个超越,如同"两条腿走路"是会超过"一条腿走路"的。

民主集中制是我国国家组织形式和活动方式的基本原则。民主集中制决定了我国地方与中央的关系是局部与整体的关系,局部必须服从整体,地方必须服从中央。同时,我国各地发展情况不同,宪法和法律在立法体制和管理体制等方面又做出规定,凡属地方性重大事务,由地方各级人民代表大会做出决定,在本行政区域内贯彻执行。"这既能保证中央的统一领导,又给予地方以适当的自主权,充分发挥各自的积极性。"

中国民主政治也有纠错机制。协商、信访、集体学习、巡视、调研、到群众中去等,都是保证中国民主政治下科学决策的制度性依据。有人将其概括为"中国式的纵向民主"。中国目前实施的中纪委巡视团

---

① 鄢一龙:《中国的六权分工政治体制》,2014年12月14日,观察者网(http://www.guancha.cn/ZuoYiLong/2014_12_14_303270_1.shtml)。

反腐、纪检信息公开、政务信息公开、公共信息透明、党内问责、行政问责、制度性的舆情搜集、群众测评、拟提拔干部情况公示，以及可能施行的领导干部财产申报公开、有节制的竞争性公选等措施，也是制约公权力的方式，也可望实现公平、透明、自由，保证国家机器服务于人民利益，公权力受到约束。这也可视为民主，至少是能够产生民主效果的政治措施。

民主集中制与三权分立是不同的。美国建国初期，为了防止暴政、有效保卫个人权利，建立了复杂的三权互制系统，即两院制国会、可否决立法的法院、受国会和法院制约的总统。随着时间推移，这种体制弊端越来越严重。国会把持着太多立法权，制定了太多烦琐复杂的规则。由于联邦政府各管理机构由不同的国会下属委员会监管，每个委员会又不愿放权，结果是立法对行政造成太多掣肘。凡此种种"削弱了政府的自主性"，使之"日渐臃肿、人浮于事"，"决策效率低下，成本高昂"。既然政府表现差劲，民众便不信任政府；民众越不信任政府，就越不愿增税。于是"政府财政捉襟见肘，也就不可能运转良好，最终陷入恶性循环"，于是福山发出了美国政治"无路可走"的哀叹。恰成对照的是，在英国式议会制中，"法院不会如此频繁地干预政府；政府派遣机构也比较少；立法工作的连续性较高；受到利益集团的影响较小"。英国民主因采用简单多数选举制，通常是执政党稳占议会多数票，或两党联合执政，这样就大大减少了政党恶斗的机会。结果是"只有一个单一的、全能的立法机关——没有独立的总统职位、没有强大的上议院、没有成文宪法、没有危险审查、没有联邦主义和地方分权"。英国议会权力相当大，大到有"极权"的名声，不仅具有立法、监督政府和决定财政预算等权力，甚至有组织或解散政府的权力。[①]

（二）政府重大决策程序制度

就决策制度本身看，中国政府逐步形成了系统的决策制度。2004年3月，国务院发布《全面推进依法行政实施纲要》（国发〔2004〕10

---

① ［美］阿克曼：《危机政府对美国宪法正当性的颠覆》，2014年11月8日，观察者网（http://www.guancha.cn/Bruce-Arnold-Ackerman/2014_11_08_271263.shtml）。

号）和《国务院办公厅关于贯彻落实〈全面推进依法行政实施纲要〉的实施意见》（国办发〔2004〕24 号），要求建立健全科学民主决策机制。提出要明确界定各级政府、政府各部门的行政决策权，完善政府内部决策规则、决策程序以及行政决策的监督制度和机制，按照"谁决策，谁负责"的原则，建立健全决策责任追究制度。建立健全公众参与、专家论证和政府决定相结合的行政决策机制。2010 年 10 月，《国务院关于加强法治政府建设的意见》强调坚持依法科学民主决策，具体规定规范行政决策程序，把公众参与、专家论证、风险评估、合法性审查和集体讨论决定作为重大决策的必经程序。完善行政决策风险评估机制。建立完善部门论证、专家咨询、公众参与、专业机构测评相结合的风险评估工作机制，通过舆情跟踪、抽样调查、重点走访、会商分析等方式，对决策可能引发的各种风险进行科学预测、综合研判，确定风险等级并制定相应的化解处置预案。加强重大决策跟踪反馈和责任追究。通过多种途径了解利益相关方和社会公众对决策实施的意见和建议，全面评估决策执行效果，并根据评估结果决定是否对决策予以调整或者停止执行。对违反决策规定、出现重大决策失误、造成重大损失的，要按照"谁决策，谁负责"的原则严格追究责任。

在中央政府的推动下，自 2005 年 10 月 19 日《重庆市政府重大决策程序规定》以来，各省、市甚至县级政府先后以政府法规的方式，规定了重大决策程序。这些决策程序各自表述不同，但一般都对重大决策的界定、重大决策的程序、重大决策的配套建设提出了各自的规定。据统计，截至 2007 年，全国约有 80% 的市县建立了政府决策合法性审查制度，有超过 70% 的市县建立了政府决策公开，听取群众意见制度和政府决策责任追究制度，有超过 50% 的市县建立了政府决策跟踪反馈和绩效评估制度。[①]

此外，一些地方政府对决策模式进行了有自己特色的制度建设尝试。如杭州市进行了开放式决策，其基本做法是：从"满意不满意"、"民主促民生"开始，以民生问题为公民参与的主要切入点，创制多种类型的公民参与载体和参与平台，逐渐使民意在政府决策中发挥越来越

[①] 吴兢：《我国行政决策新机制逐步完善》，《人民日报》2007 年 8 月 7 日。

重要的作用。在具体操作层面上，从 2007 年 11 月开始，杭州市政府建立了人大代表、政协委员列席市政府常务会议制度，实施市政府常务会议的网络视频直播和"中国杭州"政务论坛的互动交流，逐渐形成了一系列完整的制度规则和操作程序，即征集民意，确定问题—确定决策事项，拟订决策方案—社会公示，再征集民意—人员列选—常务会议，协商决策，视频直播—会后反馈、回应—视频资料公布归档。①

（三）党政联席会议制度

"党政联席会议制度"是一种基层政府常规管理的制度，即领导班子集体议事的会议形式。这种制度没有法律依据，不是国家行政编制机构，因而没有法律效力。

其优点是：加强党的领导，协调党政联系、保障集体领导，可促进工作决策的民主化，及时调度、安排、研究、处理重大问题，及时交流和沟通思想，统一行动，提高工作效率和决策水平。

其缺点是：党政一体，权力没有边界，整个社会泛政治化，因而失去活力。中国作为第一人口大国，却没有向人类社会做出相应的贡献，就是这一体制的积弊所致。它和教育管理体制行政化意思是一样的，也就是说，它是社会泛政治化的必然结果。②

---

① 顾金喜：《地方政府决策创新的实践和启示——杭州市开放式决策的调研分析》，《理论探索》2011 年第 1 期。

② 如浏阳市工务局信息网（http://www.lysgwj.com/Index.html）党务公开中的"党政联席会议制度"的相关规定为：

第一条　为了落实局党政共同负责制和领导班子集体议事的规定，保证和发挥局领导班子的集体领导作用，促进工作的制度化、规范化以及决策的民主化、科学化，及时调度、安排、研究、处理重大问题，及时交流和沟通思想，统一行动，提高工作效率。按照局《党组工作规则》和《行政工作规则》的要求，并结合局工作实际，制定本制度。

第二条　会议安排

（一）会议时间：每月一次，特殊情况，可以根据需要随时召开。

（二）参会人员：原则上为局领导班子。根据会议的内容，必要时可以邀请各科室长列席会议。

（三）会议召开：会议原则要求参会人员到齐的情况下方能召开。根据研究内容不同，会议由书记或局长主持，特殊情况，参会人员必须超过 2/3 方为有效。因特殊原因不能参加的人员，必须向主持人请假，并在会前以书面形式提出意见和建议。会后主持人向其通报有关会议情况和决议。

（四）会议由办公室秘书记录，并存档备查。（转下页）

三 政府决策者

(一) 直接决策者与第一决策者

在林德布洛姆看来,直接决策者是享有法定权限,去决定具体政策的人,如国会众议员、参议员、总统、行政部门负责人、政党领导人等。

(接上页注②) 第三条 议题确定

(一) 会议议题由书记和局长共同研究确定。其他会议成员需要提交会议讨论的问题,可以事先向书记或局长提出,由书记或局长协商后确定。未经书记或局长会前审定的议题,一般不列入党政联席会议议程(突发事件除外)。

(二) 确定的议题及需要讨论的事项,原则上要提前1—2天通知参会人员,以便提前做好议事准备。会前,参会人员要充分调研,广泛征求干部群众的意见。

(三) 议事的范围

1. 贯彻中央和上级精神的实施措施。
2. 研究解决我局工作计划,审定年终工作总结。
3. 研究解决我局政府投资建设项目、资金管理使用、工程招投标工作。
4. 研究讨论人事调整、管理与考核、干部奖惩、干部选用等方面的主要内容。
5. 研究讨论干部进修学习、职称评定、工资套改等工作。
6. 研究讨论领导班子建设、精神文明建设、党建工作、党支部工作、思想政治工作等方面的重要内容。
7. 研究对突发事件的处理及其他需要会议研究决定的重要内容。

第四条 议事程序

(一) 局党组决定事项,依《局党组工作规则》执行。

(二) 局行政事项,依《局行政工作规则》执行。

第五条 会议纪律要求

(一) 局重大问题,必须经过党政联席会议集体讨论决定,任何人不得擅自决定重大问题。

(二) 凡经过会议讨论通过的决议,任何人无权更改。确因情况变化需要更改的,必须重新开会讨论决定。

(三) 对通过的决定持不同意见者,可以保留或向上级组织反映,但在本级或上级组织未做出更改之前,必须无条件执行,并不得在干部群体中随意发表消极观点。

(四) 会议有关保密问题,以及涉及对当事人看法和决定的形成过程,决不允许外传,有违者,将向市纪委报告,请求追究责任。

(五) 其他未尽事宜,严格按局有关规定执行。

"他们是权力运用中的主角，尽管利益集团领袖有钱有势，但还得从属于直接决策者。"① 在戴伊和齐格勒看来，直接决策者是社会精英。国家政策不是由民众决定的，而是由精英决定的，国家政策只反映盛行于精英中的价值观。"精英是有权的少数，民众是无权的多数。有权可以决定谁什么时候、怎样取得什么。"②

显然，这些看法与中国的政体和实际不完全相符。从法律制度看，中国的直接决策者包括党委、政府、人大、政协及政府主管部门。党委、政府、人大、政协是制度安排，而主管部门则指在某一政府管理领域政府部门，如发改委，工信部，交通部等政府部门。无论何种部门或机构，决策过程自然由第一决策人或直接决策者推动与决定。

在中国的体制和社会中，第一决策人的作用极为突出。第一决策者指直接决策者中因权力而拥有对决策的取向、方式和结果选择有决定性作用的人，往往是地方政府、政府机构、机构部门一把手。

首先，中国政体制度和决策制度凸显了第一决策者的地位。在党政框架中，党委提供重大政策的建议，负责地方政府及其所属部门重要干部的培养、推荐和考察任免，政府的主要领导大多数自身也是党员，党委通过各级各行各业建立党的基层组织进行政策的推进。党的一把手成为政府决策的核心。表现在：在党政关系上，由党的书记主导。在上下级上，由上级直接首长主导。此外，在职能交叉领域，则由分管的党委领导人决定。这样就构成党政职能交叉、委员会集体决定原则与首长负责制的一把手负总责。

其次，中国政府组织实际存在着"领导中心模式"。这指公务员组织（或其他类似如国有企业、国家大型学校、医院、科研部门甚至私人企业）实际存在着第一领导人在组织决策、资源分配、晋升、绩效评价诸方面的起点和终点作用的现象，即某一组织主管领导在其组织中处于核心或中心地位。此模式作用机理是，以国家（或宏大组织）的愿景——理念为基础，以高阶组织第一领导人的心理接纳为依据构成纵向层级领

---

① [美] 查尔斯·林德布洛姆：《决策过程》，竺乾威、胡君芳译，上海译文出版社1988年版，第5页。
② [美] 托马斯·戴伊、哈蒙·齐格勒：《民主的嘲讽》，孙占平、盛聚林、马骏译，世界知识出版社1991年版。

导核心，以次级组织第一责任人通过对人财物，特别是晋升为控制方式，运作次级组织，达到组织有效性目的。"领导中心模式"的特征为第一责任人为最后决定者、对上责任链条、同心圆的领导结构、绩效评价领导化、权力感效应、制度虚化、组织运作人际化、组织文化领导化，等等。此模式是政治—利益—人的有效统合，是国家—组织—个体利益中的国家优先，具有快速、有效的动员能力，尤其是在领导人品质带动下，这些功能能够发挥到极致。[①]

由于第一决策者对于决策的问题锚定、决策取向、决策过程和决策结果有极大的影响，第一决策者的相关心理因素就不能不考虑。从已有的研究看，诸多心理因素影响着领导人的决策：第一，价值观，特别是终极观和意识形态（ideologies）。[②③] 第二，隐性知识（tacit knowledge）。隐性知识则是主观的个体性的经验积累。战略认知和决策往往是充满矛盾、面临众多信息的非结构化的过程，隐性知识和直觉非常重要。[④] 第三，认知与决策风格（cognitive and decision-making style）。指个体处理信息时，接受、记忆、思维和解决问题的稳定态度、倾向或习惯化策略，如分析—整体维度（"analytic" versus "holistic"）。[⑤] 第四，领导风格。如基于权力需要（need for power）、控制力知觉、归因，可分为高控制和低控制能力信念（belief in ability to control event）。控制能力信念高的人会认为，一旦决策就能够执行，而信念低的人则要借助外在标准推行工作。而自主性也是如此（self-monitoring），高自主的领导关心社会感受，能够校正行为。不信任性（distrust）也影响认知与决策。不信任指对他人的陈述和行为不真实性的相信程度，高不信任领导更多看到威胁和负面敌意，更可能运用武力来解决中性问题，更多武力决断性

---

① 景怀斌：《职业压力感视野下公务员机制的问题与建议》，《公共行政评论》2008 年第 4 期。

② Jost, J. T., "The End of the End of Ideology", *American Psychologist*, Vol. 61, 2006, pp. 651-670.

③ Jost, J. T., Federico, C. M. & Napier, J. L., "Political Ideology: Its Structure, Functions, and Elective Affinities", *Annual Review of Psychology*, Vol. 60, 2009, pp. 307-337.

④ Bennett Ⅲ, R. H., "The Importance of Tacit Knowledge in Strategic Deliberations and Decisions", *Management Decision*, Vol. 36, Issue 9-10, Nov. -Dec. 1998, pp. 589-597.

⑤ Dutta, D. K. & Thornhill, S., "The Evolution of Growth Intentions: Toward a Cognition-based Model", *Journal of Business Venturing*, Vol. 23, No. 3, 2008, pp. 307-332.

(military assertiveness)。① 第五，影响策略（influence tactics）。权力也是关系概念，是在个体或集体行动者之间结构化不平衡的资源交换。②实用性领导常用理性的权术，如资源控制、诉诸专家，而不是攻击、联盟建立、地位、个人恳求来施加影响。③ 第六，压力。领导工作压力包括正式和非正式的要求、低决策幅度、日常问题的缺乏管理、与战略决策者缺乏沟通。④ 第七，自我服务。领导认知和决策中同样出现自我服务偏差（self-serving bias）现象，即把成功归于自己，把失败归于外部。这也称为群体自我服务现象（a group-serving bias）。⑤ 第八，非理性心理。凡是人都具有非理性心理。在决策中也常常表现出与最优决策相偏离的心理特征，如过度自信、从众心理、框架依赖、损失规避等造成认知偏差。⑥ 上述所有因素及其他可能因素构成了领导（个体）对外部的解释框架。框架（framing）指"通过选择、强化现实的某些成分，压制其他成分来构建关于社会问题的原因，道德性质和可能的纠正方法的心理现象"⑦。框架也指人们通过特定的概念化解释，重新定位他们对问题的认识的心理过程。⑧

---

① Sims Jr. H. P., Faraj, S., Yun, S., "When Should a Leader be Directive or Empowering? How to Develop Your Own Situational Theory of Leadership", *Business Horizons*, Vol. 52, No. 2, 2009, pp. 149-158.

② Pye, A. & Pettigrew, A., "Strategizing and Organizing: Change as a Political Learning Process, Enabled by Leadership", *Long Range Planning*, Vol. 39, No. 6, 2006, pp. 583-590.

③ Mumford, M. D., Antes, A. A., Caughron, J. J. & Friedrich, T. L., "Charismatic, Ideological and Pragmatic Leadership: Multi-level Influences on Emergence and Performance", *The Leadership Quarterly*, Vol. 19, No. 2, 2008, pp. 144-160.

④ Skagert, K., Dellve, L., Eklöf M., et al., "Leaders Strategies for Dealing with Own and Their Subordinates Stress in Public Human Service Organisations", *Applied Ergonomics*, Vol. 39, No. 6, 2008, pp. 803-811.

⑤ Goncalo, J. A. & Duguid, M. M., "Hidden Consequences of the Group-serving Bias: Causal Attributions and the Quality of Group Decision Making", *Organizational Behavior and Human Decision Processes*, Vol. 107, No. 2, 2008, pp. 219-233.

⑥ 卞江、李鑫：《非理性状态下的企业投资决策——行为公司金融对非效率投资行为的解释》，《中国工业经济》2009年第7期。

⑦ Entman, R. M. Television, "Democratic Theory and the Visual Construction of Poverty", *Research in Political Sociology*, Vol. 7, 1995, pp. 139-159.

⑧ Chong, D. & Druckman, J. N., "Framing Theory", *Annual Review of Political Science*, Vol. 10, 2007, pp. 103-126.

结合中国的实际,第一决策者这些心理因素对其决策产生如下影响:其一,价值观方面或意识形态方面,即对社会方面政治意识(社会主义、中国发展的左右思想)、市场经济作用、民生、发展模式等观念可能有突出作用;其二,认知决策风格;其三,领导人的性格和影响方式。

此外,第一决策人之间可能存在比较效应。这是因为,一方面,领导人的晋升是以绩效为核心的;另一方面,第一决策人是区域或部门的首长,他们之间心理上有潜在的比较。而这样的比较效应影响着他们的决策。如西部某贫困县的县委书记讲述:"两年前,县城控制规划不到6平方公里,还不如沿海一个乡镇,这怎么发展?后来采取了很多变通的办法,才搞到现在的30多平方公里,许多项目都是边审批边开工。踩着红线搞发展让我每时每刻心惊胆战。"[①] 其原因是,级别升迁的绩效评估的竞争效应和同级心理下意识比较效应。

(二) 决策咨询机构相关方

在与中国决策的相关因素中,还有一类群体或团体要关注,即主动或被动对政府提供咨询的人、群体或机构。如党的系统的政策研究室、政府系统的发展研究中心之类。此外,各种类型的研究机构、大学也日益成为政府决策的顾问性机构。

近年来这些机构争先充当"智囊团"。其中有些机构能够独立地提出自己的见解,但也有些机构唯领导意图是从,在领导定下调子后,替领导论证。这不仅不能提出周全的决策备择方案,反而顺着领导意图上纲上线,摇旗呐喊,成了偏差的顾问。

总体来看,目前这类机构存在的问题是:其一,独立的机构游离于体制之外。其二,机构的学术独立立场消失,很多机构以领导批示为荣,甚至把其计入考核指标。其三,过度局限于价值立场。某些机构以价值观或理念支配学术,试图以自己的理念改造社会,反而失去了理性与价值中立。

---

① 林嵬、刘健、周立权:《县委书记"自画像":"三陪"书记"走钢丝绳"》,《半月谈》2011年第2期。

四 公共问题与决策任务

一般来说,政府决策的公共问题包括问题理论和现实遇到的挑战问题。但是,公共问题不是自然而然地在那里,而是被选择的。这个过程实际上是公共问题的被选择过程。只有被选择公共或社会问题,才成为要决策的任务。这就是说,要决策的公共问题是从大量的社会现实问题中被选择出来的。

那么,什么因素影响着公共问题的选定?

表面上看,公共问题的选定是利益诉求。但实际上不完全如此,公共问题之所以能够进入人们的视野,往往是问题本身、公众心理、舆论互动和决策者心理互动的结果。这就是说,公共问题并不是现存问题自然而然地成为决策问题,而是选择或注意力的结果。

影响公共问题选定的因素很多,但从基本心理层面看,是为人们的理性工具和情感价值心理系统所决定的。所谓理性工具心理系统,指个体心理表现出的理性特征,即人的心理无论是内容还是形式,都具有以效率、理性为标准或功能的特征。如做事追求效率,习惯以有用无用来认知事物,等等。所谓情感价值心理系统指个体的心理同样具有以情感价值为特质的心理内容、认知过程和心理特征的现象。这是因为,人的自我意识使人不仅要生存,还有对生命终极价值的追问。人要生存,不得不诉诸效益性的理性功能,人要回答生命价值,因生命的有限性,不得不诉诸德性化的哲学后宗教方式。[①] 人的生命价值的回答往往是由个体所存在的文化系统以教育或习俗的方式潜移默化地赋予的。如基督教文化环境下的人生价值观、儒家文化环境下的人生价值观。从理性的基本角度看,对人生根本问题的价值概念性回答,与其说是理性的(狭义的科学理性),不如说是价值认定和情感的。如基督教信仰系统,根本上说并不符合狭义的"理性"。当然,基督教知识本身的发展呈现出理性化,但作为整个系统,是情感价值的。人的意义感根本性地为个体终

---

① 景怀斌:《公务员职业压力:组织生态与诊断》,中央编译出版社2011年版。

极观所决定。①

不可忽视情感价值对人的社会行为的有效性，在相当程度上人们是基于情感价值诉求而不一定是理性判断而对公共问题进行解读和认定，如当代社会公共问题有重大有效的正义、公平、平等观念就是情感观，而不是理性观。可见，把人的心理区分为基本的理性心理系统和情感心理系统能够解释诸多现象。

就社会层面看，来源于利益算计和情感诉求的个体会形成不同的社会利益集团和阶层，成为压力集团。利益集团的利益诉求和情感取向，会有意识地甚至有目的地引导形成舆论力量，从而对政府构成压力。要强调的是，情感价值取向同样会超越理性算计，成为公共问题诉求的决定性因素。

在中国当前社会，另一个对公共问题选定有重大影响的因素是网络舆论。以新媒体为核心的网络舆论，具有不同于传统媒体的参与优势。所谓新媒体，指以数字技术为基础，以网络为载体进行信息传播的媒介。就技术角度看，新媒体以数字化和互动化为基本特征，以电脑、手机、网络电视等为终端。② 就传播过程看，新媒体改变了传统的信源和信道，让原来的受众变成了信源，通过便捷的发布平台（如博客），将信息传递给了特定的个体受众（如朋友和陌生的网友）。就传播形式看，新媒体表现为"所有人对所有人的传播"，具有人际媒体和大众媒体的特征。由于新媒体的这些特征，它具有实时性、多媒体性、便捷的互动性。在新媒体条件下，看似分散的信息往往比强制信息更具穿透力和公信力。新媒体的这些特性使其在为人们提供服务的同时，使网络具有不可控制性，具有强大的社会冲击力。

中国的社会管理一方面有事实上的常规意见表达渠道不畅通，另一方面是领导中心的管理模式。③ 这样，网络舆论独特的问题效应、围观效应和责任效应，使网络成为中国问政的独特方式，构成事实上的政治

---

① 景怀斌：《公务员职业压力：组织生态与诊断》，中央编译出版社2011年版。

② Luders, M., "Conceptualizing Personal Media", *New Media Society*, Vol. 10, No. 5, 2008, pp. 683–702.

③ 景怀斌：《职业压力感视野下公务员机制的问题与建议》，《公共行政评论》2008年第4期。景怀斌：《公务员职业压力：组织生态与诊断》，中央编译出版社2011年版。

参与，甚至成为极具中国特色的公共问题选定方式。如周久耕事件①就是在当地政府领导人过问之下推进的。② 可以预计，网络因素在中国的政府行为包括公共问题选定中会有越来越大的作用。③

五　中国政府决策的结构特征

从上面的分析可以看出，中国政府有自己的决策体制，表现出独特的决策结构特征。

王绍光认为，把中国共产党叫作"party state——党国"可能更准确一些，而不是把这两个词分开讲。④ 而从政治学和国家管理或公共管理来说，对中国发展过程和特征，学者称之为中国模式，指中国在发展过程中逐渐发展起来的一整套有自己特征的发展战略和治理模式。其特征被概括为"一国四方"，即中国是一个"文明型国家"，有四个方面的制度安排：在政党制度方面是一个"国家型政党"，代表了整个国家和民族的整体利益；在民主制度方面是"协商民主"，包括在决策领域实行的"新型民主集中制"；在组织制度方面实行的是"选贤任能"；在经济制度方面是"社会主义市场经济"，是中华文明的基因、社会主义的因素和西方文化元素共同作用的结果。其四条思路和经验，即民本主义、

---

① 周久耕事件源于他的一次不当谈话，致使"得罪"网民引发"众怒"，继而被"人肉搜索"。2008年12月，南京市江宁区房产局局长周久耕抽烟1500元/条的消息在网络出现，引发舆论广泛关注。周因此而被调查，并因涉嫌犯罪，被移送司法机关依法处理。2010年6月，被告人周久耕犯受贿罪，被判处有期徒刑11年，没收财产人民币120万元。参见 http://www.feloo.com/2010/0606/19461.html。

② "今天上午，省委常委、市委书记朱善璐在出席南京市中级人民法院纪念改革开放30周年大会时严肃指出，应以高度负责的精神，认真倾听包括网民在内的群众意见，如果网民们对周久耕同志投诉意见属实，要严肃处理，绝不姑息。" 2008年12月，西祠胡同（http://www.xici.net/#d82641255.htm）。

③ 网络问政指政府通过互联网进行宣传、决策，了解民情、汇聚民智的政治过程。这已成为一些地方政府的执政新风，也成为中国公民行使知情权、参与权、表达权和监督权的重要渠道。典型的案例是孙志刚事件、虎照事件、黑砖窑事件、周久耕事件，等等。

④ 王绍光：《没有一个人能说他已经了解中国》，2014年9月，观察者网（http://www.guancha.cn/wang-shao-guang/2014_09_08_264961.shtml）。

组织起来、综合创新、上下策结合。①

对中国发展及其模式的研究，自然可以多学科、多侧面、多视野地解读，但就国家的社会管理主体——政府看，中国作为一个大国，它有一个独立的、由各个地区省市尤其是县一级地方政府组成的决策体系。在改革开放中，它们作为地方经济发展的主体，参与市场经济的发展，实际上形成了第三维的市场主体。中央政府是国家级的经济发展的总的谋划者和代表者，而地方政府之间存在着竞争、合作的关系，这样一种既竞争又合作的地方政府体系，是西方市场经济中不曾见到过的；再加上已经发展起来的竞争型的企业体系，构成了中央政府、地方政府和企业三大主体互动的关系。②

（一）党的核心地位

坚持党的领导，从性质上讲，就是党领导、支持和保证人民当家做主，始终团结带领人民为崇高事业不懈奋斗。从内容上讲，主要是政治领导、思想领导和组织领导，通过制定大政方针，提出立法建议，推荐重要干部，进行思想宣传，发挥党组织和党员作用，坚持依法执政，实施党对国家和社会的领导。从作用上讲，就是坚持党总揽全局、协调各方的领导核心作用，充分发挥各方面积极性、主动性和创造性。

党的领导权体现在两个方面：首先，是作为最高决策的领导权，即党中央常委会对于其他国家机关的领导。就像邓小平所说的那样："属于政策、方针的重大问题，国务院也好，全国人大也好，其他方面也好，都要由党员负责干部提到党中央常委会讨论，讨论决定之后再去多方商量，贯彻执行。"③ 国务院总理以及排名第一的副总理、全国人大常委会委员长、政协主席都是党的十八届中央政治局常委，这使得政治局常委会决策具有不同国家机关相互协商、相互协调、达成共识的功能。国家的重大决策往往都是由负责的国家机关提出，并经过反复酝酿协商，由党中央做出决策，进一步征求全国人大、全国政协等各方意见，

---

① 张维为：《中国超越》，上海人民出版社2014年版。
② 史正富：《如何理解中国经济体制两个三十年?》，2014年10月，观察者网（http://www.guancha.cn/shizhengfu/2014_10_04_273019.shtml）。
③ 《邓小平文选》第3卷，人民出版社1993年版，第319页。

才提交全国人大表决通过。

其次，是作为党直接行使的领导权。党的领导主要是政治、思想和组织的领导，党管路线、党管宣传、党管组织、党管纪律。党的十八届中央委员会体现了党在这几个方面的领导作用，排名第五的政治局常委分管党的思想领导、党的建设，并兼任中央书记处书记，中宣部部长担任中央书记处书记；排名第六的政治局常委任中央纪律检查委员会书记，中央纪律检查委员会副书记担任中央书记处书记；中央组织部部长任政治局委员、中央书记处书记；中央政策研究室主任为中央政治局委员。

管路线、管宣传、管组织、管纪律这四个方面恰恰是领导力（leadership）的关键要素，指明方向、塑造价值、组织团队、严明纪律，以推动组织目标的实现。对于西方国家而言，领导力更多地体现在领导人个体身上，而中国除了个体领导力之外，领导力还作为一个正式的国家权力安排体现为党中央的集体领导力。

《宪法》规定中华人民共和国国家主席根据人大决定任免国家领导人员，代表中华人民共和国开展国事活动。国家主席由中共中央总书记担任、国家副主席由政治局委员担任。这事实上是一个确认党拥有国家领导权的制度安排。

（二）党政合一

从管理制度上看，当代中国政府的制度框架是由宪法所规定的宪政结构系统和由中共党章所规定的党政结构系统构成的。就宪政结构而言，宪法规定，全国人民代表大会是最高国家权力机关，国务院为中央人民政府，是最高国家权力机关的执行机关。《中华人民共和国地方各级人民代表大会和地方各级人民政府组织法》规定：省、自治区、直辖市、自治州、县、自治县、市、市辖区、乡、民族乡、镇设立人民代表大会和人民政府。省、自治区、直辖市的人民政府的各工作部门受人民政府统一领导，并且受国务院主管部门的领导或者业务指导。根据中国共产党章程的规定，中共全国代表大会和它产生的中央委员会，是党的最高领导机关，党的中央委员会选举产生党的中央政治局及其常务委员会。中央书记处是中央政治局及其常委会的办事机构，在中央政治局及其常委会的领导下开展工作。从实际情况看，党对政府影响的制度性安排为：第一，宪政结构接受党（中共）管干部（人才）的原则。国家机关及政府重要领导干部由党推荐。国家政权机关必须贯彻执行党所制定的干部（人才）路线、方针、政策。第二，国家机关中担任领导职务的人员多是中共党员。第三，中共各级党委在各级政府领导机关中建立党组，党组的任务主要是负责实现党的路线、方针、政策，讨论和决定本部门的重大问题，团结非党干部和群众，完成党和国家交给的任务，指导机关党组织的工作。党与政府两大结构系统既有静态结构、运行周期和工作原则方面的相同点或相似点，又有领导体制、运行时间和组织基础方面的不同点。在实际运作中表现为中共组织、行政机关、人大、政协等机构多位一体，形成以中共组织为主导的中国政府决策与执行机制。[①]

中国的党政制度性结构是中国社会运作的基本框架，政府行为无不在其框架下进行。这是中国政府决策的制度基础。

这带来中国政府决策的本质特征。

第一，党政政体决定了中国政府决策的"党"的核心作用。中国是党政架构，中国共产党是中国政治、社会治理的决定要素，党领导社会各个阶层，中国共产党中央委员会制定党的政策成为政府政策的原则和方针，各级政府按照方针政策制订各自的计划，做出决策。

第二，政府决策是党的方针的执行机构。政府首长在制度上是一个地区的副书记，在党内要受书记的领导，党的各级又有关乎某一领域的领导小组，如体制领导小组等。

这些本质特征提示，研究中国政府决策，应基于有限理性基本思想，在制度—心理视野下，超越个体层面的结构化运算决策的理论框架，以中国制度—社会文化心理为依据的内在逻辑方式（emic），构建政府群体决策行为研究的理论框架和确定研究内容。

[①] 张立荣：《当代中国政府决策与执行的结构解析》，《华中师范大学学报》2004 年第 3 期。

第六章

政府决策的生态机制

以"渐进决策论"闻名的林德布洛姆认为,"政策有时是决策者之间政治妥协的产物。这些决策者对于彼此同意的政策所解决的问题,并不谨记在心。政策有时来自新的机会,根本不是来自'问题'。政策有时并不是决定的,而是发生的"①。这提示,政府决策研究不应仅仅是"就事论事"的,而应进入政府决策的问题情境中。

政府决策涉及公共问题本身、上级组织与领导、下属单位及其他不同层级的相关政府部门、参与决策的不同层级群体、直接决策者、民众、媒体、民众等因素。这些相关因素是如何作用的?哪些因素会成为主要因素?决策者会选择什么样的决策建议?等等。这需要整体性的考虑和动态的考察。

本章从决策的生态视野,考察一个决策案例,讨论中国政府具体决策的形成过程。

一 决策的生态视野

决策的生态视野,是借助于生态理论而形成的分析视野。生态行为理论不赞同孤立的线性心理原因解释,强调应把心理和行为置于真实生态情境中,在人与社会、人与自然整体联系中来探索行为规律。生态行为理论关注生物体所处的环境与其行为可利用性(affordances)间的规

---

① [美]查尔斯·林德布洛姆:《决策过程》,竺乾威、胡君芳译,上海译文出版社1988年版,第5页。

律性关系。①生态心理学视野重点考虑两层关系：一是主体与环境的互动（agent-environment interactions），即个体如何与环境的诸因素关联；二是当个体评估相关情况（因素）产生行为时，行为动力（behavioral dynamics）过程出现了，过程因素机制、变量关系也就成为考察的重点。② 强调考虑人内部、人际、组织、制度、物理环境、技术的关系网以及其他政治和社会因素背景性环境价值的共同作用，强调主体与环境之间的动态适应关系。③④

生态学的一个重要概念是 affordance，它指有机体知觉到的是有机体所知觉的对象所能够提供东西。有机体因此而感知环境有"价值"和有"意义"，它既不是主观的，也不是客观的，而是主观和客观的结合。对于人来说，它更多的时候依赖于人的符号意义判断。⑤

生态学的这一理论观念对于政府决策的资源机理有很大的启发。对于主导决策过程的决策者而言，他们会寻求他们认为对决策有价值的人财物，而不是人财物会自动地参与决策过程。

那么，什么因素决定了他们寻求决策资源，首要的是他们的价值观与心理特征决定的。如前所述，马奇列出了六种价值观作用的现象，即"见其所将见"、"好其所将好"、"见其所乐见"、"好其所乐好"、"见其所被乐见"、"好其所被乐好"，颇能说明这个问题。⑥ 由此可见，决策者的决策参与选择、咨询人员与机构、财物的判断，都是由他们的"立场"决定的。这与基于权力分享的参与是不同的。

---

① Gibson, J. J., *The Ecological Approach to Visual Perception*, Boston, MA: Houghton Mifflin, 1979.

② Araújo, D., Davids, K., Hristovski, R., "The Ecological Dynamics of Decision Making in Sport", *Psychology of Sport and Exercise*, Vol. 7, No. 2, 2006, pp. 653-676.

③ Stokols, D., Misra, S., Moser, R. P., Hall, K. L. & Taylor, B. K., "The Ecology of Team Science: Understanding Contextual Influences on Transdisciplinary Collaboration", *American Journal of Preventive Medicine*, Vol. 35, No. 2, 2008, pp. 96-115.

④ Marewski, J. N. & Schooler, L. J., "Cognitive Niches: An Ecological Model of Strategy Selection", *Psychological Review*, Vol. 118, No. 3, Jul. 2011, pp. 393-437.

⑤ Robert Shaw, "The Agent-environment Interface: Simon's Indirect or Gibson's Direct Coupling?" *Ecological Psychology*, Vol. 15, Issue 1, 2003, pp. 37-106.

⑥ 参见［美］詹姆斯·G. 马奇、［挪威］约翰·P. 奥尔森《重新发现制度：政治的组织基础》，张伟译，生活·读书·新知三联书店 2011 年版，第 40—41 页。

生态行为思想对于政府群体决策研究的启示是，研究政府群体决策，要考虑政府运作相关复杂因素对决策过程的影响，应在决策群体与社会环境、公共决策任务、群体他人、制度与决策者等多重关系中理解决策。同时，也应关注政府决策群体所处的环境与其行为可利用性资源的规律性关系，从而对决策的整体过程、动态机制进行揭示。

二　政府"二次决策"现象

中央政府的某些政策的发布首先表现为文本流转。对于中央或上一级政府或公共管理机构而言，政府公文是特定的、唯一的，但由于中国多重行政管理体制，客观上使不少中央层级的公共政策需要通过"二次决策"执行。"二次决策"既是执行的，又是决策的，是地方政府的执政立场、利益、特殊性发展状况等的综合因素互动的结果。考察地方政府的"二次决策"过程，可以反映出政府决策的生态机制与特征。

(一)"二次决策"现象界定

"二次决策"是指，在中国目前条块分割的行政结构下，地方政府根据本行政区域的实际情况和自身所掌握的信息，在原有政策的基础上制定地方政策、平衡地方利益，对原有决策进行修正、补充的决策现象。这包括两个方面：一是是否执行上一级决策。如果原有政策不尽合理，无法执行，"二次决策"可能会拒绝执行原有政策，如果不执行，则必须应对行政风险。如果执行，则必须承担相应的后果。二是如何细化落实一级决策，即具体的执行措施，也包括执行的程度和力度。

"二次决策"与"政策执行再决策"不同。其一，"二次决策"是决策，发生在政策执行之前；"政策执行再决策"是执行，发生在执行过程中及执行任务结束后。其二，地位不同。"二次决策"决定者决定着原定政策的实施、过程和结果；而"政策执行再决策"是原定政策方案的补充或者细节修正。其三，实施主体不同。"二次决策"是由具有决策权力的机关或者决策者做出的，他们可能不是具体的执行机构或人员；而"政策执行再决策"发生在执行过程中，是由执行者做出的。

"二次决策"与"街头官僚再决策"不同。"街头官僚再决策"的决策主体是"街头官僚"——处于基层和最前线的公共管理人员，是行政机构中直接与公民打交道的公务员，也是最基层的政策执行者，其决策是在自由裁量权的授权范围内的，是执行性的。"二次决策"的主体则层次更高，他们包括中央职能部门、地方职能部门，涵盖党政系统中的政策决策者。在内容上，"街头官僚再决策"的对象是已经传到基层的具体公共政策，而"二次决策"的内容是更接近政策目标的基本目的的公共政策，决策对象更具有广泛性。

（二）"二次决策"的必然性

地方政府的"二次决策"是由中国的体制和政策执行机制决定的，有其必然性表现。

1. 体制功能使然

中国实行单一制的国家结构形式。单一主权国家意味着中央在公共政策制定权限上的集中、地方政策制定方面的限制，中国的公共政策表现为不同的行政区域实施统一的公共政策。

在政府结构方面，纵向看，政府由中央、省、市、县、乡五级组成。与此对应，按照行政区域，形成了五级政府作为行政主管部门；横向看，每级政府均由相应的职能部门组成，包括政法、文化、科技、教育、交通等，形成了中央、地方政府之间以"职责同构"为特征的行政管理体制。所谓"职责同构"，是指从中央到地方的各级政府在职能、职责和机构设置上的高度统一和高度同构，也就是"上下对口、左右对齐"的情形。

在管理模式方面，表现为分级管理和垂直管理并存，目前履行经济管理和市场监管职能的部门如海关、工商、税务、烟草、交通、盐业等多数实行垂直管理，其他部门实行属地化管理。实行属地化管理的职能部门通常实行地方政府和上级同类型部门的"双重领导"，上级主管部门负责管理业务"事权"，地方政府负责管理"人财物"，且纳入同级纪检部门和人大监督。实行垂直管理的部门则相对独立。由此，在宪政结构上，形成了地方政府职能部门受地方政府与上级政府同类部门双重管理的行政体制。

在党政关系方面，在我国党政一体的领导体制下，遵循党领导一切的原则，因此，各级党委是相对应层级的政府领导机关。各级党委内部，根据分工设置职能部门，如宣传部、组织部等，这些职能部门与政府的各职能部门之间存在职能交叉，在实际操作中，形成了党内职能部门对口管理或指导相应的政府部门的局面，尽管这种管理或指导其具体表现并非是确定、明晰的，更多的时候呈现混乱、重复和交叉共存的状态，但这种党政一体的管理模式形成了政府职能部门受同级政府和对口党内职能部门双重管理的局面。

由此，形成了政府职能部门受地方党委职能部门、地方政府、上级政府对应部门多重管理的行政管理体制。

以文化部门中央一级为例，在党内，中央政治局是中国共产党的中央领导机关，宣传部门是负责文化工作的部门。中央政治局常委中，分管意识形态的官员是文化部门的最高领导，中央宣传部是文化的主管部门。在政府，国务院是最高行政机关，国务院的直属部门中，文化部是负责文化工作的政府部门。党中央是国务院的上级机关，而国务院是文化部的上级机关，中宣部也是文化部的上级机关，文化部门作为政府组成部门受党政双重领导。省一级，一般由省委常委或者副省长中负责文化工作的官员作为本省最高领导，省委宣传部是党内分管文化工作的部门，省政府是最高行政机关，直属部门省文化厅负责文化工作，就省文化而言，其直接上级机关是省政府，但同时也受省委宣传部的领导。因此，省一级的文化部门受省政府、省委宣传部、文化部三重领导。市一级文化行政部门同理。

2. 政策执行路径要求

中国实际的公共政策执行过程中，表现出以下纵向和横向路径模式。

纵向政策过程与政府层级之间的纵向结构对应，包括"自上而下"和"自下而上"的两种纵向模式。"自上而下"的纵向模式，由上一层政策目标决策者发起，确定政策目标，通过各种正式或者非正式方式向下传达，下一层级部门通过对政策目标的解读，对政策目标进行分解，制定细化的政策措施，进行任务分配，再向下一层级部门传达，直至最终的政策执行者。为了保障政策目标的落实，下级部门需要向上提交政策实施情况，通过层层向上的汇报，聚集整合成政策目标实现情况。这种模式包括"自上而下"的政策传达和"自下而上"的实施汇报两个完整的相逆过程。在中国的行政管理体制中，除了最低层级的管理部门，各个层级的管理者均有可能发起纵向政策过程。"自下而上"的纵向模式，由下一层级政策目标决策者发起，提出政策需求，然后向上汇报、请示，期望得到批准和许可，上一层级部门对这些政策需求经过权衡，做出批准或不批准的决定，对决定权的事项再向上一层部门进行报送。理论上，"自下而上"的政策需求和"自上而下"的政策供给是两个完整的相逆过程。

横向政策过程模式，包括"政—党"横向模式和"党—政"横向模式两种。在中国特殊的政党关系中，政—党横向模式多表现为类似"自下而上"纵向模式特征，而党—政横向模式多表现为类似"自上而下"纵向模式特征，由党委提出政策目标，要求政府部门予以执行和实现。

在中国多重领导的行政管理体制中，不同部门的指挥管理作用的途径和方式各不相同。党委部门不负责具体事务工作，在长期的业务分割下对相应的行业缺乏了解和关注，对政府事务的干预多体现在宏观的、纲领性的意见，但在我国执政党处于绝对领导核心的政党体制中，这些宏观的、纲领性的意见往往具有决定性，为公共政策的决策、制定和执行奠定基调，成为实际上的政策目标。在具体行政事务上，一些重大事项需要以各级政府名义传达的，一般由各职能部门向对应的各级政府提出申请，而细化的政策措施一般在职能部门提交政府前已经形成。各级政府对职能部门的领导更多地体现为对职能部门的人权、事权、财权的分配和控制。一项政策由上级职能部门制定，然后直接向下级对口职能部门下发，通过层层传达得到执行和落实。

由于职责同构的政府体系和党政一体的政党关系，在实际的政策过程中，中国的政策过程表现为纵向模式和横向模式的交叉和交替。以文化行政部门为例，在理想状态下，一项公共文化政策的"自上而下"的政策过程如图6—1所示。

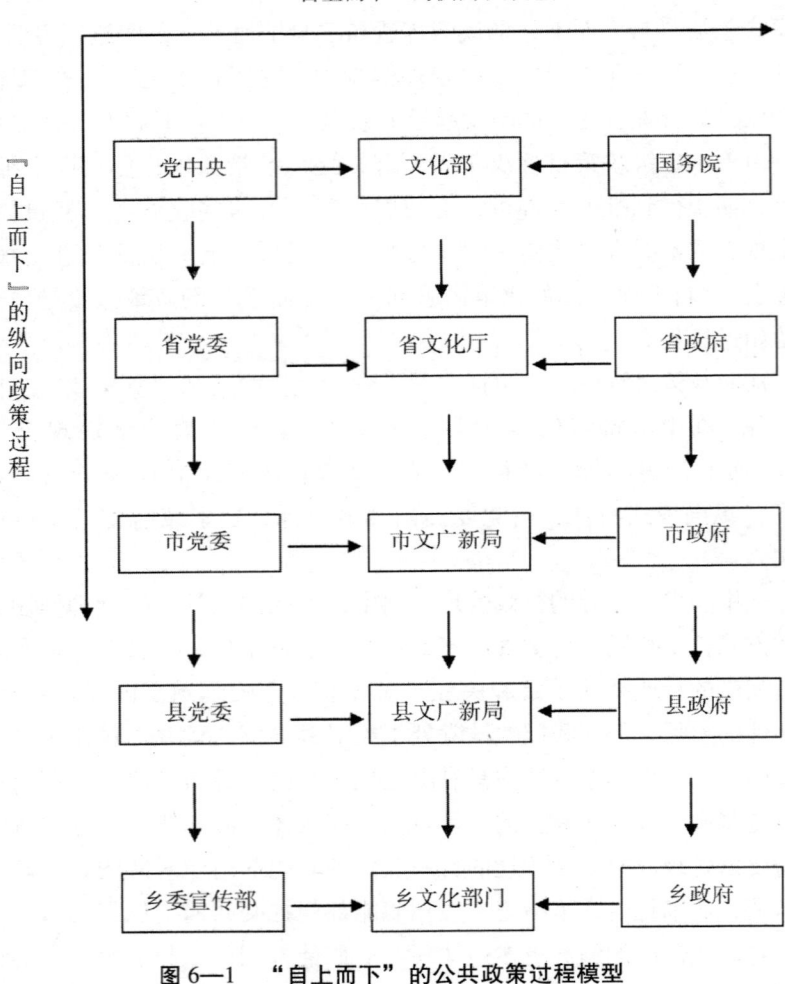

```
                    "自上而下"的横向政策过程
         ┌─────────────────────────────────────────────→
         │
    自   │    ┌──────┐    ┌──────┐    ┌──────┐
    上   │    │ 党中央│───→│ 文化部│←───│ 国务院│
    而   │    └──────┘    └──────┘    └──────┘
    下   │       │           │           │
    "   │       ↓           ↓           ↓
    的   │    ┌──────┐    ┌──────┐    ┌──────┐
    纵   │    │ 省党委│───→│省文化厅│←───│ 省政府│
    向   │    └──────┘    └──────┘    └──────┘
    政   │       │           │           │
    策   │       ↓           ↓           ↓
    过   │    ┌──────┐    ┌──────┐    ┌──────┐
    程   │    │ 市党委│───→│市文广新局│←──│ 市政府│
         │    └──────┘    └──────┘    └──────┘
         │       │           │           │
         │       ↓           ↓           ↓
         │    ┌──────┐    ┌──────┐    ┌──────┐
         │    │ 县党委│───→│县文广新局│←──│ 县政府│
         │    └──────┘    └──────┘    └──────┘
         │       │           │           │
         │       ↓           ↓           ↓
         │    ┌──────┐    ┌──────┐    ┌──────┐
         └───→│乡委宣传部│─→│乡文化部门│←──│ 乡政府│
              └──────┘    └──────┘    └──────┘
```

图6—1　"自上而下"的公共政策过程模型

在中国这种党政一体、职责同构的特殊行政管理体制下，在实际运作中路径往往无法达到理想状态，纵向模式和横向模式均有可能产生过程障碍。

第一，纵向政策过程阻滞。"自上而下"的政策下达过程中，下级部门出现实施障碍，主要表现在政策目标解读、细化政策制定、具体任务分解等各个环节。例如，对上级的政策目标不理解、不认同或者出现理解偏差；细化政策制定过程中对原有政策进行了增加、减少或者改变；在具体任务分解阶段，也可能出现不分工、分工不合理等导致政策无法落实。"自下而上"的纵向过程中，上级部门对下级部门的政策需求不予准许、不完全满足或者不回应，导致下级无法进行政策调整，原定政策目标无法达成。

第二，横向政策过程阻滞。一种情况下，由政府部门向党委提出政策需求后，党委对政策需求不予准许、不完全满足或者不回应；另一种情况是党委部门向政府部门提出政策目标和任务时，政府部门不予准许或者不完全予以执行和落实。

第三，纵向过程与横向过程冲突。这是指在多重领导的管理体制下，政府各级职能部门从党委和上级指导部门获得的政策目标不一致，存在行政指令之间的矛盾和冲突。在中国特殊的党政关系情况下，党委部门多表现出强势特征，对政府部门的政策需求是否给予准许视情况而定，但对其提出的政策目标则通过各种途径的压力要求政府部门实施。如惠州市委要求惠州市文广新局推行"E城信息服务站"，认为是提升惠州市信息化水平的惠民工程，而惠州市文广新局认为所谓"信息服务站"是"黑网吧"，推行信息服务站将扰乱网吧市场秩序，因此抵制执行，并同时通过纵向途径向上反映，惠州市文广新局的上级指导部门为省文化厅，省文化厅介入后与惠州市文广新局意见一致，认为不宜实施，但是惠州市委通过更换惠州市文广新局主要领导等控制人事权的方式，强行推进"E城信息服务站"，由此引发了惠州市委、惠州市文广新局与省文化厅三方政策主体之间的矛盾。

在纵向过程阻滞、横向过程阻滞、纵向过程与横向过程冲突的政策过程障碍情况下，职能部门无法从上级得到有效的政策支持，政策需求没有得到上级职能部门或者横向部门的回应，在这些情况下，得到公共政策指令的公共政策主体必须在各种方案中做出两个过程的选择：首先，是否执行一级决策。如果原有政策不尽合理，无法执行，"二次决策"可能会拒绝执行原有政策，如果不执行，则必须应对行政风险。如果执行，则必须承担相应的后果。其次，公共政策的区域化。将大范围的公共政策细化成带有区域特征的地方政策，这其中可能有对原有政策进行增加、删减、改变。

三 网吧政策的"二次决策"

（一）案例背景

以广东省 2002—2012 年的网吧政策为例，讨论"二次决策"的生态机制。

网吧行业是随着互联网行业发展，为满足公众上网需求而产生的。1994 年世界上第一个网吧在伦敦开业，我国的首家网吧 1995 年在北京开业。

网吧最早被归入"互联网上网服务营业场所"其中一类，但随着网吧数量的增长和规模的扩大，这一概念与网吧内涵与外延均趋于一致，变成网吧的官方名称。根据国务院《互联网上网服务营业场所管理条例》第二条的规定，"互联网上网服务营业场所"是指通过计算机等装置向公众提供互联网上网服务的网吧、电脑休闲室等营业性场所。

我国的网吧行业自诞生以来一直备受争议，早期的网吧几乎是"脏、乱、差"的代名词，鱼龙混杂、消防隐患突出、负面新闻不断，甚至被说成"藏污纳垢之所"。2002 年的"蓝极速网吧"火灾，拉开了网吧治理的大幕。十多年来，政府投入了大量的行政成本和行政资源，对网吧实行宏观调控政策，控制网吧总量，大力开展网吧整治，严厉处罚网吧接纳未成年人，集中各部门力量打击黑网吧，参与网吧管理的政府部门最高多达 16 家，实行技术手段对网吧进行监控，期望能减少网吧违法违规经营，达到网吧治理的效果。然而，经过数十年持续不断的整治，"黑网吧"不但没有绝迹，反而愈演愈烈，甚至在一些地区，黑网吧数量高于有证网吧数量。此外，自 2002 年开始以电脑培训、劳动再就业培训、惠州 E 城信息站、深圳电信综合服务点、深圳网络出租屋等各种形式变相经营的"黑网吧"出现，给网吧管理带来了极大困难，对网吧市场经营秩序带来了极大冲击。同时，正规的持证网吧生存却日益艰难，网吧行业逐渐从朝阳产业发展到夕阳产业，从经营火爆到日渐式微。这个过程尽管有着互联网和移动互联网发展的影响和行业发展的一般规律，但网吧业内认为政府不合理的管理政策是网吧行业健康的最大障碍。

在整个网吧政策决策过程中,地方政府发挥着举足轻重的作用。由于各地的实际情况不同,各地决策主体的认识差异,以及对网吧和政策的理解和态度不同,同一政策在不同区域,产生了各式各样的差异,衍生出不同的地方政策,这就是地方政府的"二次决策"。

2009 年开始,文化部大力推进连锁网吧,在 2011 年召开的全国规范网吧经营秩序经验交流会上明确要求,今后五年网吧要在维持原有规划总量不变的情况下,大力推进网吧连锁经营。在中央的要求下,各地采取了不同网吧连锁推进模式,文化部据此总结出了 10 个不同的推进模式,如以政府推动与市场运作结合为主的"江苏模式";多方创新协作、推动特色连锁的"上海模式";以内容配送为主导的"四川模式";以整治与整合同步、说服教育与严厉执法并举、典型示范与按目标要求强力推进结合的"辽宁模式"。不同的模式体现了地方政府不同的决策,形成了不同的结果。

2002—2009 年,国家发布了一系列关于网吧的文件和政策,具体参见表 6—1。

表 6—1　　　　　2002—2009 年国家层面关于网吧文件和政策

发布时间	文件名称	主要政策
2002 年 6 月	文化部等部委《关于开展"网吧"等互联网上网服务营业场所专项治理的通知》(文市发〔2002〕24 号)	2002 年 7 月 1 日至 8 月 31 日专项整治期间,各地区一律停止审批新的网吧
2004 年 2 月	《国务院办公厅转发文化部等部门关于开展网吧等互联网上网服务营业场所专项整治的意见》	2004 年 2 月起,暂停审批新的网吧
2005 年 4 月	《文化部关于进一步深化网吧管理工作的通知》	调整总量布局规划,适度满足市场需要
2007 年 2 月	文化部等部委《关于进一步加强网吧及网络游戏管理工作的通知》(文市发〔2007〕10 号)	2007 年全国网吧总量不再增加,各地均不得审批新的网吧

续表

发布时间	文件名称	主要政策
2008年7月	文化部、国家工商行政管理总局、公安部《关于网吧管理工作有关问题的通知》（文市发〔2008〕25号）	改善宏观调控，调整总量布局规划
2009年3月	《关于进一步净化网吧市场有关工作的通知》（文市发〔2009〕9号）	新增网吧指标全部用于网吧连锁

这些地方政策的产生与演进，为我们研发"二次决策"提供了很好的范例和蓝本。

（二）2002年之前的网吧政策制定

自2000年以来，持续两年开展了以加强电子游戏经营场所整治为主要内容的专项治理，不仅大面积地取缔了无证照的经营场所，而且还压减了有证照的电子游戏经营场所4300多家。由于网吧大量提供游戏节目，且收费低廉，吸引了一大批青少年（包括原来经常到电子游戏经营场所活动的消费者），无形中填补了压减电子游戏经营场所出现的空间，致使网吧迅速发展并泛滥起来，网吧几乎变成了翻版的电子游戏机室。网吧数量大幅增加，同时监管不到位，网吧大多经营环境恶劣，存在较大的安全隐患，同时经营者为了谋利，未经批准擅自开张营业，为吸引青少年进入，大量提供脱网游戏，无限制地容留18岁以下的青少年进行活动，有的甚至还在网吧内设小包间，提供床铺、食品等各种便利，所有网吧几乎都通宵营业。

这一时期的网吧管理政策主要集中在主管部门的确定，文化、工商、公安等其他职能部门之间的分工合作等具体实施的规定，主要的管理方式是开展网吧的审批登记。1998年12月25日，公安、电信和工商部门出台了《关于规范"网吧"经营行为加强安全管理的通知》，对开办网吧的条件和审批流程做了规定，政府开始认识到网吧的社会意义和存在的管理问题，对网吧管理从"无为而治"向"积极探索"转变，同时明确网吧主管部门为信息产业部门。为了进一步明确部门分工，2001

年信息产业部、公安部、文化部、国家工商管理局发布《互联网上网服务营业场所管理办法》，明确省、自治区、直辖市电信管理机构负责互联网上网服务营业场所经营许可审批和服务质量监督。公安部门负责互联网上网服务营业场所安全审核和对违反网络安全管理规定行为的查处。文化部门负责对互联网上网服务营业场所中含有色情、赌博、暴力、愚昧迷信等不健康电脑游戏的查处。工商行政管理部门负责核发互联网上网服务营业场所的营业执照和对无照经营、超范围经营等违法行为的查处。开办网吧应该先经文化、公安部门审核同意，取得省级通信管理机构颁发经营许可证并经工商行政管理部门核准登记，领取营业执照后方可营业。

由于网吧政策处于起步阶段，网吧的各项政策还处于初步的规范探索层面，对审批登记的各项规定也较为粗浅，对地方政府对网吧的认识和管理也处于初期。各地依照中央的各项规定，明确省内职能分工、出台相应的网吧审批规定，这一阶段还没有衍生出网吧政策的"二次决策"。

（三）2002 年至 2004 年网吧政策制定

2002 年网吧管理的主要依据是《互联网上网服务营业场所管理办法》，然而《办法》的实施过程却遇到严重的体制障碍，主要是通信管理部门仅有中央和省两级机构，即中央一级的信息产业部和省一级的通信管理局，这带来的直接影响是：第一，由于市县一级没有通信行政管理部门，而文化、公安和工商在市县均有对应机构，因此网吧的审批变成了文化、公安、工商的审核在市县一级，但网吧的审批发证是从县直接到省，跨越了地市一级，这造成了信息的不一致和不对称，四个部门所掌握的网吧数量都有很大差别。以广东省为例，据不完全统计，到 2002 年 6 月，全省已核发网吧许可证的有 2160 家，但实际数字超过 5000 家。第二，通信管理部门作为网吧的主管部门，拥有对网吧的处罚管理权限，但由于不具有下设机构，不能及时对网吧市场进行有效管理，也不能对网吧出现的违法经营行为做出相应的行政处罚。为了调整管理体制，2002 年 3 月 9 日，中共中央办公厅、国务院办公厅《关于进一步加强互联网新闻宣传和信息内容安全管理工作的意见》（中办发

〔2002〕第 8 号）将"网吧"等互联网上网服务营业场所日常管理职能由信息产业部门移交给文化行政部门，中央一级管理部门由信息产业部移交给文化部，但省一级的移交进度却参差不齐。

2002 年 6 月 16 日凌晨，北京市海淀区无证经营的"蓝极速网吧"发生火灾，致使 25 人死亡、12 人烧伤，在社会上造成了极大影响。当时，文化部等部委认为："近年来，网吧等互联网上网服务营业场所过多过滥，一些地方监管不力，出现了大量违法违规经营现象，经营秩序混乱，安全隐患突出，严重危害了广大人民群众特别是青少年的身心健康以至生命安全，扰乱了社会治安秩序，目前已经到了非彻底治理不可的地步。"6 月 29 日，文化部、公安部、信息产业部、国家工商行政管理总局联合下发了《关于开展"网吧"等互联网上网服务营业场所专项治理的通知》（文市发〔2002〕24 号），要求在全国范围内开展网吧市场专项治理，主要内容包括坚决取缔非常经营的网吧、严厉查处持证网吧的违法违规行为、对网吧进行重新审核登记、暂停审批新的网吧、对网吧的消防安全、接入服务、内容进行全面检查等。为了理顺管理体制，2002 年 9 月 30 日，国务院出台了《互联网上网服务营业场所管理条例》，规定网吧等互联网上网服务营业场所的审批登记发证及日常管理工作统由文化行政部门负责具体实施，同时对网吧的审批条件、营业时间、经营规范、处罚条款等各项内容进行了详细的规定。《条例》也是其后网吧管理法规中法律效力最高的文件。

与中央一级管理体制相对应，广东省此前网吧管理的主要依据是省通信管理局、省文化厅、省公安厅和省工商局依据《互联网上网服务营业场所管理办法》制定的《广东省互联网上网服务营业场所管理办法》，内容与之基本一致。"蓝极速网吧"火灾后，省级管理体制调整得以迅速推进。6 月 20 日，也就是北京"蓝极速网吧"发生恶性火灾的第四天，省文化厅、省通信管理局联合发出了《关于"网吧"与中等互联网上网服务营业场所管理职能调整的通知》，宣布省文化厅与省通信管理局决定于 2002 年 6 月 30 日办理职能移交。同日，当时分管文化的省委副书记主持召开了有省委办公厅、省政府办公厅、省委宣传部、省委政法委、省教育厅、省公安厅、省文化厅、省信息产业厅、省工商行政管理局、省通信管理局等单位负责同志参加的会议，部署加强对网吧的整治和管理。7月11日，省委办公厅、省政府办公厅按照文化部、公安部、信息产业部、国家工商行政管理总局《关于开展"网吧"等互联网上网服务营业场所的专项治理的通知》（文市发〔2002〕24号）的部署和要求，批转了《广东省"网吧"等互联网上网服务营业场所的专项治理工作方案》。专项治理行动在全省铺开。就此，省文化厅以专项治理为起点接手网吧管理，主要管理依据是刚刚出台的《互联网服务营业场所管理条例》。这一阶段，"蓝极速网吧"火灾奠定了政策基调，具体管理政策主要有以下内容。

第一，重新审核登记。省文化厅、省公安厅、省工商行政管理局联合发出了《关于开展"网吧"等互联网上网服务营业场所重新审核登记工作的通知》（粤文市〔2002〕95号），开始对全省的网吧进行重新审核登记，并对"网吧"的开办条件和审批程序做出了明确的规定。按照规定，重新审核登记的时间安排从2002年11月10日起至2003年1月31日结束，逾期不参加重新审核登记的，一律取消经营资格，重新审核登记的"网吧"等互联网上网服务营业场所，必须做到证照齐备，才准予提供互联网接入服务和开业经营。

第二，控制网吧总量。当时网吧市场上，证照齐全的近1200家、证照不全的2600多家，据此确定网吧总量上限为4000家，并要求各地根据省宏观控制的总量要求制定本地区的总量与布局规划。

第三，持续不断的网吧专项整治。自2002年开始，持续开展网吧整治专项行动，整治内容主要为打击取缔无证无照或证照不齐的黑网吧、查处网吧接纳未成年人、及时清理有害信息。在此期间，以2004年开展的网吧专项整治工作持续时间最长、规模最大、效果最显著。专项整治工作由国务院发文，中央一级专门成立了全国网吧专项整治工作协调小组，省一级也由省政府组建省网吧专项整治工作协调小组。据不完全统计，2004年广东省共出动执法人员（含文化、工商、公安等部门）228041人次，检查网吧65657家次，取缔无照网吧5772家，查处违法接纳未成年人的网吧2209家、超时经营的网吧837家、擅自停止实施经营管理技术措施的网吧161家、危害信息网络安全活动的网吧323家、停止实施安全技术措施的网吧342家、以社会办学为名变相经营的网吧 360 家、切断互联网接入的网吧 1480 家。其中,警告处罚的 5171 家、罚款处罚的 5409 家、停业整顿的 1922 家、停机整顿及停机联网处罚的 127 家、被取消经营资格的 256 家、查扣经营设备 84959 台/套。[①]

第四,停止审批新的网吧。根据 2002 年网吧专项整治的要求,专项整治期间,各地区一律停止审批新的"网吧"等互联网上网服务营业场所,也不得审核批准现有"网吧"等互联网上网服务营业场所增添或更新设备。

第五,实施"网吧运营监控管理系统"和"网吧安全管理系统"。"网吧运营监控管理系统"主要承担了文化行政部门的管理职能,完成实施对网吧经营行为和上网行为的全程实时在线监控,包括建立互联网上网服务营业场所的相关注册资料的数据库,对未成年人违规进入的控制,对消费者违规上网行为的监督,对网上违规内容的监督等。"网吧安全管理系统"主要承担了公安机关的管理职能,完成实施对网吧的日常管理情况和消费者的上网情况实时监控,发现有害信息和网络攻击的情况,即时报警。

第六,推动网吧连锁经营发展。确定在广东落地的全国性连锁经营企业 9 家,省内连锁经营企业 3 家,并专门给予连锁经营企业 160 家的门店年度发展指标,主要鼓励和支持连锁经营企业以收购、兼并、联合、重组、参股、控股等方式,将现有网吧发展为自己的连锁门店,以加快提升网吧的服务档次和服务水准。

这一阶段在"蓝极速网吧"火灾案件的推动下,网吧政策表现为强力整治,面对上级和社会的整治压力,地方政策主要表现在坚决执行上级的各项政策。"二次决策"则主要表现为对各项政策的具体执行,如广东省对省内网吧总量上限的核定、审核登记过程中具体问题的决策等。按照广东省文化厅的规定重新审核登记的时间安排从 2002 年 11 月 10 日起至 2003 年 1 月 31 日结束,但是由于总量上限的严格控制,审核登记遇到了极大的困难,审核登记工作迟迟不能完成。这些供求矛盾和管理压力开始显现,为差异化的"二次决策"奠定基础。

---

① 广东省文化厅 2004 年网吧专项整治工作总结。

（四）2005年至2009年网吧政策制定

经过长时间的集中整治，特别是2004年全国范围内的专项行动，主管部门认为，沉重打击了黑网吧，网吧接纳未成年人、传播有限信息等违法违规行为得到了有效治理，同时，政策也得到了人民群众的拥护。2004年10—11月，国家统计局受中央文明委委托对全国12个省进行了加强和改进未成年人思想道德建设调查，结果显示89.8%的未成年人最近一段时间没有去过网吧。2004年全国人大常委会办公厅将网吧管理确定为八项全国人大代表重点建议之一。11月，部分全国人大代表赴湖南专题视察，对网吧整治工作给予了肯定，对重点建议的办理成效表示满意。这使得此前以控制总量、遏制发展和大力专项整治为主线的网吧管理政策得以正面印证。同时，国家也开始意识到，这种专项行动取得的仅是阶段性成果，必须建立网吧管理长效机制。

广东省的网吧市场情况与全国总体情况类似，经过持续不断的整治，过去网吧泛滥、失控的局面基本得到遏制；原来网吧普遍存在的经营场所"小、乱、差"的状况，有了较大改观，网吧的规模逐渐提高；经营秩序有明显改善，过去黑网吧成行成市的现象已不复存在，网吧大量接纳未成年人的违法现象得到了最大限度的遏制。2005年有关网吧接纳未成年人的群众投诉亦不复多见，较之于往年大为减少。以广州为例，随着人们对网吧认识的深化和监管力度的加强，网吧作为社会关注的热点问题，已逐渐"降温"，2005年"两会"期间无论是市人大或者是市政协，均没有收到一份关于网吧的议案。广东省的网吧整治得到了社会认同，但是存在的问题却没有得到完全解决，如因为供求矛盾引发的黑网吧卷土重来问题、网吧接纳未成年人的问题等。这一阶段的网吧管理政策有以下内容。

第一，适度满足市场需要，宏观调控模式下的总量控制。2002—2004年是中国互联网开始快速发展的三年，互联网快速普及，网民数量大幅增加，各类网站、网络应用从无到有，并迅速占领互联网市场，这带来了上网需求的大幅增长，而网吧作为重要的上网场所，需求数量也大幅增长。与之形成对比的是，网吧的行政审批工作一直处于搁置状态，并且除对原来的网吧进行重新审核登记外，不允许新批网吧，不允许增加计算机上网设备数量。这种政策控制和市场需求的反差，造成了网吧市场的供求矛盾，而且这种矛盾日益突出，最终导致无证无照的黑网吧大量出现，同时以电脑培训、劳动再就业培训的名义从事网吧经营活动的场所也开始纷纷出现。为此，文化部开始提出严格市场准入的同时，做好总量规划，要求各地妥善处理宏观调控与市场机制的关系，统筹分析本地区的网吧市场形势，统筹考虑经济社会发展水平、人口结构、市场需求、消费习惯和社会反映等因素制定本地区的网吧总量和布局规划指导意见，县、市文化行政部门制定本地区的网吧总量和布局规划指导意见。由于2005年、2006年这两年宏观调控方式的改变，按照适度满足市场需要的原则，全国各地的网吧数量均有不同程度的增长。2007年2月，文化部下发《关于进一步加强网吧及网络游戏管理工作的通知》，认为当时网吧市场已经供过于求，网吧市场已经饱和，而且由于网吧数量增加，实际监管难度加大，部分地区监管不到位，因此做出规定，2007年全国网吧总量不再增加，各地均不得审批新的网吧。

第二，以防止未成年人进入网吧为重点，建立配套管理措施。主要制度包括：网吧日常巡查制度、网吧现场检查记录制度、网吧入场登记制度等，希望建立长效监管机制。2005年，文化部组织开展2005年度文化市场夏季督察行动，主要内容为严厉查处网吧接纳未成年人行为，重点督察网吧日常检查频度最低标准制定和执行情况、网吧现场检查记录制度执行情况、网吧入场登记制度执行情况、网吧日常检查结果和重大行政处罚公示情况、网吧总量和布局规划制定和执行情况、网吧审批制度执行情况。[①] 2006年8月起也开展了为期半年的全省网吧专项整治工作。

第三，严厉打击违法犯罪行为。一是实施并落实《文化经营场所检查登记制度》，加强对网吧的日常巡查，对网吧接纳未成年人等违法行为，要依法加大处罚力度。重申对2004年10月18日以来累计3次接纳未成年人，或1次接纳8名以上（含8名）未成年人，或在规定营业时间以外接纳未成年人的网吧，要坚决吊销其《网络文化经营许可证》。二是坚决取缔"黑网吧"，没收其违法所得及从事违法经营活动的专用

---

① 文化部《关于开展2005年度文化市场夏季督察行动的通知》。

工具和设备,直至追究非法经营犯罪嫌疑人的刑事责任。对明知是"黑网吧"而为其提供互联网接入的单位,也要给予相应的处罚。

第四,对网吧提供和传播的内容进行清理。2007年,随着网络游戏市场的不断发展,未成年人沉迷网络游戏现象得到了进一步关注。2007年2月,文化部、国家工商行政管理总局、公安部、信息产业部、教育部、财政部、监察部、卫生部、中国人民银行、国务院法制办公室、新闻出版总署、中央文明办、中央综治办、共青团中央下发《关于进一步加强网吧及网络游戏管理工作的通知》(文市发〔2007〕10号),要求加大对网络游戏的管理力度,解决青少年沉迷网络游戏的问题。据此,各地开展网吧内容清理行动,对非法网络游戏,网吧服务器内的色情、暴力等非法内容进行删除清理。

第五,调整存量,鼓励网吧连锁。开始推进网吧存量市场结构调整,推进网吧连锁化、集团化、专业化、品牌化,将网吧连锁由事前的行政许可,调整为事后的行政确认。鼓励网吧之间的收购、兼并、联合、重组、参股、控股等方式合作。

这一阶段,各种矛盾开始凸显并逐渐激化,各种社会利益冲突集中,同时上级政策变动频繁,2004年规定不得审批新网吧,2005年又重新调整网吧总量适度放开网吧审批,2007年又重新下达网吧审批禁令,这样频繁反复的政策变动,给地方政府带来了极大的困难。一方面,中央的政策要求必须要执行,必须向下级传达且要求贯彻;另一方面,广东省作为互联网行业发展较快的地区,对网吧数量的需求一直增加,以至于供求矛盾日益激化,但中央的网吧政策是统一的,不考虑地区差异。这一阶段,广东省的"二次决策"主要表现在下放权限,希望通过决策权的下放,使网吧总量布局规定更符合当地实际。主要表现在以下方面。

第一,改变宏观调控方式。根据广东省内的实际情况,省文化厅的指导性意见认为,完全放开网吧的宏观调控,由市场自行调节的条件并不具备,这样做的结果,极有可能导致网吧发展失控、市场竞争恶化、违法经营突出等一系列问题的发生,使管理工作再度陷入被动局面。但是,如果对网吧发展限制过紧,造成供求矛盾过大,结果也会导致"黑网吧"发展快、数量多,隐蔽性更大,给管理工作造成相当困难,在一定程度上会加速清理整顿工作的反弹。因此，在继续执行宏观调控方针的前提下，需要对网吧宏观调控的方式做适当调整，将调控的基础工作前移到市，由各市按省制定的宏观调控原则，结合实际对当地网吧的发展提出调控意见，然后由省在综合各种因素的基础上下达审核意见。采用这种做法，全省网吧的总量必然也会适度增加。这样，既可以解决目前供求的突出矛盾，又可避免"一放又乱"的问题，是比较积极而稳妥的解决问题方式。为此，省文化厅于 2005 年 3 月向省政府提出了对广东省网吧现行的宏观调控方式进行调整的建议并得到了省政府同意。调整后的政策主要包括：(1) 调整网吧总量布局规划方式。将调控的基础工作前移，把原有省统一制定总量布局规划，交由各市结合实际对当地网吧的发展提出调控意见，由省在综合各种因素的基础上下达审核意见。(2) 政策适度满足市场需求。按照文化部的总体原则，制定网吧发展总量和布局规划时，综合考虑本地区经济社会发展状况、人口数量和分布、消费水平、上网人数变化趋势、市场现状和需求以及监管力量等因素。其中，广州、深圳市市区参照常住人口每 1 万人 1 家网吧进行布局规划；各地级市市区参照常住人口每 1.5 万人 1 家网吧进行布局规划；县（县级市）、镇参照常住人口每 3 万人 1 家网吧进行布局规划。[①] 在宏观调控政策的调整下，2005—2006 年，全省网吧规划数量超过 8000 家，实际数量达到 7300 多家。虽然中央文件仅规定 2007 年全国网吧总量不再增加，但实际执行中，2007 年、2008 年全国均未开放网吧审批。因此，自 2007 年到 2008 年的两年内，广东省内的网吧数量没有增加。

第二，改变连锁网吧审批方式。自 2003 年开始，中央实行鼓励网吧连锁的政策，文化部批准设立了 9 家全国连锁，省文化厅批准设立了 3 家连锁。但到 2006 年，从实际运营的情况看，网吧连锁企业经营情况不佳，设立直营门店投资大、风险高，难以铺开，而由于对加盟连锁的门店后续管理跟不上，"假连锁"甚至成为倒卖网吧牌照的渠道。针对这种情况，广东省文化厅向文化部提出将目前连锁网吧经营单位的审批方式，调整、改变为在市场经营过程中自然形成连锁规模的核准方式，同时将原由省直接审批的网吧连锁经营单位的管理权限，下放至地市一

[①] 《转发文化部等部门关于进一步深化网吧管理工作的通知》（粤文市〔2005〕66 号）。

级文化行政部门。

(五) 2009 年至 2012 年网吧政策制定

中国互联网络信息中心发布的《中国互联网络发展状况统计报告》提供的资料显示,从 2004 年底至 2007 年底,仅广东省的网民数量已从 1188 万增加至 3344 万,年平均增幅达到 60.49%。其中,通过网吧上网的网民数量也从 291 万增加至 1080 万,年平均增幅达到 90.38%。虽然 2005 年调整了网吧总量布局规划,网吧数量限制得到了放宽,但 2007 年又停止了网吧审批,各地的规划数量并没有全部落地。网吧市场"供"、"求"再趋于紧张。此外,在网吧审批的具体操作上,部分地区注重数量控制而忽视了合理布局,导致网吧过于集中开设在城市和县城,而在乡镇以及开发区等外来务工人员较为集中的地方,往往又因为房产证问题,使网吧不能落地。

为了缓解矛盾,2008 年 7 月,文化部要求各地妥善处理宏观调控与市场机制的关系,充分发挥网吧总量布局规划对调控市场的重要作用。重新调整本辖区网吧总量布局规划总体原则是:对市场混乱、监管不力、群众意见大的地区,要严格限制网吧数量,不得增加总量;对市场已经饱和的地区,要着重调整存量,优化结构;对原有规划数量与现实市场需要矛盾比较突出、市场秩序较为规范、网吧接纳未成年人现象得到有效遏制的地区,可修订规划。修订方案要摸清和研究当地网吧市场的现状和规律,充分考虑当地经济社会发展水平、人口结构、市场需求、消费习惯、监管实效、监管力量和社会反映等因素。[①] 其后根据各地的上报情况,文化部对各省的总量布局规划陆续进行了批准实施。然而 2009 年 3 月 30 日,文化部、国家工商总局、公安部、工业和信息化部、中国关心下一代工作委员会联合发布了《关于进一步净化网吧市场有关工作的通知》(文市发〔2009〕9 号),要求大力净化网吧市场、开展网吧集中整治。同时,要求积极优化网吧市场结构,综合运用经济、行政等多种手段扶持连锁网吧发展,各地经文化部已批复的总量布局规

[①] 文化部、国家工商行政管理总局、公安部《关于网吧管理工作有关问题的通知》(文市发〔2008〕25 号)。

划指标，全部用于网吧连锁企业的直营门店布点，并鼓励和推进连锁企业兼并、重组现有存量市场中的单体网吧。这一阶段的网吧政策有如下内容。

第一，以连锁网吧认定代替网吧行政许可。2009年10月，文化部出台了文化部《网吧连锁企业认定管理办法》，对全国网吧连锁企业和省内网吧连锁企业的认定条件、程序等进行了规定。由于新增的网吧指标只能用于连锁网吧布点，所以网吧的审批工作实际是连锁网吧认定工作。由原来一家一家单体网吧门店审批的方式，改为批准设立连锁网吧总部并一次批准五家以上连锁门店。

第二，用行政手段缓解局部供求矛盾。为了缓解工业区上网难的问题，开始实施"解决外来务工人员上网难"的试点，优先考虑网吧在工业区的布点。

第三，引入社会监督建立和实行网吧义务监督员制度，从各地区"五老"（老干部、老战士、老专家、老教师、老模范）志愿者中推荐组建网吧义务监督员队伍，协助进行网吧日常监督。此外，鼓励各地成立网吧行业协会，通过协会联系政府和网吧业主，解决网吧之间的问题，化解矛盾，防止不正当竞争。

第四，为了缓解管理力量的不足，开始考虑科学调配力量，实行分类监管。即将网吧划分为若干个等级，按照"好的少查多引导，差的勤查多提示"的原则，对遵纪守法的网吧，适当减少检查的频率；对一年内被发现有一次接纳未成年人及其他违规行为的网吧，一个月检查不少于一次，同时督促其实现升级；对一年内被发现两次接纳未成年人或者有多次其他违规行为的网吧，必须严加管理，增加检查频率与密度，半个月检查不少于一次，并责令其限期整改达标；对屡教不改的网吧，达到吊销许可证条件的，坚决吊证。

此时网吧审批已经禁停两年之久，各地文化行政部门一直面临网吧指标供不应求的压力和总量控制的指责，但是面对已经批准增加的指标，碍于所有新设立的网吧必须是连锁形式、单体网吧不予准入的政策，各地并未立即开始执行审批政策，观望情绪浓重。之后网吧连锁企业的认定标准成为问题的焦点。在连锁企业认定过程中，文化部专门下发文件征求意见，并于2009年7月召集部分省市讨论草拟稿。中央层面认为，应该设立较高的连锁网吧设立条件，成立大连锁，便于管理和控制。地方各省则认为，市场上本身供求失衡，再加上网吧行业每况愈下，较高的设立条件只能让投资者望而却步，最终造成网吧指标无人问津。各地市反映的意见集中在两点：第一，注册资本不少于1000万元；第二，全资或控股的直营门店数不少于5家。不少地市认为注册资本应该大幅降低，连锁门店数量应该在3家甚至2家。但中央并未采纳地方的意见，2009年9月，文化部下发《关于印发〈网吧连锁企业认定管理办法〉的通知》（文市发〔2009〕35号），规定：各省、自治区、直辖市文化行政部门负责本行政区域内网吧连锁企业的认定管理工作；申报网吧连锁企业认定的企业，必须具备注册资金不少于1000万元、全资或控股的直营门店数在本行政区域内不少于5家或省级文化行政部门规定的最低数量等条件。

文件出台后，各地执行情况不一，为了加快推进网吧连锁进度，2010年4月，文化部在辽宁召开全国推进网吧连锁工作现场经验交流会，在会议上明确要求，到2010年底，连锁网吧门店数量要占网吧总量的70%以上。鉴于文化部的压力，各地开始采取不同的网吧连锁政策，产生了不同的推进网吧连锁模式。

辽宁模式。2008年底辽宁网吧场所数量8094家，90%以上是个体经营，分布全省城乡各地，加入连锁经营的网吧只有726家，占总数的9%。主要措施有：一是通过年检换证强制单体网吧加入连锁网吧。[①] 所有经文化行政部门许可取得《网络文化经营许可证》的网吧、网吧连锁经营单位均要参加换证，但是未加入连锁网吧的，不能换证。逾期不参加年审换证视为自动歇业，《网络文化经营许可证》自动作废。二是控制单体网吧变更登记。2009年起，单体网吧只有加入连锁网吧，才可依法变更名称、法定代表人（主要负责人）、注册资本等事项。[②] 2009年3月开始，边连锁边整治，当年处罚违规经营网吧500多家，停业整顿600多家，查处取缔黑网吧近300家；只保留联通网苑等8家连锁企业，

[①] 辽宁省委宣传部等部门《关于进一步做好全省网吧连锁整合工作的有关意见》（辽文市发〔2009〕43号）。

[②] 辽宁省委宣传部等部门《关于加强我省网吧场所连锁整合的实施意见》（辽文市发〔2009〕18号）。

全省网吧全部加入这 8 家连锁网吧，从而实现"全省网吧 100%连锁经营"。

江苏模式。江苏通过多种方式开展单体网吧改造，通过将单体网吧并入连锁网吧，提高连锁率。主要做法：利用电视和网络媒体，开设专题访谈、热线电话，制作下发了 10000 余册《江苏省网吧连锁推进工作宣传手册》，大规模开展网吧连锁改造的政策宣传；组织 12 家连锁企业分赴相应的规划发展地区举办路演宣传，向网吧业主推介公司的业绩、产品、发展方向和互利互惠政策，回答网吧业主的问题，消除单体网吧业主对连锁经营的疑虑。协调行业相关知名企业介入网吧门头、店招、灯箱、连锁统一标识的改造工作，联络江苏市场占有率较高的电脑、网络硬件、网游、快速消费品企业，搭建江苏省级连锁购销平台，利用连锁门店规模优势，争取优惠的合作价格，为加入连锁的网吧带来实惠。与相关部门协调沟通，在电信宽带接入等方面为单改连网吧争取价格优惠，以互利互惠的经济优势引导网吧连锁化改造。

其他如安徽省，实行同城股份制联合经营模式，通过整合同城区域内的现有单体网吧建立网吧联盟，对资产评估作价，股份制合作，形成连锁网吧。浙江、上海、山东、河北等省市也都以政府引导为主、市场参与为辅的手段，大力推进网吧连锁。至 2010 年底，这些省市相继宣称，已经完成甚至超额完成文化部要求连锁率 70%的目标。

与其他省市激进的连锁网吧政策相比，广东省的连锁网吧政策趋向保守稳健。2009 年前，广东省核准的网吧指标为 8836 家，实际审批网吧为 7350 家，其中有 352 家为连锁门店，剩余指标 1570 家由于停止审批没有下发。2009 年 4 月，最终经文化部批准调整网吧发展总量布局规划后，数量增加至 13302 家，新增网吧指标为 4466 家。广东省文化厅几乎同时收到增加指标和指标用于连锁的两份文件，因此广东省文化厅要求省内各市经文化部核准的 2009 年网吧总量布局规划，新增指标部分全部用于网吧连锁直营门店布点。2009 年以前经省文化厅核准的网吧总量指标未完成部分，即 1570 家，可继续审批使用。同时，文化部虽然已经规定新增指标全部用于连锁，但是连锁网吧设立和认定的各项条件和标准均没有同步下发，广东省文化厅要求各地暂不审批新的网吧连锁企业。因此，此次网吧总量规划调整的结果就是开始审批此前剩余的网吧指标，1570 家网吧指标可用于单体网吧审批，而新增的网吧指标暂时不动。

由于新增指标全部用于连锁，广东省网吧连锁率由 2009 年的 4% 上升至 2011 年底的 21%，但离文化部 70% 的目标仍相去甚远。广东省的网吧连锁政策有如下内容。

第一，各地经文化部核准的 2009 年网吧总量布局规划，新增指标部分全部用于网吧连锁直营门店布点。2009 年以前经省文化厅核准的网吧总量指标未完成部分，可继续审批使用。

第二，深圳市作为文化部推进网吧连锁经营试点城市，其 2009 年网吧总量布局规划的具体办法，由深圳市文化局根据文化部批复的试点工作方案制定和实施。[①]

第三，下放网吧连锁经营企业审批权限。规定申报认定网吧连锁经营的企业（含原由省审批开办的网吧连锁经营企业），由其总部所在地地级以上市文化行政部门负责认定，报省文化厅备案。

第四，降低连锁网吧准入。一是延长企业出资期限，根据省工商局的有关规定，将成立连锁网吧企业注册资本条件，允许延长为两年，即设立网吧连锁企业所需的 1000 万元注册资本，允许不一次性缴清，在两年内缴足即可。二是降低门店的数量要求，按照省工商局鼓励连锁网吧的规定，将连锁网吧认定的最低标准由五家调整为三家。三是降低场所面积和台数要求，如深圳市将最低营业面积标准降低为每台机不少于 2 平方米、不少于 60 台机或使用面积不少于 180 平方米。四是变通审批连锁方式，将原来"先设立门店，门店数量达到连锁规模后才成立连锁"的流程，变更为主要在同一区范围内直营门店（包括已有门店）达到三家的，可以一并提出设立网吧连锁总部和网吧连锁直营门店的申请。[②]

第五，不采取激进手段推进网吧连锁，通过新增指标用于连锁网吧门店的方式提高网吧连锁率。

[①] 《转发〈文化部办公厅关于对广东省 2009 年网吧总量布局规划的批复〉的通知》（粤文市〔2009〕194 号）。

[②] 《转发文化部关于印发〈网吧连锁企业认定管理办法〉的通知》（粤文市〔2009〕528 号）。

2011年4月，文化部下发了《文化部办公厅关于全国网吧连锁工作推进情况的通报》（办市发〔2011〕13号），对江苏、上海、浙江、安徽、四川、辽宁等省市推进连锁网吧的情况进行了肯定，并进一步强调鼓励多样化连锁方式，坚定不移地推进连锁。同时对推进不力的地区进行了批评督促，认为"当前，还有一些省份在网吧连锁推进工作中仍存在思想认识不足、政策措施不力的情况。下一步，各级文化行政部门要按照2010年全国推进网吧连锁工作现场经验交流会的精神，充分认识此项工作的重要性，着力解决网吧连锁过程中的重点和难点问题，加强与财政、通信、工商、公安等部门的沟通协作，探索适合当地市场实际的连锁方式，积极落实服务规范、财务管理、形象标识和计算机远程管理的'四个统一'，多样化、多途径地推进连锁，大力提高网吧连锁化水平"。

在中央层面大力推进连锁网吧的前提下，由于各地的地方政策不同，产生了不同的政策效果。从2010年全国连锁网吧情况（见表6—2）可以看出，广东的连锁网吧总部数量最多，占全国的54.4%。[①]

表6—2　　　　　　　　　　　2010年全国连锁网吧情况

地区	连锁企业数量（家）	各省/市网吧总量（家）
天津	7	900
黑龙江	4	5328
新疆兵团	0	443
湖北	5	8200
河南	16	7673
山西	5	3800
福建	3	3445
西藏	0	322
甘肃	4	1720
云南	35	3547
陕西	6	3800

---

① 文化部《2010年中国网吧市场年度报告》。

续表

地区	连锁企业数量（家）	各省/市网吧总量（家）
青海	0	427
重庆	6	3347
浙江	0	6875
山东	4	12945
上海	5	1495
湖南	15	10800
北京	2	1546
安徽	8	5792
广西	0	4973
宁夏	0	745
海南	2	1140
贵州	0	2340
河北	0	6803
江西	0	4965
广东	191	7948
辽宁	7	7413
四川	11	9009
江苏	9	8326
吉林	3	3120
新疆	3	2532
内蒙古	0	2997
总计	351	144716

从以上演变历程可以看出，当中央部委政策发布以后，政策在各省地方政府被重新审视，因为地区差异的存在，统一的网吧管理政策被分化成既带有共同特征又有不同内容，甚至差异很大的地方政策。特别是连锁网吧政策，在全国各地呈现出多样化特征。这些就是网吧管理政策

的"二次决策"的结果和表现。

四 网吧"二次决策"中的作用因素与机制

"二次决策"作为政策决策，是政策过程中的重要节点和公共政策制定的重要环节。其中，制度、文化、心理、利益博弈等都对"二次决策"有重要影响。

(一) 政策空间与地方自主裁量

从连锁网吧政策的"二次决策"过程可以看出上级决策的内容和二级决策情况。

第一，法律法规。国务院颁发了《互联网上网服务营业场所管理条例》。这是网吧管理的最高效力的行政法规。连锁网吧认定期间法规没有发生修改。

地方"二次决策"：各省执行《互联网上网服务营业场所管理条例》。连锁网吧认定工作开始后，对连锁网吧门店的审批依然按照《条例》里规定的条件和程序进行。

第二，规范性文件。《文化部关于印发〈网吧连锁企业认定管理办法〉的通知》（文市发〔2009〕35 号），以文化部名义发布，制定了连锁网吧的认定规范。文化部、国家工商总局、公安部、工业和信息化部、中国关心下一代工作委员会联合发布了《关于进一步净化网吧市场有关工作的通知》（文市发〔2009〕9 号）。

地方"二次决策"：各省均执行《网吧连锁企业认定管理办法》相关认定条件和程序。但《办法》规定各省可以指定最低连锁网吧标准，大多数省仍然沿用文化部最低门店数量五家的最低标准，但个别城市降低了标准，如广东深圳市，最低标准降低为三家。

《关于进一步净化网吧市场有关工作的通知》中关于文化部已经批准的新增指标全部用于连锁网吧门店布点的政策各省均执行，但文化部和该《通知》并对未对 2009 年以前剩余的网吧指标如何处理做出具体规定，各省做法不一。广东省规定，剩余的指标可以用于单体网吧审批；而上海等市规定剩余指标也必须用于连锁网吧门店布点，不审批单体网吧。以上两个文件中都重点提出了推动网吧连锁、提高网吧连锁的占有率的内容，但是没有强制措施和硬性规定，于是在不同省市呈现出不同的地方政策。

第三，一般性文件。《文化部办公厅关于对广东省2009年网吧总量布局规划的批复》（办市函〔2009〕144号）、《文化部办公厅关于全国网吧连锁工作推进情况的通报》（办市发〔2011〕13号）。

地方"二次决策"：广东按照文化部批准的网吧总量布局规划执行，没有突破。文化部办公厅通报全国网吧连锁工作推进情况，在文化部总结其他省市推进模式，并批评部分地区推进不力的情况下，广东省没有新的举措，继续采取温和稳健的连锁政策，主要依靠新增连锁网吧和深圳网吧试点工作提高连锁率。

第四，会议、讲话。全国推进网络连锁工作现场经验交流会以及蔡武、王世明、欧阳坚在全国推进网络连锁工作现场经验交流会上的讲话。

地方"二次决策"：全国推进网吧连锁工作现场交流会后，部分省市参照辽宁、上海、江苏等地的经验，开始利用年检、换证等行政手段推进网吧连锁，广东仍然按照原定政策执行。

第五，领导批示。高层领导不断做出"整合组建连锁网吧"、"向体制要秩序"等批示，要求进一步推动连锁网吧。

地方"二次决策"：李长春的批示主要是转给中央宣传部和文化部，这两个部门并未将李长春批示转给各地省委宣传部和省文化厅，因此未有进一步举措。

案例中没有出现文化部令形式的部门规章，《互联网上网服务营业场所管理条例》没有修改，主要的政策通过规范性文件和一般性文件发布，同时通过会议、讲话、批示等方式推进。实际运作中，文件明确规定的内容在地方政府的地方政策中得到了统一落实，如新增网吧指标全部用于连锁、连锁的相关认定标准等。但是，对于文件中没有明确规定以及以会议、讲话、批示等方式发布决策在地方政策中表现出了多样化的形态。这说明，未以红头文件明确的事项是"二次决策"的决策内容。

（二）政府立场

我国行政管理体制是以"职责同构"为基本特征的，从中央到地方的各级政府在职能、职责和机构设置上的高度统一和高度同构，也就是"上下对口、左右对齐"的情形。在"职责同构"的行政管理体系中，政府的"条"、"块"关系同时并存。在"条"的关系链条上，是中央到地方的部门关系，体现中央行政集权的特征，要求下一层级政府部门向上一层级政府部门负责，体现纵向向上负责的原则；在"块"的关系链条上，是地方行政部门与本层级地方政府之间的关系，行政部门受到同层级地方政府的约束，体现着向同级地方政府横向负责的原则，是典型的分权形态。这种"条"、"块"关系的目的是在保证中央政策能在地方执行的同时，赋予地方灵活自主权。在改革开放后中央政府向地方政府放权、允许地方自主治理地方事务的背景下，中央政府对地方行政部门的控制范围和力度大大降低，从而形成"事实上的行政分权体制"[①]。

由于地方行政部门纵向向上负责和向同级政府横向负责同时存在，在问责机制上，也产生了纵向问责与横向问责的双重要求，但在实际运作中，行政体制"分权"的特征更为突出。在现行行政管理体制中，除银行、土地等实行垂直管理的少数部门外，主要行政部门在运作资金、政策制定、人事考核等方面更多受制于本层级地方政府，因而行政管理体制中的横向问责远远超过纵向问责。同理，对行政官僚本身的问责也是如此，因此，地方政府行政部门和地方行政官僚在地方政策决策时，横向问责是首要考虑因素。在网吧连锁案例中，强行推进网吧连锁，可能会带来矛盾激化，在社会舆论较为发达的媒体环境中带来极大的不稳定风险。而由于决策失误和决策不合理带来的社会问题，会引起横向问责，地方政府会对其组成形成部门或直属机构做出相应的惩罚，而这种惩罚往往很直接和严厉，甚至会威胁到行政官僚本身的利益。另外，不执行中央强行推进网吧连锁的政策，可能会引起纵向问责风险，主要来自于引发上级的通报、批评、对工作的评定、影响各类评选等，无论从

[①] 郁建兴：《条与块的游戏规则该怎么变——中央与地方混合型行政管理体制的构建》，《人民论坛》2010年第296期。

广度和力度还是作用力上，纵向问责都远远低于横向问责，其影响力大大减弱，大多情况下流于形式。这种弱势的纵向问责和强势的横向问责机制给"二次决策"提供了体制支撑，使得地方行政部门在制定政策时，能够对中央决策做出修正、改变或者补充。

在网吧连锁的案例中，中央领导是连锁网吧政策的决策主体，地方领导是决策的执行主体，当强制连锁存在行政风险时，地方领导是责任主体，中央领导没有被追究责任的风险。部分省市由于推进有力得到了中央的赞扬和肯定，却在本省内部造成了重重矛盾。省级政府为了执行中央政策，将任务分解到市级政府，市级政府直接面对市场，承受着各方压力，容易成为利益冲突群体攻击目标。例如，辽宁省由于省委宣传部直接牵头，各市政府将之作为首要任务，但强行将单体网吧并入连锁网吧，加上连锁网吧本身良莠不齐，中间涉及利益纠纷，矛盾重重，最终演变成群体性事件。可以看出，政策产生不良后果时，地方政府首当其冲，甚至会因为产生暴力事件而被追究行政责任，但是中央决策者却无须面对这种风险。由于维护地方稳定的需要，地方政府更加倾向于实施更符合区域实际情况和市场需要的政策。

在目前党政关系下，社会管理是政府的主要职能，而政治管理是政党的核心任务。在目前的政治实践中，存在着相当程度的政治统治与社会管理脱节的现象。在改革开放的过程中，也曾一度出现过"以社会管理的分散换取中央政治统治的高度一致"的路径选择。本案例中，网吧属于文化产业，而文化作为意识形态一直处于政治管理的重要位置。推进网吧连锁，最终目的在于加强政治管理，但其属于社会管理的范畴，通过自上而下地推进网吧连锁，体现着中央通过社会管理促进政治管理的趋势。张志红在《当代中国政府间纵向关系研究》中提出："社会管理职能的增强，成为政府间纵向相互依赖关系发展的高度黏合剂。发展中国家从革命社会进入建设时期以后，政府的政治统治职能开始隐性化存在，政治统治与社会管理的整合成为必然的趋势。"并且认为，"以社会管理促进政治统治，成为政府间纵向关系中政治控制的主要手段。中央政府不再采用直接干预的方式对地方进行政治控制，而是更多地在社会管理的领域，以设置统一的技术标准，提供附有条件的财政补助等方式间接地插手地方事务，以此增加地方政府对中央政府的依赖，增强中央权威"。

政治管理者下达行政命令的方式与社会管理者不同。政治管理者的行政命令带有强烈的个人色彩和长官意志等政治特征。推行连锁网吧政策，很大部分是由于中央最高分管领导的意志，这种意识虽然通过社会管理的方式部分体现出来，然而由于以行政手段强推网吧连锁，却缺乏法理权威，所以连锁网吧的目标和任务，一直没有以正式文件下发通知，而是通过召开经验交流会、现场会、情况督察、总结通报等形式进行，还通过领导讲话、发言等传播途径向下施压。由于政治管理和社会管理的长期脱节，政治管理者显然缺乏对市场环境的充分掌握，缺乏社会管理的经验。在连锁网吧政策上，他们认为连锁网吧具有绝对竞争优势，认为连锁网吧会取代单体网吧，然后占据市场，主观断定发展连锁的结果就是单体网吧的自然消亡。与之相对，"二次决策"的主体往往是社会管理者。他们掌握市场情况，了解行业动态，并有足够的社会管理经验，通过对网吧行业的了解，他们认识到连锁网吧的成本远远高于单体网吧，单体网吧加入连锁非但不如他们理想中的那样竞争力增强，反而由于成本增加，在本身就已微利经营的情况下生存困难。同时，2003年文化部批准的全国连锁网吧在各地落地后产生了各种问题，有些更是成为倒卖网吧指标的渠道，社会管理者掌握这种发展历程，并形成了自己的管理经验和判断能力，但政治管理者却因为与社会管理脱节，并不掌握此类情况，于是产生的信息鸿沟越来越大，思维方式的差异也越来越大，因此，社会管理者与政治管理者在社会管理的观念中难以达成一致。

广东省改革开放以来，政府职能从管理向服务转变，政府对自身的定位得以重新审视，政策的价值取向随之发生变化。这种变化存在于大背景中，影响着决策者的价值观。在之前的价值观念中，为了维护某些人或者某一群体的利益，可以压制、损害、忽略甚至牺牲另一些人或者另一群体的利益。如在中央的网吧连锁政策中，为了保护和维护未成年人，网吧业主的利益不被考虑，而"二次决策"的决策群体却有着不同的价值观，认为政府的政策应该在各方的利益博弈中寻求一种平衡，通过平衡的政策决策，形成趋向公平、公正的公共政策，以保证决策相关方的利益在最大限度内不被损害。从网吧连锁经营案例可以看出，广东的连锁网吧政策与全国连锁网吧政策有着不同的决策意图，体现着不同的价值观。

首先，推进网吧连锁的目的不同。保护未成年人是网吧管理的主要目标。网吧管理政策和各项整治，归结起来，均是围绕保护未成年人这一根本目的。总体认为，网吧主要是玩网络游戏的场所，而未成年人处于学习科学文化知识的重要阶段，上网吧容易游戏成瘾，荒废学业，甚至造成精神颓废和人格缺失。未成年人在网吧猝死的事例更是加重了对网吧的负面影响。在这样的环境中，政策的目的主要是阻止未成年人进入网吧。如中小学 200 米内不允许开设网吧，未成年人不得进入网吧，网吧必须安装监控软件，进入网吧必须使用身份证实名登记，网吧不能通宵营业，等等。中央认为通过促进网吧连锁经营业态的发展，让规模化、连锁化、主题化、品牌化的网吧逐步占领市场主流，一直是网吧管理工作的政策方向，而网吧连锁经营被当作解决网吧深层次问题的主要途径，认为连锁这种现代服务业态，扶持一批有实力并能承担社会责任的连锁企业，是解决网吧接纳未成年人等违法违规行为的重要手段。总体来说，是试图通过网吧连锁来解决网吧违法违规的问题，通过大连锁约束和控制网吧连锁企业的行为。

广东当时的情况是供求严重失衡，引起市场矛盾的激化，黑网吧屡禁不绝、市场乱象丛生，亟须通过开放网吧审批来缓解来自各方的压力。然而在当时的政策环境下，单体网吧牌照解禁无望，因此连锁网吧的认定是当时增加网吧总量、缓解供求矛盾的唯一途径。鉴于此目的，广东的连锁网吧政策一直围绕如何在有限的决策范围内，尽可能地增加网吧总量，而增加网吧总量的方法，就是想方设法降低连锁网吧的准入标准。下放连锁网吧的认定权限为降低连锁网吧执行标准预留了很大的伸缩空间。因此产生了通过降低注册资本出资期限降低网吧准入门槛等方式，此外下放的权限在省内各地又产生了不同的形态，特别是深圳市，由于具有全国连锁网吧试点城市的政策优惠，尝试降低网吧门店数量要求、减少对其他材料的要求、简化审批等。

其次，决策倾向不同。网吧决策涉及各方不同的利益关系，如未成年人、学校及家长、网吧业主、电脑商、游戏开发运营商、行业协会、地方政府等各方面的利益。由于开始网吧管理时特殊的危机背景，中央政府一开始制定各项政策主要是为了保护未成年人，加强网吧消防安全，开展网吧整治，而此后网吧市场局势得以控制后，这一决策倾向没有改变，而是进一步加强，成为一种决策惯性思维。在这一决策倾向的惯性思维模式下，网吧行业的发展、网吧业主的利益、成年人的上网需求，并没有得到足够关注，如限制网吧营业时间、对网吧按照娱乐场所征税等政策。随着网吧行业的衰落，广东的网吧业主经营困难，并通过不同的方式表达自身的利益诉求。2009年广州市娱乐文化协会向省文化厅提交了《拯救网吧行业》的报告，认为网吧已经每况愈下，网吧经营困难，有盈利的网吧不足1/3，网吧行业需要政策扶持，提出了减少税收等建议。广东一直执行着宏观调控的网吧政策，显然广东的"二次决策"者并不认为市场机制能解决一切问题，广东网吧政策的"二次决策"却关注到除了保护未成年人之外的利益关系，希望能在复杂的利益诉求中找到政策的平衡点，从而与中央政府产生决策倾向的差异。

（三）决策者的心理

在网吧连锁问题的"二次决策"过程中，第一决策人表现为决策群体，决策群体具有共性的心理因素，为决策提供心理支撑。

1. 知识

隐性知识（tacit knowledge）是主观的个体性的经验积累。战略认知和决策往往是充满矛盾的、面临众多信息的非结构化的过程。在这样的情况下，隐性知识和直觉非常重要。[1] 在"二次决策"的决策群体中，部分决策者长期从事文化市场的管理工作，在网吧连锁的"二次决策"过程中，他们长期的经验累积和工作实践形成了隐性知识和直觉，如在文化市场中存在类似的违背市场规律的政策，造成了市场的混乱和管理的困难，而中央的政策决策者并未对这些后果负责，最后需要解决这些后续问题的仍是当地主管部门，而这些不合理的政策虽然可能需要经过很长的时间，但最终很大概率会得以纠正。在网吧连锁问题的"二次决策"过程中，存在假设心理模式，即假设决定执行连锁网吧政策，通过

---

[1] Bennett Ⅲ, R. H., "The Importance of Tacit Knowledge in Strategic Deliberations and Decisions", *Management Decision*, Vol. 36, Issue 9-10, Nov. -Dec. 1998, pp. 589-597.

行政强制手段推进连锁,则会造成地方稳定问题和市场混乱。而这些问题能引起上级的重视并做出政策调整,但此时已经面临不可收拾的境地,需要省文化厅花费更多的时间和精力来挽回局面,这是不可取的。

2. 决策风格

认知与决策风格(cognitive and decision-making style)指个体处理信息时,接受、记忆、思维和解决问题的稳定态度、倾向或习惯化策略,如分析—整体维度("analytic" versus "holistic")。① 在网吧连锁问题的"二次决策"中,"二次决策"者所能得到的信息通过特定的认知风格被加工和整理,从而形成决策的依据信息。如文化部的现场会议中推广的辽宁鞍山网吧模式,由于其利用网吧年审、换证等手段强制单体网吧加入连锁网吧,连锁网吧通过收取加盟费获利而单体网吧因此增加成本,引发了单体网吧业主的强烈反对,造成了群体性事件。这些群体性事件在政府决策过程中被视作重要信息,仅此即可忽略高连锁率给辽宁模式带来的各种赞誉和表率作用。决策风格方面,"二次决策"者受制于制度、法律等影响,趋向于保持社会稳定,而非在短时间内取得某一政策执行的表彰。

在以上因素的综合作用下,在网吧连锁经营决策案例中,中央政府与地方政府决策者的认知差异主要表现在以下两方面。

第一,对网吧定位的认知差异。文化部直接受命于中央主要领导,而中央领导层认为网吧作为内容传播终端,对文化内容安全造成了极大的隐患,对色情、政治类信息的传播,对未成年人沉迷网游游戏存在极大的忧虑,认为网吧即是"藏污纳垢"之所、游戏玩乐之地,百害而无一利。更危险的是,网吧数量庞大,单体难以管理。因此,要形成庞大的连锁机构,鼓励国有资本进入网吧市场,最好形成全国垄断,这样全国的网吧就能处于掌控之中。而广东等地方政府认为网吧是文化产业的重要组成部分,虽涉及文化产品传播,但网吧只是一个传播途径而已,传播终端、上游文化产品的监管到位更重要。

第二,对政府与市场关系的认知差异。中央政府从管理角度出发,

---

① Dutta, D. K. & Thornhill, S., "The Evolution of Growth Intentions: Toward a Cognition-based Model", *Journal of Business*, Vol. 23, No. 3, 2008, pp. 307-332.

要求用行政手段干预市场运作，通过政府主导，向网吧业主施压，网吧业主为维持经营权，不得不妥协，加入连锁网吧。中央政府认为，干预市场运作是地方政府的任务之一。但地方政府，特别是广东，市场化运作较早，市场经济环境成熟，政府不断地调整自身职能以适应市场经济需要，不提倡干预市场运作，并通过制定各种规章制度防止各职能部门利用行政力量直接干预市场。在这种氛围下，广东不可能实施激进的连锁网吧政策。

（四）决策群体心理

在中国政治文化中，"中庸"是立身之道，在体制文化中更多地表现为官员对政治风险的规避，因此在政策决策中即使在第一决策人具有重要决策权限，但决策人更倾向于通过会议、讨论等形式开展群体决策，以此降低决策失误可能引发的责任承担和追究风险。由于我国的社会—文化特性，中国政府群体决策有突出的群体思维可能性。从宏观视角来说，群体性思维表现在广东省与中央及其他省市在政治氛围上的差异。从微观视角来说，群体性思维表现为具体的观念和理念。

1. 宏观视角下的群体思维

第一，集权与分权。改革开放以来，以政企分开为核心的经济体制改革推动着中央—地方关系、条块关系的实践调整，但是始终在中央集权与地方分权之间徘徊。在本案例中，中央政府表现出强烈的集权倾向，不允许各地按照各自实际情况制定区域政策，而是明确要求各地实现中央给予的任务和目标。而广东省的情况却恰恰相反，广东省一直不断地减少行政审批项目，同时不断将审批权限下放。2009年11月，广东省人民政府令第142号公布了《广东省人民政府第四轮行政审批事项调整目录》，明确将原由省政府职能负责的"设立互联网上网服务营业场所省内连锁经营单位审批"等文化市场行政审批事项，下放至各地级以上市人民政府。这种趋势仍在继续，部分市级政府，甚至继续将审批权限下放到县区一级。同时，明确由各地级以上市政府，根据各地实际情况，制订总量规划和实施方案。鉴于此，广东各市实施情况差距很大，珠海、东莞等市2009年以前网吧数量已经饱和，因此2010年和2011年网吧数量"零增长"，深圳市作为试点市，将审批门槛一降再降，以规模换数量。这些都在省政府政策允许范围内。

第二，中央调控与地方发展的矛盾。网吧产业作为地方政府重要税收来源，广东省政府在加强网吧市场监管的同时，一直以积极的姿态，鼓励产业发展壮大，而中央政府受制于多重管理压力和利益冲突，对网吧产业实施限制甚至打压政策。在条块的行政体制下，中央与地方各级政府在经济调控、社会管理等职能上交错并行，在并行关系下，中央和地方分别制定了迥异的产业政策，形成了矛盾。同时，中央政府的职能部门与地方政府的职能部门之间，并非直接的组织领导关系，而是在条块管理中，处于业务指导地位。因此，在中央与地方有政策矛盾的情况下，地方政府的职能部门首先会服从于地方政府，而非上级政府的职能部门。如何既能加强中央调控，又不阻碍地方发展，成为条块关系中难以并举的"两难困境"。

2. 微观视角下的群体性思维

在网吧连锁经营案例中，"二次决策"者对外表现为广东省文化厅。内部细化为网吧具体处室负责人，包括主管科长、分管处长和处室负责人；厅领导负责人，包括分管副厅长和厅负责人。"二次决策"群体由于长期共同工作和实践，长期的一致的信息获取途径和信息来源，对网吧行业现状的认知，对网吧政策现状评估，对政策的价值选择方向趋向一致，因此形成了相对统一的政策观念和相对稳定的决策理念。这些观念和理念主要包括如下方面。

第一，市场应该是资源分配的主要手段。自2002年省文化厅从省通信管理局接管网吧管理以来，网吧审批一直处于非正常状态，整治不断，政策变动频繁，广东省文化厅趋向于改善宏观调控、减少市场干预，使市场发挥资源分配的主导作用。

第二，网吧总量应该适度满足市场需求。广东省由于互联网发展迅速，网民数量增长较快，但是网吧指标得不到及时增加，一直面临网吧总量控制与市场正常需求得不到满足的矛盾。因此广东省文化厅寄希望于2009年的网吧指标调整，希望通过增加网吧指标，解决供求矛盾，以打压黑网吧，缓解市场乱象的发生。

第三，依法行政是一切决策的前提。法律法规有规定的，必须按法律法规执行，法律法规没有明确规定的，可以自行制定，违反法律法规会造成行政责任甚至法律责任，应尽力避免。

第四，上级的各项指令应该最大限度地得到贯彻，至少不能出现明显的抵制和不执行，抵制和不执行将带来直接的责任追究。

在这样具有明显群体性思维特征的文化氛围下，不同的决策群体形成了不同的群体观念和理念，而这种群体观念和理念被放在同一公共政策下时，表现出矛盾性和冲突性特征，这是"二次决策"产生的文化因素。

我国的政策决策模式有两种。一种是自上而下的决策，由高层级决策者做出决策，然后向下传递，低层级决策者根据实际情况进行"二次决策"。另一种是自下而上的决策，由低层级决策者先提出决策意见，然后向上传递，高层级决策者根据收到的信息决定是否采用低层级决策者的决策意见。在网吧政策的"二次决策"过程中，既有自上而下的决策，如开展集中整治，也有自下而上的决策，这类决策的关注重点在中国的科层体系中。

按照科层体系，在省级职能部门，该业务往往仅有一个业务处室负责办理，而在一个业务处室中指定科级干部具体负责，其上级为分管副处长，负责此项或兼有其他部分业务，其上级为该部门的处长，负责全面工作，再向上是分管该处室的副厅长，最高领导为该部门的厅（局）长。朱旭峰提出的"司长策国论"用以概括中国政策决策过程中的科层结构特征。"司长策国论"指出，在中国，并不是官员的行政级别越高，其动员决策资源的能力就越强，相反，动员决策资源能力最强的是那些处于中国政府科层结构中的司局级的官员。[①] 与之对应，省级范围内，在"二次决策"过程中，处级官员具有重要作用。在实际工作中，厅长、副厅长、处长业务范围广，涉及行业较多，对某一具体业务不甚了解，因此需要依赖副处长给出的拟办意见，而副处长的拟办意见，很大程度上来自于科级干部的具体意见。这种决策模式中，处级干部和科级干部在决策的形成过程中，占有极具影响力的地位，而科级干部由于专门负责此项业务，他们拥有更多的决策资源和信息途径，他们的个人能

---

① 朱旭峰：《"司长策国论"：中国政策决策过程的科层结构与政策专家参与》，《公共管理评论》2010年第7期。

力、认知、情感等因素直接影响最终的决策结果。提高"二次决策"的科学性和合理性，需要认识到科层级公务员在决策中的重要作用，加强人才建设，提高决策能力和水平。

（五）利益博弈

网吧连锁政策的"二次决策"相关方，分别有三个群体：第一，社会民众。社会民众主要是围绕保护未成年人的学校、家长，还有网吧业主、网吧消费者等直接利益相关人。第二，媒体及社会舆论等第三方媒介等非直接利益相关人。第三，上下级政府职能部门。"二次决策"的主体是广东省文化厅。当时"二次决策"者面临复杂矛盾的利益诉求。

1. 加强网吧管理与放松网吧管制

一方面，家长、学校和以未成年人为对象的社会组织，要求加强网吧管制。他们以保护未成年人为由，认为网吧泛滥、监管不力，导致未成年人沉迷网吧，荒废学业，影响身心健康，因此要求主管部门加强网吧监管，控制网吧总量，甚至要求取缔网吧行业。

另一方面，网吧业主及网吧行业协会等行业组织要求放松网吧管制，扶持网吧行业发展。2009年受家庭电脑普及、3G网络快速发展的影响，网吧经营逐渐走过了"暴利时代"进入一个"微利时代"。五年前网吧上网的价格是10—15元/小时，目前已下降到平均2元/小时左右，网吧行业的盈利水平整体下降，投资平均回收周期由以前的一年拉长到三年。网吧行业由朝阳产业逐步沦为夕阳产业，行业发展日益窘迫。因此，网吧行业要求主管部门放松网吧管制，给网吧行业发展提供宽松的发展环境。如广州网吧娱乐行业协会分别向文化部、省文化厅提交了网吧行业的生存状况调查报告，希望政府"拯救网吧行业"。

2. 开放网吧审批与停止网吧审批

一方面，文化部等上级部门要求大力推进网吧连锁，压缩单体网吧和网吧行业生存空间。如2010年4月文化部在辽宁召开全国推进网吧连锁工作现场经验交流会，明确要求到2010年底连锁网吧门店数量要占网吧总量的70%以上。这直接造成政治压力和行政压力。另一方面，下级部门和同级部门要求放开网吧审批。广东省内各地市由于网吧市场长期供求失衡,形成网吧指标"一照难求"的局面,各地倒卖网吧牌照的情况屡禁不绝,而各地市文化部门面对来自各方的指责和压力,要求省文化厅增加网吧指标,缓解供求矛盾,减少监管压力。而同级部门,主要是来自网吧其他主管部门,如工商部门。工商部门负责黑网吧的查处,但是由于网吧正常审批途径一直不畅通,网吧投资者无法从正规渠道取得网吧经营资格,于是各种形式的黑网吧应运而生,面对上级和社会打击整治黑网吧的要求,工商部门耗费大力的人力物力,但是黑网吧问题始终得不到解决。工商部门认为主要原因是文化部的总量控制问题,"上游堵水、下游泛滥",由此造成了部门间的矛盾。

3. 依法行政与政治压力

文化部要求强力推进网吧连锁,为了完成网吧连锁的目标,甚至可以动用年审等行政手段,而这些手段本身并不符合现行法规。同时广东省内信息资讯相对发达,舆论环境也相对宽松,媒体一方面对网吧行业存在的监管问题进行曝光披露,另一方面关注政府政策的合理性和合法性,要求政府依法行政。

首先,新增指标必须用于连锁门店是文化部正式文件发布的,必须执行,在此基础上如何能达到增加网吧总量、缓解市场供求矛盾的预期?

虽然文件规定新增指标用于连锁门店,但是对2007年停止审批以后剩余的网吧指标并未做出明确规定,因此剩余指标仍然可以使用,且可以用于单体门店审批。

连锁网吧的认定门槛较高,可以通过降低连锁网吧认定门槛来解决,其中一个较为安全的途径,就是利用深圳市作为全国网吧试点城市的便利,突破现有政策,降低相关标准。此外,将网吧连锁认定的权限下放到各地市,由此来减少对网吧连锁认定的管制层级,借此减少行政控制,给增加网吧门店留下空间。

其次,是否按照文化部的会议要求,通过行政强制手段强力整合现有单体网吧,以完成文化部主要领导连锁率70%以上的目标?如果是,该采取怎样的手段,会有怎样的风险?如果否,会有怎样的后果?

文化部并未出台任何针对连锁网吧的优惠政策,市场也并没有形成连锁的需求,因此促进单改连除了行政强制手段并无其他途径。如果用行政手段强制单体网吧加入连锁，不加入连锁则吊销网吧许可证，或不予年审换证等，本身已违反《行政许可法》，也势必会造成网吧业主的不满，甚至会形成群体性事件，这在媒体发达的广东是极具风险性的。

另外，完成连锁率70%以上的目标任务，是通过会议下达的，此后并未见正式文件，因此不完成连锁率70%以上的任务不存在行政责任追究问题，但是会有被通报批评、其他方式的督促的风险。新增指标全部用于连锁，必然会造成连锁率的提高，且以深圳市试点为突破口，增加网吧连锁门店，提高连锁率是预料之中的事情，以此作为对政策的贯彻和落实。

从以上分析可以看出，"二次决策"的过程是决策者—问题—民众的互动和博弈的结果，这些互动和博弈不但表现在做出决策的某一阶段，更表现在长期的动态过程中，通过反复的互动和博弈，促使决策群体形成一致的价值观，形成决策者的稳定的思维方式和决策趋向。如网吧连锁政策在实际执行中遇到了极大困难。以广东省的实际来看，虽然网吧指标新增了4000家，但由于全部要用于连锁网吧直营门店布点，而连锁网吧认定条件较高，如需要五家以上的直营门店、注册资本要求1000万元以上等，因此，网吧指标发放困难，特别是在经济不发达的地市，由于资本力量有限，连锁网吧无人开办，而在经济发达的珠三角地区，除受资本限制外，还有如房产证、开办区域等条件严格约束，连锁网吧发展缓慢。因此，2009年调整总量布局规划，实际并未缓解网吧市场的供求矛盾，反而任其日益加剧。由于网吧牌照发放渠道受限，"黑网吧"大量出现，甚至在一些地区，黑网吧数量高于有证网吧数量。比如，惠州E城信息站、深圳电信综合服务点、深圳网络出租屋等各种形式变相经营的"黑网吧"出现，给网吧管理带来了极大困难，对网吧市场经营秩序带来了极大冲击。据深圳市的统计，至2012年底，该市的网络出租屋已多达数千家。这些政策结果从侧面印证了网吧连锁政策的不合理性和"二次决策"的必要性，由此引发"二次决策"者在下一次的政策决策中面对复杂的利益博弈，采用更坚定的决策取向。

在网吧管理政策决策过程中，体现了不同主体的利益博弈。学校、家长和一些社会人士为了保证青少年能够专心学业，强烈反对青少年进入网吧，抗议网吧接纳未成年人，进而否定整个网吧行业，认为网吧应该集体关门，网吧行业应该立即消亡；青少年有强烈的上网需求，当正规网吧在重压之下不敢接纳未成年人的环境下，转向进入无证无照经营的"黑网吧"；城乡接合部、工业区等外来务工人员集中的地方，正当上网需求强烈，却因为政策限制，合法网吧无法落地。网吧业主作为经营主体，面临生存压力，希望网吧能够有盈利，通过各种途径拓宽收入来源。行业协会希望对内通过行业自律，约束行业内不正当竞争，解决网吧业主之间的矛盾，对外维护网吧业主正当利益，提升网吧形象，维持行业健康发展。在这诸多的利益主体之间，面对纷繁复杂的利益矛盾，政府的决策体现了政府的政策导向和决策倾向。

（六）"二次决策"的议程形成

在政策过程理论发展的同时，对我国特有的公共政策制定的研究也逐步开展。研究主要围绕政策过程的各个阶段展开，学者们开始关注中国与西方在议程设定、决策模式、执行机制等各个方面的差异。如王绍光认为中国政策制定的议程设定有六种模式：关门式、内参式、上书式、动员式、借力式、外压式。在议程设置过程中，随着专家、传媒、利益相关群体和人民大众发挥的影响力越来越大，关门模式和动员模式逐渐式微，内参模式成为常态，上书模式和借力模式时有所闻，外压模式频繁出现。[①] 内参模式、上书模式多带有主观色彩，外压模式也带有政策环境的客观影响，这些模式特别是内参模式、上书模式，在决策议程设置程序并未规划的政策过程中，往往有些举足轻重的意义。以网吧政策为例，网吧政策的决策驱动力有以下几种。

第一，外部驱动。外部驱动主要包括突发事件、社会舆论等因素。由于几次有关网吧的治安案件曾轰动全国，在公众媒体上网吧逐步与青少年犯罪和网瘾联系在一起，如在搜索引擎搜索"网吧火灾"的结果多达302万条，搜索"网吧猝死"的结果多达246万条，网吧的安全问题通过一系列的重大事件被社会关注，成为焦点问题，同时在社会上形成网吧毒害青少年、毁害下一代的舆论环境，社会上时常发出要求关闭网吧的声音。这种外部驱动力通常影响力大，直接传递到中央政府。而中

[①] 王绍光：《中国公共政策议程设置的模式》，《中国社会科学》2006年第5期。

央政府一般会采取"一个有病,集体吃药"的方式,大范围开展网吧整治。在外部驱动力的作用下,中央政府选择加强网吧管制,集中进行网吧整治,严格网吧市场准入等强硬政策,以满足公众要求,达到缓解社会压力和舆论关注的目的。

第二,内部驱动。内部的驱动力主要来自于政府内部不同部门或者人大代表、政协委员、政府参事等具有参政议政资格的人。内部驱动在政策决策的过程中,往往具有关键作用。如2003年10月,广东省关工委向省委、省政府报送《一个令人深感忧虑的重大社会问题——对互联网上网服务营业场所(网吧)不良影响的调查》,认为当前网吧违法违规现象十分严重,造就了网络痴迷群体,严重干扰了正常的教育秩序、影响家庭关系、诱发青少年犯罪、毒害青少年心灵,当时分管宣传、文化的多位省委、省政府领导在此报告件上做出了批示,要求主管部门拿出处理意见,并于12月22日专门召开了会议研究。其后,当时省关工委副主任于春节前夕将该《调查报告》上送至李长春处。12月31日,李在《调查报告》上做了较为严厉的批示:"看了这个调查报告,心情沉重,真可谓触目惊心。特别值得重视的是,不是没有规定,而是由于种种原因,没有得到落实,建议文化部家正同志亲自挂帅,会同有关部门,研究开展对社会网吧专项整治的工作方案,在下次精神文明建设委员会上研究,或召开专题会议研究,要像整治报刊散滥那样抓紧抓实,抓出成效。特别是把影响落实国务院规定的关键环节吃透,增强整治的针对性。把此《调查报告》印发给各有关部门,便于统一思想,群策群力。"文化部部长批示:"抓紧研究,我近期听一次汇报。春节期间要突击整治一次并加强日常管理,并为中央专题会议做好准备工作。"据此,文化市场司提出要求如下:广东要争取在春节前开展一次以整治、清理"黑网吧"为重点的专项治理行动,而且越早越主动;以广东省的名义,向中央据实反映广东"网吧"的情况。要将《条例》颁布以来,广东方面所采取的有关措施和办法报文化部;挑选广州1—2家网吧的基本情况进行调研,并将情况报文化部。根据广东省反映的情况,中央决定2004年在全国范围内开展大规模的集中整治。这就是中央决定开展网吧整治的过程。

2007年9月,省关工委老干部联名向省委、省政府上报《关于违法网吧近期整治效果的调查报告》，认为违法网吧整治效果不佳，仍需进一步加大力度。2008年8月，《关于文化经营场所对未成年人负面影响屡禁不止的原因及对策的调查报告》出炉，其后省关工委主任将报告中的建议部分单列，向省委书记上报《关于依法加强对包括网吧在内的文化经营场所进行有效监管的建议》。2008年5月，省政府《参事建议》第46期上，刊登了王则楚等四位省政府参事《关于取缔无良网吧与压缩网吧规模的建言》的报告，认为"网吧已经成为藏污纳垢、毒害少年的危险场所"，建议全省严查不良网吧，在根本不需要设网吧的地方，务必全部禁止，压缩网吧规模，认为大城市网吧已经基本覆盖所有家庭，社会上设不需要的网吧已经完全不必要。这两份报告和建言均引起了省委、省政府领导的重视，为了加强网吧监管，省文化厅建议2008年在全省范围内开展查处取缔"黑网吧"专项整治行动，并探索建立健全网吧长效机制，得到了省委、省政府的批准，这就是2008年网吧整治的内在原因。

　　从以上的决策形成看出，大众媒体通过形成大规模的社会舆论，影响决策者，而社会团体、党和政府内部具有影响力的其他人员具有特定途径向最高领导谏言，表达意见和建议。相同的地方在于，媒体和谏言者与网吧均没有直接利害关系，但对网吧均持有负面态度。更为关键的是，谏言者中的大多数，虽然并不担任重要行政职位，但是却因为其特殊身份能迅速得到高层领导的重视。国外一些学者认为："那些和最高层政治领导人有私人关系的政策参与者，具有更多使自己的政策观点转化成最终政策产出的政策决策资源。"[1] 这些负面的言论被高层决策者知晓，并直接影响决策者的下一步行动。与之对应，网吧的真正利害关系人，与网吧行业相关的行业组织，如行业协会等，在社会上没有媒体的影响力，在政治上没有谏言者那么高的社会地位，他们的利益诉求往往无法传递到高层决策者。随着时间的累积，在决策者所感受到的信息中，关于网吧负面的信息越来越多，而网吧业主和行业组织的信息越来越少，这些信息的不对称，直接造成了决策者对网吧行业认知的不客观

---

[1] Kenneth Lieberthal and Michel Oksenberg, *Policy Making in China: Leaders, Structures, and Processes*, New Jersey: Princeton University Press, 1988.

和不全面。在我国的决策机制中，决策者在整个决策过程中占有绝对统治地位，因此在决策过程中，这些主观和带有偏见的认知也无法得以修正，以至于所做的决策和出台的政策，也带着决策者个人的不足和认知缺陷。当这些信息的不对称随着时间的推移越来越多时，高层决策者形成了议程设置和决策思维惯性。

在一级决策议程设立惯性的情况下，区域实际情况随着时间的推移而改变，然而一级决策者却因为议程设置惯性，忽视实际情况的变化，忽视各方利益的长期失衡，下级的政策需求长期得不到上级的回应和满足，由于形成了地方政策需求与中央决策层决策惯性的矛盾，这种矛盾随着信息不对称的加剧而不断激化，最终促使"二次决策"产生。

（七）"二次决策"的政策目标形成

政策目标是政府为了解决有关公共政策问题而采取的行动所要达到的目的、指标和效果。由于地区差异的存在，不同的行政区域在同一公共政策问题上，面临不同的问题环境，这种问题环境由于行政区域差异性的延续而得到逐渐加强。面对不同的问题环境，同一公共政策问题在不同的行政区域被具体化为带有相同特征又带有地域特征的不同公共政策问题，因此形成了更为具体的政策目标。同时，统一性的中央公共政策采用既定的政策目标，这种政策目标往往宏观而模糊，很难估计不同行政区域之间的问题环境差异。由于产生了中央和地方对政策目标的定位差异，这种情况表现为地方政府对中央政府公共政策目标的不理解、不认同。在这种情况下，实施同一政策目标的中央公共政策无法在地方政府顺利运作，地方政府必须进行"二次决策"，以保证有地区特征的政策目标维持和实现。

（八）"二次决策"的生态机制

通过上述分析，依据制度—心理机制，网吧连锁政策的"二次决策"生态框架如图6—2所示。

从图6—2中可以看出，"二次决策"是在特定的制度、文化和心理框架下做出的，受组织运行规则和领导及团队心理特征影响，是与社会—文化—制度—信息—个体心理的复杂动态互动的结果，同时也是包含社会—民众—决策者动态互动和博弈的过程。

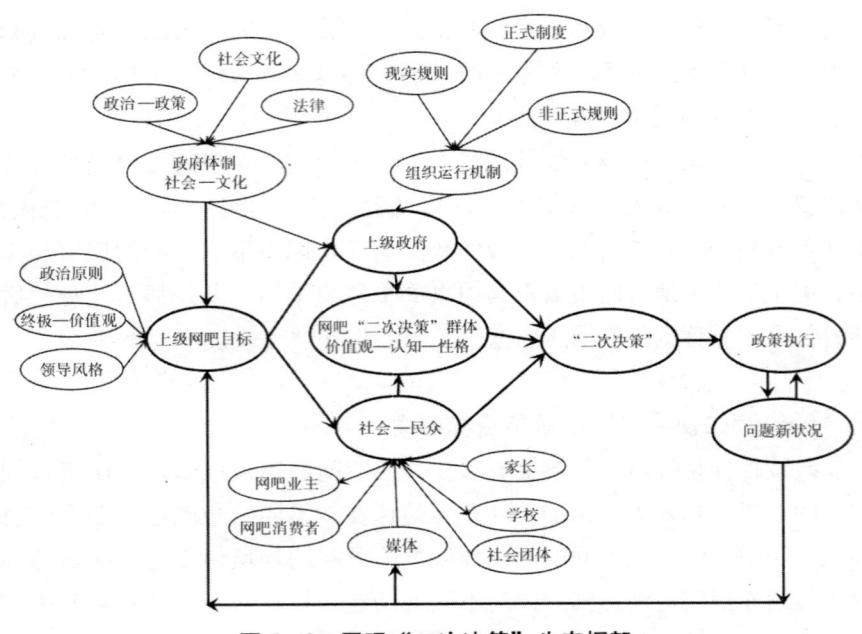

图6—2 网吧"二次决策"生态框架

其中，主要的因素有：

第一，总体政策目标。即网吧管理的国家层面的目标，这由国家的政治原则、核心价值观、政治体制等因素决定，是体制性的和制度性的。

第二，上级领导人，即国家领导人的领导方式与上级政府的组织特征。

第三，社会—民众力量。社会相关利益方，如家长、青少年、学校、社会团体以及媒体，是相关利益或知识力量。

第四，"二次决策"群体，即个体地方政府参与"二次决策"的相关人员，他们的知识立场等对决策均有作用。

正是这些相关因素，构成了"二次决策"的生态机制，相关因素在领导与被领导、专业与非专业、利益与非利益等方面互动而带来了地方政府的"二次决策"的政策结果。

五 "二次决策"评价

(一) 积极作用

1. 纠正作用

以广东的情况看来,"二次决策"在修正政策失误中至少起到了以下作用。

第一,修正了中央强制利用行政手段干涉市场运作的失误。广东省在规定的条件下,在没有突破中央文件规定的前提下,除了执行将新增网吧总量指标全部用于连锁网吧的硬性规定,未采取其他更为激进的行政手段,保证了市场的平稳运行,在广东省范围内阻止了对网吧市场的粗暴行政干预。

第二,修正了中央连锁网吧门槛过高的政策。首先,广东将网吧连锁经营企业的认定工作,下放由总部所在地地级以上市文化行政部门负责,同时规定经认定的网吧连锁企业可以跨地区经营,减少了审批层级和环节,大大降低了审批的时间和难度,也给不同地市掌握本区域的网吧发展提供了空间。其次,通过降低审批条件,降低网吧的准入门槛。一是延长企业出资期限,根据省工商局的有关规定,将成立连锁网吧企业注册资本条件,允许延长为两年。二是降低门店的数量要求,按照省工商局鼓励连锁网吧的规定,将连锁网吧认定的最低标准由五家调整为三家。三是降低场所面积和台数要求,如深圳市将最低营业面积标准降低为每台机不少于2平方米、不少于60台机或使用面积不少于180平方米。四是变通审批连锁方式。将原来"先设立门店,门店数量达到连锁规模后才成立连锁"的流程,变更为只要在同一区范围内直营门店(包括已有门店)达到三家的,可以一并提出设立网吧连锁总部和网吧连锁直营门店的申请。在减少审批层级和降低网吧审批条件的政策下,广东的网吧连锁认定门槛得以减低。

第三,修正了中央"一刀切"的政策失误。各地网吧市场发展水平不一,各地经济发展水平、基础设施状况均有很大差别,但是中央却要求全国统一标准推进连锁。在这种情况下,广东采取了因地制宜,区别对待，根据不同情况确定网吧连锁发展的模式、步骤和进度的政策。省内东莞、珠海、江门等地网吧数量已经趋于饱和，同时，现有网吧布局上已经满足了群众的上网需求，经营秩序已经形成，因此连锁网吧工作进度较缓慢；而深圳等地网吧市场需求旺盛，因而鼓励深圳开展网吧试点工作，通过各种途径增加网吧数量，以缓解供求压力。深圳的连锁网吧推进较快，连锁网吧政策下发后，至 2010 年底，该市共受理设立网吧连锁直营门店申请 483 家，全市连锁网吧直营门店占网吧总量的35.8%。

2. 利于政策延续

2013 年初，在国务院关于深化行政审批制度改革和转变政府职能的大背景下，文化部开展网吧准入试点工作，征求各地的意见，要求各地上报试点地区。各省根据之前的连锁网吧推进情况，确定本省内是否实施网吧转入试点。2013 年 7 月，文化部下发《关于开展网吧准入试点工作的通知》（文市函〔2013〕534 号），批准开展试点工作，试点内容主要包括：第一，动态调整网吧总量和布局规划。各地可以根据实际情况适时调整网吧总量和布局规划，总量和布局规划不再报文化部备案。第二，适度开展单体网吧审批，放开了之前网吧指标只能用于连锁网吧的限制。第三，分类确定网吧市场准入标准。原则上区别情况，分类指导，在确保场所每台计算机占地面积不少于 2 平方米的前提下，试点地区省级文化行政部门可根据地区、城乡差异，分别设立网吧台数标准。

这个过程中，文化部给予了地方政府"二次决策"充分空间。"二次决策"表现在：一是是否实行准入试点；二是试点的区域和内容。辽宁、江苏、上海等强力推进网吧连锁的地区，全区不参加试点，维持原有政策不变，而广东、湖南、江西等地全省作为网吧试点地区，山东、河南等地选取部分地市开展试点。天津等地采用的是试点调整部分原定法规的形式。其中广东的试点进行得最为开放，试点内容为：在全省范围内开展网吧准入试点工作，放开网吧总量和布局限制，放开网吧经营方式的限制。[1] 实施准入试点，对之前大力推进网吧连锁的地区将带来

---

[1] 《广东省文化厅转发文化部关于开展网吧准入试点工作的通知》（粤网文〔2013〕84 号）。

极大的冲击。此前大力推进网吧连锁的地区多半采用强制措施,如年检换证等手段,迫使单体网吧加入连锁网吧,网吧业主为了保住自己的经营权,不得不牺牲部分权益加入连锁。如果开展试点,放开单体网吧审批,后来设立的网吧不但不用加入连锁,可以设立单体,而且还在设立条件等方面给予了便利,势必会造成原有网吧业主的不满。同时,政府的政策从一个极端走到另一极端,极易招致社会舆论的批评和社会不稳定因素的爆发。但是对广东等地而言,试点的内容一直是政策的努力方向。根据本辖区的不同情况,各省做出了不同的决策,维护了本辖区政策的延续性。

3. 利于管理模式的探索和创新

目前网吧行业是按照娱乐业标准纳税,但是每日营业时间限于 8 点至 24 点,短于娱乐业的标准时间,网吧行业作为提供消费者上网场所的新兴服务行业,其自身发展有其一定的规律可循。如果说一天 24 小时可划分为三个营业时段:(1) 0 点—8 点;(2) 9 点—16 点;(3) 17 点—24 点,那么《条例》禁止的是第 (1) 营业时段。而第 (2)、第 (3) 时段的营收和网吧经营成本基本持平或略有盈余,取消营业时间的限制就给网吧增加了第 (1) 时段的营业时间,同样网吧业主的利润空间也扩大了。上海市文化行政管理部门认为,在市场经济条件下,一个行业只有在有盈利的状况下,市场经营秩序才会规范有序,因此限制营业时间对网吧行业自身发展是不利的,管理部门应该通过进一步规范经营者的经营行为,而不是通过限制时间来达到规范网吧市场的目的。

对放宽互联网上网服务营业场所的营业时间是否会造成未成年进入等问题,上海做出了探索。上海市曾于 2005 年 10 月开始试行取消互联网上网服务营业场所营业时限的限制,推出各项措施后,本市网吧接纳未成年人的违规率和未成年人进入网吧的数量出现"双下降"趋势。具体表现为:自 2005 年 10 月开始,违规率呈下降趋势,2006 年 1 月份达到历史最低点 0.74%,2006 年 7 月份达到试点工作开始的最高点 1.54%,但与历史同期最高点 12.7%相比下降了 11.16 个百分点。[①] 现有违规接纳未成年人的案件和《方案》实施前违规接纳未成年人的案件

---

① 北京中娱智库咨询有限公司数据。

相比,一个明显的特点是:在《方案》实施前违规接纳未成年人的案件查处中一次可发现多名甚至几十名未成年人,但是现在这种情况已基本绝迹,即使发现未成年人也是 1—2 名。在网吧接纳未成年人违规率下降的同时,未成年人的数量也大幅下降,出现了"双下降"的局面。这表明放宽网吧营业时间,并不会造成未成年人的大量进入。上海市利用全国网吧试点城市的政策优势,对已经实施的法规进行"二次决策",决定探索取消现有法规的相关限制,改进和探索管理方式和管理模式,取得良好效果的同时,也给今后改进管理提供了实践经验和重要决策参考。

(二)存在问题

1. 无法突破核心政策可能的根本缺陷

从以上政策演变的历程可以看出,广东省网吧管理政策的核心政策主要是宏观调控和集中整治。宏观调控政策是主要的网吧管理政策,通过宏观调控,控制网吧行业的发展进度,决定网吧在各地区的数量和分布,在供求矛盾突出时,用调控的方式,增加各地的网吧指标,同时根据阶段目标,控制指标的发放数量及发放方式。集中整治是网吧治理的主要手段。通过在一定时期内,联合各个职能部门,进行大范围、密集式的整治,达到短期治理的目标。在短时间内,通过密集投入,达到网吧整治效果,如"黑网吧"会自行歇业,数量会大大降低。根据整治的协调机制,除文化外,还包括工商、公安、通信管理、教育、卫生、共青团等参与网吧整治工作的部门多达 16 家,各部门根据各自的职能分工,负责网吧整治的不同职责。

控制总量被当作治乱之策,无论采取的是哪一种方式,管理者的意图都是希望通过控制总量来实现净化、规范市场、维护市场秩序的目的。但是,控制总量这个手段和要实现的目的之间并不存在必然联系。分析多次集中整顿的动因,主要源于突发事件和社会压力,并不是来自管理部门对市场总量的清晰而自觉的把握。治乱的对象应当是违法行为,但是板子却往往首先打在总量上。虽然集中治理后市场秩序往往的确有好转,但这主要是严格执法的效果。总量是由市场供求决定的,行为是由市场主体素质和市场环境决定的。一个经营者是否守法经营,主要与法规是否健全、执法是否严格和守法意识强弱有关,而与经营者的多少无直接关联。如果监管严格到位,经营者再多也能秩序井然;如果执法不严,即使只有一个经营者也可能违法经营。这是总量控制不科学、不合理,收效甚微。① 这说明中央一级决策者中,文化部作为国务院组成部门,也有行政官员不认同宏观调控的管理政策。但是受制于外部驱动力和内部驱动力,无法做出及时的政策调整和改变。这些政策以正规渠道和正式文件传达到地方政府后,对地方政府形成不能突破的底线,改变或调整以正式文件下发的政策,将带来极大的行政风险。因此宏观调控政策在全国各省都得到了贯彻执行,不同的仅是宏观调控的力度和总量规划的多少。因此,核心政策对"二次决策"起着极大的制约作用,当核心政策有缺陷时,"二次决策"有不可突破的天然局限。

2. 不能克服体制存在的某些缺陷

2004 年以前,网吧的管理机制主要是文化、公安、工商、通信管理等部门的分工与协作,随着职能的移交、体制的改变,到 2004 年开始网吧专项整治,中央开始发现,网吧整治是一个系统的工程,涉及多个部门,于是成立了全国网吧专项整治工作领导小组,并要求各地成立由政府分管领导任组长,文化、工商、公安、通信管理、教育、财政、劳动保障、民政、文明办、共青团等单位参加的网吧专项整治工作领导小组,统一领导、协调专项整治工作。据此,2004 年广东省政府决定成立省网吧专项整治工作领导小组(粤办函〔2004〕123 号),并明确专项整治工作完成后,领导小组将自行撤销。市级以此类推。这样就形成了一个中央、省、市层级对应的网吧工作专门协调机构。

2005 年,专项整治结束后,文化部、国家工商行政管理总局、公安部、信息产业部、教育部、财政部、国务院法制办公室、中央文明办、共青团中央联合发出了《关于进一步深化网吧管理工作的通知》(文市发〔2005〕10 号),该《通知》明确"全国网吧专项整治工作协调小组已调整为全国网吧管理工作协调小组",并要求"各级网吧专项整治工作协调(领导)小组或联席会议相应调整为网吧管理工作协调(领导)

---

① 庹祖海:《从"总量"控制到总量调节——对转变文化市场宏观调控方式的思考》,《中国文化报》2005 年 9 月 30 日。

小组或联席会议，做到思想不松、机构不撤、规格不变"。据此，广东省网吧专项整治工作领导小组变更为广东省网吧管理工作联席会议，并明确雷于蓝副省长为联席会议的召集人。

2007年，文化部等部委下发《关于进一步加强网吧及网络游戏管理工作的通知》（文市发〔2007〕10号），将网络游戏纳入网吧管理范畴。根据工作需要，全国网吧管理工作协调小组调整为全国网吧及网络游戏管理工作协调小组，增加监察部、卫生部、中国人民银行、新闻出版总署、中央综治办为成员单位，同时要求各级网吧管理工作协调（领导）小组或联席会议可根据本地实际调整，保持原有的工作体系和工作机制，加强协调配合。据此，广东省网吧管理工作联席会议调整为网吧及网络游戏管理工作协调小组，组长为雷于蓝副省长，相应地增加省监察厅、卫生厅、中国人民银行广州分行、省新闻出版局、省综治办为成员单位。

由文化部门牵头，成立了网吧及网络游戏管理工作联席会议，联席会议由分管副省长任召集人，成员单位有省工商、公安、通信管理、教育、财政、劳动和社会保障、民政等有关部门及省文明办、团省委。在联席会议的工作机制下，各部门的分工如表6—3所示。

表6—3　　　　网吧及网吧游戏管理工作联席会议分工

部门	职责
文化部门	负责网吧等互联网上网服务营业场所的设立审批、日常监管和网络游戏运营行为的监管。
工商部门	负责网吧等互联网上网服务营业场所经营单位的登记注册和依法进行监管，协助文化部门查处未经许可或已被依法吊销、撤销许可证或许可证有效期届满后未按规定重新办理行政许可手续，擅自继续从事经营活动的行为。
公安部门	负责网吧等互联网上网服务营业场所经营单位的信息网络安全、治安管理和消防安全监管，督促公益性、非经营性上网场所以及其他公共上网场所落实信息安全管理制度和互联网安全保护技术措施，从严整治带有赌博色彩的网络游戏，严厉打击利用网络游戏赌博的违法行为。

续表

部门	职责
通信管理部门	负责对互联网上网服务营业场所的互联网接入服务进行监管。
教育部门	负责加强对中小学生的法制教育，积极引导中小学生健康上网、文明上网；负责加强对校园上网场所的监管；负责加强对持本系统发放的《社会力量办学许可证》电脑培训机构的监管。
财政部门	负责保障网吧及网络游戏日常管理工作必需的经费，落实专项整治工作及举报奖励经费。
劳动和社会保障部门	负责加强对持本系统发放的《民办学校办学许可证》电脑培训机构的监管。
民政部门	负责加强对已依法办理民办非企业单位登记的电脑培训机构的监管。
监察部门	负责对相关行政部门及其工作人员的执法行为的监管。
卫生部门	负责青少年网络成瘾者的心理治疗工作。
人民银行	负责加强对网络游戏中的虚拟货币的规范和管理，防范虚拟货币冲击现实经济金融秩序。
法制办	负责行政部门行政行为的监管。
新闻出版部门	负责对网络游戏出版行为的监管。
文明办	负责将网吧及网络游戏管理纳入文明城市、文明社区、文明村镇、文明单位的考核评价体系。
综治办	负责将网吧及网络游戏管理纳入社会治安综合治理的考核评价体系。
团委	负责加强青少年的网络文明教育。

从表 6—3 的分工可以看出，成立联席会议的初衷是"齐抓共管"，这种多头管理、重复许可的宏大的部门协作管理机制的建立并不能完全克服政府管理体制中的结构性缺陷。

首先，在宏观层面上，政出多门，职责不明。例如，文化部门与工商部门在查处黑网吧主体问题上的纠纷。2007 年以省政府办公厅的名义下发《关于进一步完善查处取缔无证无照经营行为工作机制的意见》，明确了对所有涉及前置许可的无照经营，由行业主管部门牵头查处取缔，其中黑网吧的查处取缔由文化部门负责。对于该意见的出台和执行，工商部门和文化部门出现了严重的分歧。对于黑网吧的治理有三个法律法规：一是《互联网上网服务营业场所管理条例》，这是网吧行业最高法规，《条例》规定，查处取缔黑网吧的职能由工商部门承担；二是2003年3月施行的《无照经营查处取缔办法》，除工商行政管理部门依法予以查处外，相关许可审批部门亦应当依据法律法规赋予的职责予以查处，也就是说查处取缔黑网吧的职能由工商部门和具有许可审批职能的文化部门共同承担；三是2004年7月施行的《行政许可法》，当中规定"行政机关应当对公民、法人或者其他组织从事行政许可事项的活动进行有效监督"，"公民、法人或者其他组织未经许可，擅自从事依法应当取得行政许可的活动的，行政机关应当依法采取措施予以制止，并依法给予行政处罚"，即对于黑网吧的查处，由网吧行业的行政许可部门即文化部门查处。文化部门则认为，从法律上，《互联网上网服务营业场所管理条例》是网吧行业的专业法、特别法，根据特别法优于一般法的原则，应执行该《条例》的规定，文化部门查处取缔黑网吧不但没有执法依据，甚至是违法行政；从执法力量来看，文化部门只设置到县一级，并且没有专门执法机构，工商部门还有基层工商所，全省有3万多名干部，要求文化部门查处取缔黑网吧，实属不可为。工商部门则认为，按照"谁审批，谁负责"的原则，文化部是网吧的主管部门，应该为自己的审批结果负责，文化部门只管许可证的发放和有证有照的网吧监管而不管黑网吧的查处，这样造成权责不一，必将使黑网吧泛滥。经过一年多的争论和实践，省政府于2009年初修改了该规定，查处取缔黑网吧的职能重新由工商部门承担。从以上对于黑网吧查处主体的争执可以看出，对于黑网吧的治理法律上对主管部门的确定就出现了不同的规定，网吧行业面临着多头管理、政出多门的局面。由于这些不同的法律法规出自不同的部门，不同部门的理解又不相同，以至于在网吧管理过程中，"二次决策"的决策群体内部发生矛盾和争执，在发生矛盾的过程中，缺少协调机构和解决办法。如上面的争论，在省政府〔2007〕8号执行过程中出现了数起黑网吧业主状告文化部门非法查处黑网吧的案例，其间文化部门向省政府数次书面请示请予裁定黑网吧查处主体，但从产生分歧到解决问题，过程仍长达两年之久，在此期间《黑网吧举报奖励办法》、《黑网吧接入查处流程》等黑网吧方面的文件由于在分工上的分歧一直无法出台。这说明"二次决策"无法克服体制本身的缺陷。

其次，在地方微观层面上，拥有强势执法权的部门成为事实上的管理主体，国家层面明确的职责范围划分随着管理层级的下降和利益相关性的上升，演变为部门强势与部门弱势的区别。如《条例》规定：互联网上网服务营业场所经营单位应当对上网消费者的身份证等有效证件进行核对、登记，并记录有关上网信息。登记内容和记录备份保存时间不得少于 60 日，并在文化行政部门、公安机关依法查询时予以提供。对上网消费者有效身份证件进行核对、登记事项属于"经营活动"的内容，应属于文化行政机关的法定职权范围，"未按规定核对、登记上网消费者有效身份证件"的违规行为，应当依法由文化行政机关实施监督管理及处罚。文化部于 2010 年发布的 458 号规范性文件中直接、明确规定了对"未按规定核对、登记上网消费者有效身份证件"这一违规行为监管处罚的执法主体是文化行政机关，但目前各地普遍出现公安机关行使此项权利的情况。

3. 可能引发地方政府的违规行为

《网吧连锁企业认定管理办法》出台以后，对于连锁网吧的税收等方面的优惠政策却迟迟没有出台，因此地方政府推进网吧连锁并没有有效的手段，主要采取控制总量，新增指标全部用于连锁的审批手段。为了完成连锁任务，各地不得不想方设法强迫单体网吧加入连锁，在这样的背景下产生的"二次决策"极易产生政策错误风险。

首先，"二次决策"本身的违法违规。在推进连锁网吧发展的过程中，辽宁是最早采取强硬措施的省，在中央领导的支持下，辽宁省由省委宣传部牵头，组成强大的推进网吧连锁领导机构，通过年检、换证等方式强迫单体网吧加入连锁。根据《行政许可法》和《互联网上网服务营业场所管理条例》的规定，网吧所持有的《网络文化经营许可证》并没有规定有效期限，也未有提出政府部门可以对其进行年检和换证。由此可见，辽宁用年检换证的手段推进连锁，对不加入连锁网吧的单体网吧采取注销行政许可的做法本身就已违反了《行政许可法》和《互联网上网服务营业场所管理条例》。这说明在"二次决策"的过程中，"二次决策"者一味地迎合上层需要，以取得政绩，获得上级的肯定，因此采取过激违法违规的手段，引发地方政府的违法违规行为。

其次，"二次决策"给行政官僚留下权力寻租和滥用职权的空间。仍以辽宁为例，在辽宁省倾力推进全省网吧大连锁的政策引导下，在完成全省连锁的大目标下，部分官员利用职权之便，以推进连锁的名义进行权力寻租。2011年4—6月，沈阳市文广局版权处处长在推进网吧行业使用正版软件工作中，未组织有关单位采取团购、集中采购和公开招标等方式，直接会同市网吧分会会长与微软公司洽谈确定采购价格，交由某公司以高价向网吧业主出售软件。于洪区文广局文化执法大队大队长、大东区文广局文化市场科科长，向网吧业主介绍和暗示购买某公司软件，并以不予年审和行政处罚要挟网吧业主。这些行为经媒体曝光以后，在社会上产生了不良影响。最后，沈阳市文广局以失职错误给予文广局版权处处长行政警告处分，于洪区和大东区纪委、监察局以滥用职权错误给予于洪区文广局文化执法大队大队长、大东区文广局文化市场科科长行政警告处分。[①] 此事也引起了文化部对地方政府违法违规行为的关注，在《关于通报沈阳市网吧管理问题的函》中，文化部要求严格区分政府行为与市场行为，不得以行政手段干预企业自主经营行为。这起违规事件具有的典型意义在于：在"二次决策"本身不合理不合法的情况下，可能会引起连锁反应，为官员滥用职权提供便利，同时为权力寻租和官员腐败留下空间，从而产生廉政风险。

4. 可能引起决策主体间的矛盾和冲突

2010年深圳市公安局以光明新区试点，对该辖区内符合条件的565家"黑网吧"以"网络出租屋"的形式进行治安列管。具体的做法是给"黑网吧"颁发"网络出租屋"的牌照，黑网吧向公安部门缴纳一定的费用。在此期间，深圳市如文体旅游、法制等部门，对公安机关的做法提出了不同意见，认为列管黑网吧，违反了打击取缔无证无照经营场所的基本原则。而深圳市公安局则认为，此为创新社会治安管理工作的新

---

① 《文化部市场司关于通报沈阳市网吧管理问题的函》(市函〔2012〕21号)。

举措，不仅切实符合深圳治安管控工作实际需要，能最大限度地满足工厂区务工人员、出租屋住户等流动人口上网需求，而且得到了国家综治委和公安部的肯定，计划在全市做进一步推广。为了调节矛盾，深圳市政府召集市公安、人力资源、文体旅游、市场监管、城管、法制、出租屋综管办等部门，专题研究该市无证网吧有条件进行治安管理的有关问题，并形成了会议纪要。纪要提出，"以网络出租屋形式全覆盖采集上网人员信息的工作仍处于探索阶段，在全市全面推广的条件还不成熟"，并认为"市公安机关对无证网吧进行治安管理，采集上网人员信息的做法，不改变无证网吧的性质"，但同时允许公安机关对全市无证网吧实行有条件的治安管理——"有条件地对无证网吧进行治安管理，对上网人员的信息按照持证网吧的管理要求进行采集"[①]。深圳市政府的表态，既没有承认网络出租屋的合法性，又允许公安部门继续对黑网吧进行列管，致使公安部门以"网络出租屋"列管黑网吧的范围进一步扩大。

网吧管理的体制是以联席会议为主体的多头管理制度，按照联席会议的分工，文化、工商、公安等部门分管不同的具体职能。但由于多个管理主体的存在，不同的管理主体为了实现各自不同的管理目的，在"二次决策"的过程中施行符合自身利益的政策。政策本身的冲突，直接引起了各决策主体之间的矛盾和冲突。

（三）启示

在我国多重领导的管理体制下，中国公共政策过程中存在纵向过程障碍、横向过程障碍、纵向过程和横向过程冲突等障碍因素。"二次决策"有必然性和必要性。

为提高"二次决策"质量，从以上网吧的政策演变历程可以看出下面两点是必要的。

1. 国家公共政策制定，需要为"二次决策"留足空间

为了应对区域化差异，最好的办法就是向下分权，在政策制定和执行的过程中，给当时的主管部门留下足够的决策空间，以应对各自不同

---

① 深圳市政府：《关于研究对我市无证网吧有条件进行治安管理有关问题的会议纪要》。

的情况。2013年文化部的网吧试点工作为我们提供了一个成功的经验。首先，确定是否试点交由省自行决定；其次，试点内容和范围交由各省自行决定，文化部仅是进行宏观的组织和协调，并不直接干预当地政策的制定和实施。向下分权的风险在于可能引发地方政府违规行为，这需要加强法制建设和完善决策程序来解决。改进政策决策，必须先明确党和政府的性质和职能，明确各自的职责和分工，避免交叉管理和重复决策。

由于党政关系的存在，党的领导在我国政治体制中占有绝对核心地位，党内的决策对政府部门往往以命令的形式下达，具有强势地位。因此，提高公共政策的制定水平，在向下分权的同时，也必须理顺党政关系。必须强调党也要在宪法和法律范围内活动。目前的党政管理中，对行政机关的约束较多，行政机关的职权必须有法律依据，在法定条件下行使，同时违法行政会追求行政责任，并有详细的规章规定。但同时，对党内组成部门进行实际行政领导和行使实际行政职能，却没有相应的限制。党内的政治管理者往往缺乏社会管理经验，目前的责任追究体制中，政策失误的责任归咎于政府部门而非党内部门，这造成党内领导制定政策的主观性和随意性。权力和责任不对等，给决策失误提供了条件，这就要求用法律和制度的形式规范党政关系，在实际政治生活中明确党政职能范围，确定二者的权力关系，并使之法制化，避免随意性。

2. 加强行政指导约束力，防止失误

由于决策者、决策环境和客观情况的差异，"二次决策"本身具有局限性，为了发挥"二次决策"的作用，必须对"二次决策"行为加以约束，避免因为"二次决策"造成原定公共政策中的积极因素流失，而不合理的消极因素得以出现，致使"二次决策"形成了较之原公共政策更大的不良效果。而这种不良效果通过向下传递以得到放大，甚至会造成政策失控。

如东莞市政府自2005年起，对网吧实行特许经营。所谓"特许经营"，就是采取公开抽签的方式进行招标，每年收取一定的特许经营权有偿使用资金。第一次网吧发证对398家网吧中签者每年收取特许经营权使用费15万元，当年费用直接在保证金里扣除。2006年，第二次网吧发证考虑到之前定价过高等因素，于是对网吧特许经营权使用费调整至每年6万元，并规定以后每年6月份收缴网吧特许经营权使用费，对不按时缴纳者依法责令停业整顿。东莞市收取特许经营费的方式一直延续。在东莞最大连锁网吧——动感网吧从60家逐渐倒闭到只剩下3家之后，东莞网吧经营步入困境，网吧步入了微利而艰难的年代，有网吧经营主呼吁政府取消每年对网吧征收的特许经营费6万元，以减轻网吧负担。但东莞市政府一直拒绝取消特许经营金。2013年广东省文化厅放开网吧单体准入政策后，东莞市政府陷入取消网吧指标和无法取消特许经营费用的矛盾境地，致使网吧准入政策无法实施。由于东莞市政府的"二次决策"失误，影响了当地网吧行业的发展，同时，对管理部门调整网吧政策造成了困境。这种收取"特许经营金"网吧指标发放方式，本身是违反《行政许可法》的。然而当时东莞市的网吧管理政策是通过市政府令[①]的形式颁布的，并未经省文化厅同意。东莞市政府受东莞市委领导，而省文化厅是东莞市网吧主管部门东莞市文广新局的业务对口上级，省文化厅仅对东莞市文广新局有行政指导职能，却无法对东莞市政府的行为进行有效干预。因此，在实施属地化管理的部门中，要规范"二次决策"，必须赋予行政指导更强的约束力，使得上级部门有能力纠正下级业务对口部门和当地政府的政策行为。

---

① 《东莞市政府关于印发〈东莞市网吧发证方案〉的通知》（东府办〔2005〕66号）。

第七章

官员的决策心理模型

决策是由人做出的，是人基于价值观、效益最大化整合性质的行为选择。政府决策是由不同层级的官员群体基于政府责任、决策制度，对社会公共问题解决方案的选择过程，其底层同样是心理的描述、分析和决定的过程。这个过程固然是组织的、制度的，但也是官员心理的。因此，研究政府官员如何认识公共问题，探析其决策心理模式，是政府决策研究的必要方面之一。

官员决策心理和心理模型固然可以通过案例研究，但对于一个体制性的组织来说，形式化的考察可以给出整体性描述。而整体性描述，适合通过数据关系实现。而数据关系分析，问卷调查方法是合适的选择。问卷调查除常规的方法外，近期还出现了与实验原理结合而形成的"实验问卷调查方法"。所谓实验问卷，即实验研究与问卷调查的结合，通过人为控制和操控进行问卷调查，其基本原理是：设计调查问卷，以实验方式，设计研究问题（变量），选择、控制调查对象，以引发调查对象的心理活动，检验因果关系。[1]

本书对政府官员决策心理及心理模式的研究，采用传统问卷与实验问卷相结合的方式进行。

一 研究问题

政府官员决策心理及其模型方面的问题可以归纳为以下三点。

---

[1] Schlueter, Elmar, Schmidt, Peter, "Special Issue: Survey Experiments", *Methodology*, Vol. 6, No. 3, 2010, pp. 93-95.

第一，政府官员的哪些心理因素会对其决策产生影响，什么样的价值观、认知机制和个人特征有突出作用？

第二，政府官员在决策时如何理解和解释决策制度？什么样的决策规则会对他们的决策产生影响？

第三，不同决策取向的官员决策心理模式是什么？其特征是什么？

二　问卷设计

围绕上述研究目标和问题，进行下述问卷设计。

（一）决策心理因素

从理论上讲，人的任何心理都会对决策产生影响。鉴于人的心理由意义系统、认知系统、神经生理系统构成（景怀斌，2011），问卷设计了如下几个方面的心理因素。

第一，心理的二维特性，即人终极层面的情感价值或理性特征，包括8个题目，如"常常自我反思生命的根本价值"。

第二，意识形态，即人们关于社会尤其是政治社会应有的模式意愿，这包括中美模式、民主自由等方面的6个题目，如"中国未来发展方向应该由人民大众来决定"。

第三，心理的我向性，即个体心理的自我程度，有3个题目，如"别人听从我的意见多于我听从别人的意见"。

第四，价值观。借鉴施瓦茨的10类价值观量表设计，包括自我导向性、大同主义、慈善、传统、遵循、安全性、权力、成就、积极乐观、冒险等，共21个题目，如"喜欢惊喜并且经常去找新鲜的事情来做"、"我认为在人生中做很多不同的事情是非常重要的"。

第五，认知风格。包括保守与超前、认知闭合等内容，共8个题目，如"我认为墨守成规的办事模式，会导致时机的错失"。

第六，性格。外向性、随和性、尽责性、稳定性、开放性、内控能力。共10个题目，如"我是一个外向、热情的人"。

第七，控制源。表现在是否有强烈的内在控制源等。8个题目，如"自己能够主宰自己的生活"。

合计64个项目，具体项目参见附录一。

（二）决策心理

政府决策是基于政府组织任务原则和制度群体决策，政策过程心理大致包括如下方面的内容。

第一，决策群体互动评价，如个人决策效能感、决策过程满意度、决策结果满意度、领导满意度，共12个题目。

第二，领导认知，对领导角色、地位方面的认识，有3个题目。

第三，制度遵循，决策时对他人、领导、制度的遵从情况，共9个题目。

第四，民意认同性，对社会民意的关注与在意程度，共2个题目。

第五，组织社会支持性，对组织内部他人支持的在意程度，2个题目。

第六，组织运行规则，包括组织决策的理性认知、工作规范的遵从等，共13个题目。

第七，体制—社会—文化层面，对社会体制、制度、法律等方面的认知，共11个题目。

第八，政策偏好，决策时首要的取向是经济最大化，还是上级意图，或是民生取向的，3个题目。

以上共55个题目。

（三）模拟决策任务

此部分是实验问卷的实验部分，即通过设定不同的决策任务，以此为因变量，探析不同决策取向下的官员心理模型结构。

设计的基本思路是，政府决策会随着决策任务不同而有内容上的不同，但就决策的目的看，现实中的政府决策责任取向常常表现为"对上负责"和"对下负责"。"对上负责"即对上级领导及其上级体现的政策负责，"对下负责"则意味着存在着以民众为中心的责任取向。当然，理想的情况是二者能够有机结合。

围绕此思路，问卷实验设计出"政府绩效"、"多数人利益"、"民本"、"民权"四种取向的决策任务。

决策任务材料如下：

随着我国城市化进程的不断推进，如垃圾处理厂、污水处理厂、传染病防治中心等公共设施被陆续兴建。这类公共设施在为社会整体带来便利的同时，也会对其附近的民众造成不同方面的损害。由这类公共设施的建设方案而引发的民众抗争已经成为当前社会的热点问题之一。

近期在某市就出现了一起类似事件：由于城市交通建设需要，该市政府部门计划把几个地铁站的冷却塔集中建在某一小区附近的规划用地上。然而，该小区居民却认为冷却塔与其住所距离太近，极有可能产生超过标准的噪音并带来病菌。同时，他们还认为政府为了尽快通车，在建设规划中存在不透明和违规操作，并没有按照常规正式的程序进行，比如说没有举行听证会。

但政府相关部门负责人表示，冷却塔这类公共设施的建设选址无法保证所有城市居民的利益都不受到损害，肯定需要一小部分居民做出利益上的牺牲。该小区附近的用地选址是政府在综合考虑了各方面条件和情况下的最优结果，符合经济发展与大部分市民的利益。他们还列举了专家学者的观点，说明小区民众的担心和反对是不必要的。

然而，该小区居民并不接受政府的说法，大部分业主采用了到有关部门投诉、媒体曝光的方式要求与市政府进行对话，对工程方案进行重新评估。还有小部分业主甚至采用了在市政府门口"散步"、拉横幅抗议等方式，要求拆除、搬迁冷却塔。这件事情已经引起了市民的广泛关注。

决策选项为：

（1）对于政府为了尽快通车而没有经过常规正常程序来进行建设规划的做法，您的态度是：（　　）

（2）对于上述材料中政府"为了保障大部分市民的利益，可以适当牺牲小部分市民利益"的说法，您的态度是：（ ）

（3）对于上述材料中，大多数业主采用的抗议做法，您的态度是：（ ）

（4）对于上述材料中，少数业主采用的抗议做法，您的态度是：（ ）

回答等级分别为：非常支持、支持、一般、不支持、非常不支持。

三　样本

本书的主要目的不是推断统计，而是侧重于探析心理变量之间的关系。这意味着，本书更关注数据关系，而非样本的人口学变量差异，故采用招收调查员，以滚雪球方式进行调查。

每位调查员以其周围的公务员为对象，调查20名公务员。调查地点为浙江、安徽、北京、福建、云南、海南、河北、广东、广西、贵州、吉林、江苏、湖南、江西、内蒙古、河南、黑龙江、四川、陕西、山东、新疆等地。482份有效样本的人口学变量分布如表7—1。

表7—1　　　　　　　　　　调查样本分布

	分类	男		女		总计
性别	样本（个）	317		162		479
	占比（%）	66.2		33.8		100
	分类	25岁以下	26—35岁	36—45岁	46—55岁	56—65岁	总计
年龄	样本（个）	61	177	136	95	13	482
	占比（%）	12.7	36.7	28.2	19.7	2.7	100
	分类	高中及以下	大学	硕士	博士	总计
文化程度	样本（个）	37	385	53	7	482
	占比（%）	7.7	79.9	11.0	1.5	100

续表

职务	分类	一般职员	科级	处级	厅局级	总计
	样本（个）	251	170	60	1	482
	占比（%）	52.1	35.3	12.4	0.2	100
部门类型	分类	行政	党委		人大政协	总计
	样本（个）	369	65		40	474
	占比（%）	77.8	13.7		8.4	100
单位级别	分类	乡镇	县政府	市地政府	省政府	中央	总计
	样本（个）	67	174	205	28	5	479
	占比（%）	14.0	36.3	42.8	5.8	1.0	100

四 决策心理基本状况

官员决策时的心理一般情况需要描述性分析。为此，首先从心理形式层面，对官员诸如理性意识、意识形态等的状况进行描述；其次，进入心理内容层面，对这些观念进行判断。

（一）总体状况

以问卷设计要素为分析单位，描述统计结果如表7—2。

表7—2　　　　　　　样本决策心理分布

	N	Min	Max	Mean	Std. D	理论值/指数
理性情感	462	8.00	29.00	19.98	3.55	40/0.50
意识形态—左	463	10.00	28.00	17.69	2.77	30/0.59
我向性	475	3.00	15.00	8.31	2.37	15/0.56
自我导向性	479	2.00	10.00	7.26	1.48	10/0.73
大同主义	478	6.00	15.00	12.61	1.99	15/0.84
慈善	476	3.00	10.00	7.97	1.40	10/0.80
传统	479	2.00	10.00	7.57	1.42	10/0.76

续表

	N	Min	Max	Mean	Std. D	理论值/指数
遵循	481	3.00	10.00	7.88	1.40	10/0.79
安全性	476	2.00	10.00	8.20	1.49	10/0.82
权力	478	2.00	10.00	6.58	1.57	10/0.66
成就	480	2.00	10.00	7.42	1.54	10/0.74
积极乐观	482	3.00	10.00	7.55	1.54	10/0.76
冒险	472	2.00	10.00	6.76	1.60	10/0.68
分析—整体	475	5.00	16.00	11.75	1.70	20/0.59
控制能力信念	476	5.00	20.00	12.74	2.65	20/0.64
认知闭合需要	472	6.00	20.00	13.62	2.30	20/0.68
外向性	473	2.00	10.00	7.06	1.59	10/0.71
随和性	474	2.00	10.00	7.05	1.37	10/0.71
尽责性	477	2.00	10.00	7.44	1.66	10/0.74
稳定性	475	2.00	10.00	6.90	1.60	10/0.69
开放性	472	2.00	10.00	7.28	1.59	10/0.73
内控能力	474	7.00	20.00	13.55	2.36	20/0.68
个人决策效能感	481	4.00	15.00	10.09	2.02	15/0.67

注：指数=平均数/理论最大值。

从表7—2可以看出，公务员的心理特性指数均大于0.5，趋向于1，说明公务员的心理偏向于理论意义上的要素高分端。特别是意识形态方面，接近于官方主流意识形态。但在终极性的情感价值和理性工具方面，处于0.5，说明终极层面的心理较为分散。

（二）价值观状况

心理形式的描述可以对心理特征进行分析，内容层面的分析可以更好地把握价值取向。公务员的具体价值观可从表7—3看出。

表 7—3 公务员价值观内容分布

	N	Min	Max	Mean	Std. D
科技进步损伤了人性。	481	1	5	3.32	1.14
重大决定凭自己的感受而不是按照付出与获益算计的方式而做出。	482	1	5	3.29	1.14
如果物质获取与自己的内心标准不一，宁愿放弃。	479	1	5	2.55	1.12
人与人都是利益关系和算计关系。	476	1	5	2.49	1.18
个人利益应该服从国家利益。	477	1	5	3.94	1.09
美国的政治和经济体制都优于中国。	478	1	5	3.18	1.16
改革开放是导致现在很多社会问题的根源。	482	1	5	2.53	1.15
毛泽东思想是伟大的，还远没有过时。	479	1	5	3.61	1.12
别人听从我的意见多于我听从别人的意见。	481	1	5	2.98	0.89
对我来说，变得富有是非常重要的。我想要获得很多钱和许多昂贵的东西。	480	1	5	3.24	1.09
对我来说，显示自己的能力是非常重要的。我想要人们赞赏我的所作所为。	482	1	5	3.60	0.93
对我来说，谦虚和恭谦非常重要。我不会试图去吸引人们对我的注意力。	481	1	5	3.88	0.95
对我来说，帮助周围的人很重要。我想要很好地照顾他们。	480	1	5	3.96	0.84
对我来说，变得非常成功是很重要的。我希望人们能够认可我的成就。	481	1	5	3.82	0.89
对我来说，忠于自己的朋友很重要。我希望能为那些和自己关系亲密的人奉献自己。	479	1	5	3.99	0.85
对我来说，传统是很重要的。我努力遵守宗教或者家庭传下来的习俗。	481	1	5	2.32	0.94
我喜欢循序渐进、有秩序地做事情。	481	1	5	1.96	0.85

从表 7—3 看出，公务员的价值观既有传统，又有现代。这可以解

释为什么公务员组织科层理性较低,而人情化强的现象。

五 决策过程感知

决策心理指对决策过程产生影响的诸种心理特征,分布情况见表7—4。

表7—4　　　　　　　　　决策心理状况

	N	Min	Max	Mean	Std. D	理论值/指数
个人决策效能感	481	4.00	15.00	10.09	2.02	15/0.67
决策过程满意度	480	3.00	15.00	10.42	2.37	15/0.69
决策结果满意度	479	4.00	15.00	10.26	2.27	15/0.68
领导满意度	479	3.00	15.00	10.71	2.50	15/0.71
领导地位的感知	479	3.00	15.00	10.43	2.23	15/0.70
意见遵循倾向	477	5.00	20.00	13.78	2.56	20/0.69
制度遵循性	475	8.00	25.00	19.23	3.09	25/0.77
民意认同度	481	2.00	10.00	6.63	1.94	10/0.66
组织资源认受性	481	2.00	10.00	6.93	1.51	10/0.69
决策理性认知	474	6.00	20.00	15.78	2.90	20/0.79
组织工作规范遵循性	456	12.00	45.00	29.58	5.10	45/0.66
政治—政策认同感	472	3.00	14.00	9.18	1.72	15/0.61
法律遵从性	480	4.00	15.00	10.39	1.77	15/0.69
媒体意识与应用	468	10.00	24.00	16.80	2.41	25/0.67
政策偏好	479	3.00	15.00	11.10	2.11	15/0.73

从表7—4中可以看出,在制度遵循、决策理性上,公务员指数最高,说明公务员是以制度遵循为主导的理性决策人;政策认同性上,指数最低,说明决策的上级取向与内在的取向冲突,但又以上级为导向,

是现实理性人。在中国领导中心现实规则下，公务员的决策表现出对上负责的特征，可能是造成整个体制的对上级负责的结果。

六　决策取向

通过实验问卷的选项，可以看出公务员决策取向分布（见表7—5）。

表7—5　　　　　　　　公务员决策取向分布

	N	Mean	Std. D	非常不同意	比较不同意	一般	比较同意	非常同意
对于政府为了尽快通车而没有经过常规正常程序来进行建设规划的做法，您的态度是：	479	2.19	1.00	24.8	45.3	18.4	8.6	2.9
对于上述材料中政府"为了保障大部分市民的利益，可以适当牺牲小部分市民利益"的说法，您的态度是：	482	2.60	1.04	15.7	38.0	26.6	18.5	3.3
对于上述材料中，大多数业主采用的抗议做法，您的态度是：	481	3.21	1.02	4.4	22.7	29.3	35.3	8.3
对于上述材料中，少数业主采用的抗议做法，您的态度是：	481	2.60	0.93	9.1	41.4	32.1	14.5	2.5

表7—5显示，"对于政府为了尽快通车而没有经过常规正常程序来进行建设规划的做法"，70.1%的公务员表示不同意，说明法律意识还是较强的。

"对于上述材料中政府'为了保障大部分市民的利益，可以适当牺牲小部分市民利益'的说法",53.7%的人不同意,说明了对少部分人权力的尊重。

"对于上述材料中,大多数业主采用的抗议做法",则处于分散状态,不同意和同意的比例分别为27.1%和43.6%,中间的为29.3%。

"对于上述材料中,少数业主采用的抗议做法",不同意的占到50.5%。说明了法制意识占了主体。

七 决策人口学变量差异

从人口学变量,可以看出公务员的身份特质。相关统计结果见表7—6至表7—12。

表7—6　　　　　　　　性别与决策取向

		Sum of Squares	df	Mean Square	F	Sig.
对于政府为了尽快通车而没有经过常规正常程序来进行建设规划的做法,您的态度是:	组间	0.728	1	0.73	0.72	0.40
	组内	475.27	473	1.01		
	总和	476.00	474			
对于上述材料中政府"为了保障大部分市民的利益,可以适当牺牲小部分市民利益"的说法,您的态度是:	组间	0.227	1	0.23	0.211	0.65
	组内	512.65	476	1.07		
	总和	512.88	477			
对于上述材料中,大多数业主采用的抗议做法,您的态度是:	组间	0.145	1	0.15	0.14	0.71
	组内	499.13	475	1.05		
	总和	499.28	476			
对于上述材料中,少数业主采用的抗议做法,您的态度是:	组间	0.12	1	0.118	0.14	0.71
	组内	412.79	475	0.87		
	总和	412.91	476			

表 7—7 年龄与决策取向

		Sum of Squares	df	Mean Square	F	Sig.
对于政府为了尽快通车而没有经过常规正常程序来进行建设规划的做法,您的态度是:	组间	7.76	5	1.55	1.56	0.17
	组内	471.18	473	0.99		
	总和	478.94	478			
对于上述材料中政府"为了保障大部分市民的利益,可以适当牺牲小部分市民利益"的说法,您的态度是:	组间	6.06	5	1.21	1.12	0.35
	组内	515.86	476	1.08		
	总和	521.92	481			
对于上述材料中,大多数业主采用的抗议做法,您的态度是:	组间	9.30	5	1.86	1.79	0.11
	组内	493.32	475	1.04		
	总和	502.62	480			
对于上述材料中,少数业主采用的抗议做法,您的态度是:	组间	3.19	5	0.64	0.735	0.60
	组内	412.56	475	0.87		
	总和	415.76	480			

表 7—8 文化程度与决策取向

		Sum of Squares	df	Mean Square	F	Sig.
对于政府为了尽快通车而没有经过常规正常程序来进行建设规划的做法,您的态度是:	组间	29.02	6	4.83	5.10	0.00
	组内	446.65	471	0.95		
	总和	475.676	477			

续表

		Sum of Squares	df	Mean Square	F	Sig.
对于上述材料中政府"为了保障大部分市民的利益，可以适当牺牲小部分市民利益"的说法，您的态度是：	组间	16.01	6	2.67	2.51	0.02
	组内	503.94	474	1.06		
	总和	519.95	480			
对于上述材料中，大多数业主采用的抗议做法，您的态度是：	组间	22.28	6	3.71	3.66	0.001
	组内	479.71	473	1.01		
	总和	501.99	479			
对于上述材料中，少数业主采用的抗议做法，您的态度是：	组间	5.21	6	0.87	1.00	0.42
	组内	410.38	473	0.87		
	总和	415.59	479			

表7—9　　　　部门类型与决策取向

		Sum of Squares	df	Mean Square	F	Sig.
对于政府为了尽快通车而没有经过常规正常程序来进行建设规划的做法，您的态度是：	组间	2.95	2	1.48	1.48	0.23
	组内	467.44	467	1.00		
	总和	470.391	469			
对于上述材料中政府"为了保障大部分市民的利益，可以适当牺牲小部分市民利益"的说法，您的态度是：	组间	0.65	2	0.33	0.30	0.74
	组内	505.41	470	1.06		
	总和	506.063	472			
对于上述材料中，大多数业主采用的抗议做法，您的态度是：	组间	3.27	2	1.64	1.56	0.21
	组内	492.61	469	1.05		
	总和	495.88	471			

续表

		Sum of Squares	df	Mean Square	F	Sig.
对于上述材料中，少数业主采用的抗议做法，您的态度是：	组间	2.77	2	1.38	1.59	0.21
	组内	407.67	469	0.87		
	总和	410.44	471			

表7—10　　　　　　　　　　职务与决策取向

		Sum of Squares	df	Mean Square	F	Sig.
对于政府为了尽快通车而没有经过常规正常程序来进行建设规划的做法，您的态度是：	组间	4.46	3	1.49	1.49	0.22
	组内	473.83	474	1.00		
	总和	478.29	477			
对于上述材料中政府"为了保障大部分市民的利益，可以适当牺牲小部分市民利益"的说法，您的态度是：	组间	2.71	3	0.90	0.83	0.48
	组内	518.85	48	1.09		
	总和	521.56	480			
对于上述材料中，大多数业主采用的抗议做法，您的态度是：	组间	2.70	3	0.90	0.86	0.463
	组内	499.88	476	1.05		
	总和	502.58	479			
对于上述材料中，少数业主采用的抗议做法，您的态度是：	组间	7.97	3	2.66	3.10	0.03
	组内	407.62	476	0.86		
	总和	415.59	479			

表 7—11　　　　　　　　　　单位级别与决策取向

		Sum of Squares	df	Mean Square	F	Sig.
对于政府为了尽快通车而没有经过常规正常程序来进行建设规划的做法，您的态度是：	组间	7.59	4	1.90	1.93	0.10
	组内	461.98	470	0.98		
	总和	469.57	474			
对于上述材料中政府"为了保障大部分市民的利益，可以适当牺牲小部分市民利益"的说法，您的态度是：	组间	5.19	4	1.30	1.20	0.31
	组内	513.29	473	1.09		
	总和	518.48	477			
对于上述材料中，大多数业主采用的抗议做法，您的态度是：	组间	4.55	4	1.14	1.08	0.37
	组内	495.91	472	1.05		
	总和	500.45	476			
对于上述材料中，少数业主采用的抗议做法，您的态度是：	组间	10.43	4	2.61	3.04	0.02
	组内	404.67	472	0.86		
	总和	415.10	476			

表 7—12　　　　　　　　　　工作年限与决策取向

		Sum of Squares	df	Mean Square	F	Sig.
对于政府为了尽快通车而没有经过常规正常程序来进行建设规划的做法，您的态度是：	组间	10.52	5	2.10	2.15	0.06
	组内	456.32	466	0.98		
	总和	466.84	471			

续表

		Sum of Squares	df	Mean Square	F	Sig.
对于上述材料中政府"为了保障大部分市民的利益,可以适当牺牲小部分市民利益"的说法,您的态度是:	组间	6.17	5	1.23	1.13	0.34
	组内	511.22	469	1.09		
	总和	517.38	474			
对于上述材料中,大多数业主采用的抗议做法,您的态度是:	组间	10.73	5	2.15	2.07	0.07
	组内	485.83	468	1.04		
	总和	496.56	473			
对于上述材料中,少数业主采用的抗议做法,您的态度是:	组间	1.22	5	0.24	0.28	0.92
	组内	407.38	468	0.87		
	总和	408.60	473			

综合上述决策取向在不同人口学变量上的均值差异显著性检验,可以看出三个特征。

第一,决策取向在性别、年龄、部门类型上没有差异。

第二,决策取向在职务、单位级别、工作年限上有个别差异,说明经验性变量对决策取向有一定影响。

第三,决策取向在文化程度上有大部分差异。这些提示,文化程度显著影响了官员的决策取向。文化程度对于官员从上级取向走向民本取向有很大影响作用。

八 决策心理模型

以官员决策取向为因变量,考察带来这一取向的心理因素及其结构,即心理模型。

(一)"政府绩效"取向决策心理模型

政府绩效的决策模型体现在决策的重心和取向是政府绩效的。问卷设计了这样的题目,"对于政府为了尽快通车而没有经过常规正常程序来进行建设规划的做法,您的态度是:(1)非常支持(2)支持(3)一般(4)不支持(5)非常不支持"。

回归模型显示,$F(15, 467) = 7.71$,达到 0.000 水平,说明决策取向与上述因素的回归关系成立。调整 R^2 为 0.173,说明上述因素可以解释官员决策选择行为变差的 17.3%。多元逐步回归结果如表 7—13 所示。

表 7—13 "政府绩效"取向决策逐步回归显著的项目变量

模型	项目内容	R^2_{Adj}	S. Beta	t	Sig.
1	我认同当今社会的分配制度。	0.038	0.212	4.084	0.000
2	在制定政策过程中,公平比经济发展更为重要。	0.058	-0.136	-3.065	0.002
3	获得上级的认可是我决策时重要的考虑因素。	0.075	0.175	3.935	0.000
4	无论我的意见是否跟大多数人一致,都会尽量保持自己意见的独立性。	0.086	-0.124	-2.824	0.005
5	民主和自由是一种普世价值。	0.095	0.140	3.243	0.001
6	我是一个可以接受新事物、复杂的人。	0.105	0.117	2.607	0.009
7	我是一个无计划安排、随意的人。	0.116	0.134	2.984	0.003
8	上级的言行令我佩服。	0.125	0.125	2.675	0.008
9	上级领导被赋予了以他自己的方式来行事的权力。	0.134	-0.114	-2.544	0.011
10	政府设计的经济政策能够有效地推动社会进步。	0.142	-0.132	-2.644	0.008
11	前景不明朗的时候,应该为事情订立更积极、更超前的目标。	0.150	0.137	3.076	0.002

续表

模型	项目内容	R^2_{Adj}	S. Beta	t	Sig.
12	我觉得，能否当上领导主要取决于自己的能力。	0.157	0.123	2.624	0.009
13	别人听从我的意见多于我听从别人的意见。	0.162	0.101	2.266	0.024
14	实际工作中，没有必要太多关注民意。	0.167	0.098	2.126	0.034
15	在制订计划的时候，我相信一定能实现它。	0.173	-0.095	-2.005	0.046

说明：Durbin-Watson = 1.83。

这提示，有 15 个项目对于这一结果有显著作用，但应进一步归类概括。

因素分析 KMO 适应性指标为 0.63，Bartlett 球形检验统计量为 772.73（df = 105），p = 0.000，说明研究数据适合进行因素分析。

统计表明，特征值大于 1 的因子为六个，累计方差比例为 59.30%，综合看，取五个因素，52.39%。政府绩效决策取向因素分析结果见表 7—14。

表 7—14　　政府绩效决策取向因素分析结果

	因素 1	因素 2	因素 3	因素 4	因素 5
政府设计的经济政策能够有效地推动社会进步。	0.788	-0.050	0.128	0.127	0.066
我认同当今社会的分配制度。	0.762	0.199	-0.097	0.252	-0.163
上级的言行令我佩服。	0.587	-0.311	0.370	0.055	0.086
实际工作中，没有必要太多关注民意。	0.043	-0.712	0.017	-0.028	0.164
别人听从我的意见多于我听从别人的意见。	0.031	0.602	-0.025	0.274	0.233
我是一个无计划安排、随意的人。	-0.077	0.583	-0.192	-0.184	-0.177

续表

	因素				
	1	2	3	4	5
获得上级的认可是我决策时重要的考虑因素。	-0.013	0.421	0.311	0.005	0.338
在制定政策过程中，公平比经济发展更为重要。	0.328	-0.218	0.592	-0.248	0.194
无论我的意见是否跟大多数人一致，都会尽量保持自己意见的独立性。	0.205	-0.057	0.580	0.142	-0.192
我是一个可以接受新事物、复杂的人。	-0.067	-0.069	0.571	0.288	0.186
上级领导被赋予了以他自己的方式来行事的权力。	-0.005	0.186	0.566	0.127	0.297
我觉得，能否当上领导主要取决于自己的能力。	0.152	0.088	0.094	0.832	0.028
在制订计划的时候，我相信一定能实现它。	0.268	-0.166	0.299	0.637	0.164
民主和自由是一种普世价值。	0.069	0.006	-0.094	-0.091	-0.783
前景不明朗的时候，应该为事情订立更积极、更超前的目标。	0.378	-0.197	0.342	-0.111	0.495
因素命名	政府效能认同	上级取向	外在权力感	自我效能	民主意识

Extraction Method: Principal Component Analysis.
Rotation Method: Promax with Kaiser Normalization.

统合相关项目含义，可以对五个因素命名为：政府效能认同、上级取向、外在权力感、自我效能、民主意识。

由此，政府取向的心理模型＝政府效能认同×上级取向×外在权力感×自我效能×民主意识。

(二)"集体利益"取向决策心理模型

集体决策取向表现为,为了大部分人的利益可以牺牲少部分人的利益。问卷设计了这样的项目作为因变量:"'为了保障大部分市民的利益,可以适当牺牲小部分市民利益'的说法,您的态度是:(1)非常支持(2)支持(3)一般(4)不支持(5)非常不支持"。

回归模型显示,$F(14, 468) = 7.71$,达到 0.000 水平,说明决策取向与上述因素的回归关系成立。调整 R^2 为 0.204,说明上述因素可以解释官员决策选择行为变差的 20.4%。

多元逐步回归结果如表 7—15 所示。

表 7—15 "集体利益"取向决策逐步回归显著的项目变量

模型	项目内容	R^2_{Adj}	S. Beta	t	Sig.
1	获得上级的认可是我决策时重要的考虑因素。	0.047	0.139	2.913	0.004
2	在制定政策过程中,公平比经济发展更为重要。	0.070	-0.151	-3.465	0.001
3	我是一个批判性的、好争论的人。	0.087	-0.156	-3.585	0.000
4	个人利益应该服从国家利益。	0.096	0.189	4.172	0.000
5	给事情订立目标的时候,应该基于现有状况的保守估计的基础上。	0.111	0.164	3.697	0.000
6	无论我的意见是否跟大多数人一致,都会尽量保持自己意见的独立性。	0.129	-0.153	-3.468	0.001
7	我觉得,单位集体讨论所做出的决策都很合理。	0.138	0.149	3.397	0.001
8	对我来说,谦虚和恭谦非常重要。我不会试图去吸引人们对我的注意力。	0.148	-0.126	-2.685	0.008
9	单位同事的支持是我决策时的重要考虑因素。	0.159	0.129	2.652	0.008

续表

模型	项目内容	R^2_{Adj}	S. Beta	t	Sig.
10	对我来说,举止得当非常重要。我会避免去做人们认为可能是错的事情。	0.170	0.121	2.608	0.009
11	对我来说,忠于自己的朋友很重要。我希望能为那些和自己关系亲密的人奉献自己。	0.183	-0.122	-2.596	0.010
12	美国的政治和经济体制都优于中国。	0.190	-0.117	-2.712	0.007
13	科技进步损伤了人性。	0.199	0.108	2.521	0.012
14	常常自我反思生命的根本价值。	0.204	-0.085	-1.976	0.049

说明:Durbin-Watson=1.80。

这14个因素过于分散,应进一步归类,采用因素分析的方法进行。

KMO适应性指标为0.68,Bartlett球形检验统计量为745.79($df=91$),$p=0.000$,说明研究数据适合进行因素分析。

统计表明,特征值大于1的因子为四个,累计方差比例为48.37%,陡坡图分解线为第五因素,综合考虑,取四个因素。

表7—16　　　　　　　　　　决策取向因素

	Component			
	1	2	3	4
对我来说,谦虚和恭谦非常重要。我不会试图去吸引人们对我的注意力。	0.685	0.077	0.129	-0.036
对我来说,忠于自己的朋友很重要。我希望能为那些和自己关系亲密的人奉献自己。	0.643	0.054	0.165	0.195
对我来说,举止得当非常重要。我会避免去做人们认为可能是错的事情。	0.623	0.116	-0.091	0.234
个人利益应该服从国家利益。	0.610	0.135	0.343	-0.110
常常自我反思生命的根本价值。	-0.437	-0.139	0.003	-0.190

续表

	Component			
	1	2	3	4
单位同事的支持是我决策时的重要考虑因素。	0.241	0.857	-0.017	0.060
获得上级的认可是我决策时重要的考虑因素。	0.015	0.853	-0.105	0.116
科技进步损伤了人性。	0.084	0.011	0.659	0.134
美国的政治和经济体制都优于中国。	0.204	-0.154	0.580	-0.236
给事情订立目标的时候，应该基于现有状况的保守估计的基础上。	-0.404	-0.139	0.516	-0.094
在制定政策过程中，公平比经济发展更为重要。	0.329	0.199	0.401	0.348
我是一个批判性的、好争论的人。	0.146	-0.028	0.281	-0.740
无论我的意见是否跟大多数人一致，都会尽量保持自己意见的独立性。	0.285	0.122	0.157	0.650
我觉得，单位集体讨论所做出的决策都很合理。	0.369	0.008	0.212	0.427
因素命名	他者取向	社会支持	公平理性	独立性

Extraction Method: Principal Component Analysis.

Rotation Method: Promax with Kaiser Normalization.

统合相关项目含义，可以对四个因素命名为：他者取向、社会支持、公平理性、独立性。

由此，集体取向决策的心理模型＝他者取向×社会支持×公平理性×独立性。

(三)"民本"取向决策心理模型

简单看，民本体现在以人民的意愿和利益为着眼点。问卷设计了如下的项目作为决策民本取向:"对于上述材料中,大多数业主采用的抗议做法,您的态度是:(1)非常支持(2)支持(3)一般(4)不支持(5)非常不支持"。

回归模型显示,$F(16, 466) = 12.88$,达到 0.000 水平,说明决策取向与上述因素的回归关系成立。调整 R^2 为 0.283,说明上述因素可以解释官员决策选择行为变差的 28.3%。多元逐步回归结果如表 7—17 所示。

表 7—17　　"民本"取向决策逐步回归显著的项目变量

模型	项目内容	R^2_{Adj}	S. Beta	t	Sig.
1	我认同当今社会的分配制度。	0.056	-0.106	-2.040	0.042
2	公众监督和舆论批评可以保证官员维护大多数人的利益。	0.106	0.156	3.590	0.000
3	在讨论决策时,我会坚持把公众利益放在首位。	0.132	0.172	3.390	0.001
4	如果物质获取与自己的内心标准不一,宁愿放弃。	0.153	-0.151	-3.767	0.000
5	实际工作中,没有必要太多关注民意。	0.170	0.144	3.340	0.001
6	我认为人们应该去做那些被告知要做的事情。我觉得人们在任何情况下都应该遵守规则,即使在无人监视的情况下也应如此。	0.192	-0.188	-4.183	0.000
7	民主和自由是一种普世价值。	0.206	-0.141	-3.501	0.001
8	目前的政治体制很合理。	0.215	-0.119	-2.324	0.021
9	即使我的观点不太合群,我也不会因此被领导或其他同事厌恶。	0.225	0.138	3.364	0.001
10	我经常有去纠正、干预其他群体或其他人的行为。	0.236	-0.139	-3.392	0.001
11	我觉得集体讨论做决策时,应该对领导负责。	0.245	-0.120	-2.965	0.003
12	我是一个有同情心的、温暖的人。	0.252	0.100	2.289	0.023

续表

模型	项目内容	R^2_{Adj}	S. Beta	t	Sig.
13	在日常工作中,如果能够与领导、身边同事搞好关系,就算委屈一下自己也无所谓。	0.262	−0.132	−3.243	0.001
14	我是一个可以接受新事物、复杂的人。	0.271	0.113	2.753	0.006
15	努力掌控媒体工具,尽量把媒体舆论为我所用。	0.278	0.099	2.435	0.015
16	我是秉承民主原则来进行会议讨论。	0.283	−0.100	−1.976	0.049

说明:Durbin-Watson=1.59。

这16个因素过于分散,应进一步归类,采用因素分析的方法进行。

KMO适应性指标为0.69,Bartlett球形检验统计量为1.076E3($df=120$),$p=0.000$,说明研究数据适合进行因素分析。

统计表明,特征值大于1的因子为六个,累计方差比例为58.76%,各个因素之间方差大于5%,陡坡图分解线为第七因素,综合考虑,取六个因素。

表7—18　　　　　决策取向因素

	Component					
	1	2	3	4	5	6
在讨论决策时,我会坚持把公众利益放在首位。	0.796	0.201	0.229	0.174	−0.040	−0.078
我是秉承民主原则来进行会议讨论。	0.791	0.181	0.239	0.136	−0.021	−0.160
实际工作中,没有必要太多关注民意。	0.575	−0.272	0.241	−0.183	−0.391	0.045
我是一个有同情心的、温暖的人。	0.479	−0.125	0.435	0.364	−0.409	−0.032
我认同当今社会的分配制度。	0.091	0.873	0.027	0.062	0.149	0.031
目前的政治体制很合理。	0.149	0.858	0.138	0.067	−0.015	−0.046
努力掌控媒体工具,尽量把媒体舆论为我所用。	0.075	0.020	0.684	0.154	0.119	−0.032

续表

	Component					
	1	2	3	4	5	6
公众监督和舆论批评可以保证官员维护大多数人利益。	0.395	0.134	0.664	0.042	-0.263	-0.195
即使我的观点不太合群,我也不会因此被领导或其他同事厌恶。	0.352	-0.038	0.392	0.065	0.367	0.034
我是一个可以接受新事物、复杂的人。	0.191	-0.153	-0.046	0.720	0.032	-0.262
在日常工作中,如果能够与领导、身边同事搞好关系,就算委屈一下自己也无所谓。	0.048	0.133	0.185	0.719	-0.019	0.063
我觉得集体讨论做决策时,应该对领导负责。	0.044	0.239	0.329	0.433	-0.247	-0.137
我经常有去纠正、干预其他群体或其他人的行为。	-0.074	0.130	-0.041	0.020	0.729	-0.035
我认为人们应该去做那些被告知要做的事情。我觉得人们在任何情况下都应该遵守规则,即使在无人监视的情况下也应如此。	0.511	0.078	0.507	0.168	-0.521	-0.164
如果物质获取与自己的内心标准不一,宁愿放弃。	-0.097	-0.099	0.023	-0.163	-0.075	0.783
民主和自由是一种普世价值。	-0.107	0.139	-0.304	0.017	0.168	0.683
因素命名	民众立场	体制认同	公众意识	心理开放性	公正性	终极性

Extraction Method: Principal Component Analysis.
Rotation Method: Promax with Kaiser Normalization.

统合相关项目含义,因素可以命名为:民众立场、体制认同、公众意识、心理开放性、公正性、终极性。

心理模型＝民众立场×体制认同×公众意识×心理开放性×公正性×终极性。

（四）"民权"取向决策心理模型

民权取向体现在对民众权力的认可。问卷设计了"对于上述材料中，少数业主采用的抗议做法，您的态度是：（1）非常支持（2）支持（3）一般（4）不支持（5）非常不支持"来测量民权取向决策。

回归模型显示，$F(5,477)=13.81$，达到 0.000 水平，说明决策取向与上述因素的回归关系成立。调整 R^2 为 0.117，说明上述因素可以解释官员决策选择行为变差的 11.7%。多元逐步回归结果如表 7—19 所示。

表 7—19　"民权"取向决策逐步回归显著的项目变量

模型	项目内容	R^2_{Adj}	S. Beta	t	Sig.
1	目前的政治体制很合理。	0.065	-0.246	-5.693	0.000
2	我是一个因循守旧、没有创意的人。	0.084	-0.119	-2.739	0.006
3	在制定政策过程中，公平比经济发展更为重要。	0.095	0.155	3.491	0.001
4	对我来说，谦虚和恭谦非常重要。我不会试图去吸引人们对我的注意力。	0.110	-0.130	-2.938	0.003
5	无论我的意见是否跟大多数人一致，都会尽量保持自己意见的独立性。	0.117	-0.100	-2.255	0.025

说明：Durbin-Watson=1.79。

KMO 适应性指标为 0.62，Bartlett 球形检验统计量为 74.65（$df=10$），$p=0.000$，说明研究数据适合进行因素分析。

统计表明，特征值大于 1 的因子为一个，累计方差比例为 30.34%，不到 40%，取两个因素，方差 50.05%。由此，综合考虑，取两个因素。

表 7—20　　　　　　　　　　决策取向因素分析

	Component	
	1	2
在制定政策过程中，公平比经济发展更为重要。	0.765	0.071
对我来说，谦虚和恭谦非常重要。我不会试图去吸引人们对我的注意力。	0.621	0.073
无论我的意见是否跟大多数人一致，都会尽量保持自己意见的独立性。	0.511	0.430
目前的政治体制很合理。	-0.069	0.835
我是一个镇定的、情绪稳定的人。	0.367	0.572
因素命名	公正自主性	体认同性

Extraction Method: Principal Component Analysis.
Rotation Method: Promax with Kaiser Normalization.

统合相关项目，因素可以命名为公正自主性、体认同性。
相应地，其心理模型=公正自主性×体认同性。

第八章

"民主集中制"的制度效应与心理化机制

"民主集中制"是中国政府决策制度的原则和方式。它既是宪法规定的国家机构组织原则，也是中共的组织原则。从体制和机制角度看，民主集中制包含了两层内容：一是在党内机构之间、国家机构之间实行以代表大会制度为基础的议行合一体制；二是实行充分民主基础上的集中和正确集中指导下的民主相结合的权力运行机制。[①] 可见，"民主集中制"是理解中国政府决策的制度核心。

由此，一些底层的理论问题产生了，"民主集中制"与其他制度比较，制度效果到底如何？其优势和不足是什么？"民主集中制"作为制度，其作用的机理是什么？人在执行的"民主集中制"中如何解释它而做出行动，即其心理化过程是什么样的？虽然关于"民主集中制"有大量的政治学、管理学的研究，但在这些问题上尚待拓展。

在现实运作层面开展这些研究几乎不可能，因为现实中某个组织不可能同时存在不同决策制度；现实中的个体对民主集中制的执行，也是自动化的或无意识的过程。因此，研究这些问题，若能够现场同时观察几种制度作用情况是理想的研究情境。要满足这些条件，唯有采用实验方法。

本章拟用实验室研究方法，通过比较民主集中制、民主投票制、协商民主制、无给定制度的作用过程，考察民主集中制的制度效果与心理化过程。

---

① 朱昔群、胡小君：《民主集中制的制度化：领导体制、制度体系与工作机制的综合研究》，《马克思主义与现实》2014年第3期。

一 实验的理论框架

（一）三种主要决策制度

民主集中制、民主投票制、协商民主制作为三种在近现代形成的正式制度蓝本，对于现代社会有巨大的作用。作为研究对象，有必要对其理论特征进行分析与比较。

从字面意义而言，民主投票制、协商民主制、民主集中制的哲学基础都要回归于民主这一核心要素进行讨论。作为西方文化中的一种基础性价值，民主的核心价值内涵包括政治平等与个人自由，起源于古代希腊的民主概念，意味着"由全体人民平等地、无差别地参与国家决策与国家管理"。人民主权是民主的本质和原旨。[①]

民主投票制（以下简称"投票制"）起源于资产阶级革命时期。美国建国之初的制宪者杰弗逊等人指出，任何作为一种权力结构的制度都倾向于损害人的权利。民主的关键在协调多数人的决策和保障少数人的自由。由"多重集团和少数持不同政见者构成的竞选制度"才能实现民主。投票制的价值追求在于个人自由与权利的伸张和对权力专制的抗衡。而对个人自由的推崇也意味着这种制度的运作必须以个人意愿的合法化表达，特别是以合法化反对权力为基础[②]，这也成了投票制的前提条件。从实现形式而言，投票制中的选票被视为综合各个个体利益的综合工具，起到聚合个体的偏好并最终形成集体决定的作用。在假定个体偏好是稳定存在的前提下，试图以理性、精细的制度设计为民主提供支撑，防止人与人之间偏好冲突而导致专制。个体因掌握同等权力效用的选票而实现政治平等和个人自由这两项重要的民主价值内涵。

协商民主制（以下简称"协商制"），也可以称为参与式民主或审议式民主，起源于西方自由主义民主面临严重的合法性危机的时期。[③]

[①] 王绍光：《民主四讲》第5卷，生活·读书·新知三联书店2008年版。

[②] 李良栋：《自由主义旗帜下两种不同民主理论的分野——当代西方主要民主理论评述》，《政治学研究》2011年第2期。

[③] 何包钢：《民主理论：困境与出路》，法律出版社2008年版，第244页。

作为解决合法性危机的一种新路径，相较于强调偏好冲突、强调个人权利的自由主义式民主而言，协商制的价值追求是建立在各平等主体之间理性与公正对话基础上，通过辩论与讨论的手段来实现利益相关者对决策的直接参与，从而实践了民主政治平等与个体的自由。哈贝马斯作为协商制的代表性人物，认为这种超越自由主义和共和主义的"第三种民主"的主要特征应当包括论辩性、包容性、非强制性、平等性、目的性、共利性、可调整性。① 显然，这种理想制度实践的前提在于参与主体与规范原则之间是否能实现协调一致，参与主体是否有着足够的知识水平以及责任感。这也是基于哈贝马斯的对个体间的可对话性、理解性及其个体偏好可调整性的前提假设。

民主集中制（以下简称"集中制"）源于俄国的革命时代。② 作为起源于阶级对立斗争年代的制度，其哲学基础、思想理念与其艰难的生存环境显然是无法分割的。列宁作为这一制度思想的提出者，强调了"集中"与"纪律"在无产阶级政党组织中的第一价值，该制度的核心在于以向上集中的方式汇集合力实现组织愿景，民主则仅为更好地促成集中的手段。显然，集中制的核心就在于其概念中两个对立的属性：集中与民主。在中共革命与建设中，民主集中制的价值内涵得到了更进一步发展。中共七大党章做出如下经典概括："民主集中制，即是在民主基础上的集中和在集中领导下的民主。"此后，这一关键性的组织制度原则也得到了不断修正和完善——基于个体奉献与服从精神的前设，下级服从上级、少数服从多数作为制度运行的前提条件。从中国的实践看，这一制度中的民主价值通过组织制度层面的选举权和领导制度层面的决策前广泛听取意见的原则得到了充分的体现，看似相互对立的"民主"与"集中"得以辩证性地统合。③

三种决策制度的基本特征可以概括如表8—1。

---

① ［美］哈贝马斯：《在事实与规范之间：关于法律和民主治国的商谈理论》，童世骏译，生活·读书·新知三联书店2003年版。

② 从该制度起源的俄国来看，布尔什维克与孟什维克两大派别对民主集中制的基本认识、建党原则、权力分配等方面有着不同的表述。本书中论述的民主集中制是以列宁为代表的布尔什维克党的解读。

③ Angle, S. C., "Decent Democratic Centralism", *Political Theory*, Vol. 33, No. 4, 2005, pp. 518–546.

表 8—1　　　　　　　　三种决策制度特征比较

特征	民主投票制	协商民主制	民主集中制
价值追求	个人自由、反对专制	公共权力的合法性	阶级愿景的实现
对人的假设	偏好异质性与冲突性	可对话性、公共理性	奉献与服从
前提条件	自由表达、权力制衡	平等性、可理解性	下级、少数的服从
实现手段	制度设计	对话协商	组织纪律
起源背景	资产阶级革命时期	自由主义民主的危机	阶级对立斗争环境
代表人物	杰弗逊、达尔等	罗尔斯、哈贝马斯等	列宁、毛泽东等
理论依据	多元民主理论	商谈伦理学	无产阶级专政理论

对正式制度的作用进行考察，需要设立无给定制度进行比较。

与三种正式制度的状态相比，无给定制度的状态则更接近于群体自发建构的非正式制度状态。马奇等认为，人大多数的行为都是惯例驱动的，人们把恰适性作为标准，判定在特定情境下什么样的规则是合适的。[①] 在无给定制度的情况下，决策者会显得不稳定和缺乏规则性，只能依据决策情境、自己的行为习惯、认知模式等选择自己认为恰当的惯例，把这些决策背景信息转化为输出决策的规则。

因此，把无给定制度组作为本书的参照组，通过对比三种正式制度与非正式制度间的差异，可以考察三种正式制度是否真的产生了制度的作用。

（二）制度作用的群体决策研究

无论是"民主集中制"的要件还是过程，就其执行方式看，往往是通过或经过群体的方式进行的，因此，群体是制度作用机制研究的基本形式。

群体决策是现代社会组织化生活中的重要现象。群体决策是决策成员在事先建立好的规则下商量，交换各自目标，妥协，最后确定一种共同认可的结果。其中，起关键因素作用的是决策的制度。群体决策可以

---

① ［美］詹姆斯·G. 马奇、约翰·P. 奥尔森：《重新发现制度：政治的组织基础》，张伟译，生活·读书·新知三联书店 2011 年版，第 20 页。

定义为由两个或两个以上人员组成的决策成员通过交互影响、共享信息，按照某种协商规则，以确定集体行动方案或选择评选对象的过程。[1] 由于存在群体成员间的交互作用，群体决策过程会比个体决策过程复杂得多。群体决策的研究模型传统上遵循"输入—过程—输出"式的结构。[2]

目前，群体决策的研究主要集中在统计决策与组织结构、组织过程等领域，[3] 产生了大量关于解释群体决策行为和现象（如从众[4]、服从[5]、群体思维[6]、集体乐观[7]、集体沉默[8]、意见趋同[9]）的经典理论，等等。已有群体决策研究主要关注年龄、性别、学历等静态变量的影响，较少关注群体论过程中的变量。[10] 有学者把群体决策的过程明确地划分为任务过程（如决策意见交换、提出备选方案等）和社会情感过程（如决策效能感、心理安全感、参与感等），并且认为群体成员在这两个过程中的表现会显著影响群体决策的效果。[11]

---

[1] 郭菊娥、白云涛、席酉民、王艳：《权威类型、决策程序对高管决策过程影响研究》，《管理科学学报》2008 年第 6 期。

[2] Mathieu E. J., Gilson L. L., Thomas M. R., "Empowerment and Team Effectiveness: An Empirical Test of an Integrated Model", *Journal of Applied Psychology*, Vol. 91, No. 1, 2006, pp. 97-108.

[3] 李武、席酉民、成思危：《群体决策过程组织研究述评》，《管理科学学报》2002 年第 2 期。

[4] Asch, S. E., *Effects of Group Pressure upon the Modification and Distortion of Judgments*, Groups, Leadership, and Men, Guetzkow, Harold (ed.), Carnegie Press, 1951, pp. 177-190.

[5] Milgram, S., "Behavioral Study of Obedience", *The Journal of Abnormal and Social Psychology*, Vol. 67, No. 4, 1963, p. 371.

[6] Janis, I. L., *Groupthink*, Psychological Studies of Policy Decisions and Fiascoes, Boston: Houghton Mifflin, 1982.

[7] Hart, P. T., "Preventing Groupthink Revisited: Evaluating and Reforming Groups in Government", *Organizational Behavior and Human Decision Processes*, Vol. 73, No. 2, 1998, pp. 306-326.

[8] Morrison, E. W., Milliken, F. J., "Organizational Silence: A Barrier to Change and Development in a Pluralistic World", *Academy of Management Review*, Vol. 25, No. 4, 2000, pp. 706-725.

[9] Harvey, M., Novicevic, M. M., Buckley, M. R., Halbesleben, J. R., "The Abilene Paradox After Thirty Years: A Global Perspective", *Organizational Dynamics*, Vol. 33, No. 2, 2004, pp. 215-226.

[10] 郭菊娥、白云涛、席酉民、王艳：《权威类型：决策程序对高管决策过程影响研究》，《管理科学学报》2008 年第 6 期。

[11] Powell, A., Piccoli, G., Ives B., "Virtual Teams: A Review of Current Literature and Directions for Future Research", *The Database for Advances in Information Systems*, No. 1, 2004, p. 8.

至于群体决策过程质量，满意度作为群体决策效果性的评价，是衡量群体决策质量的一个重要的主观测量指标，在相关的群体决策研究中被广泛使用[1]，包含决策过程满意度（satisfaction with process）和决策结果满意度（satisfaction with outcomes）两个方面。[2] 同时，决策效率和决策认受指标也是衡量群体决策质量的重要客观指标。决策效率指群体成员从开始讨论到最终完成方案所花费的时间，一般认为时间越长，效率越低；而决策认受则是指群体成员对决策结果是否会表现出不认同的行为，比如拒绝为决策结果负责。

在群体交互效应层面，群体思维一直是群体决策研究中的重点问题，同时也是评价决策质量的标准之一。自贾妮斯（Janis）[3]提出群体思维概念以来，已经有众多关于群体决策过程中群体思维的理论和模型产生[4]，但已有的理论模型并没有得到比较一致的认同。决策制度作为以往研究较少关注的变量，与贾妮斯提出的若干个群体思维前设条件（比如领导方式、决策方法程序等）均有密切关系[5]，因此在本书中也将重点考察群体思维在不同决策制度群体中的表现情况。

（三）研究的操作理论框架

为回答前述研究问题，以决策制度为自变量，决策行为与心理体验为因变量，并以无给定制度组为参照，研究不同的正式制度在群体决策中的作用。

此外，要研究制度在群体决策中的作用情况，有必要对"领导"因素进行控制。领导在群体决策出发点、过程中起着决定性的作用。尤其

---

[1] Potter, R. E., Balthazard, P. A., "Virtual Team Interaction Styles: Assessment and Effects", *International Journal of Human-Computer Studies*, Vol. 56, No. 4, 2002, pp. 423-443.

[2] Huang, W. W., "Impacts of GSS Generic Structures and Task Types on Group Communication Process and Outcome: Some Expected and Unexpected Research Findings", *Behaviour & Information Technology*, Vol. 22, No. 1, 2003, pp. 17-29.

[3] Janis, I. L., *Groupthink, Psychological Studies of Policy Decisions and Fiascoes*, Boston: Houghton Mifflin, 1982.

[4] Esser, J. K., "Alive and Well after 25 Years: A Review of Groupthink Research", *Organizational Behavior and Human Decision Processes*, Vol. 73, Issue 2, Feb.-March 1998, pp. 116-141.

[5] Janis, I. L., *Groupthink: Psychological Studies of Policy Decisions and Fiascoes*, Boston: Houghton Mifflin, 1982.

第八章 "民主集中制"的制度效应与心理化机制　191

在中国的制度下，领导者不仅被赋予了最终的决定权，也是裁量权的真实掌握者，使中国的决策表现为领导中心模型。[①] 因此，考察制度的"净效应"，有必要对领导因素进行控制。

由此，研究框架如图8—1所示。

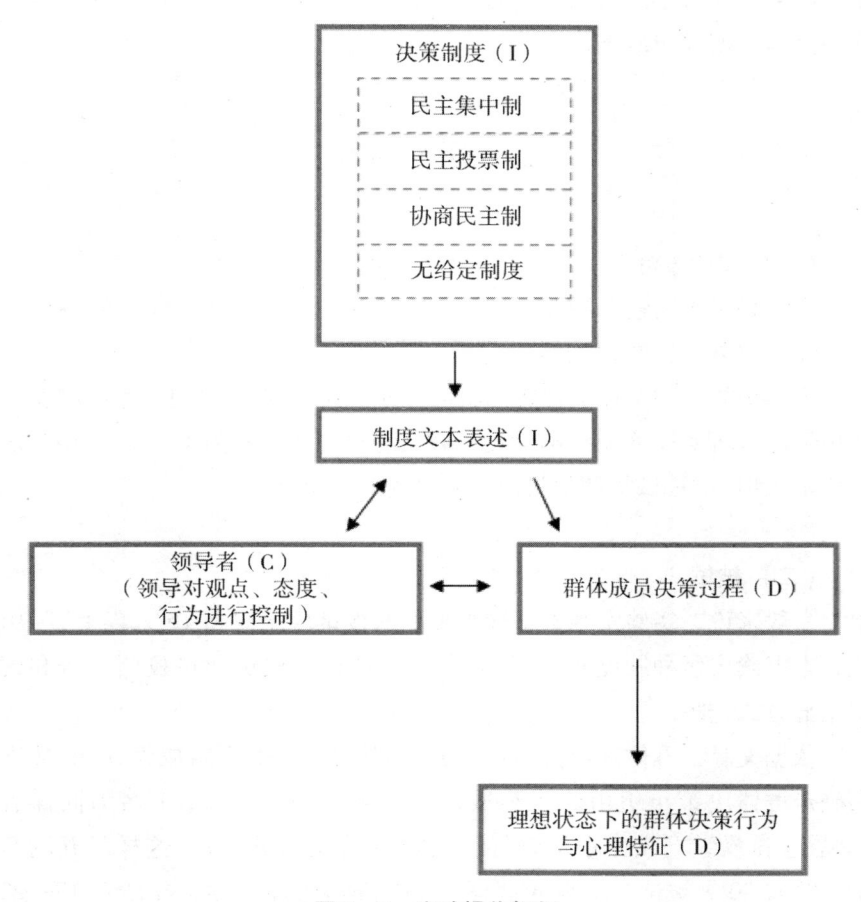

```
           ┌─────────────────┐
           │  决策制度（I）   │
           │  ┌───────────┐  │
           │  │ 民主集中制 │  │
           │  ├───────────┤  │
           │  │ 民主投票制 │  │
           │  ├───────────┤  │
           │  │ 协商民主制 │  │
           │  ├───────────┤  │
           │  │ 无给定制度 │  │
           │  └───────────┘  │
           └────────┬────────┘
                    ↓
           ┌─────────────────┐
           │ 制度文本表述（I）│
           └────────┬────────┘
              ↕         ↓
┌──────────────────┐   ┌──────────────────┐
│   领导者（C）     │   │                  │
│ （领导对观点、态度、│↔ │群体成员决策过程（D）│
│  行为进行控制）    │   │                  │
└──────────────────┘   └────────┬─────────┘
                                ↓
                       ┌──────────────────┐
                       │理想状态下的群体决策行为│
                       │  与心理特征（D）   │
                       └──────────────────┘
```

图8—1　实验操作框架

说明：（I）为自变量，（D）为因变量，（C）为控制变量。

图8—1中，自变量的操作化是相应决策制度的经典表述文本。为

[①] 景怀斌：《政府决策的制度—心理机制：一个理论框架》，《公共行政评论》2011年第3期。

了分析制度的"净效应",领导者对于群体成员的影响在实验中是控制变量[1],即领导的言行、决策偏好等在四个实验组中都是一致的。无给定制度作为控制组,与三种给定决策制度的群体成员行为进行对比,分析正式制度的作用大小。在此基础上,通过比较群体成员在三种给定的正式制度与无给定制度状态下的心理过程,归纳三种正式制度在群体决策中的运行模式与形态特征。

二 研究方法

(一) 实验设计

实验采用单因素(决策制度:民主集中制、民主投票制、协商民主制、无给定制度)被试间实验设计。

为避免被试的个体属性影响实验结果,控制被试性别、专业和相互认识情况(即每个实验组男女比例和文理科专业比例为1∶1,且相互之间均不认识)。被试按照随机原则被分配到四个组。

(二) 被试

一般来说,实验室观察每种水平下的被试应至少在15人以上。[2] 由此,本书确定每种制度水平下20名有效被试。被试通过校园广告和课堂招募方式选择。

依据文献,群体决策实验每组成员规模由3—5人组成为宜。[3] 故本书确定群体决策小组由5人组成,其中4名为真被试,1名为同谋者(将在主试操纵下成为小组领导,其控制情况见下文)。这样,五轮实验,共有80名被试,均为A大学非心理学专业本科生,年龄在17—22岁($M=19.84$, $SD=1.69$),其中男生29人,女生41人。

---

[1] 为了保证控制效果,实验中的领导者为研究的同谋者,具体操作见实验程序。

[2] 原琳、彭明、刘丹玮、周仁来:《认知评价对主观情绪感受和生理活动的作用》,《心理学报》2011年第8期。

[3] Flowers, M. L., "A Laboratory Test of Some Implications of Janis's Groupthink Hypothesis", *Journal of Personality and Social Psychology*, Vol. 35, No. 12, 1977, p. 888.

群体决策成员的我向性、价值观、理性—情感价值取向、认知风格和人格类型是影响决策行为的重要个体属性因素。为了保证被试具有同质性,将这五个因素作为被试个体属性的控制变量进行测量。在实验开始前,被试需要先填写一份问卷,包含我向性量表[1]、价值观问卷[2]、理性—情感价值取向量表、大学生认知风格量表(直觉—分析维度)、简版大五人格类型测量量表。经检验,问卷中各量表,除简版大五人格类型测量量表中的"随和性"分量表外,其余量表的内部一致性系数在 0.40—0.73 之间。

统计结果显示,四种制度下的被试在所有量表的得分上均无显著性差异,说明被试在这些属性上是同质的。

(三)实验任务

决策材料为自编材料,主要背景为 G 市某区政府为了解决城市垃圾的处理问题而启动垃圾焚烧厂的建设计划,讨论具体选址事宜。争论主要集中在居民利益与工业投资者利益的矛盾、城市弱势群体和强势阶层之间的利益矛盾与当前社会稳定的维持和城市长期规划之间的矛盾来展开。

在实验中,被试被要求作为该区各个相关部门的主要负责人参与垃圾焚烧厂选址问题的决策,决策需要从经济发展、社会稳定、城市环保等诸多方面进行综合考虑,并依据指导书中的规则来分析问题、开展讨论,形成决策方案。

(四)刺激材料

实验刺激材料《实验指导书》上呈现,分为两部分:角色说明和决策制度说明。被试被告知这是一个决策实验,设计的角色有一名领导和四名决策委员。其中,领导由抽签产生,其主要任务是组

---

[1] 景怀斌:《公务员职业压力:组织生态与诊断》,中央编译出版社 2011 年版,第 56—57 页。

[2] Davidov, E., Schmidt, P., Schwartz, S. H., "Bringing Values Back in the Adequacy of the European Social Survey to Measure Values in 20 Countries", *Public Opinion Quarterly*, Vol. 72, No. 3, 2008, pp. 420-445.

织大家进行讨论。四位决策委员则作为地位平等的核心决策成员共同参与讨论。

制度材料方面,三种给定制度选用了三种经典文本:民主集中制决策规则的文本为《中国共产党章程》第二章第十条(中国共产党第十八次全国代表大会部分修改,2012年11月14日通过)[1];民主投票制决策规则的文本为《美利坚合众国宪法》第一条第七款;协商民主制决策规则的文本则引自哈贝马斯《在事实与规范之间:关于法律和民主法治国的商谈理论》[2]中关于政治协商原则的论述。而在无给定制度组,则不提供决策规则,只要求被试依据材料和各自的理解,完成决策任务。除此之外,其余要求与三个给定制度实验组相同。

为了激活被试制度意识,被试有两个时段充分阅读文本,以确保被试能够完全知悉文本内容,强化实验刺激的启动效果。

(五) 决策行为记录表

借鉴同类实验室实验的行为观察指标设计[3],本书把决策行为观察指标设定为过程效标和结果效标两大类,并且分别以个体和群体两个层面为单位进行记录。决策行为的观察指标是参考了西蒙决策理论中关于决策流程(情报活动、设计活动、抉择活动、审查活动)的具体内容[4]和根据预实验的观察而最终确定。如材料阅读时间、有否请领导发言行为、发言次数,等等。

所有行为指标均在预实验时明晰定义,在正式实验时由两位实验助理在现场分别进行记录,并在实验结束后利用实验录像进行核对,达成一致意见后进行评定。

---

[1] 《中国共产党章程》,2012年11月,中华人民共和国中央人民政府网(http://www.gov.cn/jrzg/2012-11/18/content_2269219.htm)。

[2] [美]哈贝马斯:《在事实与规范之间:关于法律和民主法治国的商谈理论》,童世骏译,生活·读书·新知三联书店2003年版。

[3] Stasser, G. & Titus, W., "Effects of Information Load and Percentage of Shared Information on the Dissemination of Unshared Information During Group Discussion", *Journal of Personality and Social Psychology*, Vol. 53, No. 1, 1987, p. 81.

[4] [美]赫伯特·西蒙:《管理行为》,詹正茂译,机械工业出版社2004年版,第41页。

（六）决策心理体验问卷

决策心理体验分为四大类别：决策过程感知、决策效果感知、制度化作用感知和实验操纵性检验变量。所有心理指标采用 Likert 5 点记分，从 1（完全不符合）到 5（完全符合）。

决策过程感知变量有：（1）决策效能感为自编问卷，共 5 个题项（$\alpha=0.555$），如"如果我尽力去做的话，就可以影响最终的决议"。（2）心理安全感改编自心理安全感量表[1]，共 5 个题项（$\alpha=0.771$），如"我能够随心所欲地提出自己的意见和看法"。（3）决策参与感指标参考毕鹏程研究中的变量设计，包含三个题项（$\alpha=0.692$），如"我在小组讨论中有很强烈的参与感"。[2]（4）考察群体思维症状的两个心理变量：自我审查性指标参考海斯、舍费尔和休奇（Hayes, Scheufele and Huge）的测量问卷[3]，共 7 个题项（$\alpha=0.723$），如"当我认为别人不同意我说的观点，我在表达观点的时候会觉得很困难"。而无懈可击的错觉指标参考帕克（Park）的群体思维测量题项[4]，有 3 个题项（$\alpha=0.429$），如"我认为我们小组将产生高质量的解决方案"。

决策效果心理感知变量为决策满意度，包含决策过程满意度与决策结果满意度，均为自编指标。其中，决策过程满意度为 4 个题项（$\alpha=0.843$），如"我对小组的整个讨论过程很满意"。决策结果满意度包含 3 个题项（$\alpha=0.784$），如"我觉得我们小组决策的方案很合理"。

---

[1] May, D. R., Gilson, R. L. & Harter, L. M.,"The Psychological Conditions of Meaningfulness, Safety and Availability and the Engagement of the Human Spirit at Work", *Journal of Occupational and Organizational Psychology*, Vol. 77, No. 1, 2004. pp. 11–37.

[2] 毕鹏程：《管理决策中的领导行为：过程与机制》，经济管理出版社 2011 年版。

[3] Hayes, A. F., Scheufele, D. A., Huge, M. E.,"Nonparticipation as Self-censorship: Publicly Observable Political Activity in a Polarized Opinion Climate", *Political Behavior*, Vol. 28, No. 3, 2006, pp. 259–283.

[4] Park, W. W.," A Comprehensive Empirical Investigation of the Relationships Among Variables of the Groupthink Model", *Journal of Organizational Behavior*, Vol. 21, No. 8, 2000, pp. 873–887.

制度化作用感知变量：（1）制度遵循倾向，有 3 个题项（α = 0.885），如"无论我是否认同决策规则，我都一直在遵循它"；（2）制度民主性感知包括三个与民主密切相关的价值特征：个人意愿表达的权利保障（即"小组的决策规则能够保障每个人表达意见的权利"）、群体中地位的平等（即"每个小组成员的地位都是平等的"）和对决策结果均等的影响力［即"在这种决策规则下，决策小组中每位成员（包括领导）对最终决议的影响力大致是均等的"］。

此外，实验还设计了两方面的操纵性检验变量：（1）对领导在群体决策中的影响作用进行控制是实验控制的重点，因此需从主观（即领导行为恰当性）及客观（领导行为影响力）角度来评估控制效果。领导行为影响力由 1 个题项组成，即"领导的言行对我的影响不大"；领导行为恰当性由 1 个题项组成，即"我认为领导的行为表现恰当"。（2）决策制度刺激效果。决策情境的认知由 4 个题项组成（α=0.832），如"我很清楚我们小组的决策规则是什么"；制度重要性认知由 4 个题项组成（α=0.801），如"决策规则为小组决策提供了达成共识的方式"。

（七）实验程序

为控制"领导"变量，实验前对同谋者（即充当领导的被试，为大学四年级，男生）进行培训，内容为熟悉实验流程，了解自己在实验中应表现出的行为和态度。通过以下四方面实现：（1）四种决策制度下担任领导角色的均为同一个人，该领导在小组讨论中需始终保持中性态度、中立立场；（2）领导在主持讨论的程序上保持同质性，在小组讨论中只是充当讨论组织者的角色，起到引导、维持小组成员讨论的作用，同时归纳小组成员的意见，以便形成小组决策方案；（3）通过预实验的录像分析，给出担任领导角色的同谋者规范若干种常见情形的应答方式；（4）为达到双盲效果，领导角色的同谋者并未被告知研究的实验目的。

实验室为密封性良好的圆桌会议室。实验分为九个步骤。

第一，被试的进入和基本引导。5 名被试（4 真 1 假）全部进入实验室后先填写一份价值观问卷以实现后期的同质性检验。

第二，被试阅读实验指导书。由一名主试向被试阅读基本指导语，由实验助理（依据不同的实验组）向被试发放实验指导书。实验主试负责解答被试关于实验指导书的疑问并确认被试已经充分阅读完指导书（让被试举手示意完成）。被试阅读时间不限，以确保被试充分知悉内容。

第三，领导的产生。通过"抽签"的方式，使扮演领导的同谋者在实验助理的帮助下顺利成为小组领导。

第四，再次阅读决策规则。主试强调小组的决策规则并让被试再次轻声阅读规则文本，时间不限（让被试举手示意完成）。

第五，被试阅读决策材料书。实验主试向被试说明决策任务，并由实验助理向被试发放决策材料书，由实验主试负责解答被试关于决策材料书的疑问并确认被试已经充分阅读完指导书（让被试举手示意），阅读时间不限。

第六，决策讨论。由小组领导带领被试对决策材料书中的内容进行讨论，完成决策方案。小组成员将在自愿原则下在该方案上签署姓名以确定对此负责。

第七，实验结束，填写问卷。问卷为决策心理体验问卷。

第八，利用随机的方法，抽选一名被试进行访谈。

第九，向被试就程序进行说明，并发放实验酬劳（30元），实验结束。

（八）实验操纵效果检验

首先，对领导影响作用的控制效果进行检验：在四种实验条件下，被试对领导行为的影响力评价没有显著性差异（$F(3, 56) = 1.16$, $p>0.05$）；被试对领导行为的恰当性评价也没有显著性差异（$F(3, 56) = 1.17$, $p>0.05$）；在决策行为方面也不存在显著性差异（是否有看着领导期待领导发言：$F(3, 57) = 0.667$, $p>0.05$；是否有请求领导发表意见：$F(3, 57) = 2.251$, $p>0.05$；是否有请领导做决策：$F(3, 57) = 1.373$, $p>0.05$）。

其次，对被试接受实验刺激后的反应情况进行检验：在四种实验条件下，被试的决策情境认知程度没有显著性差异（$F(3, 57) = 0.224$,

$p>0.05$);被试对制度的重要性认知程度也没有显著性差异(F(4, 76) $=0.072$, $p>0.05$)。被试在没有时间压力的情况下,用在阅读决策材料书上的时间差异均没达到显著性水平(F(3, 57) $= 2.046$, $p>0.05$),而用在阅读实验指导书上的时间则存在显著性差异(F(3, 57) $= 26.511$, $p<0.05$)。经事后检验,差异主要存在于无给定制度组与三个正式制度组之间,而三个正式制度组之间均无显著性差异。这与正式制度组实验指导书篇幅比无给定制度组要长有关,属于正常现象。

综合以上结果说明,实验中决策制度对被试的刺激达到了理想中的效果。

三 实验结果

(一) 不同决策制度下的群体行为指标异同

如前文所述,群体层面的行为指标以小组为记录单位,因此每种实验状态下各有五个实验组。从图 8—2 和图 8—3 可以看出:第一,无给定制度组在所有群体层面行为指标当中,除了在"方案选择的讨论激烈程度"上高于其余小组外,在其余指标均处于中等水平,表明无给定制度下的群体决策行为是相对稳定的行为方式。第二,三种正式制度用时比较,决策平均使用时间方面,投票组平均用时最长($M_{投票}=52.60$),其次为协商组($M_{协商} = 45.00$),时间最短为民主集中组($M_{集中}=38.24$)。第三,决策过程行为指标比较,在方案选择讨论激烈程度、是否有意见领袖出现、领导提醒注意决策规则次数上,四种决策制度实验组的均值基本持平;在讨论的问题偏离决策材料的次数、集体沉默次数、小组成员互相对望和成员间互相赞同次数上,不同实验组间的均值差异较大:民主投票组讨论问题偏离决策材料的频次明显高于民主集中组与协商民主组;民主集中组小组成员集体沉默的发生频次明显(显著)高于民主投票组与协商民主组,在小组成员互相对望、成员间互相赞同的平均次数上明显少于其余实验组。此外,在所有小组当中,均很少出现领导成为意见领袖的现象。

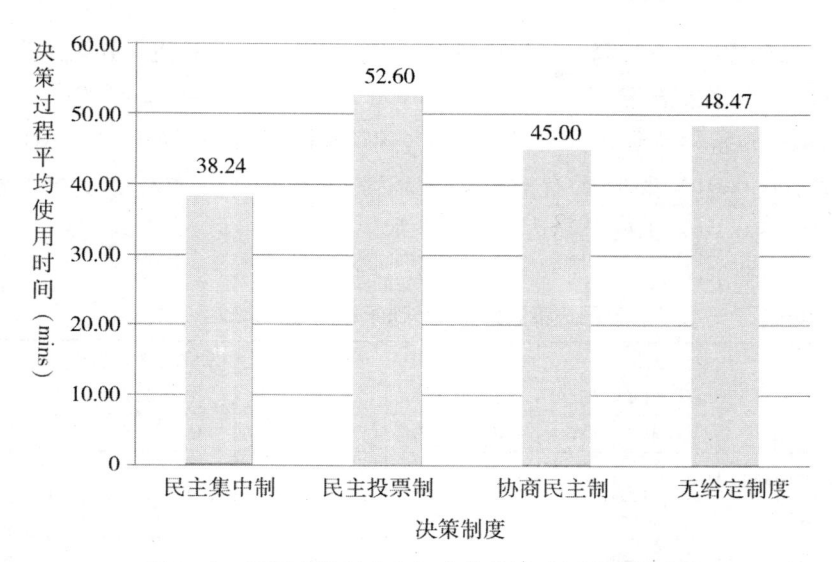

第八章 "民主集中制"的制度效应与心理化机制　199

图 8—2　不同决策制度小组决策使用时间的均值比较

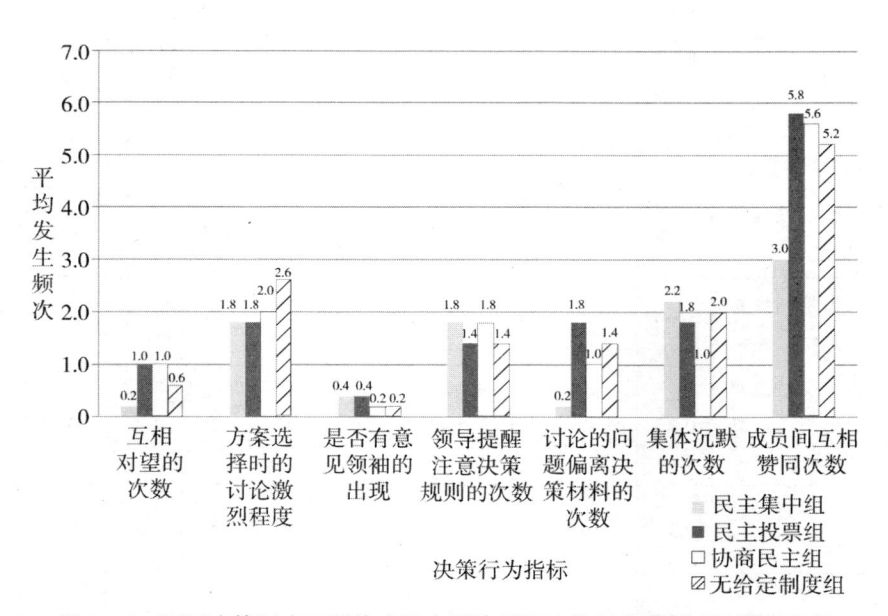

图 8—3　不同决策制度下群体成员在群体层面决策行为指标上的均值比较

（二）不同决策制度下个体行为指标比较

分析表 8—2 可以看出：第一，不同决策制度下被试行为的差异，主要体现在备选方案选择、抑制性意见提出，以及是否有对他人异议点头表示尊重上。在提出备选方案个数上（$F(3, 76) = 2.45$，$p=0.07$，$\eta^2 = 0.088$）的差异达到边缘显著性水平，抑制性意见次数（$F(3, 76) = 3.91$，$p<0.01$）和是否有对他人异议点头表示尊重（$F(2, 56) = 4.40$，$p<0.01$）上的差异达到显著性水平。

表8—2　　　　　　　不同决策制度下个体决策行为均值比较

变量	民主集中组 ($n=20$) M	SD	民主投票组 ($n=20$) M	SD	协商民主组 ($n=20$) M	SD	无给定制度组 ($n=20$) M	SD	F
提到材料信息次数	1.90	1.12	2.15	1.35	2.45	0.83	1.95	1.05	1.03
提到材料书以外信息的次数	0.40	0.82	0.70	0.73	0.80	1.06	1.35	2.21	1.75
提出备选方案个数	0.80	0.41	1.30	1.03	1.05	0.39	1.25	0.55	2.45
独立发言30秒以上的次数	2.40	2.04	2.85	2.23	2.70	2.25	2.90	2.83	0.18
提出建设性意见次数[a]	2.95	2.19	2.90	2.15	3.10	2.13	3.85	2.66	0.74
提出抑制性意见次数[b]	1.00	1.12	1.60	1.14	2.25	1.65	2.65	2.35	3.91**
提出反对意见时发生态度转变的次数	0.15	0.37	0.20	0.41	0.30	0.47	0.25	0.44	0.46
是否有鼓励他人发言	0.25	0.44	0.30	0.47	0.35	0.49	0.30	0.47	0.15
是否有对他人异议点头表示尊重	0.20	0.41	0.60	0.50	0.60	0.50	0.70	0.47	4.40**

续表

变量	民主集中组 ($n=20$)		民主投票组 ($n=20$)		协商民主组 ($n=20$)		无给定制度组 ($n=20$)		F
	M	SD	M	SD	M	SD	M	SD	
是否有拒签行为	0.00	0.00	0.0	0.00	0.00	0.00	0.10	0.31	2.11
是否对结果提出异议	0.00	0.00	0.05	0.224	0.00	0.00	0.00	0.00	1.00
签字时是否有犹豫	0.00	0.00	0.00	0.00	0.10	0.308	0.10	0.31	1.41

说明：1—3变量，考察个体信息共享行为程度；4—7变量，考察个体意见交换程度；8—9变量，考察群体讨论中的友好行为程度；10—12变量，考察个体对决策结果的认同性。

注：(1) a. 指提出的意见以怎么做为主。b. 指提出的意见以否定、批判别人意见为主。

(2) ＊＊表示在1%水平上显著。

第二，事后两两检验发现，与无给定制度组相比，民主集中制在"提到材料书以外信息的次数"、"提出备选方案个数"、"提出抑制性意见次数"、"是否对他人异议点头表示尊重"和"是否有拒签行为"上的均值均低于无给定制度组，并且达到显著性水平（$p<0.05$）；民主投票制在"提出抑制性意见次数"、"是否有拒签行为"上的均值均低于无给定制度组，并且达到显著性水平（$p<0.05$）；协商民主制在"是否有拒签行为"上的均值低于无给定制度组并且达到显著性水平（$p<0.05$）。其余的均值差异均未达到显著性水平（$p<0.05$）。这提示，制度对群体决策行为有突出的影响。

第三，不同正式制度间的两两比较发现，在备选方案的提出个数上，民主集中组显著低于民主投票组（$p<0.05$）；在"提出抑制性意见次数"上，民主集中组显著低于协商民主制（$p<0.05$）；在"是否有对他人异议点头表示尊重"的行为上，民主集中组低于民主投票组和协商民主组，且均达到显著水平（$p<0.05$）。此外，所有被试均无拒签最终决策方案的行为，只有一个民主投票组的被试对决策方案提出异议，两个协商民主组的被试在签字时出现犹豫的情况。综合以上结果，表明不同决策制度下被试行为有一定差异。

(三) 不同决策制度下的决策心理体验

在三种正式决策制度与无给定制度组的两两比较中，发现无给定制度组与民主投票组在决策效能感和自我审查性上的差异达到显著性水平（$p<0.05$），与协商民主组在心理安全感和自我审查性上的差异达到显著性水平（$p<0.05$），与民主集中组在自我审查性和全体一致错觉上的均值差异均达到显著性水平（$p<0.05$）。

从三种正式制度条件下决策心理体验比较来看，除了在心理安全感和全体一致错觉变量的得分上的差异达到显著性外（$F(3,74)=2.71, p<0.05$；$F(3,79)=2.68, p<0.05$）（见表8—3），在其余心理指标上的得分上均无显著性差异。经事后检验，协商民主组在全体一致错觉上，显著低于民主集中组和民主投票组（$M_{集中}=4.12$，$SD_{集中}=0.51$；$M_{投票}=4.10$，$SD_{投票}=0.73$；$M_{协商}=3.63$，$SD_{协商}=0.87$）。

表8—3　　　　不同决策制度下群体决策心理体验情况

变量	民主集中组 ($n=20$) M	SD	民主投票组 ($n=20$) M	SD	协商民主组 ($n=20$) M	SD	无给定制度组 ($n=20$) M	SD	F
决策效能感	3.46	0.52	3.23	0.69	3.34	0.38	3.64	0.71	1.52
心理安全感	3.94	0.58	3.90	0.62	3.64	0.48	4.20	0.67	2.71*
决策参与感	3.85	0.65	4.03	0.55	3.68	0.63	4.07	0.92	1.26
自我审查性	2.63	0.48	2.66	0.64	2.68	0.74	2.20	0.50	2.13
全体一致错觉	4.12	0.51	4.10	0.73	3.63	0.87	3.65	0.79	2.68*
决策过程满意度	3.55	0.66	3.80	0.75	3.70	0.62	3.71	0.75	0.44
决策结果满意度	3.93	0.64	3.80	0.56	3.67	0.73	3.87	0.70	0.59
个人权利保障	4.40	0.60	4.05	1.05	3.95	0.69	5.20	4.30	1.26
决策地位平等	4.35	0.67	4.32	1.00	4.15	0.81	4.15	1.18	0.26
决策影响力均等	3.45	0.94	3.55	1.00	3.80	0.83	3.70	1.13	0.50
制度遵循倾向	4.20	0.59	4.15	0.72	4.03	0.61	4.07	0.63	0.26

注：*表示在5%水平上显著。

(四) 决策心理与决策行为的相关分析

从决策过程中的行为相关性来看,独立发言次数与除"提到材料信息的次数"外的其余决策行为具有显著正相关;抑制性意见的表达、建设性意见的表达与态度转变次数三者之间具有显著正相关,并且抑制性意见次数与提出决策书以外的情报数目呈显著正相关。

从决策心理过程看来,决策效能感、心理安全感和决策参与感之间有着相互紧密的联系,而群体思维倾向则与决策满意度、决策规则服从性有着显著正相关。制度作用效果的两个变量均与心理安全感有显著正相关,而决策满意度作为决策效果变量,则与绝大多数的心理变量有着正相关关系。

从行为—心理相关性角度来看,决策行为中的信息共享行为指标(提到材料书以外情报数目与备选方案个数)与决策参与感呈正相关关系,备选方案个数变量相关系数检验达到显著性水平($p<0.05$);意见交换行为的指标(独立发言、提出建设性意见、提出抑制性意见、提出反对意见时发生态度转变的次数)与决策效能感、决策参与感呈正相关关系,与群体思维倾向呈负相关关系,其中部分相关系数检验达到显著性水平($p<0.05$)。

表8—4 正式制度下群体决策心理与决策行为的相关关系检验

	1	2	3	4	5	6	7	8
1. 决策效能感	1							
2. 心理安全感	0.40**	1						
3. 决策参与感	0.35**	0.40**	1					
4. 群体思维倾向	-0.12	0.19	-0.00	1				
5. 决策满意度	0.13	0.43**	0.54**	0.45**	1			
6. 决策规则服从性	0.05	0.38**	0.11	0.48**	0.39**	1		
7. 制度民主性感知	0.24	0.45**	0.22	0.02	0.30*	0.35**	1	
8. 提到材料信息的次数	0.00	0.12	0.12	-0.14	-0.03	0.073	0.17	1

续表

	1	2	3	4	5	6	7	8
9. 提到决策书以外的情报数目	0.02	0.03	0.16	-0.19	0.17	-0.23	-0.09	0.13
10. 提出备选方案数目	0.25	0.16	0.32*	-0.06	0.15	-0.12	0.28*	-0.16
11. 独立发言次数	0.29*	0.18	0.25	-0.37**	-0.01	-0.22	0.08	0.19
12. 提出建设性意见次数	0.15	0.05	0.14	-0.30*	-0.06	-0.15	-0.02	0.39**
13. 提出抑制性意见次数	0.13	0.01	0.07	-0.27*	0.04	0.03	-0.15	0.16
14. 态度转变次数	0.02	-0.25	0.02	-0.31*	-0.04	-0.04	0.09	0.18
15. 是否有鼓励他人发言	0.12	0.14	0.14	-0.19	0.04	-0.04	0.08	0.07
16. 是否有对他人异议点头	-0.05	-0.03	0.02	-0.23	-0.03	-0.16	-0.21	0.131

	9	10	11	12	13	14	15	16
1. 决策效能感								
2. 心理安全感								
3. 决策参与感								
4. 群体思维倾向								
5. 决策满意度								
6. 决策规则服从性								
7. 制度民主性感知								
8. 提到材料信息的次数								
9. 提到决策书以外的情报数目	1							
10. 提出备选方案数目	0.20	1						
11. 独立发言次数	0.44**	0.32*	1					
12. 提出建设性意见次数	0.24	0.02	0.62**	1				
13. 提出抑制性意见次数	0.31*	0.12	0.29*	0.33*	1			
14. 态度转变次数	0.13	0.02	0.30*	0.30*	0.22	1		

续表

	9	10	11	12	13	14	15	16
15. 是否有鼓励他人发言	-0.02	0.06	0.40**	0.21	0.23	0.22	1	
16. 是否有对他人异议点头	0.24	0.17	0.31*	0.17	0.47**	0.11	0.19	1

注：决策非认受性行为因为频次太少，不宜做推荐统计，因此不纳入相关性分析当中。
* 表示在5%水平上显著，** 表示在1%水平上显著。

四 "制度"效果

综合上述结果，可以看出不同制度的决策效应。

第一，正式制度与无给定制度相比有显著的制度效应。三种正式制度中的自我审查性均显著高于无给定制度状态，三种正式制度中均没有出现无给定制度状态下发生的"拒签"的情况，正式制度明显对个体行为与偏好有更强的约束力。可以说，在实验状态下，不同决策制度与无给定制度的群体决策行为和心理在总体上存在显著性差异。

第二，三种正式制度下的群体决策有共同的行为模式：（1）有较强的进言倾向（在备选方案提出、独立发言和提出意见的人均次数上均达到两次或以上）。决策成员的决策参与感与效能感越高，也越有进言的欲望，信息共享越充分，积极因应讨论互动中的情境做出调整反应（25%的被试在提出抑制意见时有态度转变，30%的被试有鼓励他人发言，50%的被试有对他人异议点头表示尊重）。（2）三种制度下的群体决策讨论中均存在一定程度的群体思维心理倾向，群体思维倾向总分均超过量表总分的60%。这一方面不利于个体意愿的表达与互动（如意见交换行为与群体思维倾向均呈显著负相关），另一方面较少提出创新性的意见（启发性的意见和提到材料书外情报人均次数少于1）。（3）群体成员对决策过程和结果满意程度较高（三种制度的决策满意度总分均超过量表总分的70%，在行为上没有被试拒签最终方案）。这与民主价值内涵的感知有关：以民主作为文化内涵的三种决策制度，使群体决策置于民主的语境中，被试的心理安全感普遍较高［制度民主性感知与心理安全感呈显著正相关（Cov=0.378，$p<0.05$）］，表现出友好的态度

(独立发表意见次数与"友好讨论行为"类别下两个指标均有显著正相关),群体成员对制度的遵循倾向也较高(三种制度得分均值都在4分以上,5分为最高)。

第三,三种制度之间相比,也存在不少差异:(1)民主集中制。决策平均时间最短,在备选方案、抑制性意见以及对负面意见表达尊重等方面均显著低于其余两组制度。其余虽没有达到显著性水平,但仍值得注意的差异有:在群体压力效标、全体一致和决策结果满意度的水平均为最高,被试的遵循倾向也最高。结合访谈的结果来看,民主集中组的被试在认知上呈现出对领导地位和集体智慧的崇拜与服从。由此可以归纳出民主集中制与其他正式制度的差异在于:在决策效率上优于其他制度,但其制度设计相对不利于决策者多元价值的表达,言论空间相对压抑。(2)民主投票制。与集中组被试相比,在备选方案数量、对负面意见的接纳程度上有显著提高,但在全体一致的错觉上仍显著高于协商组。其余虽没有达到统计学显著性水平,仍值得注意的差异有:信息共享行为、讨论过程中的自我陈述以及偏离主题情况较多;决策参与感、过程满意度上均值最高,但决策效能感为最低。结合访谈来看,民主投票制中自身意愿与"大多数的意见"之间的博弈关系,是投票决策中最突出的依据。民主投票制作用的实质是,比其他制度赋予决策者更多自身意愿的表达空间,但其制度设计使决策者行为更趋向于通过博弈降低对决策结果的不确定性。(3)协商民主制。在全体一致的错觉上明显低于民主投票组和民主集中组,其余值得注意的差异有:在信息共享、意见交换、友好讨论类别的决策行为上均为最高,决策过程满意度高于结果满意度的情况。结合访谈结果来看,协商制中被试在决策上趋向于以平等、理性、求同存异的态度寻求最大的共识。协商民主制作用效果的机制在于:群体决策过程更加注重决策成员间理性对话的质量,使得决策者对群体交互中某些价值的追求更甚于对决策结果的关注。

五 制度作用的机制

不同理论视野,对于制度的作用有不同的解释。历史制度主义者认为，制度并不决定行为，制度只是提供了制约行动者选择的脉络。但由于该理论应用于宏观层面，对行为的微观解释力有限。理性选择制度主义认为，制度是由规则和行为诱导构成的各种体系实施的，个体行为则是规则和诱导因素的功能后果，表现为个体努力在这个体系中将自身效用实现最大化。规范性制度主义认为，制度的价值规范发挥着核心的作用，把规范理解为制度如何发挥作用，决定或者至少是塑造个人行为的一种方式，具体过程为制度为个体提供角色，个体持续性地以制度期望和制度需要的方式做出反应。社会学制度主义则认为，由于制度是一种意义体系，在制度对个体的影响作用中，个体的认知能力最为根本：个体在制度的内在结构和他们被赋予的"框架"（这实际上是意义和符号的集合）内认知形式并且做出决策。[1] 斯科特从社会学角度认为，制度构成有三种重要基础因素：认知性因素、规范性因素和规制性因素。[2]

关于个体行动者的认知模式，理性选择流派认为个体偏好是外生于制度的，在决策过程中几乎不会改变，个体以效用最大化为逻辑来支配决策行为。规范性和社会学制度主义认为，个体偏好都是制度内生的，是个体融入制度过程中的产物，个体为价值和规范相吻合的最终目标而采用适当性逻辑支配其决策行为。[3]

这些理论发现对本书有两点启示：第一，在群体决策中，制度的作用需要通过个体的底层行动来进行研究和解释；第二，应从行为表现和认知模式两个层面来观察制度对个体的作用机制。

上述研究已证明不同决策制度下的行为与心理是有显著差异的，由此一个相应问题需要揭示，即这些"制度"是以什么样的方式发挥作用的。这里通过对实验中 20 名被试的访谈材料来分析。

---

[1] Berger, P. L. & Luckmann, T., *The Social Construction of Reality: A Treatise in the Sociology of Knowledge*, Penguin UK, 1991.

[2] ［美］理查德·斯科特：《制度与组织——思想观念与物质利益》（第 3 版），姚伟、王黎芳译，中国人民大学出版社 2010 年版。

[3] Peters, B. G., *Institutional Theory in Political Science: The New Institutionalism*, Bloomsbury Publishing USA, 2011.

（一）民主集中制

从实验结果来看，民主集中制的制度作用体现在三个方面。

第一，制度本身对"集中"与"纪律"的强调，向决策者强调着对集体意见无条件地服从的规制性。比如被试 10 说："如果大家都很赞同一个意见的话，肯定是有他的道理的。就有时候吧，一个人他就会想事情的时候想得很不全面，也会钻个牛角尖什么的呀。这时候大家肯定会从某个不同的方面考虑，大家最后总结得出一个结论肯定比一个人偶尔想到的一些比较全面的更加可靠。所以我觉得少数服从多数还是很有道理的。"

第二，民主集中制中强调要在民主基础上集中意见，即以"民主"作为基础性属性规范着"集中"这一制度实质，带来了决策合法性。如被试 15 提到："我理解中的（民主集中制）就是大家都有自由说话的自由，然后也能得到别人的尊重，最后即使很多意见，但最终还是能推出一个大部分人认同的方案。"

第三，在民主集中制中，领导"天然"地承担着意见集中的属性，赋予了领导明显高于其他决策成员所拥有的权力。[①] 比如被试 23 提到："……凝结智慧，最后可能通过少数服从多数这样的原则，可能你没有更好的意见的话，就认为你同意了。然后领导组织一下，大家如果都同意的话，这个就算作一个决策。"

要强调的是，本章研究中，领导影响作用是被严格控制的。即使如此，群体成员对领导在意见集中过程中的关键作用依然有所期待。比如被试 15 在回应"你觉得他（领导）是否符合实验指导书当中民主集中制的规则"的问题时提到："部分符合吧。符合的部分就是他会听我们的意见，然后做出一个最终的结论。然后不符合的点是，我感觉民主集中制里面的领导是需要提出他自己的观点的，而不仅仅是听所有人的……我了解到的规则不多，我只知道民主集中，或者说有一个人直接说出让大家去服从，还有别的吗？因为我不知道有没有受影响……"[②]

[①] 赵宬斐：《民主集中制：过去，现在与未来》，《学术月刊》2011 年第 2 期。

[②] 宁骚：《中国公共政策为什么成功？——基于中国经验的政策过程模型构建与阐释》，《新视野》2012 年第 1 期。

可见，民主集中制一方面解决了个体意见的顺利集中与服从，另一方面凸显了领导对于集中制运行质量的重要性。同时，必须关注的是，民主集中制会对群体成员意见的表达构成压力，不利于群体成员间深入讨论和辩论，意见表达不充分，甚至有随波逐流的现象，迷信领导或者群体主流意见的合理性，容易导致意见的极化，形成群体思维。

（二）民主投票制

民主投票制运行围绕着个体意愿与"大多数"意见之间的理性博弈而展开，其"制度"作用体现在三方面。

第一，其制度设计通过赋予群体成员合法的反对权，保证了个人意愿自由、合法地表达，为决策者间的博弈提供了可能性。如被试11提到："受到反对的话，肯定也是有的。但是会担心会不会比较排斥，到最后我的意见是不会被考虑的，然后主流的意见最后得到承认。"

第二，在个体清楚自身偏好的情况下，以选票作为表达偏好的工具，产生个体意愿上的结构均衡状态。比如被试7提到："我觉得挺好的一个最快速最简单的方法是举手表决，或者如果再私密一点的就是，大家讨论得热烈一点有不同的方案，我觉得反而用匿名投票啊这样子，就会更公平一点。"

第三，民主投票制是通过多数票决的方式进行决策，因此个人意愿成为"大多数"意见就显得尤为重要，举行票决前的讨论为个人意愿与"大多数"意见之间的博弈提供了空间：参与者可以在此过程中明确表达自身的偏好并且争取支持（针对偏好不明确的参与者），从而扩大自己的决策影响力，争取更大机会成为群体意见中的"大多数"。比如被试9提到："嗯……一开始我就发现他比较少说话，就我们三个女生说话比较多一点，然后我当时就在想他或许在听吧，后来不是三号有问他吗，他就说有点分歧，我当时就想，太好了，你终于说出来有什么不同的地方，你说出来就好了，然后我会试着去再把我的观点说得更……就是感觉有一点想说服他的意思。"

需要说明的是，访谈结果发现，在投票博弈中处于劣势的一方，有被"边缘化"的可能。这说明，民主投票制"多数人"赢者通吃的规则，不能实现"少数人"偏好，导致对于"少数人"意愿缺乏关怀，最终影响了群体决策结果的认受性。当超过一定数量的投票人对某个方案偏好一致时,便形成了一个自然联盟对联盟外的少数成员产生压制,导致少数人边缘化。比如被试11提到:"投票的话在我看来,就是主流的观点还是采纳的,但是可能就是像你说的被边缘化一样,有些意见被边缘化。"结果出现对决策结果的认受性较低,把决策结果的责任归因到群体意见中占的"大多数"一方的情况。如被试11提到:"我觉得不太好说,就是……怎么说……还是跟我想的不太一样吧。可能说它是一个可以接受的决策,但不是说那种特别成功的决策。就是因为是投票(得出的方案)嘛,就是它最后的实施可能是成功可能是失败,但是跟我没太大关系,这种感觉。"这有点类似于密尔所提出的在国家层面实行的代议制民主中出现的"多数人暴政"现象。

(三)协商民主制

协商民主制依赖于个体对制度价值内涵的认知与认同,其运行围绕着决策过程中的理性、平等、尊重等价值的实现而展开。其作用机制也体现在三方面。

第一,使决策成员有充分的发言机会和时间,成员注重倾听,吸收对方的意见以及里面合理的成分。如被试21提到:"有一些东西就觉得说是大家基本的,像礼貌还有对彼此的尊重,还有就说充分去聆听别人的意见,这些说不上原则,但是我觉得至少在我们小组的成员中,大家都对这一点都遵守很好,不会有出现那种打断别人说话或者过分表达自己意见的那种。"

第二,使决策者趋向于进入对方语境的讨论模式,接触不同观点,可以比较好地理解各自立场并且理性分析意见的合理性。比如被试21提到:"这个决策规则也是一个大家比较认可的规则,即便不看那个,就说不事先看那张纸的规则,我觉得也是被大家所认同,对,内心也觉得就应该是这样子的一个规则。"

第三,引导决策者以共识最大化作为决策结果的标准,通过群体间的讨论和辩论,对个体观点进行提炼和修正,把个体偏好变成考虑他人利益的偏好,实现协商制的规范性价值。比如被试25提到:"争取别人对我方案的认同的话,呃,我没有刻意去征询那种。因为我觉得其实,我个人是觉得我提出的方案其实还挺符合大多数人的一个,就是说,一个意识的。"

但要关注的是,在协商制的运行过程中,群体互动的讨论时间普遍偏长,决策效率偏低。在访谈中也发现,被试出现了"重过程,轻结果"的想法。比如被试 21 提到:"更多是因为这个程序比较规范,就是不是说某一个人凭着自己的权力、权势来做出决策,而是说大家充分讨论过之后,A 和 B 可能是差不多的,都是有危害,或者是都是有好处,然后这样的过程之后,其实选择哪一个最终都不会有太大的关系了。"

由此可以看出,规范性价值(比如哈贝马斯所说的交往理性)与工具性价值(决策效率、质量)之间平衡与取舍,变成了协商民主制有效运行的关键。

(四) 制度作用的一般方式

单纯的群体或个体研究不足以解释"制度"对群体决策行为的根本性影响。在制度主义看来,这是由"制度"的特性决定的。斯科特认为制度有规制性(regulative)、规范性(normative)以及文化—认知性(cultural-cognitive)这三大要素。这些要素对人和组织的行为及心理产生影响,使群体行为具有组织性与制度性。[1]

结合以上三种决策制度下决策成员的运行模式,重新回归制度的本质——符号意义系统,制度的"净效应"作用方式,表现在以下四个方面。

第一,共享价值的心理功用。人的心理是意义性的,人们根据意义认知而行动。[2] 制度是基于某种理念而形成的价值规则系统。其心理意义通过价值观、表象、框架、图式、脚本等形式在个体感知当中表征,对个体偏好与行为起到核心激励的作用。结合实验数据和访谈内容分析,尽管在具体的制度设计中,三种制度的运行模式不尽相同(赋权—制衡的程序,公平、理性的对话,对集体权威的遵从),但由于它们都

---

[1] [美] 理查德·斯科特:《制度与组织——思想观念与物质基础》(第 3 版),姚伟、王黎芳译,中国人民大学出版社 2010 年版。

[2] 景怀斌:《心理意义实在论》(第 2 版),暨南大学出版社 2005 年版。

以"民主"作为决策价值体系的基本原则,并且在个体的制度感知过程中占主导地位(访谈中,政治平等和个人自由等民主概念下的核心价值等被多次提及,数据也说明,民主价值内涵对提高群体成员的决策满意度有重要的影响),制度的信念—价值为群体决策提供了共同的意义框架,对个体决策驱动、引导作用明显。也就是说,个体的选择不会超出制度的价值范围。

第二,制度给定了角色行为方式。制度本身所具有的结构性特征,使其在群体决策过程中,界定了群体内行动者之间的特定关系,即群体关系按某种可以预见的互动关系组成,形成固定的"行为模板"。虽然均为群体决策成员(角色相同),但在不同的正式制度作用下,决策成员会因应其所在的制度结构表现出相应的规范行为,比如集中制下的成员会有较高的制度遵循倾向,投票制下的成员会更加注重自我意愿的表达,协商制下的成员会更加注意讨论过程中的理性表达,等等。制度框定了"行为模板"(如集中制中决策成员对领导的"天然"期待,投票制中主流意见的争夺,协商制中高度进入对方语境的讨论模式等),使个体呈现一种稳定的行为模式,反过来也印证了制度具有稳定的结构特征。

第三,强制性规则的约束。作为制度作用下的个体,只要确信规则为其他制度成员所承认并会被强制执行,就会对个体行为产生一种约束。比如在实验后的访谈中,当被问到"什么是其所在小组决策制度的实质"时,有超过50%的被试表示是"少数服从多数",并且表示由于这是制度民主性的直接表现,应得到普遍认同,故而认为小组成员(包括自身)无论是否符合自身意愿,均必须无条件服从原则。在研究中,由于决策成员都是自愿加入实验的,对制度的遵循程度较高,这种强制性的约束很大程度上是通过自我监督来体现的。

第四,领导控制。制度的执行需要外在控制因素,其中最突出的方式是领导因素。尽管研究中,领导因素本身作为控制变量被严格控制而不起作用,但不同制度下的群体决策观察表明,成员有意无意地期待领导发挥作用。在真实的决策中,领导更是对决策任务的确定、决策执行、决策方向有极大的影响。这就是制度的作用,离不开"领导"作用。

(五) 三种制度在群体决策运行中的效果评价

每一种制度都有其特点，要对其进行优劣判断本不是一件容易的事。理性选择理论认为，一个好的制度，效率是其中一个基本评价因素，即制度能否将一系列决策成员表达的偏好加以引导，从而产生最令人接受的政策决定的能力。另外，一些基本价值的维护，体现为制度的合法性，也是一个基本的评价标准；而规范性理论则认为，制度的规范整合与集体价值的形成是重要的标准。① 本书基于合法性和有效性，从决策过程对三者的相对优劣进行评价。

第一，由于三种制度均以"民主"作为核心价值，决策得到较高的认受性，因此三种制度在合法性上均表现平稳，并未发现相对优劣。

第二，相对其余两种制度，民主集中制的突出优势在于决策过程中意见高效的收集和集中，决策成员对决策规则的高度遵循性，决策的有效性得到较大的体现。但劣势在于较其他制度容易发生群体思维，并且相对其余两种制度不利于意见的充分表达，在群体内价值体系的丰富上相对劣势。

第三，协商民主制的突出优势在于决策过程中平等、理性、尊重等价值可以得到充分体现与落实，有利于成员对共同价值体系的认同与丰富，但决策的有效性却因规范性价值与工具性价值之间冲突而受到影响。

第四，民主投票制在除合法性外的标准比较中，无论从制度作用还是制度效果上看，均未发现明显的优势或者劣势，因此认为投票制在这两方面均表现平稳。

六 制度心理化机制

在制度化组织中，群体决策既受制度制约，也受到决策者个人心理影响，从决策者的角度看，实际上是制度的心理化过程。因此，决策制

---

① Peters, B. G., *Institutional Theory in Political Science: The New Institutionalism*, Bloomsbury Publishing USA, 2011.

度如何为决策者解释并行动,是了解制度效果和政府运作机制的另外一个层面。

(一) 制度心理化的理论框架

对制度的重视"并不必然排除对个体行动者创造、维持和转换制度的各种行动方式的关注"。"虽然规则带来了秩序,但我们仍然认为系列规则中富含冲突、矛盾和分歧,因此一致中有偏差,标准中有变化"[1],而这种变化来自于人对制度遵循的意义化解释和建构。事实上,我们无法否认决策主体——人的重要作用。组织决策模型的前提假设从"完全理性"到"有限理性",甚至对理性的完全否定,都围绕"人"展开。诺斯、青木昌彦等学者构建制度认知的"共享心智模型",强调人的"心智"是制度存在的基础和演化的关键因素。[2] 奥斯特罗姆的制度分析框架(IAD)指出,对行动情境的解释和预测依赖于行动者决策方式、行为参数类型、信息加工方式或直觉以及带入情境中的资源这四个要素,同样关注"行动者"这一重要变量。她把行动的规则理解为"应用的规则或现实中的规则(rules-in-use)",这些规则是在行动者为了取得好的目标或结果而有目的地改变决策的情境结构的过程中形成的。在相对开放的社会中,"每个个体都能够或多或少地改变规则以致情境结构变化",她认为制度是一系列工作规则的组合,用来决定谁有制定某个领域决策的资格,裁定应该允许或约束哪些行为,宜采用哪种规划,遵循哪种程序,需要提供或不提供哪种必要的有用的信息,以及如何根据个人的行动给予回报,制度是需要被大家共同理解的(如"必须"、"不得"或"可以"条款)。诺斯指出,"总存在一个不完全的制度",制度是"拥有心智模型的人们在互动中创造出建构或建立秩序的机制"[3]。群体决策过程是知识建构过程,人类能够主动地构建或创造性地认知外部世界,个体间也能通过相互交流影响

---

[1] March J. M., Olsen J. P., "The New Institutionalism: Organizational Factors in Political Life", *The American Political Science Review*, Vol. 78, No. 3, 1984, pp. 734–749.

[2] 参见周业安、赖步连《认知、学习和制度研究——新制度经济学的困境和发展》,《中国人民大学学报》2005年第1期。

[3] 徐美银、钱忠好:《农民认知与我国农地制度变迁研究》,《社会科学》2009年第5期。

和合作赋予现实世界以各种意义。① 制度规则可以根据情境等需要被理解和解释。周雪光指出影响人们解释活动有三种机制：以往的经历和经验、决策者自身的角色和身份以及决策者利益。而对于制度规则的理解建构则涉及三种建构：首先是自我的建构，即哪种是与自我相关的身份；其次是自身情境的现实建构；再次是这两者之间匹配性建构。其中，对于自身及情境认知还受到文化背景、地位、世界观、问题关注点等的影响。

此外，"群体"会对群体决策中的个体心理和行为产生影响。阿希（1951，1956）②的"从众"研究，贾妮斯（1972，1977）③的"群体思维"理论，群体极化④、集体沉默⑤都说明了群体对个体决策行为的影响。群体决策的行为，都表现出与他人行为一致的现象，即遵从、服从与顺从。"遵从是在客观或心理上模糊的情境中，人们自觉或不自觉地以他人行为确定其行为准则，做出与他人一致的行为或行为反应倾向"，是内发、主动且有目的的，而非被动盲从，⑥是行为人在深刻认识所面临情境的基础上产生的认知行为，意志过程和情绪体验具有主动性、积极性；"服从"是行为人基于他人期望影响而被迫采取的行为，意志过程和情绪体验是被动消极的；"顺从"在行为归因上与"服从"相似，情绪体验消极但意志过程兼具主动性和被动性。⑦

就个体的心理认知过程看，人对制度的反应过程，实际上也是从自

---

① 曾建华、何贵兵：《群体决策中的知识构建过程》，《心理科学进展》2003 年第 6 期。

② Asch S. E., "Effects of Group Pressure upon the Modification and Distortion of Judgments", Groups, Leadership, and Men, Guetzkow, Harold (ed.), Publisher: Carnegie Press, 1951, pp. 222-236. Asch S. E., "Studies of Independence and Conformity: I. A Minority of One Against a Unanimous Majority", Psychological Monographs: General and Applied, Vol. 70, No. 9, 1956, pp. 1-70. et al.

③ Janis I. L., Victims of Groupthink: A Psychological Study of Foreign-policy Decisions and Fiascoes, 1972. Janis I. L., Mann L. Decision Making: A Psychological Analysis of Conflict, Choice, and Commitment, Free Press, 1977. et al.

④ Bordley R. F., "A Bayesian Model of Group Polarization", Organizational Behavior and Human Performance, Vol. 32, No. 2, 1983, pp. 262-274.

⑤ Morrison E. W., Milliken F. J., "Organizational Silence: A Barrier to Change and Development in a Pluralistic World", Academy of Management Review, Vol. 25, No. 4, 2000, pp. 706-725.

⑥ 宋官东：《对从众行为的新认识》，《心理科学》1997 年第 1 期。

⑦ 宋官东：《遵从行为的调查研究》，《心理科学》2004 年第 3 期。

身角度对制度进行意义解释和建构。① 人的意义化心理决定了人的行为方式和性质，核心是个体对自身与世界关系的信仰，具体则体现在人的价值观和态度上。价值观是认识主体对认识客体所包含的意义、作用等进行评价和选择的标准，是引导或推动认识主体采取决策等行动的重要内在因素。态度则是个体对具体事物的看法。此外，心理学的诸多研究证明理性—情感倾向、认知风格、人格特征等心理属性也会影响行为。理性—情感倾向体现的是个体在理性工具和情感价值两种维度上的心理特征，如理性工具倾向认为"人与人的关系是基于利益和算计"，情感价值倾向认为"人与人的关系是微妙的，是基于情感的"等。人格特征中的我向性是指人对事物的意义化解释具有自我的标准，并以此评判所遇到的信息。认知风格是个体在认知过程中体现出来的习惯化模式，它包含多种维度，如直觉—分析、思维内倾—外倾、言语—表象等。②

决策者在对制度做出意义解释的同时，会能动地建构制度。"能动"是行动者对社会世界的影响和应对，如对制度规则的改变等。奥利弗（Oliver，1991）梳理了单个组织可能存在的应对制度的五种策略：默认或遵守策略，采取这种策略的原因可能基于寻求合法性、获得资源等动机；妥协策略，如对各种利益进行权衡，谈判协商；通过隐藏以防止某些组织的某些部分受到制度的影响的回避策略；抵制制度要求的反抗策略；操纵策略，有目的地、投机性地合作，以控制、影响制度。③ 这为进一步研究决策者对制度的解释和能动建构提供了思路。

这些因素构成了研究人对制度心理化的基本理论框架。

（二）决策群体的制度感知、遵循和应对的差异

在群体决策者的制度感知中（见图8—4），三种制度组的"制度学习"、"制度重要性认知"、"规范性要素内化"、"文化—认知要素内化"的均值均在中等以上水平（$M>3$），即三种制度下的决策者对以上指标

---

① 景怀斌：《政府决策的制度—心理机制：一个理论框架》，《公共行政评论》2011年第3期。
② 同上。
③ 转引自［美］理查德·斯科特《制度与组织——思想观念与物质基础》（第3版），姚伟、王黎芳译，中国人民大学出版社2010年版。

的感知均有较高的水平。集中组的制度学习水平（$M_{集中}=3.97$）最高；"制度重要性认知"集中组略高；"规制性要素内化"均值都小于3，且$M_{协商}>M_{投票}>M_{集中}$；"规范性要素内化"均值均在中等以上水平（$M>3$），$M_{投票}>M_{集中}>M_{协商}$；"文化—认知要素内化"集中组（$M_{集中}=3.73$）明显高于协商组（$M_{协商}=3.56$）和投票组（$M_{投票}=3.55$）。

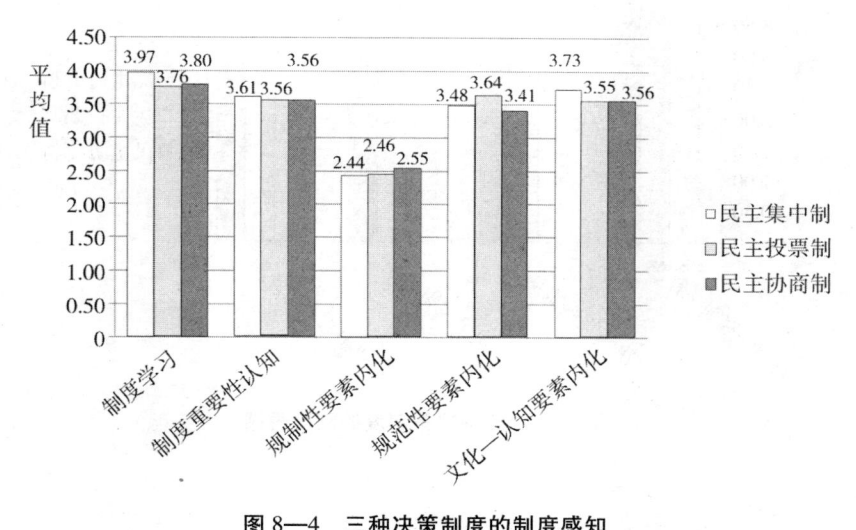

图 8—4　三种决策制度的制度感知

在制度遵循中（见图8—5），三种决策制度下决策者的"行为—规则一致性"、"决策规则服从性"、"决策逻辑遵循"和"自我中心决策倾向"的均值都处于中上水平（$M>3$）。这表明三种决策制度下的群体决策者的制度遵循水平都较高。"行为—规则一致性"、"决策规则服从性"和"决策逻辑遵循"这三个指标$M_{集中}>M_{投票}>M_{协商}$；而"自我中心决策倾向"，投票组最高（$M_{投票}=3.30$），协商组次之（$M_{协商}=3.25$），集中组最低（$M_{集中}=3.10$）。

在制度应对中（见图8—6），三种制度下决策者的"妥协式应对"均值都高于3，而"操纵式"、"回避式"和"反抗式"应对的均值都小于中等水平，这表明决策者更多地运用妥协的方式应对决策中出现的冲突。"妥协式应对"中，投票组均值最高（$M_{投票}=3.95$），集中组次之（$M_{集中}=3.78$），协商组最低（$M_{协商}=3.63$）。"操纵式"、"回避式"应对中，投票组（$M_{投票}=2.78$，$M_{投票}=2.73$）和协商组（$M_{协商}=2.83$，$M_{协商}=2.75$）的均值都高于集中组，而"反抗式"应对，投票组（$M_{投票}=2.28$）略高于协商组（$M_{协商}=2.15$）和集中组（$M_{集中}=1.90$）。

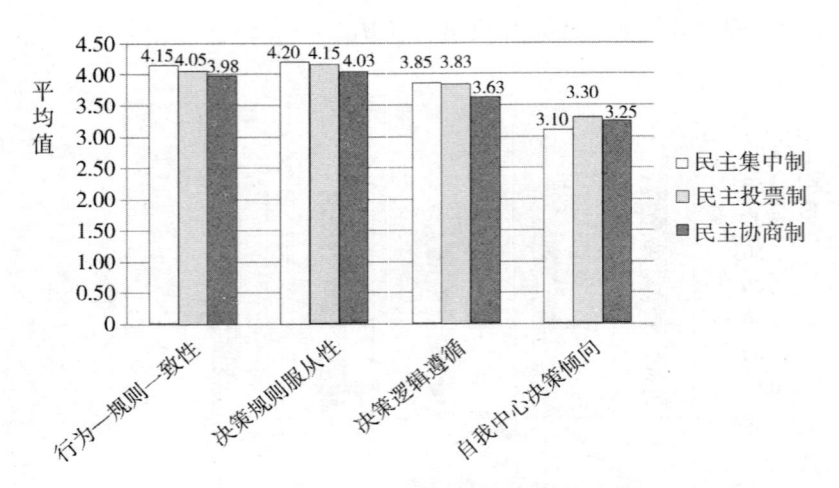

图8—5 三种决策制度的制度遵循

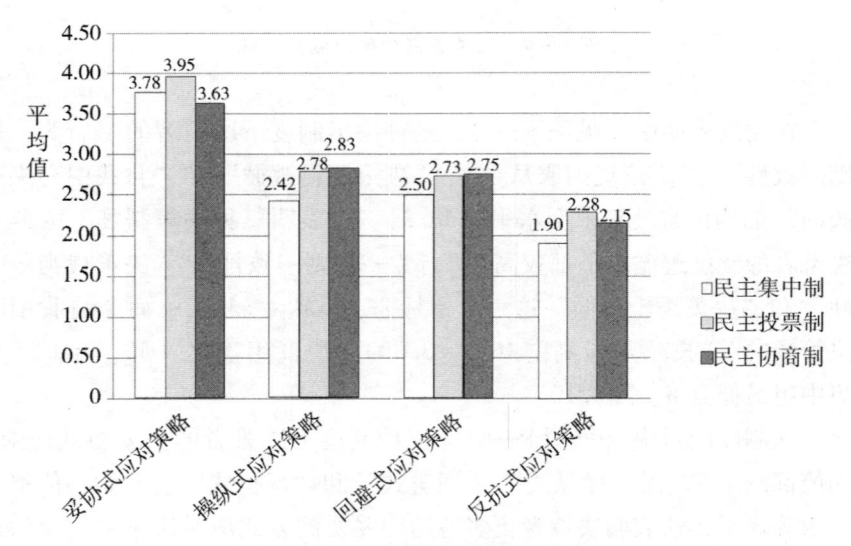

图8—6 三种决策制度下的制度应对

（三）决策个体属性与制度心理化的关系

为研究决策个体属性与制度感知、遵循和应对的关系，以个体心理属性因素为自变量，决策者对决策制度的感知、遵循和应对为因变量，进行相关分析。

首先，分析"理性—情感倾向"、"认知风格"（直觉—分析倾向）与制度心理化的关系。分别以"理性—情感倾向"、"认知风格"（直觉—分析倾向）为自变量，以制度心理化指标为因变量进行相关分析，结果显示（见表8—5）："理性—情感倾向"与制度的感知、遵循和应对没有显著相关；"直觉—分析倾向"与"制度学习"呈显著正相关（$p<0.05$），表明认知风格倾向于"分析型"的决策者在"制度学习"上更出色。此外，"直觉—分析倾向"与"妥协式应对策略"也存在一定的相关性（$p<0.1$），表明认知风格倾向于"分析型"的决策者在面对意见冲突时越能采用"妥协"的应对方式。

表8—5 理性—情感倾向、认知风格与制度感知、遵循、应对的关系

	理性—情感倾向	直觉—分析倾向
制度学习	-0.12	0.37**
制度重要性认知	0.21	0.19
规制性要素内化	0.04	-0.11
规范性要素内化	0.13	-0.01
文化—认知要素内化	0.08	0.09
行为—规则一致性	-0.09	0.10
决策规则服从性	-0.12	0.16
决策逻辑遵循	-0.19	0.10
自我中心决策倾向	-0.00	0.13
妥协式应对策略	0.19	0.23
操纵式应对策略	0.05	-0.01

续表

	理性—情感倾向	直觉—分析倾向
回避式应对策略	0.13	0.08
反抗式应对策略	−0.13	0.00

说明：(1) 制度学习、制度重要性认知、规制性要素内化、规范性要素内化和文化—认知要素内化主要考察制度感知；行为—规则一致性、决策规则服从性、决策逻辑遵循和自我中心决策倾向主要考察制度遵循；妥协式应对策略、操纵式应对策略、回避式应对策略和反抗式应对策略主要考察制度应对。

(2) ＊＊表示在1%水平上显著；＊表示在5%水平上显著。

其次，以价值观的十个维度为自变量进行相关分析，结果显示（见表8—6）："自我导向性"、"普遍主义"、"传统观"、"仁慈观"分别与"制度学习"呈显著正相关（$p<0.05$），表明"自我导向性"水平越高、强调普遍平等、遵循传统、仁慈的决策者，对制度的学习水平也越高；"权力观"与"回避式应对策略"呈显著正相关（$p<0.05$）；"成就观"、"享乐主义"与"制度重要性认知"呈显著负相关（$p<0.05$），表明越注重个人成就和他人认可、享乐的决策者，其对制度重要性认知的水平越低，"享乐主义"与"反抗式"应对策略也存在显著正相关（$p<0.05$）；"安全观"、"传统观"与"行为—规则一致性"呈显著正相关（$p<0.05$），此外，"安全观"与"操纵式"、"回避式"应对策略呈显著正相关（$p<0.05$），"循规性"与"回避式"应对策略也呈显著正相关（$p<0.01$），表明决策者越遵循传统，其对规则有更强的服从性，面对冲突更可能采取妥协的策略；"寻求刺激观"与"决策逻辑遵循"、"反抗式"应对策略呈显著正相关（$p<0.05$）。

表8—6　　　　　价值观与制度感知、遵循和应对的关系

	自我导向性	权力观	普遍主义	成就观	安全观	寻求刺激观	循规性	传统观	享乐主义	仁慈观
制度学习	0.32＊	−0.08	0.36＊＊	−0.10	0.20	0.12	0.21	0.36＊＊	0.07	0.29＊
制度重要性认知	−0.03	−0.17	0.00	−0.35＊＊	0.14	−0.15	−0.02	−0.03	−0.32＊	−0.08

第八章 "民主集中制"的制度效应与心理化机制　221

续表

	自我 导向性	权力观	普遍 主义	成就观	安全观	寻求 刺激观	循规性	传统观	享乐 主义	仁慈观
规制性要素内化	0.08	0.29*	-0.07	0.05	0.07	0.24	0.08	-0.10	0.19	-0.11
规范性要素内化	-0.22	0.14	-0.21	0.05	0.13	-0.05	0.25	-0.04	0.00	0.04
文化—认知要素内化	-0.03	0.22	-0.14	0.12	0.13	-0.05	0.25	0.05	-0.01	0.15
行为—规则一致性	0.07	-0.03	0.17	-0.06	0.28*	0.10	0.012	0.31*	0.05	0.15
决策规则服从性	0.11	-0.13	0.21	-0.08	0.19	0.11	-0.05	0.25	0.09	0.18
决策逻辑遵循	0.17	0.09	0.21	0.11	0.10	0.35**	0.07	0.10	0.19	0.11
自我中心决策倾向	0.18	0.02	0.10	-0.16	0.07	0.13	0.11	0.22	0.13	0.09
妥协式应对策略	-0.07	0.11	0.01	0.03	0.32*	-0.12	0.15	0.22	0.11	0.20
操纵式应对策略	-0.11	0.21	-0.12	0.18	0.30*	0.04	0.14	-0.07	0.24	-0.097
回避式应对策略	0.09	0.30*	-0.09	0.36**	0.35**	-0.05	0.36**	0.04	0.22	-0.16
反抗式应对策略	-0.01	-0.08	-0.16	-0.01	-0.10	0.29*	-0.02	-0.23	0.32*	-0.13

说明：(1) 制度学习、制度重要性认知、规制性要素内化、规范性要素内化和文化—认知要素内化主要考察制度感知；行为—规则一致性、决策规则服从性、决策逻辑遵循和自我中心决策倾向主要考察制度遵循；妥协式应对策略、操纵式应对策略、回避式应对策略和反抗式应对策略主要考察制度应对。

(2) ** 表示在1%水平上显著；* 表示在5%水平上显著。

最后，以"大五模型"人格特征中的"外倾性"、"随和性"、"责任心"、"情绪稳定性"和"开放性"为自变量进行相关分析，结果显示（见表8—7）："随和性"、"情绪稳定性"与"制度重要性认知"呈显著正相关（$p<0.05$）；"外倾性"、"开放性"与"制度重要性认知"则呈显著负相关（$p<0.05$）；"开放性"与"决策逻辑遵循"、"反抗式"应对策略呈显著正相关（$p<0.05$）。相关虽弱，但在一定程度上说明了情绪越稳定越随和，越能认识到制度的重要性，人格上越外倾越开放，越不太重视制度的重要作用。另外，本实验还以人格特征中的"我向性"为自变量进行相关分析，结果显示："我向性"与"制度应对"中"妥协式"应对策略呈显著负相关（$p<0.05$），在一定程度上表明决策者人格特征中的"我向性"越强，决策过程中越不倾向于采用"妥协"的策略应对意见冲突。

综合实验分析，除了"理性—情感倾向"因素之外，"价值观"、"认知风格"（直觉—分析倾向）、"我向性"和"人格特征"等因素与制度感知、遵循和应对有显著相关关系。即群体决策者的个体属性与决策制度的心理化有一定联系。

表8—7　　人格特征与制度感知、遵循和应对的关系

	外倾性	随和性	责任心	情绪稳定性	开放性	我向性
制度学习	-0.06	0.04	0.17	0.17	0.15	-0.08
制度重要性认知	-0.36**	0.28*	0.14	0.31*	-0.31*	-0.05
规制性要素内化	0.10	0.07	-0.23	-0.05	0.08	-0.18
规范性要素内化	0.02	0.20	-0.07	-0.11	-0.16	-0.18
文化—认知要素内化	0.06	0.06	0.05	0.15	-0.03	0.01
行为—规则一致性	0.03	0.12	0.04	0.12	0.03	-0.24
决策规则服从性	-0.06	0.07	0.11	0.16	0.06	-0.10
决策逻辑遵循	0.12	-0.15	-0.04	0.06	0.39**	-0.12
自我中心决策倾向	-0.11	0.02	0.15	-0.00	0.17	-0.04
妥协式应对策略	-0.02	0.05	0.04	0.18	-0.09	-0.27*

续表

	外倾性	随和性	责任心	情绪稳定性	开放性	我向性
操纵式应对策略	0.09	-0.24	-0.24	-0.13	0.06	0.05
回避式应对策略	0.23	-0.17	-0.05	-0.16	0.04	0.00
反抗式应对策略	0.14	-0.18	0.01	0.09	0.30*	-0.06

说明：(1) 制度学习、制度重要性认知、规制性要素内化、规范性要素内化和文化—认知要素内化主要考察制度感知；行为—规则一致性、决策规则服从性、决策逻辑遵循和自我中心决策倾向主要考察制度遵循；妥协式应对策略、操纵式应对策略、回避式应对策略和反抗式应对策略主要考察制度应对。

(2) ** 表示在1%水平上显著；* 表示在5%水平上显著。

（四）群体决策中制度遵循的心理过程

实验表明，决策制度与决策者的心理化有着一定的联系。那么决策者将会怎样去感知和解释进而执行制度？其制度遵循的心理过程如何？下面结合访谈进一步探究。

1. 选择性感知：经验图式的选择、匹配

制度印象。访谈中发现决策者在感知制度文本刺激时，对制度的印象、感觉往往与他们的经验图式相联系。如问到"你觉得你们小组的制度（规则）是怎样的？对实验指导书中的决策制度的介绍中对哪几条印象最深刻？"时，民主集中组有65%的被试认为所在小组的决策制度（规则）是"下级服从上级"，80%的人提到"少数服从多数"，即感知到了"集体主义"、"服从性"这些民主集中制所具有的内涵。此外，15%的人还关注到领导与委员之间、多数与少数之间的平等。民主投票组中，30%关注到了决策制度对决策流程的规定，各有15%对"总统"和"议会"的作用印象深刻。民主协商组中，55%对民主协商制中的"平等"印象深刻，35%提到了"沟通倾听，批判性审视"，而提到"少数服从多数"只有2%。如被试7："在我看来就是，一定要保证每个委员都能够自由地发言，比如一个人一直在讲，不给别人讲话的机会的话，我觉得反而会造成一个尴尬的气氛。而且既然他参加了这个决策的会议，就是要让他的想法表达出来，无论这个想法是好还是坏，因为市民就是这样子啊，多姿多彩。"决策者认为给出的规则就需要决策者共同去执行，"我们肯定是不可能完全脱离你给我们的一些限定嘛，假如你们给了我们这个规则，肯定是希望我们按照这个规则来做"（被试16），这个决策者对决策制度的感知并没有过多的加工，把"制度"等同于"遵从"。

实验结果也显示，三种决策制度下的决策者在制度的遵循上都处于中上水平。其中民主集中组在行为规则的一致性、服从性、逻辑遵循上都高于其他两组，在自我中心倾向上低于投票和协商组，说明民主集中制下的决策者对"制度=遵守"的感知更为强烈。可见，把制度感知作为决策的行动框架，对决策者来说是一件不言而喻的事。对制度规则的感知是决策者所具有的社会与文化背景的反映，决策者们有时把"制度"看成"服从"的代名词。实验数据显示，传统观与规则的"服从"呈显著正相关。这说明经验图式、价值观念以及文化背景在制度感知中有潜在影响。

对领导者的感知是制度感知的一部分。"领导应该有自己的把握和自己的想法……应该是他（领导）的主场……他要有自己的想法才能够说服我们。"（民主组被试7）决策者认为，领导在决策过程中"主场"的规则，期待领导先有一个想法供我们参考，"（我）好奇领导的想法"（民主组被试22）。三种决策组中，领导者的行为反应受到标准化控制规则，但决策者仍会以经验中制度下的领导角色对眼前的领导者进行感知。

制度重要性关注。决策者对制度重要性的个人化关注是制度感知的一个重要过程。民主集中组的被试19首先提取到"民主集中"的"少数服从多数"的特点，在此基础上，根据以往的经验，立刻形成了一个印象"每个人的价值观不同，必须进行妥协，完全没有预期说能够坚持一种观点"，承认因为人的价值观不同，但"如果不用这个规则，更难达成共识"，觉得"相互说服不一定在短时间内达成"。决策者对决策制度的重要性感知在于制度是达成共识的重要手段。在民主协商组中，决策者感知到民主协商在体现个人权利和自由、促进沟通倾听中的重要作用，实验数据显示，该组55%的决策者对"平等"、"真诚沟通"、"批判性审视"印象深刻。

制度学习。制度学习是感知决策制度的重要途径。认知过程以理性认识为主导，以个体经验、感知结构为基础，并始终伴随着情感和意志活动。实验结果显示，价值观中"自我导向性"与制度学习呈显著正相关，决策者越偏向"分析型"的认知风格，其对制度学习能力越强。67.5%的决策者认为根据自己以往的经验感知制度。被试23："感觉很有默契地大家都认为应该要这样，应该要少数服从多数。而且这个方案，在这三种里面相对比较好，所以也就同意了。"在这个学习过程中记忆起到了作用，因为人们对"少数服从多数"规则印象深刻，根据自己以往的知识经验和讨论的场景来理解小组决策规则，"有一部分是基于这次的讨论，还有一部分可能是根据以前也是对于这种事情的决策大家讨论的经验得来的"（被试25）。在与群体成员的互动学习过程中达成了"默契"。实验数据"制度学习"均值都在中等以上水平（$M>3$），基本印证了制度学习是决策者感知制度的重要途径。

2. 制度解释：情感价值导向与理想化导向

制度有着广阔的社会基础和文化期待，它发生在"当下"的真实的社会—文化—心理情境世界中。制度解释是制度感知的深入。周雪光认为制度属于象征性符号，因此需要解释，"个体或组织在利用、选择和忽略规章制度等方面有着丰富的想象力"，每一个特定情境都提供了对制度进行再解释的机会，同时"在决策过程中各个参与者也会对制度进行不同的解释，因而提供了不同但稳定的行为基础"[1]。根据心理治疗师皮特·福纳吉提出的"心理化"（mentalization），可以这样理解决策的制度心理化，即行动者内隐或外显地对自身的行为和制度做出意义的理解和解释，说明制度的含义、原因、理由等，是制度特征、情境与决策者心理属性相匹配的过程。

首先是情感价值导向的选择性解释。决策制度解释描述可能是建立在一定前规则、潜规则或法律基础之上，与决策个体属性中的认知风格、社会经历、人格特征、文化背景和价值观等心理属性相联系，在交互中赋予特殊的心理意义，带有一定的个体色彩。

访谈员：你关注到这一条平等发言的规则，但你觉得这个规则

---

[1] 周雪光：《组织规章制度与组织决策》，《北京大学教育评论》2010年第3期。

在实际过程中,至少在你们刚刚讨论过程中它有另外一个内涵是吧?

被试 17:是的。第一是小组成员个人的威信在短时间内树立起来了,威信就可能会让这个平等自由发生一些偏移,就会让人在潜意识里,对每个人的发言产生一种不均等。少数人的想法就会在过程中被抑制。

访谈员:那你面对这种情况会不会想到另外一些解决的办法,你的应对措施是什么?

被试 17:没有解决方法,但是我尽量不去做那个决策者。尽量不会做最后拍板子的人。就因为这个不知道怎么解决,不知道怎么维护多数与少数、每个人的,保证每个人的利益都受到保护,就只能去回避它。

  在这个访谈片段中,决策者觉得决策中平等发言的规则尽量不要被威信或者少数人的利益抑制而产生规则的偏移,感觉这是决策规则当中的漏洞或不足。但当现实与期望不一致时,决策者"没有解决办法"、"不知道怎么维护多数与少数",便产生了回避制度的选择,"尽量不会做最后拍板子的人",以换取心理安全感。斯科特(1995)认为制度会引起情感反应,这种反应直接导致决策者对制度的选择性解释,这种情感上的反应是制度规制性和规范性要素的来源之一。其中制度的规制性要素在本实验中的"情感反应"表现为内疚、受到威胁或清白,在规范性要素上表现为羞愧或荣誉,在文化—认知性要素上表现为肯定或被认为"异类"。

被试 23:"在这种大决策上,还是感觉用民主这个规则,倾听大家声音的这种方案,在目前来看还是比较有利于社会稳定的。就是来自不同阶层的人,首先你要找到不同阶层的人、不同背景的人作为代表,然后商讨一下,既然大家决定了,那可能在这种情况下,对于整个社会应该算是比较有利的。在这种(每个人都有理的情况下)……可能不能够百分之百都同意吧,但是感觉在这种情况下没有想到更好的,应该这个比较不错,所以会去遵循它。"该决策者回过头来遵循当下的这个民主规则,其中决策者的情感价值倾向("在这种情况下,对于整个社会应该算是比较有利的"）影响了他的制度选择。决策者对制度的信念、动机和期待与决策内容的匹配程度的认知比较清晰，对"民主"制度实质的理解（"大众都会认可这种"）相对稳定，表现出一定的理解力和反应力，这种情感上的反应是制度规制性要素和规范性要素内化的体现。再如被试1认为"一定要保证每个委员都能够自我地发言"，让成员的想法表达出来，其理由伴随着决策者对"这一规则"的情感价值倾向（如包容他人、平等、自由等）和较高的文化—认知要素内化程度（共享信念），即小组的决策规则应为大家共同认可并遵守，而不是"一直不给别人讲话的机会"而"造成一个尴尬气氛"。

其次是理想化导向的期望性解释。不同制度的理想状态是决策者对既有制度所做的期望性解释，即制度应然状态的解释，这集中反映决策者的个体心理属性。整理问卷发现：当问及决策者"什么是其所在小组决策制度规则的实质"时，被试对决策制度有着共同的期待。比如50%提及了作为一种决策意见整合方式的"少数服从多数"，60%的人认为理想状态的决策程序应该是"地位平等、表达自由"。同时，被试也会根据决策制度的不同属性有着多样化的期待，比如民主投票组的决策者对该组的决策制度（规则）的关注点较为分散，各有15%的人提到了决策制度中总统、参众两院在决策中的作用，10%的人关注投票的多数通过和决策者之间的地位平等，30%的人对决策程序印象深刻。相同的问题问及民主协商组被试时，55%提及决策成员之间的"平等"交流，35%提及协商过程中的"沟通倾听"、"包容"、"批判性审视"，65%的人强调决策成员的"平等"，15%认为决策应该相互倾听、充分交流和沟通，10%提到在协商中也需要有"权威力量或者领导的定夺"。由此可见，被试对"三种决策制度（规则）以及实质"的解释反映了决策者对理想制度的期待。

3. 能动应对：从"正式制度"到"现实规则"

决策制度的应对，是决策者在制度感知、解释的基础上所作的反应。决策制度作为决策的客体，在由正式的既定决策制度到现实规则形成的过程中，是否遵循，如何策略性行动以产生现实的决策规则，这取决于决策者的能动性。

首先是选择合适的决策制度。决策者往往会根据决策情境自我审视、选择合适的制度。实验发现，传统观与制度的能动性，尤其是妥协式策略的选择上呈显著正相关。58.8%的人承认对决策制度进行了能动构建，存在策略性应对。如集中组被试21："我回过头去看（决策制度）的时候，发现有几点比较吸引到我的注意，说优先达成一致意见，不行再多数表决。在以往我以为决策就直接多数表决就好了，后来发现那个决策规则强调说达成一致意见会比较好一些。"决策者没有坚持自己以往经验"直接多数表决"，而是结合当下决策情境对制度再次解释，主动做出再选择——"优先达成一致意见"。这同样出现在投票组："听了2号那个同学，他说，商业区是一个城市的象征，而且在绝大多数时间可能聚集了城市更多高端的人才，就这一句话我觉得还挺到位的，提醒了我们觉得在这种很难取舍的情况下，还是以城市发展为首。后来我们就得出了少数服从多数（的规则）。"（被试23）决策者根据实际讨论情况来调整应对策略，放弃"投票制"，采取了妥协式应对策略，而选用了"少数服从多数"这经验上、心理上更为符合实际的决策规则。

其次是偏移既定的决策制度。心理能动建构具有鲜明的"我向性"。在具体的决策活动中，有时甚至会出现偏移决策制度的现象，主要表现为"我向偏移"和"他向偏移"。"我觉得大家的意见都很重要，所有人都有权利发表意见，如果大家都没有发表意见的话，那就不能够得出决策了，一定要公平民主。……是（我）自己的喜好，就是觉得自己的意见是很重要，所以要发表出来。"（被试26）行动中决策者对"自由发言，平等决策"的个人喜好，是一种"自我标准"，也成为个体的需要——"自己的意见是很重要，所以要发表出来"，这种喜好（习惯）对决策行为产生影响。"自我标准"还会通过"说服方式"影响他人，表现出强的"我向性"，即"我根据自己的意愿做决策"，以致偏移既有的决策制度。问卷数据也表明："我向性"与"妥协式应对策略"呈负相关，并且达到了显著水平，这表明我向性强的人在制度心理构建上更倾向以自己的标准为群体标准，在自我标准与制度要求冲突时，会产生"我向性偏移"。相反地，"我向性"相对弱者，决策过程中会显得灵活，会根据实际讨论的情况来调整对规则的理解和应对，出现"他向性偏移"。"如果大家都很赞同一个意见的话，肯定是有他的道理的。就有时候吧，一个人他就会想事情的时候想得很不全面，也会钻个牛角尖什么的呀。这时候大家肯定会从某个不同的方面考虑，大家最好总结得出一个结论肯定比一个人偶尔想到的一些比较全面的更加可靠。"（被试10）决策者认为"如果大家都很赞同一个意见的话，肯定是有他的道理的"，为他向偏移找到了理由。"我本来的想法跟其他人不完全一致了，我就考虑下求同存异，看一下他们有什么，比较能够融入那个团队里面的意见，然后想了一下感觉还是有一定的共同地方，只不过是需要把我里面的一些内容再调整。"（被试24）感受到来自群体的压力，决策者进行自我审查，权衡自己和他人意见做出调整。

4. 制度心理化的一般机制

统合以上实验数据和访谈内容发现，在群体决策的制度遵循过程中存在着这样一个制度心理化机制，即决策者基于个体属性的制度感知、意义化解释和能动应对的心理化过程（见图8—7）。它遵循了"决策制度是什么、怎么样"（感知）—"这个制度是怎样的、为什么"（解

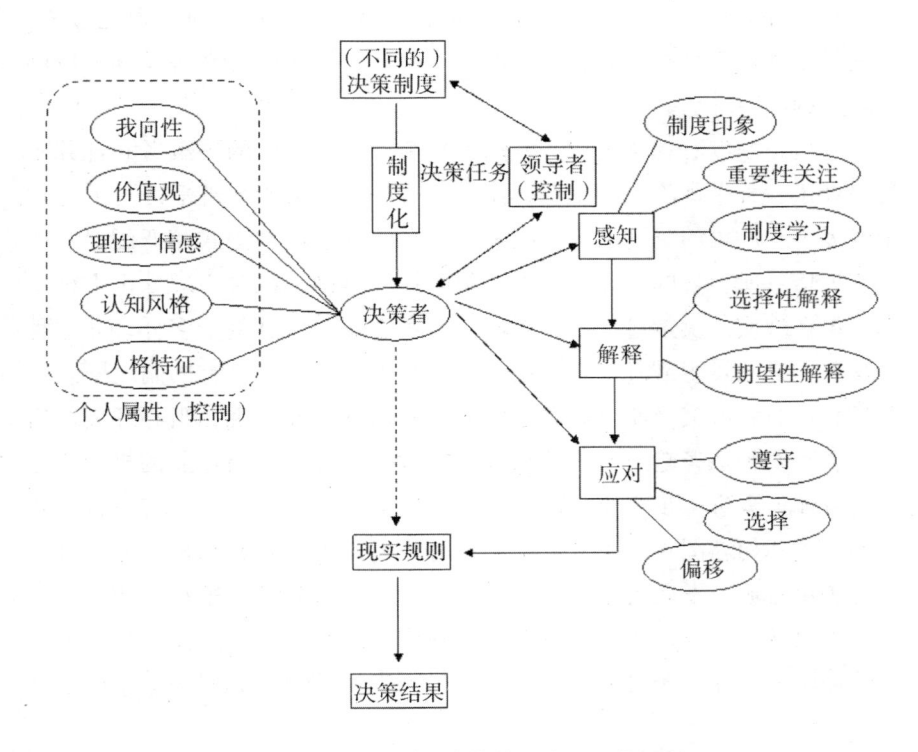

图8—7 政府群体决策的制度心理化机制

释)——"现在应该有什么制度"(应对)这样一个从隐性到显性、从个体层面走向群体层面的基本逻辑。对"决策制度是什么、怎么样"的感知,包括决策者对所给决策制度的印象、关注、学习以及决策者对已有制度图式匹配程度的认知。这不仅受到决策个体的情感倾向、价值观、人格特征和认知风格的影响,而且也受到经验、知识和文化传统等潜在因素的作用,使制度解释带有鲜明的个性色彩。"现在应该有什么制度"是个体经历制度感知、制度解释后的反应,通过与群体互动产生"现实规则",这种对制度的执行可以是"遵循"、"遵从",也可能是"选择"甚至是"偏移"。

该机制有以下特征:

首先,制度心理化过程是个体的意义认知过程。人们对事物的认知,固然是分析解释或思维的过程,但决定人的心理行为性质的,是人的意义,即信仰、价值观和态度。人们正是以自己意义内容为依据,对外界进行评判的,并根据意义理解进行行为的。[1] 制度的心理化过程,首先是个体对于什么是制度、制度应该是什么样的内容理解及其相应的心理过程。

其次,制度心理化过程具有动态平衡性。决策中的决策者心理并不始终处于一种平衡静止的状态,而是在"平衡—失衡—再平衡"的过程中发展。当所给的制度信息与决策者已有的制度心理图式相匹配时,其对制度信息所包含的意义可以被顺利解释并遵循,此时心理处于平衡状态。但在现实的决策过程中,影响决策者心理的信息复杂多样,即这种平衡并不必然发生或者一直存在。一旦刺激与决策者原有的制度图式不匹配,矛盾和冲突会使决策者心理失衡。本书研究发现,当心理失衡后决策者有两种选择趋势:一种趋势是把暂时的失衡权当发展的机会,通过与群体他人进一步交流互动,主动分享自己的观点,从已有制度图式的冲突到建构新图式,决策者也从暂时的失衡走向新的平衡;另一种趋势是决策者放弃发展机会,固守原有的制度图式,选择被动妥协,从而失去了决策主动权,放弃了对制度核心价值内涵的追求,反映在决策者心理体验上,即"心理安全感"、"参与感"水平低,这种策略上的选择

---

[1] 景怀斌:《心理意义实在论》(第2版),暨南大学出版社2005年版。

是决策者对旧有制度图式和现实情境的再平衡。

最后，制度心理化的过程是群体性与个体性相互影响的过程。群体决策是一种社会活动，制度更是一种群体意义上的范畴。西蒙认为："一般的组织决策只能通过心理机制，给每个人提供决策所需要的价值观和知识，从而控制个人的行为。在群体行为中，也同样有必要向执行计划者传达群体计划的信息，每个人都应知道自己的任务。"从这个意义上来看制度心理化并不是一种"自由意志"，可率性而为；缺乏一定理性、思维能力和自我意识的决策者，最终不可能遵循群体决策制度。因此，制度心理化机制形成中必然需要一定的群体性约束作为保障。个体即使一开始不合作，但在不断重复的行动情境中，很有可能会采取有条件的合作策略。实验中发现，群体主要通过对决策个体的情绪情感等方面施加影响，使个体在制度解释时考虑到了其他决策者的反应。可见，群体约束能够强化决策个体对决策制度的"解释"和"反应"程度。同时，感知、解释和反应是一个如何确保群体约束和个体属性相统一的过程，是个体内在的制度要求（我希望现在有怎样的制度）与群体目标（形成群体决策现实规则）相互作用直至统一的过程。

第九章

几个底层理论问题

从制度—心理机制视野对中国政府决策的体制、制度状况的描述，对政府决策真实过程的生态机制的分析，对决策者心理模型定量探析，对民主集中制制度作用的制度效应和心理化机制的实验描述，均提示了若干底层问题需要进一步讨论。

第一，政府基于什么样的体制逻辑进行决策的？

第二，政府的决策制度在现实运作中会有什么样的变化，从而以现实规则行动？

第三，如何使中国政府的决策制度发挥更好的作用，制度建设的操作性建议是什么？

本章围绕这些问题进行讨论。

一 政府决策的国家逻辑

政府决策本质上不是决策者依据自己的偏好进行的自由选择，而取决于政府体制。这样，就产生了一个更基本的问题，即中国政府决策的体制逻辑是什么？它对中国政府决策有什么基本的制约？这需要从中国的国家行动逻辑开始讨论。

（一）生命体：国家本质的中国式隐喻

一般来说，国家可以指被人民、文化、语言、地理区别出来的领土，是被政治管制权区别出来的领地，表现为自然属性的疆域和地理特征，是管制权、地域界线分明的政治体。

对于国家本质，有不同的理解。西方政治哲学中代表性的理论有共同体说和契约论。共同体说将国家作为一个政治共同体。亚里士多德基于希腊城邦的社会形态，认为国家起源于人类合群的天性和品德，由家庭而村社而国家自然地生长起来，建立国家的目的是为了追求自足而且至善的生活。奥斯古丁等神学国家论认为，国家权力来自上帝，神权高于政权，国家从属于教会，国家是引导公民达到快乐而有道德的生活的组织。契约论者则认为国家是基于个人利益建立的，人们通过订立契约的方式寻求和平，国家是"带剑的契约"，用以对违反契约的人进行处罚。霍布斯、斯宾诺莎等人认为，国家是从自然状态走向契约状体。人类社会曾经历过所谓的自然状态。在自然状态下，没有外在的政治权威，人人自由，人人平等，无拘无束。但也因为如此，无法形成任何秩序。用霍布斯的话说，便是"一切人反对一切人的战争"。久而久之，人们产生了建立公共权威的愿望。人民以合同形式授权部分人来维持秩序，由此产生了国家。通过契约建立国家的目的，是保护人们的生命、自由、财产等自然权利，人民是主权者，政府没有绝对的权威。政府和执政者如果违背职守，人民可以收回给予他们的权力甚至推翻它，主张国家立法权应与行政权分离。① 而马克思认为，从社会中产生但又居于社会之上并且日益同社会脱离的力量，就是国家。② 法的关系正像国家的形式一样，既不能从它们本身来理解，也不能从所谓人类精神的一般发展来理解，相反，它们根源于物质的生活关系，是这种物质的生活关系的总和。

国家与文化、社会是有区别的。在作用方式上，文化是靠共享信念联结的，社会则是靠各种互动关系维系的，国家是靠强制约束方式维系的命运共同体。在作用范围上，文化的外延最大，社会次之，国家最小。如东亚儒家文化圈，包括了中国、日本、新加坡等，基督教文化圈包括了欧洲、北美等。它们文化接近，但社会尤其是国家则完全不同。在性质上，文化是关于人的生存解释的观念学说，社会则是利益合作

---

① 孙关宏等：《政治学概论》，复旦大学出版社2003年版，第73—114页。
② 参见中国共产党中央马克思恩格斯列宁斯大林著作编译局《马克思恩格斯选集》第4卷，人民出版社1972年版，第166页。

体，国家是权力分割或分享的制度安排。可见，文化是国家建设的底层理念，国家存在于社会中。

中国的国家理解，有自己的文化传统。汉语中的"国家"一词，甲骨文本字为"或"，象征手执武器守卫领土。在金文中加入口，象征城墙，形成现在的"国"，有城邦、城市、都城之意。另外"邦"与国同义，"邦"甲骨文本义为在田野疆界上种植的树木，金文转变为丰加上邑，强化领土与边界的概念，后转化为指诸侯的封地。《考工记》："匠人营国，旁三门，国中九经九纬，经涂九轨，左祖右社，面朝后市。"这是中国早期对国家社会权力中心分布形态的描述。随着中国社会文化的发展，"国"与"家"逐步融合。如《周易》："是以身安而国家可保也。"秦汉以后以一国而统天下，更加强了儒家推崇的"家国同构"的理想社会形态。如西汉刘向《说苑》："苟有可以安国家，利人民者。"概言之，中国古籍中的"国家"是指由某个姓氏家族形成的中原王朝，而非近代西方民族国家的观念。西学东渐时，"国家"一词附会西方的state。

对于国家的实质或权力来源，中国传统社会持有"以德辅命"的观念，这可以称为国家的"生命体隐喻观"。中国农耕社会周而复始的日出和生产活动，形成了循环性质的思维方式。《易经》有"物极必反"、"否极泰来"、"盛衰相继"、"刚柔相克"等天道循环概念。中国历史上一直是中央集权的君主专制国家，"家天下"被视为正常的国家制度，"君权天授"是国家合法性学说。以"天人合一"论为基础的"君权天授"说，既给出了君主神圣和国家权力的合法性解释，又以灾异警告或惩罚约束君主。早期农耕文明中人的无力感产生了天命观，"天命"被认为是决定社会，特别是王朝兴亡的终极原因。夏、商、周三代统治者认为"天"是人间的主宰，他们受命于天，从天命而行，"有夏服（受）天命"。殷人迷信鬼神，关于民心向背、战争胜负、城邑兴建、官吏陟黜等重大问题，都要通过占卜向上天和祖先进行祈祷或请示，"殷人尊神，率民以事神，先鬼而后礼"。但周人立国，认为天是通过决定人的德行而决定人的命运的，天命必须和人事相配合，所谓"天命靡常，唯德是从"，"天不可信，我道惟宁王德延"。"天命"只垂青那些布施德行的君主，临幸那些政治昌明的王朝。汉武帝"罢黜百家，独尊儒术"后，历代王朝一方面运用国家力量统合各种力量，另一方面采用儒家大一统意识形态，推行德治，形成了"有德有命"，道不变而王朝可替的国家观念。朱熹将此概括为："气运从来一盛了又一衰，一衰了又一盛，只管恁地循环去，无有衰而不盛者……盖一治必又一乱，一乱必又一治。"[1] 这些思想体现了"国家生命体"观，即国家如同生命一样，有产生、发展、强壮及衰亡的生命过程，而决定这个过程的是统治者的"德"。

生命体国家隐喻，《朱元璋奉天讨元北伐檄文》提供了生动的例证。此《檄文》是明初的重要法制文件，发表于公元1367年。

> 自古帝王临御天下，皆中国居内以制夷狄，夷狄居外以奉中国，未闻以夷狄居中国而制天下也。自宋祚倾移，元以北夷入主中国，四海以内，罔不臣服，此岂人力，实乃天授。彼时君明臣良，足以纲维天下，然达人志士，尚有冠履倒置之叹。自是以后，元之臣子，不遵祖训，废坏纲常，有如大德废长立幼，泰定以臣弑君，天历以弟鸩兄，至于弟收兄妻，子征父妾，上下相习，恬不为怪，其于父子君臣夫妇长幼之伦，渎乱甚矣。夫人君者斯民之宗主，朝廷者天下之根本，礼仪者御世之大防，其所为如彼，岂可为训于天下后世哉！及其后嗣沉荒，失君臣之道，又加以宰相专权，宪台抱怨，有司毒虐，于是人心离叛，天下兵起，使我中国之民，死者肝脑涂地，生者骨肉不相保，虽因人事所致，实乃天厌其德而弃之之时也。古云："胡虏无百年之运"，验之今日，信乎不谬。当此之时，天运循环，中原气盛，亿兆之中，当降生圣人，驱除胡虏，恢复中华，立纲陈纪，救济斯民。今一纪于兹，未闻有治世安民者，徒使尔等战战兢兢，处于朝秦暮楚之地，诚可矜闵。方今河、洛、关、陕，虽有数雄：忘中国祖宗之姓，反就胡虏禽兽之名，以为美称，假元号以济私，恃有众以要君，凭陵跋扈，遥制朝权，此河洛之徒也；或众少力微，阻兵据险，贿诱名爵，志在养力，以俟衅隙，此关陕之人也。二者其始皆以捕妖人为名，乃得兵权。及妖人

---

[1] （宋）黎靖德：《朱子语类》卷一，中华书局1986年版。

已灭，兵权已得，志骄气盈，无复尊主庇民之意，互相吞噬，反为生民之巨害，皆非华夏之主也。予本淮右布衣，因天下大乱，为众所推，率师渡江，居金陵形式之地，得长江天堑之险，今十有三年。西抵巴蜀，东连沧海，南控闽越，湖、湘、汉、丐、两淮、徐、邳，皆入版图，奄及南方，尽为我有。民稍安，食稍足，兵稍精，控弦执矢，目视我中原之民，久无所主，深用疚心。予恭承天命，罔敢自安，方欲遣兵北逐胡虏，拯生民于涂炭，复汉官之威仪。虑民人未知，反为我仇，絜家北走，陷溺犹深，故先逾告：兵至，民人勿避。予号令严肃，无秋毫之犯，归我者永安于中华，背我者自窜于塞外。盖我中国之民，天必命我中国之人以安之，夷狄何得而治哉！予恐中土久污膻腥，生民扰扰，故率群雄奋力廓清，志在逐胡虏，除暴乱，使民皆得其所，雪中国之耻，尔民等其体之。如蒙古、色目，虽非华夏族类，然同生天地之间，有能知礼义，愿为臣民者，与中夏之人抚养无异。故兹告谕，想宜知悉。①

檄文称："自古帝王临御天下，皆中国居内以制夷狄，夷狄居外以奉中国，未闻以夷狄居中国而制天下也。"即使这样，"自宋祚倾移，元以北夷入主中国"，中土仍然接受了元，"四海以内，罔不臣服"，因为"此岂人力，实乃天授"，表现出对"以德有命"的天道理念的认同。但元有大统，却不珍惜自重，有种种败德行为，其德不足以有天命，到了"实乃天厌其德而弃之之时也"。《檄文》明确指出，又到了新的以德而兴的王朝时期。"当此之时，天运循环，中原气盛，亿兆之中，当降生圣人，驱除胡虏，恢复中华，立纲陈纪，救济斯民。"有历史、有文化、有传统地论述了以朱元璋为代表的力量是因有德而有命，可以承担天下责任，建立合法王朝了。这是国家生命体隐喻的奇妙表达。

中国传统的国家生命体隐喻在现代民主大潮下发展为执政周期律问题。1945年7月，民主人士黄炎培在延安参观，他与毛泽东谈起了历史上"其兴也勃焉"、"其亡也忽焉"的"周期律"问题："我生六十多年，耳闻的不说，所亲眼看到的，真所谓'其兴也勃焉'，'其亡也忽

---

① （明）宋濂：《明实录·太祖实录》，中华书局1974年影印本。

焉',一人,一家,一团体,一地方,乃至一国,不少单位都没有能跳出这周期律的支配力。大凡初时聚精会神,没有一事不用心,没有一人不卖力,也许那时艰难困苦,只有从万死中觅取一生,既而环境渐渐好转了,精神也就渐渐放下了。有的因为历时长久,自然地惰性发作,由少数演为多数,到风气养成,虽有大力,无法扭转,并且无法补救;也有为了区域一步步扩大了,它的扩大,有的出于自然发展,有的为功业欲所驱使,强求发展,到干部人才渐见竭蹶,艰于应付的时候,环境倒越加复杂起来了,控制力不免趋于薄弱了。一部历史,'政怠宦成'的也有,'人亡政息'的也有,'求荣取辱'的也有,总之没有能跳出这周期律。……中共诸君从过去到现在,我略略了解的了。就是希望找出一条新路,来跳出这周期律的支配。"毛泽东当时回答说:"我们已经找到新路,我们能跳出这周期律。这条新路,就是民主。只有让人民来监督政府,政府才不敢松懈。只有人人起来负责,才不会人亡政息。"①

由此可见,无论是古代的改朝换代,还是现代的执政周期律,中国传统的国家本质是以德为标准的生命体隐喻,即国家是具有类似人的生命过程的政治体制存在物,有出生、发展、强盛、衰落、灭亡的过程,其中关键的因素是统治者的"德"。

(二) 生命体国家逻辑及其特征

正如任何生命体都尽力通过不断汲取物质而使生命尽可能延续一样,国家也会通过不同的方式增进其存在。作为基于某一政治理念而建立起来管理社会、族群的超大组织,国家增进其存在时间的方式有两种:一是通过价值观念性的意义构建而增进其合法性,二是通过有效管理社会措施使国家有效应对各种挑战,故而,国家的行动逻辑是双重的,即持续强化"合法性"和"有效性"追求。

就最基本含义看,"合法性"是指某个实体所进行的行动在社会规范、价值信念看来是有价值的、适当的假定,即社会的认可、接受与信任。② 亚里士多德在《政治学》中指出:"一种政体如果要达到长治久

---

① 黄炎培:《八十年来》,文史资料出版社 1982 年版,第 148—149 页。
② [美] W. 理查德·斯科特:《制度与组织——思想观念与物质利益》(第 3 版),姚伟、王黎芳译,中国人民大学出版社 2012 年版,第 67—68 页。

安的目的,必须使全邦各部分(各阶级)的人民都能够参加而且怀抱着让它存在和延续的意愿。"① "合法性是指政治系统使人们产生和坚持现存政治制度是社会的最适宜制度之信仰的能力。"② 阿尔蒙德也认为:"如果某一社会的公民都愿意遵守当权者制定和实施的法规,而且还不仅仅是因为若不遵守就会受到惩处,而是因为他们确信遵守是应该的,那么,这种政治权威就是合法的。"③ 没有合法的国家,便没有全体人民的认同与支持,由此导致分离,甚至反抗直至国家灭亡。戴维·伊斯顿把合法性的基础归结为三个方面:意识形态、结构和个人品质。意识形态有助于培养系统成员对于政治权威和政治体制的合法性情感,为政治系统的合法性提供道义上的诠释;结构对合法性的支持意味着通过一定的政治制度和规范,掌权者可以获得统治的合法性,也就是说,政治结构的合法赋予其执政者以合法性;合法性的个人基础意指统治者赢得系统成员的信任和赞同。合法性的这三个基础相互影响、相互作用,共同奠定合法性的基础。④

合法性有不同分类,有宪政性合法性、绩效合法性、实质正义合法性;⑤ 也有法律的、习惯法的和民意的合法性分类。对于西方现代民主国家来说,合法性是宪政的、契约式的、法律的、选举程序合法。对于世袭国家来说,其合法性是传统的世袭制度,如中国的嫡传制。

现代中国国家的合法性体现为民心合法性。民心合法性来自一个国家政权是否在心理上反映了民众的意愿,它不是法律投票的,而是价值回应和体验的,代表和满足了民心,即有合法性。合法性的心理要素可以分解为三个:一是对政权的认可,即民众在心理上接受政权,承认其行使权力的正当性;二是遵从,即民众对政权暴力的、社会的、文化的

---

① [古希腊]亚里士多德:《政治学》,商务印书馆1996年版,第188页。
② [美]S. M. 李普塞特:《政治人——政治的社会基础》,张绍宗译,上海人民出版社1997年版,第55页。
③ [美]阿尔蒙德等:《比较政治学:体系、过程和政策》,上海人民出版社1987年版,第35—36页。
④ [美]戴维·伊斯顿:《政治生活的系统分析》,王浦劬译,华夏出版社1998年版,第348—373页。
⑤ 范勇鹏:《"蛮拼的"李世默到底想说什么?——小议李世默与王琪文章的交锋》,2015年1月,观察者网(http://www.guancha.cn/FanYongPeng/2015_01_05_305297_2.shtml)。

管制措施表现出出自内心的遵守；三是亲和，民众即主动地与政权管制接近，产生融合行为。

在中共执政的合法性资源之中，旧社会的"负面合法性"是重要内容之一。它对中共建立和巩固新政权，对确立中共追求的社会主义政治秩序发挥了重要作用。旧社会"负面合法性"作为一种客观存在，其作用的发挥需要借助于一定的技术手段进行广泛的政治动员，以营造出民众的阶级意识、阶级苦难意识、翻身意识，从而在民众对旧社会的恨的基础上，生发出对新社会的爱的情感。旧社会"负面合法性"作用的发挥，因受时间和统治绩效的影响是有其限度的。在正确认识旧社会"负面合法性"的功能及其限度的同时，还要认识其他类型的合法性资源对中共执政的重要意义。一方面，中共执政的旧社会"负面合法性"在建立政权初期是一种既有效又廉价的合法性资源。旧社会"负面合法性"反映的是旧社会的黑暗，这种负面合法性表现得越明显，人们就越"恨"旧社会，对新社会就越加向往。同时，由于这种合法性是一种既定事实，中共只要采取适当的动员手段，就能产生很大效果。中共凭借旧社会"负面合法性"成功地维护了自己统治的合法性，巩固了统治地位。另一方面，中共运用的旧社会"负面合法性"是一种不可再生的合法性资源。由于"负面合法性"产生于旧社会，在新社会具有不可再生性，中共能利用的"负面合法性"局限于旧社会，再加上时间和统治绩效的限度，旧社会"负面合法性"对新社会的人们产生的影响和作用越来越小。因此，中共必须生产出新的合法性资源来保证其执政的持续性和有效性，巩固其执政地位。①

有效性则是一个国家社会管理的有效程度。没有有效的社会治理，国家的理念和意识形态就无法贯彻，社会也无法整合；没有有效的管理，国家会处于贫富分化，带来不公正感，导致社会对立；没有有效的管理，国家就不能提供人民所需要的秩序、生活用品，人民无法生存；没有有效的社会秩序管控，社会就不是合作性的，而是充满权力或暴力博弈。如此等等，国家将不复存在。国家社会管理的有效性起码表现为

---

① 郝宇青、安琪雅：《中共执政的旧社会"负面合法性"功能及其限度》，《当代世界社会主义问题》2008 年第 4 期。

三个方面：一是最小投入与最大效益，即投入最小而获益最大；二是问题解决，即个人、民众遇到的当下困难能够得到解决；三是安全的，即全社会在物质和生存方面有安全生活的基本心理感受。

现代政治学理论也说明了国家行动合法性与有效性逻辑统一的关系。福山认为，构成一个国家有三个要素：其一，国家管制力。根据马克斯·韦伯的观点，它必得有一个在确定的领土上垄断合法性的强力。国家的强力关乎在最后时刻施加强制的能力，这是合法的强制，此等权力是代表整个共同体行使的。其二，法治。法律反映了共同体对于公正的观点，法律就必须要对统治者有约束力。因此，法治是对国家权力的根本限制。其三，民主。确保权力之运用代表整个共同体的利益，即民主问责制。他认为，世界上所有的政权都能够在这一谱系上找到自己的位置。俄罗斯和中国存在的问题是，国家非常强大但缺少分权制衡，有高度的自由裁量权却缺乏权力限制。而诸如美国或者印度这样的地方，存在着大量分权制衡的民主政体，当被高度社会不信任与极化所困扰时，就会产生非常低效的政府。① 以笔者所识，福山的三个因素可以化约为两个因素，即国家的合法性和有效性，这是国家行动的逻辑。

国家行动的逻辑是合法性与有效性有机结合和平衡的过程。政治合法性与公共行政有效性不是必然的合力关系，合法性不一定必然带来有效性，而有效公共行政在一定的时候甚至会摧毁合法性。

国家行动逻辑有如下特征：

第一，国家的"物实体"是社会运行和社会管理的载体。任何社会运行必定以国家实体存在为基础，如国家版图是公共管理活动的空间，军队是国家运行的暴力保证，公共行政部门是公共事务管理的行使机构。

第二，国家是基于某种历史性的文化理念而建立起来的政体。如中华人民共和国即基于传统中国文化和马克思主义相结合而建立的党政一体的国家；美利坚合众国是基于新教信仰而建立的三权分立国家。由于理念不同而建立了不同的政体，政体是公共管理的当下合法化依据。

第三，政体合法性是国家存在的法理依据。在现代社会，总体看，

---

① [美]福山：《奥巴马这么弱，为何还被称为"暴君"》，2014年12月，观察者网（http://www.guancha.cn/FuLangXiSi-FuShan/2014_12_05_302492_2.shtml）。

合法性有两种，一是法律契约合法性，二是心理契约合法性。前者是法律的，后者不一定是法律的，但也是心理约定的，可以借用心理契约概念来解释。心理契约是指员工在组织活动过程中自己与组织心理上的约定。"契约"首先是法律概念，后来引申到社会领域而出现"社会契约"的概念。从其基本含义看，"契约是这样一个协议（agreement），它'打算建立并且实际上正在建立'一项其中一方可以使之于另一方的权利。心理学家把社会契约概念引入心理领域，指个人与其所在组织之间的一份内隐的协议，协议中的内容包括在彼此关系中一方希望给另一方付出什么，同时又该得到什么，这种约定是双方在心理上对对方的一个期待"[①]。心理契约合法性即国家政体与人民的心理约定。如中华人民共和国的"人民"立场即为其政权合法性的心理契约。

合法性的心理契约有文化传统。中国古代天命观将统治者的德即保障人民的福祉视为政权合法性的基础。孔子提出德治，孟子主张仁政，董仲舒发明天人感应，"民为贵，君为轻"、"天听自我民听"、"水能载舟，亦能覆舟"等思想都体现出道德力量对政治权力的制约或政治力量的道德化。

第四，公共行政有效性与政治合法性不是必然的一致关系，有效公共行政在一定的时候会摧毁合法性，这即为什么有些改革会导致政权的灭亡。

（三）国家逻辑的三重对应

作为国家生命体的国家，其行动逻辑是对合法性和有效性的追寻。国家合法性和有效性不是独立的国家行为，而是与个体心理需要、社会心态倾向和管理目标构成多重对应和互动的关系，从而使国家逻辑有不同的基础和着力点。

1. 个体的情感价值与理性心理系统

> 如果有一所学校提供真正的宗教教育，而另一所学校完全没有，而我又被迫在两校之间选择的话，我宁愿把孩子送到第一所学

[①] ［英］迈克尔·莱斯诺夫：《社会契约论》，刘训练、李丽红、张红梅译，江苏人民出版社 2010 年版，第 8 页。

校，即使他会沾染上很多神学影响也在所不惜。

我一向鼎力支持世俗教育，也就是说，摆脱神学教育。但是，我得承认自己一直被一个问题困扰着。我实在想不出采用何种有效方式，可以做到既不读《圣经》，又能维系构成伦理行为基础的宗教情感。[1]

上面的一段话是由以倡导进化论而著名的赫胥黎所说，其学术主张无疑是"理性"的。这说明，即使哲人，其理性难免在社会生活中遭遇情感的困惑。为什么会如此，该如何解释。在笔者看来，这是由人的心理特性决定的。人作为有高级自我意识的生命体，其本质是意义的，意义是人生命感受的内容，生命价值的体现。人的心理"意义世界"表现出特有的二维系统——理性工具心理系统和价值情感心理系统，即人的心理活动具有或包含二维性：一方面，人的现实存在或物质生命生存通过以效率、理性算计为特征的价值观念、认知过程和心理特征来完成或实现。如做事信奉效率，习惯以有用无用来认知事物，等等。这可称为理性工具心理系统。另一方面，人的终极需要或根本性的意义系统通过以价值观认定的德性方式来满足。这可称为价值情感心理系统，包括相关的终极观、认知过程和心理特征的现象。[2] 人的心理的二维系统，尤其是后者，是人之为人的根本特征。关于这点，古代哲人已有清晰论证。"人之所以异于禽兽者几希，庶民去之，君子存之。舜明于庶物，察于人伦；由仁义行，非行仁义也。"[3] "天之所生，地之所养，惟人为大。人之所以为大者，以其有人伦也。"[4] 在中国古代哲人看来，人与动物虽然在很多方面相同，但人之根本不同于其他动物，在于人有以终极价值为支配的社会人伦观念和行为。这实乃人类行为和存在的实质。无论"终极观"内容有何差异，其精神（心理）功能作用是相同的——以根本性的意义系统给定了人及社会存在的价值和方向感。其作用表现为，在个体方面，"终极观"决定了人的基本生活观，影响着人的认知

---

[1] 参见高峰枫《赫胥黎与〈圣经〉》，《读书》2009年第3期，第68—69页。
[2] 景怀斌：《心理意义实在论》（第2版），暨南大学出版社2005年版。
[3] 《孟子·离娄》（下）。
[4] （宋）朱熹：《四书章句集注》（滕文公章句下），中华书局1983年版，第274页。

方式、情感特征，也影响着心理健康，具有人格整合功能。① 在这个意义上，正是人类的价值情感系统决定了人的特性。

2. 社会中的"公平与效率"

在社会生活中，国家逻辑的合法性与有效性转变为公平—效率诉求。

首先，社会的公共需要表现出公平与效率二维性。关于人的需要有大量研究，代表性的理论有需要层次理论、成就动机理论、强化理论、目标理论、公平理论，等等。随着"意义"回归心理学，② 越来越多的学者肯定，"意义"是人的基本需要，人是以保持"意义"的模式进行活动和生活的。③ 还有人提出了意识形态的底层需要理论。该理论认为，人有多种观念性的需要或动机，表现为选择亲和（elective affinity）动机，指信仰的结构和内容带来的相互吸引和认同动机；关系动机（relational motives），即归属和建立人际关系，与他人融为一体，共享现实；认知动机（epistemic motives），即降低不确定性、复杂性或模糊性，建立确定、结构化、秩序化的认知要求；存在动机（Existential motives），消除威胁环境，寻找安全、自尊和生命的意义；体制正义动机（system justification），对现状的辩护、支持，视当前的社会安排为公正、合法和符合人的愿望。④综合经典的及新近的需要理论，可以看出个体需要的基本特征：第一，需要可以大致划分为生存需要和价值情感需要。生存需要指能够满足个体生命存在，更有利地生存的需要。这要通过理性、效率的方式来实现。显然，这方面需要促进了理性工具文化的发展，形成了以"科学理性"为核心的理性工具文化系统。但是，人不仅仅是

---

① 参见 P. C. Hill, K. Pargament, R. W. Hood, M. E. Mccullough, J. P. Swyers, D. B. Larson & B. J. Zinnbauer, "Conceptualizing Religion and Spirituality: Points of Commonality, Points of Departure", *Journal for the Theory of Social Behaviour*, Vol. 30, No. 1, 2000, pp. 51-77。

② 参见 D. C. Molden, C. S. Dweck, "Finding 'Meaning' in Psychology: A Lay Theories Approach to Self-Regulation, Social Perception, and Social Development", *American Psychologist*, Vol. 61, No. 3, 2006, pp. 192-203。

③ 参见 S. J. Heine, T. Proulx, K. D. Vohs, "The Meaning Maintenance Model: On the Coherence of Social Motivations", *Personality and Social Psychology Review*, Vol. 10, No. 2, 2006, pp. 88-110。

④ 参见 J. T. Jost, C. M., Federico & J. L. Napier, "Political Ideology: Its Structure, Functions, and Elective Affinities", *Annual Review of Psychology*, Vol. 60, 2009, pp. 307-337。

"物"的存在,还是"精神"的存在,人因永恒追求和终极追寻而具有"终极意义"性质的价值性情感需要。作为提供生命价值感和方向感的终极情感需要,对于人来说同样重要,甚至更为根本。第二,人的生存需要和价值情感往往经历"硬性"需求而转换,如需要层次理论等表明,人的物质需要是首要的,但在物质性的生存需要满足后,价值情感需要成为必要。第三,价值情感需要能够对物质生存需要起引导作用。价值情感需要往往支配、解释了物质生存需要。在这个意义上,价值需要甚至更为重要。

其次,公共认知也存在公平与效率的二重性。公共政策的形成和执行,离不开认知过程。认知可分为个体认知与公共认知。个体认知指个体对相关信息编码、组织、解释而认知事物的心理过程。公共认知则指社会民众对政府政策的集群性解释、组织而认知的心理过程。公共认知固然有理性认知的一面,但也是利益博弈过程,其中价值情感心理在公共认知中有突出作用。乔治(Geoge,1979)认为有两个基本的信念类型影响人的认知,即哲学信念(philosophical belief)和工具信念(instrumental belief)。哲学信念指关于政治、政治冲突、对手、未来和历史发展等根本性质的假设和前提;工具信念指政治行动、冒险或危险、时间及获取利益的策略和手段。个体的哲学信念帮助个体对形势进行界定,而工具信念则决定行动的选择。西蒙虽然以有限理性(bounded rationality)闻名,但他在预算研究中发现,无论是美国的市政预算还是英国国家预算,传统的回归统计模型都难以估计预算结果的巨大改变。因此,预算分析应考虑其他的价值理论来说明。西蒙等在问题解决策略的研究中发现,个体往往使用意识形态性(ideology)的方式解决问题。[1]在公共认知中,情感因素往往有极大作用。如情感—认知模型(affective-cognitive model)认为,情感因素贯穿于知觉、感受过程。人们是结合情感信念来形成态度的。[2] 情感与认知的结合,比单一的情感或认知更能

---

[1] 参见 J. Bendor, Herbert A. Simon, "Political Scientist", *Annual Review of Political Sciences*, Vol. 6, 2003, pp. 433-471。

[2] 参见 D. Trafimow, P. Sheeran, "Some Tests of the Distinction between Cognitive and Affective Beliefs", *Journal of Experimental Psychology*, Vol. 34, No. 4, 1998, pp. 378-397。

预测人们对事物一般态度和倾向。① 这是因为，情感具有评价的结构（the structure of evaluation）功能，人们往往通过喜欢—不喜欢进行社会认知，而喜欢与否显著地为情感所决定。如积极的心境会带来积极的评价，消极的心境带来消极的评价；情感对于说服和动机有突出作用。没有情感的心理反应，刺激的作用要小得多；情感作为概括性评价，会储存在记忆中，能够对当前事件起到解释框架作用，等等。②

最后，社会文化更突出地表现出二重性。人们常说，文化是民族之魂。那么，文化之魂为何？从心理的二维系统及特性看，文化之魂乃是某一文化体能够满足人的价值情感需要的终极观念系统。或者说，文化本质上是建立在情感性信仰系统之上的。这即为什么那些回应了人的终极需要的宗教（或哲学知识）成为某种文明的核心，从而对文明体存在与发展有决定性作用的底层心理原因。如基督教信仰不仅带来了西方长久的政教合一或互动社会形态，还成为西方现代制度的理念基础。西方现代法制观念、职业精神等无不有上帝信仰的影子。③ 在社会方面，某一文明体系公认的终极观成为该体系精神生活、社会道德、法律秩序，甚至制度设计的基础。"每个社会都设法建立一个意义系统，人们通过它们来显示自己与世界的联系。"④ 甚至有文化社会学家指出，美国是以新教对"自我"的理解为模型而建立起来的国家，即所谓的"美国是一个以教会为灵魂的国家"⑤。韦伯也指出，人们必须给一些行为做价值的归属，否则社会制度是不能运行的。"理性法制"权威的合法性是建立在信仰之上的，是以对制定出的法律和权利正当性的信仰为基础的。

---

① 参见 A. H. Eagly, A. Mladinic & S. Otto, "Cognitive and Affective Bases of Attitudes Toward Social Groups and Social Policies", *Journal of Experimental Social Psychology*, Vol. 30, No. 2, 1994, pp. 113 -137。

② 参见 G. E. Marcus, "Emotions in Politics", *Annual Review of Political Science*, Vol. 3, 2000, pp. 221-250。

③ ［德］马克斯·韦伯：《新教伦理与资本主义精神》，于晓、陈维纲译，生活·读书·新知三联书店1987年版，第58—68页。

④ ［美］丹尼尔·贝尔：《资本主义文化矛盾》，赵一凡、蒲隆、任晓晋译，生活·读书·新知三联书店1992年版，第197页。

⑤ 参见 R. N. Bellah, "Meaning and Modernity: America and the World", In Richard Madsen (et al. eds.), *Meaning and Modernity: Religion, Polity and Self*, Berkeley and Los Angeles, CA: University of California Press, 2002, pp. 258-261。

在社会公共层面，价值情感需要往往被激活、激发，能够以价值追求的方式支配理性工具需要的地位。社会生活中所谓"不自由，毋宁死"，"不公平，不能活"，"无尊严，宁弃命"等价值追求，其底层原因于此。

3. 行政层面的"政治—行政"

对于政府机构来说，国家逻辑表现为政治与行政。

威尔逊和与他同时代的马克斯·韦伯一样，对政治与行政做出了区分。他认为政治涉及共同体的终极目标，理应经过民主讨论；但行政则涉及具体操作层面，可以通过经验研究、科学分析的方法进行研究。这一设想是基于即使发达国家的政府，在很大程度上也是由投机政客或腐败的市政老板们操纵的。"民主体制必须平衡两方面利益：既要保证所有人都具备参与机会，又要保证把事情办成。"[1]

公共管理曾围绕政治与行政展开过重大争论。20世纪70年代以来，行政学经历了所谓的"身份认同危机"。古德诺认为，所有的政府体制中都存在着两种主要的或基本的政府职能，即国家意志的表达职能和国家意志的执行职能——政治与行政。但这最终导致一个内在困境：公共行政由于其与政治过程的关系而应该关注民主、公平和自由等规范性问题，而在以民主的方式做出决策之后，将这些决策目标转变为社会现实不过是一个专业行政知识范围内的技术问题，最终，在公共行政中，民主只是一个易被遗忘的隐形角色。其他学者则认为，这是不可能的，"行政"天然地依附于"政治"。公共行政学作为一门学科而诞生，本身就是为政治服务。美国公共行政思想过去是、现在依然是宪政价值与民主价值的侍女学科。行政学的研究必须适应美国的民主理念。[2] 有学者认为，公共行政学百年来的七大争论中三大争论与此相关（达尔与西蒙之争，西蒙、德鲁克与沃尔之争，西蒙与阿吉里斯之争）。[3]其背后，实

---

[1] ［美］弗朗西斯·福山：《衰败的美利坚——政治制度失灵的根源》，《外交》2014年9月，观察者网（http://www.guancha.cn/fu-lang-xi-si-fu-shan/2014_10_12_275200_s.shtml）。

[2] 参见颜昌武、马骏《西方公共行政学中的争论：行政科学还是政治哲学?》，《中山大学学报》2009年第2期。

[3] 参见颜昌武、马骏《公共行政学百年争论》，中国人民大学出版社2010年版。

际上是对公共管理中"政治"与"行政"或价值与效率之间的侧重点理解不同所致。如西蒙所说，他与沃尔的不同在于，他试图对行政组织的运作与机理进行经验方式研究，而沃尔则从政策与管理的角度理解公共行政。[①]

在笔者看来，政府作为基于某种政治理念而构建的国家管理机构，无疑具有政治性。同时，政府治理社会，是基于一定任务而建立的组织，同样需要有效性。由此，公共管理不应仅是经济人性质的利益最大化，而是具有政治与行政的双重性。

在现实中，国家逻辑与社会表现的三重对应结合会产生复杂的社会问题，导致社会在发展目标、发展方式、利益分配、权力责任等方面的不同看法，从而影响国家逻辑的展开。

（四）国家逻辑下"公共管理"的任务

国家逻辑下的公共管理有双重任务，这可以从下面几个方面进行理解。

1. 国家逻辑视野下的"公共管理"任务

"公共行政"是政府特别是执行机关为公众提供服务的过程。公共行政可定义为与执行立法机关、行政部门和法院所采用或颁布的法律及其他规定相联系的一切过程、组织和个人（后者以官员职位和角色行动）。行政官员或行政人员在这种活动中主要是执行由别人（政治家）所制定的政策和法律，关注的焦点是过程、程序以及将政策转变为实际的行动，并以内部定向，进行机构和人员以及办公室的管理（传统的公共行政学以及公共行政学院主要是培养政府的职业文官的学科或机构）。尽管"公共管理"的确也包括了"行政"的许多内涵，但有以最低的成本取得目标以及管理者为取得结果负责的内涵。公共管理是公共组织提供公共物品和服务的活动，它主要关注的不是过程、程序和照别人的指示办事以及内部取向，而更多的是关注取得结果和对结果的获得负个人责任。在过去的20年，西方公共部门的管理实践发生了深刻变化，过去被称为"公共行政"的活动，现在更经常地被称为"公共管理"活

---

① Herbert A. Simon, " Guest Editorial", *Public Administration Review*, Vol. 55, No. 5, 1995, pp. 404-405.

动；过去那些有着"行政官员"头衔的人，现在更多地被称为"管理者"（或经理）。名称或头衔的变化是相关职位占有者的角色、地位、期望、行为方式以及他们与政治家和公民关系上变化的一种体现。[①]

西方的"公共管理"存在一个前提，即在合法性与有效性分离下的行政管理意义上的公共专门领域。无论是理论上还是实践上，美国公共管理的设计起源是美国政府运作的官僚科层安排的替代阶段。但公共组织的价值性不应被西蒙式的"理性"消解掉。[②]

然而，从国家生命体隐喻看，公共管理可以理解为当下国家管理组织为增进其基于文化性政治理念而建立的政体合法性和有效性的政治、政策与管理活动，即公共管理的双重任务是合法性增强与有效性提高。

2. 公共管理的原则

第一，合法性是公共管理的标准。

从国家逻辑看，合法性是国家存在的心理依据，而合法性对应于价值性，故公共管理应以价值性为标准。公共管理不应是单一的投入—产出式的效益或利益最大化。这是因为，公共管理不仅应满足民众的生存需要，也要满足民众的情感需要。从物质需要走向精神需求的发展原理看，随着社会的发展，人们的价值性需求会更突出。公共管理的许多问题存在着为公共需要，尤其为价值情感需要偏差性地解释的现象。现代社会的开放性信息形态，如自媒体信息极易激发、激活、激化价值情感需求，诱导民众的价值情感需要，从而影响民众的公共需要状况与取向。

第二，价值与事实的动态匹配原则。理性工具与价值情感系统是动态的，在一定历史条件下，理性工具心理需求更迫切，而另一条件下价值情感需要更突出。如在民族存亡情况下，生存危机使整个社会对理性工具更为需求，出现了"落后就要挨打"这样的国家理性工具文化诉求；而当国家解决了生存问题，特别是经济有一定发展之后，价值情感需求变得重要。故而，公共管理应动态性地对人们心态进行评估，应根

[①] 陈振明：《什么是公共管理（学）——相关概念辨析》，《中国行政管理》2001年第2期。

[②] Charles R. Davis, "The Administrative Rational Model and Public Organizaiton Theory", Administration & Society, Vol. 28, No. 1, 1996, pp. 39-60.

据具体的时空条件进行调整，而不是持机械的、不变的态度，从而制定符合民心的政策。

理性工具与价值情感动态关系是递进的，表现出两种方式：一是"不满足的优先满足原则"，即某一心理或需要缺乏时，最应满足。如改革开放初期，物质生活匮乏，发展轻工业经济满足人们的物质需求的政策回应了人民的需要，因而得到了民众的普遍认可。二是"满足的价值转换原则"，即在满足了理性工具需要的同时，也要及时地满足价值情感。如社会解决了温饱问题，需要顾及正义问题，使人们心情舒畅。目前，中国问题很多，核心问题可能与"公平"、"正义"的缺失感受有关。现代社会理性工具性质的"单向度"发展方式，挤压了人们的价值情感，使人们产生了相对剥夺感，导致了激愤、乖戾、责他而缺乏内省的社会心态。显然，这对社会和谐是极其不利的。公共管理应从引导、保证人们的公平正义感，即要着重从人的价值情感心理入手来解决这些问题。

公共政策的制定、传播、执行绝不是"理性"的过程，而是情感与理性互动作用的结果，特别是意识形态有挥之不去的作用。因此，从公共政策制定者角度看，应意识到自己的"价值情感"先在地对公共政策制定产生影响。由于公共政策不是个人的喜爱选择，而是社会整体的选择，所以，提倡政策制定者首先要研究自己的价值立场；同时，公共政策的内容或性质上不仅要符合民意（理性—情感需要），还要在公共政策认知和执行中利用民众价值情感心理，增大效果。这就是说，政策制定后，要利用民众的价值情感需求，使政策能够为民众发自内心地接受。否则，有可能导致民众的"情感"需要否定政府的"理性"政策，使公共政策的效力大为下降。

在这个意义上，政府不是企业，官员不是商人，政府在必要的时候要做"亏本买卖"，承担起社会的价值管理功能。

第三，终极整合原则。心理二维系统及其特征表明，体现或满足价值情感的文化或文明决定了社会文化形态，理性工具维护着意识形态选定的社会形态。从根本看，国家或社会组织的形成往往是价值认定（信仰性）而不一定是纯粹的理性选择。如建立在基督教文化上的现代资本主义，建立在中国东方文化之上的社会主义，均是基于历史根基，以价值认定的方式而形成的社会形态。然而，一旦一个社会形态建立起来，就面临效益性的任务，即以有效的方式维护这个社会形态的存在。二者的关系可以概括为，价值情感认定，理性工具保障。

这一原理对于文化建设有重要启示——文化与科学不是单一关系，而是双元关系。文化，特别是系统回答终极观问题的文化多是价值情感信仰性的，即文化的核心在于能够满足人的终极需要。源自历史的信仰系统往往是人类围绕生命意义终极追问而形成的，是在历史与现实的互动中发展起来的。中华民族在长期的发展中，形成了以儒家为代表的，具有自然精神崇拜（如"天道"信仰）的信仰系统。在历史上，这一学说借助于制度化的设计和保障（如科举制度），维系了中华文明延续与繁荣。恰如西方文化一样，发挥了独特的历史功能——"文化在与宗教合为一体时，就根据过去判断现在，并通过传统提供了二者的连续性。用这两种方式，宗教巩固了几乎所有历史上闻名的西方文化"[1]。而现代意义上的"科学"回答的是投入与产出、工具的有效性问题。显然，宗教不是狭义的科学问题，而是信仰问题。故而，"信仰"不能代替"科学"，同样，"科学"不能"证明"信仰，二者各有所用，同为人类的生存所必需。在这个意义上，不能简单地用"科学理性"替代终极文化系统，也不能用狭义的"科学"标准来判断传统文化。

二 政府决策的"事实"与"价值"

"价值"与"事实"是关于社会存在及其理性认知的基本术语，也是诸多学科关注的重要问题。自"休谟法则"——不能从"是"推出"应当"——提出以来，康德、马克斯·韦伯、杜威、马克思、哈贝马斯等哲学家围绕这一问题进行了诸多讨论。哲学、伦理学、政治学等的一些核心问题与此缠绕，成为现代人文社会科学的基本理论和方法论问题。有人称此为西方哲学的永恒问题。[2]

---

[1] ［美］丹尼尔·贝尔：《资本主义文化矛盾》，赵一凡、蒲隆、任晓晋译，生活·读书·新知三联书店1992年版，第208—209页。

[2] 刘复兴：《人文社会科学研究中的事实与价值》，《北京师范大学学报》2009年第1期。

那么，什么是"事实"？什么又是"价值"？"事实"指存在的"是什么"，是可以用公认的标准进行描述的"真"问题；而"价值"则是人的价值观作用下的对"事实"的判断问题，是个人的观念问题。前者是"硬"问题，后者是"软"问题。西蒙以逻辑分析的视野对此进行了界定。他指出，人们对道德性问题的辩护往往是从其前提条件进行的，对前提（premises）的不断辩护会回到问题的更根本的"前提"，"价值"是那些不是基于唯一结论，而是基于公理（axiom）的问题。道德或价值问题不能从事实推出，而是表现为同意论证（tautologiese），它们表现为"应当"、"应该"，难以有完全的理由，只是基于信仰之上的公理认同。①

政府是基于某一价值理念或意识形态建立起来的承担国家或社会管理职能的公共组织。任何政府的决策都是基于自己独特的价值理念与理性最大化，即决定于特定的"政治"与"事实"。由此，政府决策在一定程度上充满了价值与事实的紧张性：一方面，政府不得不以理性方式保障效率；另一方面，"非理性"的价值观念或信仰又左右甚至支配政府的取向。它们既表现在目标的功效性与价值性冲突，也体现在实现过程的工具性与价值性方式紧张，还体现在具有"意识形态"特征底层标准的对立。其极端的"格式"是"宁要……，不要……"。

（一）中国政府决策中的"价值"

政府合法性更多取决于其政治理念的社会认同性，也就是政府决策根本上要以其"价值理念"为决策内容基础。中国政府是以社会主义理念为基石的政党，其价值更多围绕社会主义理念而构建。中国政府的决策模式虽然有变化，但中华人民共和国的国体和政体基本性质没有变化，其"价值"体现在以下几个方面。

1. 中共的政治理念

对于国家来说，政治价值观首先表现为意识形态。意识形态更多属于政治学科概念。从心理角度看，意识形态指人们通过学习而获得的包

---

① Herbert A. Simon, "Freedom and Discipline", *Religious Humanism*, Vol. 22, 1988, pp. 2-6.

含互相交叉的信念、观念和价值观,是关于社会恰当的秩序及如何达成的信念集合(set of beliefs)。意识形态提供了心理模型的共享框架(shared framework of mental models),从而对人的属性、社会事件、现实的判断、愿景等方面提供了心理参照。意识形态具有动机的、认知作用,表现出所谓的"热"认知功能。热认知(hot cognition)相对于"冷认知"(cold cognitive)而言,前者强调情感和动机在注意、记忆、判断、决策、推理和目标追求中的作用,后者则指单纯的认知过程。意识形态具有典型的"热认知"功能。① 在作用方式上,意识形态表现出中心作用特征,即信念沿着中心—外围变化,越是中心的信念,越抵抗变换;越是核心信念的变换,越能够带来更大程度范围的信念系统变换。意识形态作为内隐态度(implicit attitudes),具有自卫、支持和对现状的辩护作用,不仅可以对各种政治事务进行直觉评价(heuristic judgments),还可作为解释和合理化的装置,使社会、经济、政治安排具有公平和合理性。②

中华人民共和国的意识形态是以马克思主义为指导思想且具有中国特色的社会主义,其根本特征表现在习近平总书记提出的"四个必须"的要求:必须毫不动摇坚持中国共产党的领导、必须保证和发展人民当家做主、必须全面推进依法治国、必须坚持民主集中制。③ 由于党政一体的国家体制,党的理念就是政府的理念,即政府决策的根本价值观。

当前中国社会的状况是这个"政治理念"作用结果。对于中国经济取得了人类经济史上前所未有的超常增长,有人认为,政治因素有极大的作用。中国形成了极具中国特色的"三维市场体制",由战略性的中央政府、竞争性企业和竞争性地方政府三大主体构成,地方政府不但承担着一般性的政府职能,更直接作为经济主体参与市场活动,不同层级地方政府通过横向竞争促进辖区经济发展。这一体制有别于西方二维结

---

① 参见 J. T. Jost, J. Glaser, A. W. Kruglanski, F. J. Sulloway, "Political Conservatism as Motivated Social Cognition", *Psychological Bulletin*, Vol. 129, No. 3, 2003, pp. 339-375。

② 参见 J. T. Jost, C. M. Federico, and J. L. Napier, "Political Ideology: Its Structure, Functions, and Elective Affinities", *Annual Review of Psychology*, Vol. 60, 2009, pp. 307-337。

③ 习近平:《扎根本国土壤 汲取充沛养分的制度最可靠也最管用》,2014年9月,新华网(http://news.xinhuanet.com/politics/2014-09/05/c_1112384336.htm)。

构，即市场经济中扮演监护者角色的政府与竞争性的企业。三维市场机制的形成，是毛泽东时代形成的新型中央—地方关系在市场经济条件下的自然延展。其中最具特色也最令人困惑的"竞争型地方政府"，意味着政府作为社会事务管理者与竞争性经济主体的双重地位之间的动态均衡，其实质在于双重身份所依托的政治逻辑与资本逻辑的均衡。当中国已经深度融入以资本逻辑主导的世界体系下，这样一种均衡显得尤其难得。这意味着，在以无限自我复制为目的资本力量不断壮大的同时，政治的力量也在相应增长，从而得以制约—利用资本而非全然为其所制所用。这种可以不断壮大自身的政治力量，当然不可能源自高度科层化与职能细分的专业行政机构，而必须归于具有高度政治意识、政治意志与政治主体性的中国共产党。①

也应提醒，政党的政治理念与文化信仰观念是有区别的。政党的理念是特定历史时期政党的政治价值观，它形成于历史文化信仰之上，有自己的独特主张，是党性精神，而文化信仰则是一个民族长久以来形成的共享观念。当然，二者应当有机结合，只有根植于自己文化的政党理念，才是最稳定的理念。如美国基于基督教信仰的国家理念几乎没有被调整，两党无论有什么样的争斗，对国家意识形态从来都是维护的。其机理值得中国政府汲取。

2. 国家取向

近代中国的主题是民族的独立与富强。近 200 年间，相对于西方工业文明的快速发展，中国沦为落后国家，成为西方列强的掠夺目标，面临生死存亡的困境。中国如何救亡图存，发展成为现代工业社会，就成为国家目标。"国家要独立，民族要解放，人民要革命"是这一主题的写照。其实质是国家立场与国家任务至上。60 年前，毛泽东在关于资本主义工商业社会主义改造问题座谈会上的讲话中提出："我们的目标是要赶上美国，并且要超过美国。美国只有一亿多人口，我国有六亿多人口，我们应该赶上美国。究竟要几十年，看大家努力，至少 50 年吧，也许 75 年，75 年就是 15 个五年计划。哪一天赶上美国，超过美国，我

---

① 史正富：《超常增长：1979—2049 年的中国经济》，上海人民出版社 2013 年版，第 35—56 页。

们才吐一口气。"①

从这一严峻的社会状况出发，中国政府的所有行为蕴含着一个潜在的"政治"——国家图存、富强的国家目标。这一国家目标，不仅仅是国家生存的有效性问题，更转变为中共价值追求，即国家富强，民族复兴成为中国现代社会的最大"政治"。战争年代的救亡图存自不必说，中华人民共和国成立后的重大决策可以说是以此为逻辑。前30年的筚路蓝缕，高积累，低消费，国家重大战略布局，无不以此展开，后30年的改革开放，效益优先，超高速增长，也是如此。"集中力量办大事"，"全国一盘棋"等国家战略决策，都是国家取向的体现。

在国家目标下，国家领导人的决策实质上是国家利益性优先的，个人的利益或某一阶层的利益有可能被压抑、忽视，如前30年的农业剪刀差，后30年农民工的不平等、下岗潮等，但国家在这个模式中受益最大。中国作为国家来说，快速发展得益于"国家利益"的价值观。

随着社会的发展，利益阶层的变化，国家需要适度调整这个立场，应由国家关注逐步发展到国家—民众均衡的立场。如此，政府的合法性问题、社会稳定、社会不公等才会得到改善。

3. 传统价值观

任何国家都是建立在自己的传统之上的。为文明体系公认的终极观是该文明体系精神生活、社会道德、法律秩序，甚至制度设计的理念基础。例如，美国社会生活的各个方面，从自我观念、道德依据、市场经济，到民主与政体，无不有基督教观念的影子。② 中国以儒家的"天—仁"的终极观构建了自己的社会形态，给出了中国人以"德"为核心的生命存在意义和价值的根本理念。这些理念既是人生目的、动力，也是人生原则，其作用内在可获得心灵安顿，外在可产生德性行为，从而体悟生命的意义感和价值感。③ 传统中国的"皇天无亲，惟德是辅"的德

---

① 刘明福：《中国梦》，中国友谊出版公司2010年版，第9—10页。
② 参见 Richard Madsen (et al.), *Meaning and Modernity: Religion, Polity and Sel*, Berkeley and Los Angeles, CA: University of California Press, 2002。
③ 景怀斌：《孔子"仁"的终极观及其功用的心理机制》，《中国社会科学》2012年第4期。

治思想更是中国历史上国家合法性理念。

中国实行工人阶级领导的、以工农联盟为基础的人民民主专政的国体，实行人民代表大会制度的政体，实行中国共产党领导的多党合作和政治协商制度，实行民族区域自治制度，实行基层群众自治制度，具有鲜明的中国特色。[①] 其理论上有突出的"人民"本位。"为人民服务"是其基本国家理念，以此为执政的合法性依据。1943年6月1日，毛泽东在《关于领导方法的若干问题》中正式提出群众路线作为领导方法。到了1945年，七大修订的党章强调了四个群众观点："一切为了人民群众，全心全意为人民群众服务的观点；一切向人民群众负责的观点；相信群众自己解放自己的观点；向人民群众学习的观点"等。

中国共产党从革命党转变为执政党后，革命的合法性慢慢淡化，而转变为执政合法性。执政合法性在中国的文化背景下，即民本传统的文化合法性。其实，中共自诞生起，就从中国传统文化中自然而然地汲取资源。中国传统文化因素对于中国共产党的成立、发展、壮大，与马克思主义中国化有千丝万缕的联系。仔细研读《矛盾论》、《实践论》，突出的中国传统思维方式给人印象深刻，党的工作纲领更有传统文化的色彩，如"为人民服务"的执政理念。当前，中共更是注重从传统中汲取更多资源。如中共十八大提出了24个字的社会主义核心价值观的基本内容——富强、民主、文明、和谐，自由、平等、公正、法治，爱国、敬业、诚信、友善，积极培育和践行社会主义核心价值观，更是可见传统文化的影子。或许在这个意义上，可以更好地理解习近平所说的："中国人民的理想和奋斗，中国人民的价值观和精神世界，是始终深深根植于中国优秀传统文化沃土之中的，同时又是随着历史和时代前进而不断与日俱新、与时俱进的。"[②]

简言之，未来的中共会更多地汲取传统文化资源，增强执政合法性与有效性。

---

① 习近平：《扎根本国土壤 汲取充沛养分的制度最可靠也最管用》，2014年9月，新华网（http://news.xinhuanet.com/politics/2014-09/05/c_1112384336.htm）。
② 2014年9月24日在纪念孔子诞辰2565周年国际学术研讨会暨国际儒学联合会第五届会员大会开幕会上的讲话。

（二）中国政府决策中的"事实"

决策总是要解决"问题"的。"问题"如何最好地解决，是决策"事实"的首要维度。"事实"是决策的理性维度，在这个维度下，决策主体往往追求利益最大化。中国政府决策中的"事实"体现如下几个方面。

1. 问题解决最大效用化

决策任务的解决，离不开对问题的前后左右比较。"前后"即历史性的分析，通过组织经验、组织惯例进行；"左右"，即横向组织间的借鉴。这往往是组织理解的"最大化"而不是个人的最大化。

中国政府决策"问题效用最大化"，有决策体制的逻辑。"民主集中制"下的决策问题与其说是方案选择（决策），不如说是已有决策目标、方针、措施完善。因为在这一决策模式中，实际上"决策"之前已经有了"决策"，具体的决策过程实际上是决策后执行方案的完善。

在这个过程中，政府往往在有限范围内对特定人（不是随机性原则的民主，而是代表性民主）进行民主化意见聚合。在这个过程中，政府直接决策者、政府相关主管部门、政府咨询机构，甚至选定的民众不同程度参与了决策执行方案的完善，微调着决策的执行路线，从而使其执行上能够达到效用最大化。

其效用最大化还表现在，这一"自上而下"的决策模式不仅制度性地消解了决策过程中因不同利益集团的争议而带来的损耗，而且这一模式具有行动力，能够动员全国之力做国家战略需求的任务。

当然，这种"自上而下"的决策模式实际上不具备决策过程中的自我纠错能力，即只要是第一领导人意图的决策，决策后果无法改变。

2. 职位晋升取向下的个人利益

就过程而言，组织决策是由某人或某一团队做出的，而人的决策无不有自我利益。作为政府官员，一方面要对组织发展负责，另一方面也有自我利益涉入。个人利益是决策"事实"的一个方面。

一般来说，组织中的人，其自我利益取向只有与组织制度激励取向一致，才是合法的，才有全面的最大个人利益后果。对于中国政府官员来说，个人利益最大化往往转换为职位的晋升利益诉求。在中国当前的官员体制下，职位为中心的硬性和软性回报是最大激励。从硬的方面看，官员的待遇、工资、福利无不因职位决定；从软的方面看，官员的荣誉、自我实现感也无不为职位决定。因此，晋升是最大的激励，而换个激励会自然而然地影响决策者。

这就解释了很多情况下，官员决策不对问题负责，不对下级负责，而只对绩效考核负责，只对上级负责的现象。在以 GDP 为核心的考核下，官员经济效益型的决策大为突出，能够带来 GDP 的房地产、企业项目，即使大家意识到消极后果，也无法阻止。在政治为最高标准的情况下，官员以政治为最大标准。如此，才可以解释，在政治化时代，官员的行为由政治标准决定；在经济时代，决策由官员晋升的经济标准决定。

个人利益取向不是绝对错的，恰恰是符合激励的一般原理的。问题是，如何制定基于国家逻辑的政治—事实激励标准才是关键的。

3. 部门利益

任何一级政府，既然作为组织，即有其自身利益要求，它有基本的诉求，不仅要组织自我保护，还尽量为自己的组织带来最大利益。

部门利益体现在多方面，既可以是组织地位诉求，也可以是组织个体的物质利益。组织的地位指某个组织在其纵向和横向组织层级中的影响力，而组织利益则是组织的物质或经济利益。它们潜在或明显地影响着某个组织的决策，有可能导致组织的自我服务性决策。

因此，作为国家或政府的组织要素，部门利益需要被控制。控制方式一方面来自权力制约，来自法制；另一方面也来自制度设计。

（三）中国政府决策中的价值—事实逻辑

在政府决策中，价值与事实往往是互动的。其互动关系表现出如下的形式。

第一，价值主导型，即政府定下价值目标，然后围绕这一目标，进行事实现状分析，寻找合适决策。

第二，价值—事实互动型。即决策任务的制定由价值意向和事实条件交织而形成，有了想法又有条件，然后采取决策。

第三，事实型。即有了从事某种任务化解的可能性，然后采取行动。

无论如何，政府决策的价值维度往往与合法性联系，事实与有效性联系。政府决策更多应是价值性的，而非单纯的利益最大化。

三　制度—心理机制中的规则变异

奥斯特罗姆在评论政治学的经验研究时说，要对复杂的制度行为给出理性选择的解释，需要对制度及制度选择的逻辑进行深度理解。理性选择和制度分析是 21 世纪政治科学的本质补充要素。[1]

对中国进行制度分析，无疑要先理解中国的制度框架。宏观上看，中国社会运行机制有自己的逻辑。中国共产党是个高度集权的组织，这充分体现于其干部任命和纪律检查的制度。但是，它同时具有一定的分权传统，其来源是毛泽东在"十大关系"中提出的"两个积极性"原则：要求统一集权，但同时也要求在社会主义建设中发挥地方积极性。在毛泽东看来，中国革命的"群众路线"才真正体现了共产党党章中的"民主集中"原则的精神：在运作之中，要求充分发挥地方积极性，要求上级广泛与下级"商量办事"。1978 年面对"改革"的历史任务，用计划和市场的"双轨"进路，通过中央和地方的分权（比较具体地体现于 20 世纪 80 年代的"分灶吃饭"、"财政包干"，1994 年的"分税制"则是在分权现实上扩大中央的税收和功能），以地方政府为能动主体，结合市场刺激形成了改革经济的主要动力。正因为是借用旧体制，才有可能首先在基层旧大队、公社的基础上，发展 20 世纪 80 年代蓬勃的"乡镇企业"。其后，伴随投资规模的扩大，经济发展的主要载体上升到县、市、省级政府，以它们为"招商引资"的能动主体，配合"经济特区"等措施，大规模引进国内外资本，借此推动了改革以来的快速经济发展。改革中的地方政府在一个分权并允许创新与竞争的环境下，同时，又是在中央集权的干部审核、委任和以 GDP 增长为主要目标的制度

---

[1] Elinor Ostrom, "Rational Choice Theory and Institutional Analysis: Toward Complementarity", *American Political Science Review*, Vol. 85, No. 1, 1991, pp. 237-243.

之下，推动了改革和经济发展。这是改革中形成的特殊的国家体制。地方政治的活力和弊病，都源于这同一个体制。中央政府的政策抉择显然非常关键。[①]

在笔者看来，制度分析不仅仅是制度形成及其作用，还要关注已有的制度如何作用并演化，对于一般的制度作用如此，对于政府制度的组织化作用和个体化选择更应如此。政府决策既是政府制度运行的结果，也是决策者在制度作用下对决策问题认知和方案选择的结果。决策的制度—心理机制就成为必要的分析框架。

（一）制度及其变异

无疑，对于任何组织来说，制度规约组织中人的行为。但制度从来都不是简单的单向强制作用，而是在与人、情境互动下作用的。在这个过程中制度会发生变异，形成不同特性的规则——正式制度、现实规则、习俗惯例、潜规则。

正式制度是组织基于任务而制定出的关于组织和个体如何行为的明文规则；现实规则是为实现组织工作任务，在组织制度、领导人互动基础上形成的，并为组织传承的工作方式规则；习俗惯例指在组织运行长期实践中形成的为人共享的行为方式；潜规则则是为达成个人利益，利用组织制度某些有利条件的私下行动规则。比较来看，它们之间存在显著差异。

第一，现实规则与正式制度不同。诺斯指出，正式制度包括政治（与司法）规则、经济规则以及契约。这种规则上自宪法、成文法和不成文法，下至特别判例和个人契约，界定了一般规则或特别设定限制。如政治规则广泛地界定政治体制的阶层结构，包括决策结构和议程控制。经济规则界定财产权，也就是总括财产的使用权、所得权，以及让渡资产或资源的能力。契约包括的条款则专属于交换中特定的同意条件。可见，正式制度是明文规则，是单向要求性的；现实规则不是明文规则，是正式制度在运行情境下为人解释而形成的规则，是制度—人—

[①] 黄宗智：《重新发现政治空间：改革中的地方—国家体制》，《文化纵横》2009年第6期。

情境下的行动规范，表现出以组织"问题为中心"，是工作规则，是问题解决式的规则。

第二，现实规则也不同于习俗惯例。诺斯认为，在决定人们日常行为的选择方式上，非正式约束（informal constraints）的行为习惯、习俗和行为模式对一个社会的运转起到至关重要的作用。他举例说，如谢普斯利和维恩格斯特在研究委员会权力的制度基础时指出，国会各种委员会的权力并不能由正式制度所解释，而是来自一组经内部成员重复互动而演变出的非正式、不成文的限制。[①] 习俗惯例是一个组织约定俗成的文化，是无意识的过程。而现实规则是一个组织为实现组织任务而形成有意识的工作规则，是正式制度、习俗惯例、潜规则综合作用下的工作性规则。

第三，现实规则也不同于潜规则。潜规则一词是中国化的概念，其基本含义为，事实上存在于各种正式制度之外，明文规定背后的、被广泛认可的行为章程，在各自的领域内得到大多数人的默许和遵守，而成为相关法律法规之外的另一套行为准则和规范。[②] 国外学术界自然没有"潜规则"一说，但有与潜规则对应的概念，即"组织政治"（organizational politics）。"组织政治"被界定为一种社会影响过程，在这个过程中，个体行为被策略性地设计，以取得短期或长期利益。其利益追求可能或不能与他人利益一致。由于组织政治是个人利益最大化，故往往采用操纵性的、暗中的、非法的方式。[③] 显然，现实规则不是潜规则，潜规则是为满足自利需求而形成的组织互动规则，是负面性的，而现实规则是为了实现组织目的而采取的切实可行的实际措施，不一定是消极的。

现实规则、习俗惯例和潜规则作为制度性的规则一旦形成，同样具有巨大的影响力。这为现实中人所遵守，甚至一个组织的主导者也不得

---

① [美] 道格拉斯·诺斯：《制度、制度变迁与经济成就》，刘瑞华译，（台北）时报文化出版企业有限公司1994年版。
② 吴思：《血酬定律》，中国工人出版社2003年版。
③ Ferris, G. R., Frink, D. D., Galang, M. C., et al., "Perceptions of Organizational Politics: Prediction, Stress-related Implications and Outcomes", *Human Relations*, Vol. 49, Issue 2, Feb. 1996, pp. 233-266.

不遵守。①

其关系如图9—1所示。

可见，制度是组织理想状态下的规则，现实规则是在正式制度、习俗惯例和人互动下的主动性的、以问题为导向的工作规则。从正式制度、现实规则、习俗惯例到潜规则，正式制度的约束是递减的，即越到潜规则，正式制度越难以约束。而从相反方向看，越是遵守正式制度，

---

① 2014年6月，安徽省高级人民法院近期对已争议两年之久的萧县原县委书记毋保良受贿案做出终审裁定，驳回上诉，维持无期判决。从县级领导到科级干部，每逢年节"争先恐后"、"成群结队"给县委书记送礼；县委书记从"半推半就"到"习以为常"，再到"谁不来送不放心"，并"边收礼边交公"以避责。双方均称对当地的"风气"感到"无奈"："不收不送，工作不好开展。"在对毋保良的起诉书上，向其送礼的人员多达近300名，公职人员占一半以上。这些"送礼干部"又分三类：第一类是向毋保良行贿且自身亦有贪腐行为的干部，如萧县原公安局局长单严法，已另案处理；第二类是曾行贿但数额不大，且能主动交代的干部；第三类干部，法院审理认为，他们为"联络感情、处好关系"在年节时送给毋保良"金额不大"的财物，虽不排除有谋求关照之意，但直至案发也未提出明确请托事项，故认定为"非法礼金"，但不以犯罪论处，此类款项不计入行贿数额。萧县被免职的80多名干部，属于后两种情形，尤以第三类为多。现年54岁的毋保良，早年毕业于南京航空学院，后曾任安徽宿州一家酒厂负责人，使这家长期亏损的国企起死回生，成为利税大户。1999年，毋保良受重用担任宿州市埇桥区副区长，正是在这个岗位上的"受挫"，影响了其对"风气"的认识。当时，作为有学历、有能力、有业绩的年轻干部，前途看好的毋保良却意外落选区委常委，据称被评价为"不合群、威信不高"。办案人员介绍，2003年，毋保良调任萧县常务副县长，为吸取落选"教训"，他努力和各级干部搞好关系，将吃吃喝喝、请请送送作为密切上下级关系、搞好工作、提升威信的途径，在"一团和气"的氛围中开始了受贿行为。2007年后，毋保良先后升任萧县县长、县委书记，仕途顺遂让他尝到了送礼的"甜头"，以致后来认为这是一种"关系的证明"。其自述，有的干部节日期间没来送礼，他还会怀疑是不是对自己有意见，"直到这个干部节后补上礼金，我才放下心来"。萧县一位曾给毋保良送礼的干部告诉记者，对当地不少干部来说，县委书记收不收自己的礼、收多少，某种意义上已成为是否被看成"自己人"、"兄弟"，是否被核心权力圈接纳，乃至有没有发展前途的象征。合肥市中级人民法院一审查明，2003年至2012年期间，非法收受他人财物，共计人民币1869.2万元，此外还有美元4.2万元、购物卡6.4万元以及价值3.5万元的手表一块，合计人民币1900余万元。2006年12月至2010年6月，毋保良将1562.2万元款项存交到县招商局。其中，1102余万元用于工业园钢构厂房建设、174万元退还他人，其他用于会务费等，余款90万余元。法院分析认为，毋保良历年"收"和"交"的时间、金额均对不上，也未及时交到纪检部门、廉政账户，而是交到便于控制的下级部门，且知情者极少。综合来看，毋保良形成受贿罪的所有要件，至于他将部分收受财物用办公，属于犯罪既遂后对赃款的一种处理方式，不影响定性，只作为量刑时酌情考虑的因素。既然上交，为何不交到纪检部门？毋保良亲属称："他担心如果公开交到纪委，打破了'潜规则'，会暗中被孤立，影响工作和个人发展。"参见《安徽萧县原县委书记毋保良受贿被判无期 80余名送礼干部被免职》，2014年9月，观察者网（http：//www.guancha.cn/FaZhi/2014_09_05_264300_2.shtml）。

则组织运作的理性状况越好。它们之间有重合，更有差异，成为制度光谱，组织人的组织行为必定分布于光谱的不同位置。

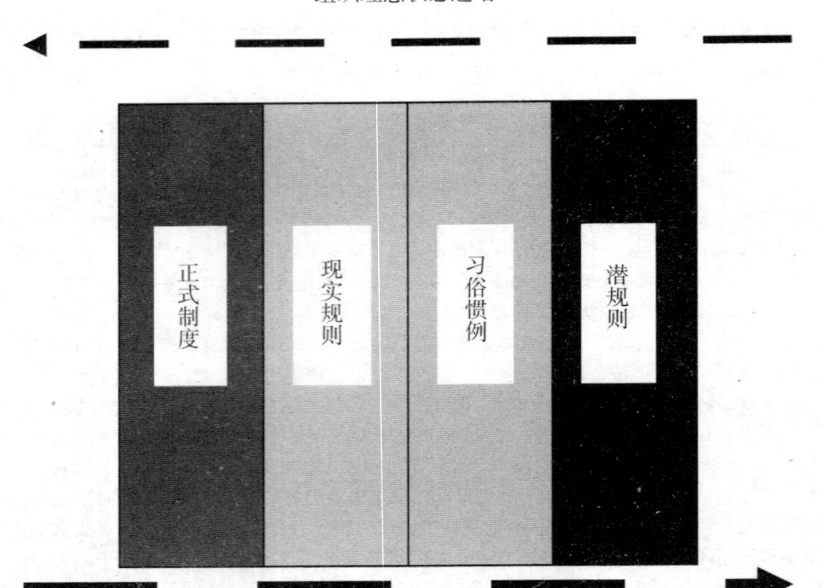

组织理想状态递增

| 正式制度 | 现实规则 | 习俗惯例 | 潜规则 |

制度制约性递减

图9—1　不同规则的功能关系

（二）制度"心理化"

制度在什么样的程度上作用要取决于个体对制度的解释。在这个意义上，制度行为是个体的心理化后果。什么样的心理在其中起作用？这取决于个体三方面的"心理"。

传统的决策理论隐含着理性化假设，即以人是理性的智慧动物为框架解释人的决策。这一思路是决策的主流，仔细分析，即使西蒙的有限理性观，实质也是以理性分析为框架。这一理论思路，并不符合"现实人"。人的实质是意义性的，意义是人的生存的本质。而人的意义是价值性的，根本上为终极感所决定。人的心理内容多种多样，但可以化约为心理的二维系统，即情感价值系统和理性工具系统。[①] 前者表现在个人的信仰系统及其价值观、意识形态，是情感性质的；后者表现在围绕利益的投入与产出算计心理活动，是投入与收益的最大化。由于人的意义性，人的心理表现出情感最大效应原则，即情感支配理性、理性心理为情感服务的现象。如为了理想（理念）而放弃理性效益，如为革命而献身，不是最大效益。此外，个体的认知特征、性格特征、利益诉求等都影响着对制度的解释和选择。人的全部活动都是在这两个轴心推动下产生的，由于人的社会性，人的活动又为群体—组织—社会所影响，形成了复杂的心理互动机制，决定着人对外界的，包括对制度的认知与解释。

对决策而言，基于心理的二维性，可以给出决策评价的内在标准。满足情感价值的决策带来如西蒙所说的满意原则，符合理性工具心理的决策带来传统的理性最大化原则。现实中，二者可能不会完全满足，从而也会出现满意但不是最大效益、不满意但是最大效益的情况，它们之间的差异，可以划分为如图9—2所示的四个类别。

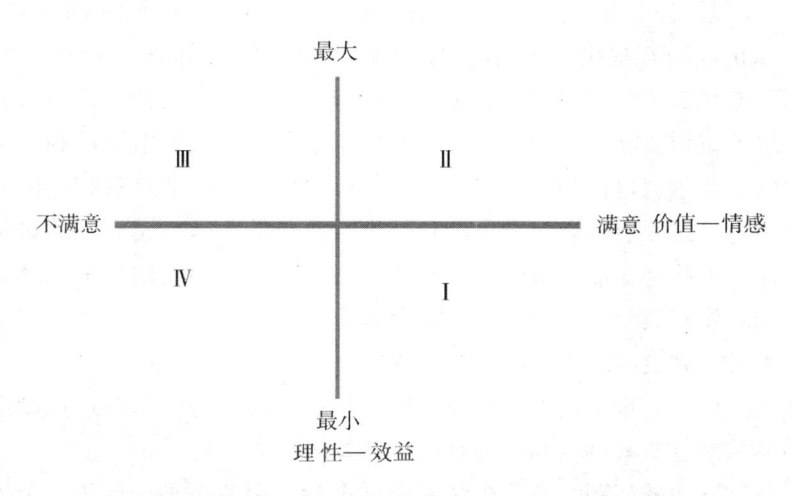

图9—2　决策的理性—效益维度结构

基于情感价值的满意原则与理性工具的最大效益原则，构成四对决

[①] 景怀斌：《心理意义实在论》（第2版），暨南大学出版社2005年版。

策结果判断关系。

第一,满意—最小利益决策,即从情感上看是满意的,但理性效益是最大化的。这是奉献性决策。

第二,满意—最大利益决策。从价值情感看,是满意的,效益也是最大化的。这是完美性决策。

第三,不满意—最大利益决策,即从价值情感看,是不满意的,但是从理性工具看,又是效益最大化的。这一决策对于行动主体看,往往带来内省的矛盾;从国家主体看,则往往带来合法性丧失。这是矛盾性决策。

第四,不满意—最小利益决策。即决策既不能满足价值情感,也没有达到最大效益。这是失败性决策。

综合来看,由于政府具有突出的价值性,应以价值情感满意为第一原则,回避不满意—最小利益。

(三) 制度—心理机制下的"规则"

美国理论上是"民治、民有、民享",但谢茨施耐德(E. E. Schattschneider)提出,美国民主制度的实际操作与所谓"民治、民有、民享"毫无关系。他指出,政策不会回应大众的欲求,公民政治参与程度和政治意识实际上非常低,真正的决策是由一小撮有组织的利益集团做出的。奥尔森也持类似观点:并非所有的公民组织都具有相同的集体行动能力。最吸引国会注意力的利益集团并非是美国人民利益的集中体现,而是那些组织能力最强、最有钱(两者往往是同义词)的团体。没有组织、没有资金、没有教育的社会边缘群体成为受害者。[①]

可见,制度的理论目的与现实规则行为之间存在差异,个体或群体如何在制度—心理机制下进行规则行为选择?人们为什么会遵从制度或者不遵从制度?其制度和心理互动机制如何?

对这方面的问题,有不少学者尝试进行了回答。马奇认为,个体的规则遵从是按照"适当性逻辑"(logic of appropriateness)进行的,即个

---

① [美]弗朗西斯·福山:《衰败的美利坚——政治制度失灵的根源》,《外交》2014年10月,观察者网(http://www.guancha.cn/fu-lang-xi-si-fu-shan/2014_10_12_275200_s.shtml)。

体行动通过遵循与身份一致的规则而与情境相符合。适当性逻辑规则遵从考虑三个问题：识别问题，即处于什么样的决策情境；身份问题，即我是什么样的人，或者这个组织是什么样的组织；规则问题，即像我或这个组织一样的人或组织，在这样的情境下会如何行动。这其中身份是关键的，身份意味着意义构建、合约预定和道德规范。身份是规则演化的基本要素，规则遵循与规则演变都按照这个逻辑展开。这其中组织特征、身份冲突、组织经验等均会产生作用。[1] 在斯科特看来，制度是为社会生活提供稳定性和意义，制度通过规制性、规范性和文化—认知性要素而作用，它们以有意识—无意识的方式作用。规制性、规范性和文化—认知性的作用合法性是不同的，规制以法律为基础，规范是道德的，文化—认知则是文化认同；三者的作用方式也是不同的，规制是强制，规范是资格性的社会责任，文化—认知是共享性的；三者的情感反应也不同，规制是清白性的，规范是耻辱性的，文化—认知是情感安逸或惶恐性的。[2]

在笔者看来，这方面机理可以从制度和心理机制中进一步分析。

第一，从外在制度对人的作用看，制度以外在强制的方式发生作用，这即斯科特所说的规制与规范作用。作用方式是：一是制度的奖惩。组织是以特定任务为目标追求人的集合，为达成目标追寻，组织制定了各种相关制度，制度的突出内容是行为规范和目标行为鼓励。这通过奖惩而作用，奖励是激励，诸如职位、物质、名誉的奖励推动了组织成员的亲任务行为，而没有达成目标则有各种各样的惩罚。这是制度作用的根本方式。二是领导控制。组织行为离不开领导人，领导人是基于组织制度、任务对下属指引与监督。三是群体压力。制度在组织中会成为组织规范、成为风气而作用，此即斯科特的规范方式。四是组织风俗惯例，是组织文化的方式在作用。此外，还有其他相关的可能因素使组织制度发生作用。

---

[1] ［美］詹姆斯·G. 马奇：《决策是如何产生的》，王元歌、章爱民译，机械工业出版社2013年版，第44—77页。

[2] ［美］W. 理查德·斯科特：《制度与组织——思想观念与物质利益》（第3版），姚伟、王黎芳译，中国人民大学出版社2012年版，第59页。

第二，从内在个体的心理看，以终极观为核心的价值观心理意义系统决定了个体的意义解释，个体的心理特征如认知、性格、我向性等决定了个体独立性程度，它们决定了个体对制度、组织、他人的解释。此外，个体的利益也影响着个体对制度的理解。当个体的价值观认同组织及其制度时，其制度遵从就高，越是终极观地认同，制度遵从就越大。如革命者对能够实现其理想的制度就具有高度的遵从性。

第三，从个体—组织匹配看，制度遵从应具有个体—组织的匹配基础。对于现代人来说，高度的自我意识使其对组织有选择性，即当个体进入某一组织之前，心理上已经有了接受其特征的心理准备。另外，组织也会按照其任务要求对人员进行选择。二者的互选使组织—个体有先在的匹配，从而使个体进入组织后有一定的心理准备。此外，组织在运行中，也会对不适合自己制度的人员进行排除，使其离开组织。

第四，从组织现实规则看，现实规则是以实现组织任务为目的的，是制度的"创造性或改造性"使用而创立的过程。对于现实中的组织来说，合法性的制度不一定很理想地在现实中起作用，由此，偏离合法性的行为可能被选择使用，它不一定是符合制度规定的，与制度的合法性有冲突。但为了完成组织任务，加之组织个体为了其背后晋升、利益取向，个体有选择地使用有效但不一定合法的行为。这样的行为一方面实现了组织任务，另一方面也在制度合法性大的范围内，因此，组织不会针对性地限制，反而有可能对相关主体进行一定的奖励。因此，他们的行为本身会成为现实运行的规则。如"领导中心模式"。从个体博弈看，现实规则中既有进取性的"成就"，也有不出错的"规避"。前者可能导致所谓的"晋升锦标赛"，后者则可能出现不出错的组织学习或组织路径依赖，如为人诟病的"截访"竟然成为各地普遍的"维稳"组织行为。

总之，组织作为制度功能结构体，使处于组织中的个体不得不以符合组织基本要求的方式行动。在这个功能体中，个体如同机器的零件，不能不随着机器运动。当然，"零件"有自己的存在方式，从而在组织中有自己的规则行为，落入制度规则光谱中的一个点（见图9—3）。

第九章 几个底层理论问题　267

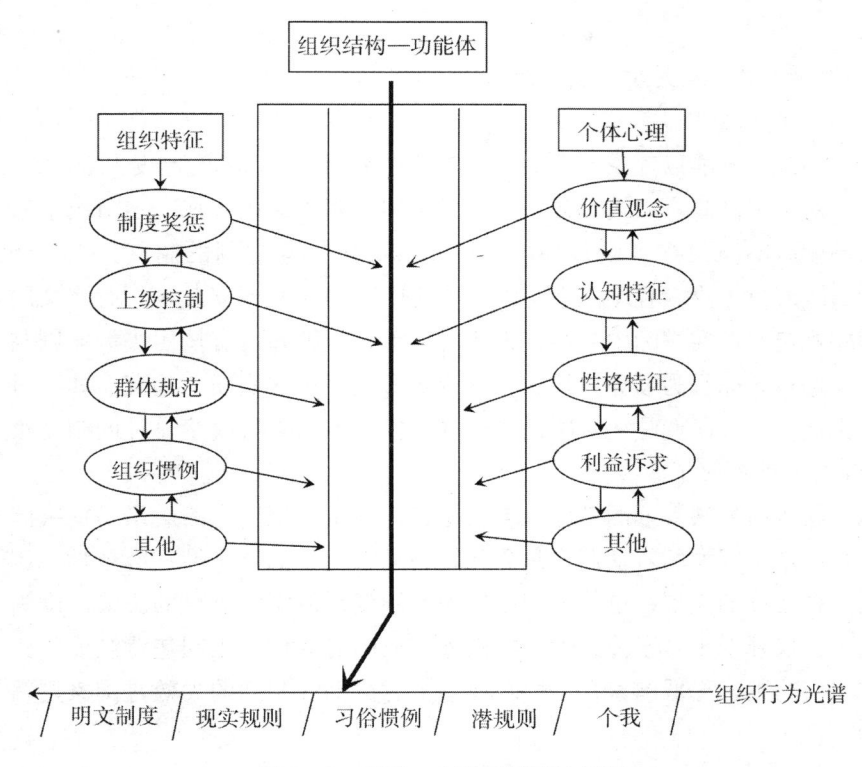

图 9—3　制度—心理机制下的规则

规则光谱显示了规则行为光谱的位置。（1）明文制度，组织人对制度的心理解释和行为变异最弱，制度能够彻底地被执行，是明文制度理想的作用效果；（2）现实规则，制度大部分认同，但也有较大的心理解释，能够以任务为中心；（3）习俗惯例，即个体对组织制度认同不一定高，但受组织他人和文化压力，以习惯、经验、路径依赖而产生的利于或不利于组织绩效的行为；（4）潜规则，个体对正式制度不遵守、不认同，而是基于自己的利益，寻求自己的利益最大化，而选择利己性的习惯——潜规则；（5）个我行为，即个体不认同组织制度，不接受制度规约，完全按照自己的价值观和利益行为，这往往被组织排斥或自我疏离组织。

(四)"制度失效"及其组织化

1. 制度失效现象

制度并不能以理论预期的方式发挥作用,这可以称为制度失效。

对于中国政府决策而言,民主集中制是基本原则,在一定情况下这一制度并不能发挥其设计功能,可以称为民主集中制的制度失效。例如,政府重大决策程序本来是以民主集中制的原则建立起来,有明文的程序规定,但在实际中某些地方政府的重大决策并没有按照决策原则与程序进行,而是为领导人控制,或者在形式上遵守实质上违背,如通过专家选定、程序调整而对决策过程进行操控,结果是政策设计的制度被"合理"地消解了。

就政府公共管理的基本双重功能看,制度失效突出的后果是损害国家合法性。国家的行动逻辑是公共管理具有天然的合法性和有效性,制度是合法性的表现,也使人们相信国家制度,但实际运行的决策制度失效,不仅降低了基于公共管理的任务完成的有效性,也因违背制度的民主参与原则,降低国家合法性。在这个意义上,制度的失效是国家逻辑的"敌人"。

2. 制度失效的原因

制度失效的原因是多方面的,突出表现为以下方面。

第一,不再发挥制度功能。以斯科特的理论,制度通过三种方式而作用。由此,制度不能发挥作用,就表现为三种作用方式均无法作用——制度不能发生规制性作用,其奖惩功能不再发挥;制度没有规范性作用,其群体压力或群体期望不再对组织成员产生心理作用;制度的规化性作用不能发挥,组织成员内心不再认同,组织愿景也构成成员的期待。三方面的功能丧失,以制度的奖惩作用丧失为根本。一种制度之所以作用,是因为它可以对遵守者奖励、对违背者惩处而实现的,通过这样的方式,规范性和规化性才可以发挥作用。

第二,制度角色置换。作为政府制度,不同时期有不同人员执行。不同的成员价值观不同,利益不同,对制度理解不同,可能带来对制度的性质和方向的理解不同。如此,人员变化的制度认同变化,造成制度失效。如中国的人民代表大会制度,其制度设计是期望来自不同阶层的

"人民"参政议政。但近60年,"人民"不同时期有不同的理解,早期的底层、平民化的工农阶层已转变为现今的不同阶层精英化。"人民代表"已有从平民走向精英的人员转变。如此,即使"制度"在,但制度的"角色"发生了变化,制度的设计功能也发生变化。

第三,组织愿景变异。组织的建立源自组织任务的要求,而决定组织任务的,是组织的愿景或理念。愿景是人们基于某种政治理念而对未来的美好规划与理想。它虽然是未来的,但是目前的行动的动力,它是想象的,但是大家渴望的,愿景是社会革命的根本动力。如中国的人民民主革命、欧洲的宗教革命。然而,现实是世俗的。这些愿景往往被现实摧毁,加之现代社会媒体的高度发达,理想化的愿景往往受到打击。这样,基于愿景的组织及其制度也就不会发挥作用了。如共产党的革命愿景为基层的功利利益诉求损伤。

第四,制度异化。当执行制度的角色转换后,尤其是党组织的领导权为某些特定利益集团控制后,组织已有的制度有可能转换为对特定领导权服务。就一般原理看,组织制度是为组织任务服务的,公共组织的任务是基于国家政治理念的。但公共组织的运行无疑依赖于领导人,而领导人有可能因自己的价值观与理念而不认同组织政治理念,但他可以通过现有的制度控制组织,为自己的理念或利益服务。这就有可能带来组织制度的异化现象。这是最"悲伤"的制度失效。

3. 制度失效的组织化

单一的制度失效是制度功能的消解,但是,一旦这一消解制度成为组织管理习俗,则有可能出现失效的制度本身的组织化,即失效的制度方式成为偏离组织明文规则的组织惯例或习俗。例如,中国民主集中制具有龙头效应,即民主集中制以最高级领导人为决策动力和引领,保证了政府决策的整体性。但是,这个龙头特征也会带来"领导中心模式",结果下级政府以上级行为为风向标,以习俗惯例的方式加强上级政策取向。要特别注意的是,这样的制度失效组织化,会成为其他组织学习的"榜样",致使有可能成为不同区域组织的普遍现象,成为普遍化组织规则。例如,过去20年的一切以速度型为领导中心的发展模式,各级、各地政府均以政治力量干预行政行为,出现了所谓的企业绿色快速通道、书记现场办案等方式。这些无疑提高了效率,但显然避开了常规工作程序，且一个地方学习一个地方，导致即使有人不赞同，也不得不如此。

上述例子说明，偏离制度约束的现实行为有可能成为新的规则，并且组织化，在政府的偏离行为中有巨大的作用。如为人诟病的房地产经济、维稳截访、GDP竞赛等无不有这样的偏离制度的规则组织化因素，是制度失效的底层组织机制。

四 "领导中心模式"的决策现实规则

对于中国政府决策而言，在明文制度和组织特征与领导人的互动下形成的现实规则，可以称为"领导中心模式"的决策现实规则。

（一）"领导中心模式"现象

"领导中心模式"是中国政府运作的现实规则，可以理解政府实际存在着第一责任人在组织决策、资源分配、晋升、绩效评价诸方面的起点和终点作用。这既是领导模式，也是组织运作模式，还是组织管理模式。其特征为：

第一，"领导中心模式"与正式制度授权的领导核心作用有相同和不同之处。相同在于，任何组织的领导都在组织发展中具有核心和关键作用；不同在于，"领导中心模式"是一种实际存在的、正式制度并不认可，甚至反对的组织现象。只是因组织的实际最后决策者（第一领导人）在组织决策、人财物资源分配、岗位安排、晋升、组织气氛的最后决定权或影响力，自觉不自觉地导致组织的一切活动以领导人的意图、爱好或偏向来发展的现象。

第二，"领导中心模式"也不是独裁。"领导中心模式"不是依靠暴力或武力，而是基于权力的制度化依据组织处于领导至上的组织"负现象"。"领导中心模式"不是单向控制，是下属和部属为个人利益或人情关系而出现的自我放弃"民主"权力，主动"配合"领导意图，从而使有组织最终决定权的领导人有实际的而不是名义上的"决定权"。"领导中心模式"中的领导对组织控制往往通过"权谋"方式，而不是制度或暴力方式，如以暗示、第三方而达到目的。

第三，"领导中心模式"不是制度契约，而是现实规则，是制度赋予、领导人角色和组织相关共同作用而造成的。

第四，"领导中心模式"既不是"任务取向"，也不是"员工取向"，而是"上级取向"。"领导中心模式"的后果是，下级组织对上级负责，而不是对基层负责。

第五，"领导中心模式"与家长式是不同的。"领导中心模式"是管理方式、组织运作方式，不完全是领导方式；而家长式则主要指领导方式而言。"领导中心模式"不是建立在家长式所强调的"仁慈"之上的，"领导中心模式"恰恰是不仁慈的，是以上级意图或其任务要求为取向的，结果常常出现为上级而压制甚至蔑视下属的感受与利益。如果说家长式是传统中国文化的话，"领导中心模式"是中国传统与理性的结合，是西方与中国传统模式的"混血"。"领导中心模式"表现的不是权威—仁慈，而是利益和心理的交换，是正式规则的个人化利用。[①]

（二）"领导中心模式"的决策机制

在"领导中心模式"中，国家的相关体制和制度决定着决策的性质和政策方向，而领导个人则对具体决策的问题、取向、结果有极大的控制。

中国政府的决策制度可能会导致"领导中心模式"：第一，决策体制。当代中国政府的制度框架是由宪法所规定的宪政结构系统和由中共党章所规定的党政结构系统构成。在实际运作中表现为中共组织、行政机关、人大、政协等机构多位一体，形成以中共组织为主导的中国政府决策与执行机制。第二，民主集中制的组织制度。一般来说，有什么样的体制就有什么样的决策体制。第三，直接的决策制度。不同层级的政府先后出台的重大决策程序规定。一般都对重大决策的界定、程序及配套建设提出了各自规定。第四，办公会议制度。第五，组织习惯或惯例，即组织传统的决策的习俗惯例。可以看出，一旦领导的龙头效应在

[①] 景怀斌：《公务员职业压力：组织生态与诊断》，中央编译出版社2011年版，第171—201页。

现实中偏离政治原则，政治愿景不能为大家接受，或者当第一领导人出于自利原则，这个制度效应就会异化，带来包括控制的制度效应，没有人为组织政治利益负责，不再为人民负责，而使组织成为个人利益的工具。

这些明文制度理论上是完美的，但运行起来便形成了"领导中心决策模式"。据笔者访谈分析，政府决策大致经历这样几个阶段：（1）决策任务—问题明晰与形成，这往往是社会问题、上级组织、领导人注意力等因素互动的结果；（2）组成由不同部门低层级人员构成的论证小组，进行基本论证；（3）由更高层级（别）的决策论证小组论证；（4）单次或多次的直接决策者讨论；（5）政府办公会议决策并形成政府文件；（6）执行。若是重大决策问题，会成立领导小组，督促执行决策，处理执行过程的问题和调整。这个过程中，常常出现相关工作人员以领导为意图中心、论证中心、导向中心，多元的异同意见无法真正体现。其原因在于权力的过分集中。

领导中心决策模型的机制如图9—4所示。

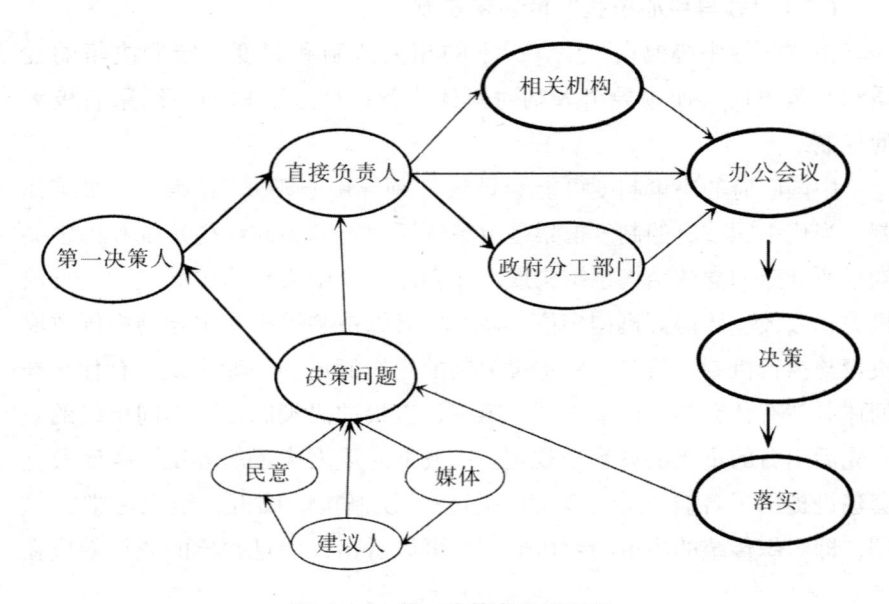

图9—4　第一决策者作用机制

其中，第一决策人对公共问题的锚定、决策价值取向、过程控制、决策结果表达有实质性的作用。

第一，问题锚定。公共问题可能来自社会现实，或是特殊建议人，或是意见领袖，或是媒体推动。但这些问题是否会真正成为公共决策问题，与第一决策人的重视程度有关。选定公共决策问题的过程可以称问题锚定。在网络时代，诸多公共问题会因网络问政而成为政府决策的问题。

第二，指定。由第一决策人锚定的问题，一般会由第一决策人指定给相关问题或分工的直接负责人，直接负责人再交办给相关部门或分管部门的具体经办人，由经办人会同相关部门或人员，提出具体解决意见。

第三，决定。在这些部门意见基础上，往往通过由第一决策人主持的办公会议做出决策。完成公共决策的最后环节。

第四，执行。执行是由相关部门进行的，但在领导中心模式下，第一领导人也往往会干预决定的执行过程。①

"领导中心模式"作为现实规则，有强大的作用力，甚至表现为组织成员的自我审查。

可见，在政府决策的现实规则中，第一决策人意图、干预、指示有巨大作用，左右着公共问题决策的走向。

（三）领导中心模式决策的特征

领导中心决策模式的现实规则有其独特特征。

---

① 既是常规工作，第一决策人也往往是直接性指示具体经办人。例如，"蒋书记网络会客厅"是沭阳网民"大红枣子高高挂"创建的。对于网友反映的问题，有关部门的一把手必须实名跟帖回复，这是蒋建明下的一条"铁律"，跟帖回复的情况，被纳入部门领导干部的考核内容。对于网民留言，他自己也是每天必看，发现什么值得重视的情况，他会立即与有关部门负责人联系。两条留言引起了他的注意：一条是反映县政府某部门存在进人不规范情况，另一条则是表扬车号为"3401"的公交车司机和售票员。他拿起手机，分别给县委组织部长王晓东和电视台台长王黎黎发了一条短信。给王晓东的短信是，请对这个部门的人头一一核查清楚，并报结果；给王黎黎的短信是，请他们查实情况，大力宣传。放下电话，他再次登录"蒋书记网络会客厅"，又注意到两条网民留言：一条是关于企业安全生产的，另一条是关于干部任用的，他分别给政法委分管书记和组织部王部长发短信，请他们予以关注并及时回帖。参见汪晓东、曲昌荣、马跃峰、谢建伟、颜珂《县委书记的一天》，2011 年 2 月，中直党建网（http://www.zzdjw.com/GB/165246/178396/13901170.html）。

1. 愿景统合

"领导中心"决策机制是：决策者尤其是高级官员的首要条件在于对组织愿景和理念的认同。用政治的术语即政治上可靠，对国家主流意识形态的认同。正是领导者的政治意识的前提条件，决定了不同层级政府的第一责任人在考虑问题时，离不开政治性，也在心理上保证了各级第一领导人与国家意志的一致。同时，这一模式事实上的对上负责，也保证了干部对上级意图的贯彻。另外，这一模式的同级同心圆的领导结构，使不同层次的主管领导具有极大的资源调动能力和人的控制能力，从而使该模式具有快速、彻底的组织动员能力。而组织中的个人，在愿景的激励下，在理想目标的认同下，积极性能够充分调动起来，发挥到令人惊叹的地步。这样，"领导中心模式"就具有以政治为方向，以效益为标准，通过人的能动性而达到组织目标的政治—效益—人的有效统合功能。这样的功能在组织愿景—理念能够真正起作用时，效益是异常显著的。

2. 制度—人效应

制度是社会、组织规则，现代人作为社会、组织化生存，受制度制约。同样道理，在中国政府决策活动中，即使第一决策人身为一方"诸侯"，在政策上有很大的自主裁量权，但制度基本性地决定了他的决策性质和走向。也就是说，其决策的框架是由制度所框定的，决策在根本上不能与制度冲突，而只是制度下做出决策。

具体看，制度通过两方面起作用：首先，社会体制的框定。中国是统一的中央集权国家，且不论中国历史上一直有"大一统"的传统，就当代中国的体制看，国家的政策方针、意识形态、法律体系是同一的和统一的。这样，凡是在这个制度中的人，无不受此框定。由于政府第一决策人往往是社会体制的认同者、管理者、维护者，制度对其作用自然显著。这是社会正式制度的统一约束。其次，党政制度、干部制度框定。党政制度和干部制度，在人的选拔上内在地保证着主要领导干部在思想和行动上与中央和上级政府保持一致。如中央评价高级干部，常常用"贯彻落实党的路线方针政策坚决，在重大理论问题和是非原则问题上清醒敏锐，立场坚定，自觉与党中央保持一致"，"党性观念强，大局意识强"，"注意从政治上、大局上思考和把握问题，贯彻中央的决策部署态度坚决，自觉与党中央保持一致"，"政治立场坚定，党性观念和大局意识强"，"政治上成熟，大局意识和责任意识强"，"政治立场坚定，大局观念强，有较高的政策理论水平"①，等等。这意味着，高级干部的选拔或任用标准，与中央政府一致，强调职位的国家视野是根本性的。

且不可忽视政治意识、大局意识、党性意识的作用。这有两方面的结果：一是从干部体制上确保了政府主要领导人的愿景和国家理念一致。二是高级干部的升迁过程，其实是干部的自我选择过程，即自我改变，自我选择，认同国家理念，从而在思想或心理上使能够进入这个行列和职位的领导人与中央政府一致。

决策制度框架在制度上确保了政府决策的上下一致性和高度协调性，下级或次级的决策围绕上级决策方向进行。政府领导人的决策是在制度的"舞台"上跳舞，其决策取向、决策方式均是制度决定的。

但是，这一政府决策模式不是完全制度化的，第一领导人也有突出的作用。第一领导人有极大的决策主导性或在符合上级政策下的决策自主权，特别是大区域的政府领导人，往往对一个地区的决策有很大主导作用，从而使中国政府决策又具有强烈的个人性。第一领导人的信仰、价值观、性格对决策问题、决策方式、决策落实具有明显作用。

因此，政府决策的现实规则表现出制度—人双重特性。即制度给予基本限定，而领导人有极大的自主或主导性。

3. 第一决策者锚定效应

所谓第一决策者锚定效应指，政府第一责任（领导）人在决策问题选择、决策过程引导、决策方案选择中有决定或裁判性作用。例如，河南一位县委书记说："县委书记处在县域施政的核心地位，掌控着一方经济社会发展的人财物调配权和决策权，这就使县委书记成为政治经济生活的主角。"②虽然按职权划分，书记管干部和大政方针，县（区）长管政务，但实际上党委书记对行政事务"想管多少管多少，想管多深管多深"。党委书记可绕开制度钻空子：成立各种各样的领导小组，组

---

① 新华社：《中组部对人事调整的5省区前任和现任领导的评价》，2009年12月，新华网（http://news.ifeng.com/mainland/special/shujihuanban/zuixin/200912/1201）。
② 林嵬、刘健、周立权：《县委书记"自画像"："三陪"书记"走钢丝绳"》，《半月谈》2011年第2期。

长由书记或副书记担任,副组长由区长或常务副区长担任,将书记个人的意志"一竿子插到底"。结果,在一些地方,人权、财权、物权往往都在"一把手"的掌控之下,导致"上级管不到、同级不好管、下级不敢管、群众管不了"。从负面案例看,山西省翼城县原县委书记武保安就很"善于"预先圈定拟提拔干部名单,再授意组织部门"履行程序"。结果,所有的干部选任程序在他这里都失了效,当县委书记仅仅8个月,他通过批发"官帽"受贿及不明来源的财产就高达500多万元。他说:"在位时,我做的决定,99.99%都不会有人反对;我反对的,其他人也不敢赞成。"①

在这样的体制和领导方式下,中国的决策往往由上级推动或对上级负责。例如,在乡镇基层政府决策方面,决策动因中来自"上级指示"的占68%,领导人个人发现的占36%,群众提出问题的占64%,单位领导的占52%,很多人提出意见的占36%。在决策过程中,征求群众意见的情况表现为偶尔,占据56%。乡镇领导政策的强制性、权威性表现明显,很多群众的具体利益,被政策一刀切现象比较严重。出现制度在墙上,措施在文件上,效果在汇报上的现象。②

4."自上而下"的聚合论证

这一决策模式表现出"自上而下"的聚合论证或认知,即上级有了初步的决策方向后,由政府主管机构和领导组织相关人员、决策团队、下属和顾问性团队对领导人的决策进行论证、分析、补充和完善。这一现象,突出见于具有全局性、前瞻性的重大决策,会形成来自不同部门、不同利益集团的意见。

例如,"十二五"规划的决策过程。

2009年2月,胡锦涛总书记先后主持召开中央政治局常务委员会会议、中央政治局会议讨论,决定党的十七届五中全会研究《关于制定国民经济和社会发展第十二个五年规划的建议》问题。

2009年10月,中央直接部署"十二五"时期30个重大课题,组织

---

① 盛若蔚:《"一把手"成节日腐败高发岗位 中央地方探索限权》,《人民日报》2011年2月15日。
② 许跃辉、郝敬胜、余志虎:《政府在促进地方经济发展中的决策机制探索:兼论安徽乡(镇)政府决策机制的现实特点及运行条件》,《经济问题探索》2010年第5期。

有关方面专家进行深入研究，国内67个部门，政治、经济、文化、社会等方面1万多名专家参与研究，充分听取社会各界意见和建议。

中央政府于2010年2月成立了以国务院总理温家宝任组长，副总理李克强任副组长，由78位省部级官员和专家学者组成的"十二五"规划文件起草组。① 温家宝总理提出了"高、新、深、实、精"的要求——要有全球视野，把握全局性、前瞻性、战略性；要面对新形势、新变化、新问题，提出新对策、新举措；要符合规律、符合国情，顺应民心，处理好遵循规律和符合国情的关系，处理好人民需要和适应国情的关系；要符合实际并具有可操作性，既有宏观性、战略性，也要有具体抓手；要突出重点，要研究重大问题，提出重大方针。

2010年7月22日，胡锦涛总书记主持召开中央政治局会议。强调制定"十二五"规划，必须适应国内外形势的新变化，顺应各族人民过上更好生活的新期待，坚持科学发展，加快转变经济发展方式，不断深化改革开放，切实保障和改善民生，巩固和扩大应对国际金融危机冲击成果，促进经济长期平稳较快发展，为全面建成小康社会打下具有决定性意义的基础。总书记的重要讲话，成为文件起草工作的重要指导原则。党中央对《建议》起草工作高度重视。《建议》报送的每一稿，胡锦涛总书记都认真审阅，提出重要指导意见。总书记先后主持四次中央政治局常务委员会会议、两次中央政治局会议，听取起草工作汇报和讨论审议文件稿，做出重要指示。

2010年8月，《建议》初稿在120多个部级单位、部分党内老干部和中共十七大代表中，广泛征求意见和建议，随后起草组对文件稿做了360多处修改。10月15日，讨论稿提交五中全会进行审议，会议期间起草组共收到130多条意见和建议。经修改后，《建议》18日获全会一致通过。② 2011年3月两会期间，人大对于政府工作报告也有议。各类修改意见和建议1000多条。起草组成员认真研究了这些意见和建议，充分吸收了各单位和各方面意见180余条。根据人大代表审议和政协委员讨论提出的意见和建议，起草组对《政府工作报告》进行了反复推敲和

---

① 大公报：《十二五规划出台内幕：历时半年，温家宝任组长》(http://www.chinareviewnews.com)。

② 同上。

认真修改，共修改15处，其中比较重要的修改有7处。①

　　据参与相关研究的学者介绍，从2008年底到2010年10月的约20个月里，是国家"十二五"总体战略研究以及各专项规划研究密集征求专家意见的阶段。发改委委托课题有数百个之多，参与专家数千人，研究人员达上万人，形成几百万字的研究报告。同一个课题也同时委托给了几个智库机构进行研究，比如行政体制改革课题，除去国家行政学院之外，还有清华大学，这就形成了"十二五"课题委托的"多机构对同一课题"的格局。"十二五"的规划分好多层次，既有官方的，依靠各个部委、发改委来牵头，同时也委托智力资源，研究过程是高度的集体智慧的结晶，最后到中财办和国办这个层次，当然与此同时，也有最高层的政治局常委的调研。②

　　这一过程决策模式的好处是，如果领导人的决策是前瞻性的，那么决策后的聚合论证利于决策的完善，也利于决策的落实。

　　问题是，如果领导人的决策是有偏差的，则无法对决策进行实质性的调整，有可能导致决策方向性失误。如果说中央政府的决策是慎重的，是在长期的调研基础上进行的，有合理性和必要性，那么地方政府，特别是基层性的地方政府的决策，则有可能不是如此，而且在领导人的左右下进行。结果往往导致围绕领导人意图进行论证，走过场，导致重大的决策失误。

　　因此，地方政府的决策应当是另外的模式，分离的决策机制应是必要的，即把决策的过程、权力、程序等分解，消除第一领导人对决策的左右，真正实现多元的决策。

5. *制度性约束层级递减*

　　一般来说，制度是针对组织任务而形成的理想化、典型化设计。对于如国家之一的宏大组织来说，越是上层，其运行越接近制度的理想标准；越靠近下层，则可能越偏离理想状态，从而使制度偏差出现，制度的约束减弱。此外，组织的实际运作往往是制度、人、情境多因素统合

---

① 中评社：《政府工作报告诞生过程：3个多月大改10多次》，2010年3月，中国评论网（http://www.chinareviewnews.com）。

② 中评社：《中国智库揭秘："十二五"规划形成全过程》，2010年10月，中国评论网（http://www.chinareviewnews.com）。

互动的结果,越是下层,因情境、人员、问题的具体,组织越可能采用现实规则而不是组织规则。加上政府的领导体制是以第一领导人中心的,制度的约束亦会随领导人的倾向或选择而有变化。这样,越是下层,制度约束越弱。例如,有的地方"一把手"不带头遵守制度,履行干部选任程序,将制度和程序玩弄于股掌,搞"先拍板后走程序",甚至出现"班子成员参加的会议决定普通问题、少数人参加的会议决定重大问题、个别人参加的会议决定核心问题、一对一的口头交代决定特别重要问题"等非正常情况。[①] 可见,政府决策的制度约束会随着政府层级的下降而走样。

6. 历史稳定性

中国共产党领导的中华人民共和国已逾60年。60多年间,中国政府的任务、意识形态、指导思想在不同时期有异,甚至在内容上有冲突之处。表面上看,政府决策模式好像是不同的。实际上,中国政府决策模式是内在稳定的。不同历史时期的差异是,决策的聚合论证的范围和程度不同。这是因为,这一决策模式有其历史原因、制度基础和历史功效。

首先,从社会文化看,权力制度的历史惯性在起作用。中国传统社会奉行"皇权神授"的权力学说,即皇帝代表"上天"管理社会,社会形成以皇帝为核心的分层权力。不同层级的官员是最高皇权的地方(层级)代表者,全方位代表皇权在地方政府进行社会管理。2000多年中国社会以此为社会权力—管理模式。虽然中国共产党是以马克思主义为意识形态的政党,但历史传统仍会以潜移默化或习俗的方式,影响着政党的理念、性质和工作方式。这就是目前政府的各种正式制度、条文虽然一再强调民主,权力制约,但实际中权力仍然集中于第一责任人的历史文化原因。此外,战争模式的延续。中国共产党的执政模式是建立在战时体制上的。在战争时期,由于战争的需要,客观上要组织有彻底的动员能力,这客观上需要一元化领导,需要便捷的决策过程,需要快速的社会反应能力。在中国结束战争状态时,国家却需要短期重建和高效率的恢复,同样需要快速的社会动员能力,故这样的领导方式自然而然地

[①] 盛若蔚:《"一把手"成节日腐败高发岗位 中央地方探索限权》,《人民日报》2011年2月15日。

延续下来。

其次，体制性框架。目前的党政架构，政府职责划分，都使第一决策人（及部门负责人）有极大的权力或实际支配力。而这与背后的国家利益至上、政治至上，甚至权力运行内在制约关系密切。也就是说，在一定意义上是现行体制不得不要求。

最后，组织传统。组织运行具有组织学习路径依赖或权力定式。组织往往以习惯性、循例的方式进行组织应对或学习。这是因为，组织负责人往往具有责任规避的习惯，组织负责人往往以组织惯例的方式推卸责任。这是组织运作的特性，即使在意识形态和社会政治体制发生变化的情况下，组织也会如此运作。

五　民主集中制的决策质量管控

（一）政府决策质量管控的分析框架

政府决策的后果是社会全局性的。故而，如何提高政府决策质量，防止决策失误，应是决策研究的着力点。这亦即政府决策质量管控问题。

一般的决策质量管控称为"应用决策分析"问题。应用决策分析（applied decision analysis）是关于决策者的描述性或预测性决策图式程序，包括两个关键步骤：第一，确立决策矩阵，包括备选方案、决策维度、决策维度权重赋值、决策选项意涵的评估、推断决策规则。第二，解析领导的决策编码。即对决策人员如何分析问题、解析问题进行研究。进而，把这些分析重新放入决策矩阵，进行决策问题的评估。[1]

然而，政府决策质量管控问题要复杂得多。笔者认为，政府决策质量管控的基本思路要跳出传统的"个体—理性"范式，代之以"组织—价值"范式。通观决策理论，尽管决策研究的解释框架已由理性模式拓展到有限理性、生态理性等模式，但其潜在预设仍是"个体—理性"式的，即认为决策是个体的、理性的、最大效益化的方案选择过程。这一

---

[1] Steven B. Redd and Alex Mintz, "Policy Perspectives on National Security and Foreign Policy Decision Making", *Policy Studies Journal*, Vol. 41, Issue S1, April 2013, ss. 11-37.

预设对个体层面的、算法的、结构性的决策问题或许是恰切的，但用之于公共领域则遇到了"组织—价值困境"。

第一，对于政府决策来说，决策质量的标准不再是理性效益最大化，而是价值情感满意化。其根本原因是，人独特的生理—心理特征而使人的存在表现为以终极观为核心的"意义"化生存。人的心理具有了理性工具和价值情感性二维系统，其中价值情感性的"意义"价值观是根本的或主导的，它恰恰不是理性最大化，而是情感价值的。

第二，政府决策的主体是政府组织，而非个体。公共决策的主导者是以政府为代表的国家组织体系，它构建于政府核心价值观或意识形态性之上。而这些恰恰是价值原则。这决定了公共决策本质上不会完全遵循理性原则。

第三，政府决策过程也是社会多方力量的博弈过程，而非直线的最大效益选择。政府决策是以公共任务为解决问题，由社会多方力量参与的。其中，决策主体会产生个体—群体—组织—阶层层次的变化，其变化机理涉及复杂的价值观念、利益博弈、团体影响。这就决定了公共决策过程的非单一主体，而是诸多主体间的互动与博弈。

由此可见，决策质量管控的标准，不应是单一的"理性"最大化，而应是在国家组织层面的双重逻辑——合法性与有效性框架下进行。

第一，合法性增强。政府决策的本质任务是行政的合法性增强，即政府通过解决社会问题，提升政府执政合法性，它首先是政治的。而政治则是构建国家体制理念的价值性判断，如政党理念、主流意识形态、文化价值观念。

第二，问题解决的有效性。公共决策是针对社会问题而进行的，而社会问题，自然需要以优化的方式克服掉，这要通过有效性方式实现。

显然，合法性与有效性并不必然地统一，即合法的不一定是有效的，有效的不一定是合法的。那么，最佳的方式该是什么？应是二者的兼顾，如果实在不能兼顾，则应以合法性为第一原则。

中国传统"和"的思想、"中庸"的思想或"双赢"的思想是合法性与有效性统一的历史经验或决策智慧，应汲取发挥。

(二) 民主集中制的制度优势与问题

民主集中制既是国家的组织原则，也是政府决策的方式。研究政府决策质量管控，应直面民主集中制的制度优势与问题，从制度层面进行管控。

在笔者看来，从其作用机制看，民主集中制的制度优势可以概括为效率性参与。民主集中制具有国家立场的实质，是为实现社会主义理想而形成的决策组织机制与原则、方式。民主集中制产生于社会主义革命和建设时期，它提倡战斗团队的参与，从而形成完善的行动方案。决策者虽然是参与者，但不是权力分享性的，而是任务目标对策贡献性的。这一特征参与与西方权力分享的参与不同。按巴克拉克和波特温尼克（Bachrach and Botwinich）的理解，参与可以定义为政治结构、组织或群体的成员有效地对政治结果施加权力的行动过程。[①] 显然，民主集中制的目的不是权力的分享，而是总体目标下的参与性贡献，体现为参与者对任务目标的多元思路贡献，即在上级主导下的民主集中制的确能够产生效率性后果。第八章实验情境下的研究证明，民主集中制下的决策效率是最高的，也能够产生一致同意的心理认知。

与民主集中制相比较的是美国政治的否决决策制，它是权力分享性的。弗朗西斯·福山认为，美国的麦迪逊式民主（Madisonian Democracy）中有太多的否决点，以至于成了一个否决政体（vetocracy）。行政部门不仅会受到通常由反对党掌握的国会的否决，而且也会遭到来自法院的否决。而在总统制政体下，一旦陷入立法与行政的对立僵局，就没有便捷的破解之法，往往只能等待其中一方任期结束。在他看来，英式政体则有所不同，英国一次选举可以决定议会多数党和行政内阁的构成，一个党同时掌握行政权和立法权，同时来自法院的制约也没有美国那么强，因此否决点比较少，更容易集中力量来办大事。福山甚至将他主张的英国政体称为"民主专政"（democratic dictatorship）。这些与民主集中制的参与有实质性不同。

---

① Bachrach, P. and Botwinich, A., *Politics and Empowerment*, Philadelphia: Temple Unversity Press, 1992, p.57.

任何事情都是有利有弊的，民主集中制在发挥巨大优势的同时，也有可能出现"权力性失控"。所谓"权力性失控"指民主集中制现实作用过程中因实际运行的"领导中心模式"而有可能使第一负责人权力不受制约，导致监控失效的现象，最后出现决策合法性与有效性的双重失败。

民主集中制的"效率性参与"最大化有一个前提，即第一领导人以愿景（即共产党人的理想信念及其责任意识与行为）的方式纳效率原则于政治中，使政府决策的合法性与有效性统一。当不同层级的第一负责人均以中共理念为愿景，以开放的心态接受参与者的智力贡献时，它就能够达到效益最大化，实现合法性与有效性的意志。其实际运行机制可如图9—5所示。

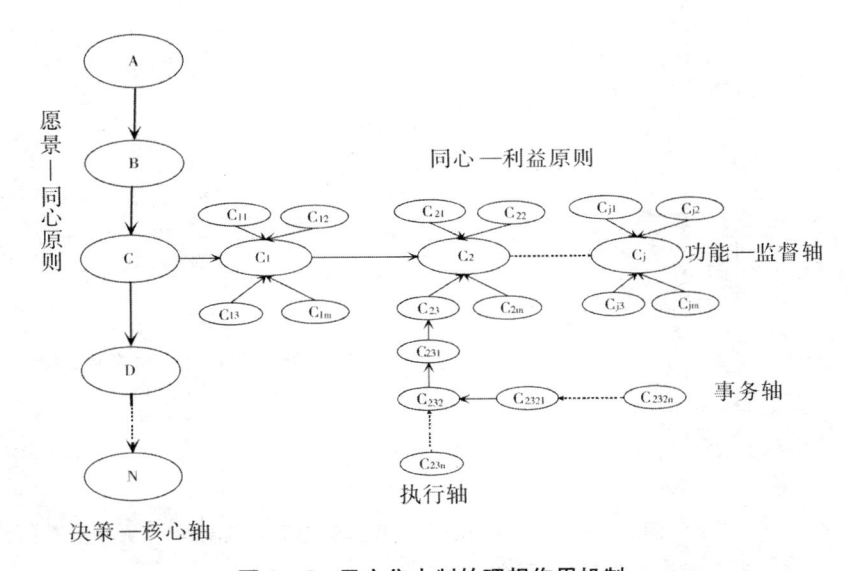

图9—5　民主集中制的理想作用机制

然而，民主集中制有效控制的权力链条是龙头性的，下级无法制约上级，这样一旦上级无法控制下级，或者下级不受此控制，局部的第一权力将不被同级或下级制约，有可能出现权力无控制地为自己或某种利益服务，带来权力性失控的后果。

严峻的现实是，当前民主集中制运行的这一理想环境已遇到根本性挑战：其一，在领导层级的纵轴上，已出现不同层级第一领导人"愿景"失落现象。中国的改革开放已经使中国社会从政治主导型转变为经济主导型，政治愿景为各种利益诉求替代，即使现在仍使用过去的口号，实际上已不如毛泽东时代那样对人有实质性的影响。这样下级领导人与高层领导人高度统一的状况难以保证，最高层意志往往难以贯彻到下层。其二，在政府组织运作横轴上，由于利益取向的分中心化，不同层级部门的领导人（不一定是第一责任人）更可能以其他价值取向形成自己的利益团体，这样，组织基层的理念—利益运作就变成单纯的利益追求，无法实现愿景统合。民主集中制可能出现的"权力性失控"形成机制如图9—6所示。

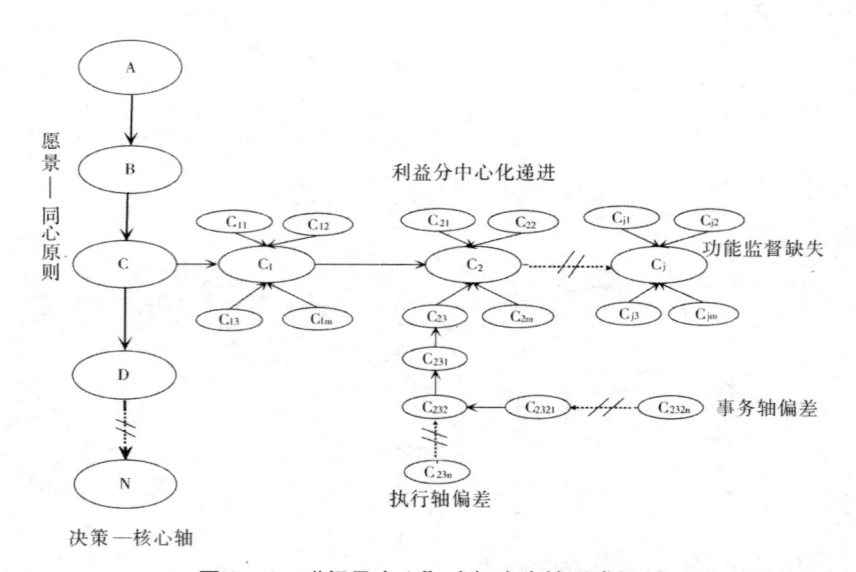

图9—6 "领导中心"式权力失控形成机制

从图9—5、图9—6可以看出：

第一，从纵轴看，传统政府机制是愿景—同心原则，具有价值观共享和齐心同力的效果。由于社会转型，目前出现了愿景失落，同心原则无法贯通，致使纵轴的下端有效性无法保证，越是到了纵轴下端，越易出现愿景、理念偏差。

第二，从横轴看，传统中该层次第一责任人以同心—利益原则统合，即在理念认同基础上的利益诉求实现组织有效性。当前社会转型出现利益中心主导，组织成员利己性追求增强，这使第一责任人的领导力不能贯通到横轴末端，导致组织集体有效性下降，使横轴功能失效。

第三，从执行—事务轴看，过去领导人对执行—事务轴有很大的制约力，但在横轴形成利益取向后，领导中心控制能力降低，可能出现更多利益寻租，使该维度出现失控。

简言之，政治愿景是理想，是信念，是情感取向，是政府组织的合法性根本。中国社会从过去的政治理想社会向效益社会转变，整个社会已经运作在利益原则之上，原来的愿景难以继续起作用，而新的愿景尚不能成为社会共识。社会大面积的腐败，不能说与此无关。

（三）民主集中制的制度效应最大化措施

那么，如何防控民主集中制的权力性失控？制度建设还是根本。

1. 民主集中制的权力分解制度建设

现实的民主集中制的作用机理如图9—7。

以图9—7为理论基础，可以形成如下的优化民主集中制的制度建议。

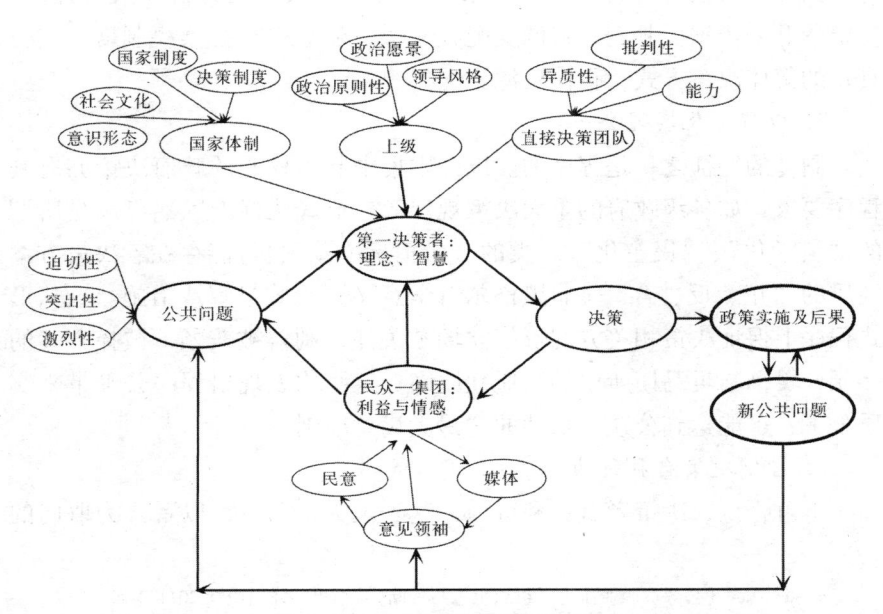

图9—7 政府决策现实规则机制

第一，分类使用。民主集中制具有权力性集中的特质，它在两个层次上适用性突出，即在全局性的地区，关涉方针、方向等方面的重大决策时是合适的，但在基层的、日常的事务方面，应更多强化民主而不是集中的决策模式。

第二，强化民主集中制的下端作用地位。在领导中心模式下，尽管有多种措施，但向上负责仍是其动力，这往往带来对同级、下级的忽视，导致无法真正民主。

第三，探索政府权力分解的微观方式。中国政府组织的腐败等问题与权力结构有极大的关系。要根本性地消除这一弊端，从组织权力的微观机制入手是一个切入点。

一般来说，组织的运行是这几方面的权力互动的结果：第一，组织发展战略及权力；第二，组织日常管理；第三，激励控制权；第四，资源分配权。由此，可以形成三元权力分解—制约制度设计思想。其一，赋予责任人组织发展决策权、任内常规管理权，使其具有常规的管理组织能力。其二，晋升权分散。晋升是最大、最根本的组织激励，也是权力寻租的根本，消除第一领导人的晋升独断权，是最好的制度设计。建立第三方评价权的晋升机制，由第三方对领导人责任评价和效益评价，确定晋升的依据。其三，资源支配权分散，建立委员会票决制度，实行真正的集体决策方式，行使资源分配权。[①]

2. 以程序化实现公平化

制度的特征之一是程序的。以民主集中制为核心的政府决策亦有其程序要求，如各级政府的重大决策规定等。形式化标准固然可以是所谓的"科学化"、"民主化"之类的"价值标准"，也可能存在着决策方案性质的"正、反、合"（非黑格尔哲学意义）形式过程或措施。这从形式程序上保证决策相关方的价值立场被关注，利益被兼顾，被择方案的多元，贯彻哈贝马斯所说的沟通性原则。这些均表现出程序公平带来实质公平，可能达到公众主观性的"最大满意原则"。

3. 控制决策自利行为

不可否认，决策者有自利行为，这表现为：第一，以晋升为取向的

[①] 景怀斌：《公务员职业压力：组织生态与诊断》，中央编译出版社2011年版，第259—261页。

上级化，即下级官员为了晋升而以上级意图为决策取向，这导致不对事件负责，而是自利为上。第二，自我牟利。官员借助于公共决策为自己谋取物质利益。这带来决策的利益出资取向。第三，组织利益。组织作为大型组织的构成单元，有其自身利益。组织利益也会带来组织决策的偏差。

对决策者的自利行为，应从责任意识和责任追究制度来控制：以心性理念为本原，重建政府愿景。按照马奇的观点，规则的遵从往往是以身份意识觉醒为条件的，身份意味着意义构建、合约预定和道德规范。[①]由此，可以将政府决策者的责任意识唤醒。民主集中制的完美运行是以愿景共享为基础的。理论上看，意识形态方式的愿景重建因社会心态发生变化，难以实现。一个可供选择的路径是，由政治性愿景走向责任心性愿景重建，即从人性善的层面，推出官员（人）的责任和职业义务，通过身份唤醒，意识到决策的后果和社会责任。通过强化身份唤醒的责任，然后使其制度化，成为组织的制度或习俗，从而发挥实质性作用。

[①] [美]詹姆斯·G. 马奇：《决策是如何产生的》，王元歌、章爱民译，机械工业出版社2013年版，第44—77页。

附录一

决策心理因素与模型调查问卷

尊敬的参与者：

　　受国家研究机构资助，我单位进行政府决策认知方面的调查，目的是了解人们对政府决策的看法，以对提高政府决策水平提出建议。您的参与将对这一学术任务有基础性贡献。

　　本研究是在统计学形式水平上进行的，加之研究伦理要求，不存在个人隐私问题，请勿担心。

　　学术研究的价值取决于数据的真实，敬请您回答自己的真实看法。

　　为感谢您的支持，特奉上价值 20 元的中山大学纪念笔一支。

　　衷心感谢您的支持。

中山大学政治与公共事务管理学院

2014 年 1 月

问卷资料（由调查员填写）

1. 问卷编号：＿＿＿＿＿＿＿＿＿＿＿＿＿
2. 采访地点：

省/自治区/直辖市名称：＿＿＿＿＿＿＿＿

市+县/区名称：＿＿＿＿＿＿＿＿＿＿＿＿

3. 访问开始时间：＿＿月＿＿日＿＿时＿＿分（24 小时制）；

结束时间：＿＿＿日＿＿＿时＿＿＿分（24 小时制）

4. 访问总长度：＿＿＿＿＿＿＿＿＿（分钟）

5. 问卷处理记录：

受访员	组长审核	组长互审	录入

一 请据您的实际情况（感受），对照下面的说法，进行评价。答案没有对错之分。请在右面合适的数字上打"√"。①

题号		完全不同意	基本不同意	中等同意	大部分同意	完全同意
1	世间万物之间的微妙关系令人惊叹。	①	②	③	④	⑤
2	科技进步损伤了人性。	①	②	③	④	⑤
3	重大决定凭自己的感受而不是付出与获益算计的方式而做出。	①	②	③	④	⑤
4	如果物质获取与自己的内心标准不一，宁愿放弃。	①	②	③	④	⑤
5	人与人都是利益关系和算计关系。	①	②	③	④	⑤
6	常常自我反思生命的根本价值。	①	②	③	④	⑤
7	有用的并不一定是最好的。	①	②	③	④	⑤
8	人的根本信仰是不能用"科学"来判断的。	①	②	③	④	⑤
9	中国未来发展方向应该由人民大众来决定。	①	②	③	④	⑤
10	个人利益应该服从国家利益。	①	②	③	④	⑤
11	美国的政治和经济体制都优于中国。	①	②	③	④	⑤
12	民主和自由是一种普世价值。	①	②	③	④	⑤
13	改革开放是导致现在很多社会问题的根源。	①	②	③	④	⑤
14	毛泽东思想是伟大的，还远没有过时。	①	②	③	④	⑤
15	别人听从我的意见多于我听从别人的意见。	①	②	③	④	⑤
16	如果别人没有听从我的观点，我会非常不舒服。	①	②	③	④	⑤

---

① 1. 有阴影部分为反向计分题；2. 除特别说明外，其余变量均为正向计分，即分数越高，变量描述现象越强烈。

续表

题号		完全不同意	基本不同意	中等同意	大部分同意	完全同意
17	如果碰到一件不如意的事情,我的恼怒比一般人强。	①	②	③	④	⑤
18	对我来说,想出新的想法和具有创造性是非常重要的。我喜欢按照自己的独特方式做事。	①	②	③	④	⑤
19	对我来说,变得富有是非常重要的。我想要获得很多钱和许多昂贵的东西。	①	②	③	④	⑤
20	我认为,每一个人在这个世界上都应该被平等对待,这是很重要的。我相信每个人在人生中都应该有同样的机会。	①	②	③	④	⑤
21	对我来说,显示自己的能力是非常重要的。我想要人们赞赏我的所作所为。	①	②	③	④	⑤
22	对我来说,住在一个安全的环境中非常重要。我会避免任何可能威胁自身安全的事情。	①	②	③	④	⑤
23	我喜欢惊喜并且经常去找新鲜的事情来做。我认为在人生中做很多不同的事情是非常重要的。	①	②	③	④	⑤
24	我认为人们应该去做那些被告知要做的事情。我觉得人们在任何情况下都应该遵守规则,即使在无人监视的情况下也应如此。	①	②	③	④	⑤
25	我认为倾听那些与自己不同的人(的意见)是非常重要的。即使我不同意他们,我仍然想去了解他们。	①	②	③	④	⑤
26	对我来说,谦虚和恭谦非常重要。我不会试图去吸引人们对我的注意力。	①	②	③	④	⑤
27	享受一段美好时光对我来说很重要。我喜欢"宠着"自己。	①	②	③	④	⑤
28	对我来说,自己为自己做的事情做决定是很重要的。我喜欢自由地制订计划,而且不依赖其他人。	①	②	③	④	⑤

续表

题号		完全不同意	基本不同意	中等同意	大部分同意	完全同意
29	对我来说，帮助周围的人很重要。我想要很好地照顾他们。	①	②	③	④	⑤
30	对我来说，变得非常成功是很重要的。我希望人们能够认可我的成就。	①	②	③	④	⑤
31	对我来说，政府可以应对各种威胁，确保我的安全是很重要的。我希望自己的国家足够强大，这样才能保护她的公民。	①	②	③	④	⑤
32	我寻找刺激，喜欢承受风险。我希望有一个刺激的人生。	①	②	③	④	⑤
33	对我来说，举止得当非常重要。我会避免去做人们认为可能是错的事情。	①	②	③	④	⑤
34	对我来说，获得别人的尊重很重要。我想要人们按照我所说的去做。	①	②	③	④	⑤
35	对我来说，忠于自己的朋友很重要。我希望能为那些和自己关系亲密的人奉献自己。	①	②	③	④	⑤
36	我很坚定地认为人们应该尊重自然。保护环境对我来说很重要。	①	②	③	④	⑤
37	对我来说，传统是很重要的。我努力遵守宗教或者家庭传下来的习俗。	①	②	③	④	⑤
38	我寻找每一次能给我带来乐趣的机会。对我来说，去做那些能使自己感到愉悦的事情是很重要的。	①	②	③	④	⑤
39	我喜欢循序渐进、有秩序地做事情。	①	②	③	④	⑤
40	我认为墨守成规的办事模式，会导致时机的错失。	①	②	③	④	⑤

续表

题号		完全不同意	基本不同意	中等同意	大部分同意	完全同意
41	前景不明朗的时候，应该为事情订立更积极、更超前的目标。	①	②	③	④	⑤
42	给事情订立目标的时候，应该基于现有状况的保守估计的基础上。	①	②	③	④	⑤
43	当不了解生活中某件事发生的原因时，我会感到不舒服。	①	②	③	④	⑤
44	当不清楚某人的意思或意图时，我会感到不舒服。	①	②	③	④	⑤
45	我宁愿去想一些小事情的日常计划，而不喜欢做长远的规划。	①	②	③	④	⑤
46	通常在事情完结以后我还在思考，即使这些事情并不对我自己构成影响。	①	②	③	④	⑤
47	我是一个外向、热情的人。	①	②	③	④	⑤
48	我是一个批判性的、好争论的人。	①	②	③	④	⑤
49	我是一个可靠的、自律的人。	①	②	③	④	⑤
50	我是一个焦虑的、易苦恼的人。	①	②	③	④	⑤
51	我是一个可以接受新事物、复杂的人。	①	②	③	④	⑤
52	我是一个不爱表达自己、安静的人。	①	②	③	④	⑤
53	我是一个有同情心的、温暖的人。	①	②	③	④	⑤
54	我是一个无计划安排、随意的人。	①	②	③	④	⑤
55	我是一个镇定的、情绪稳定的人。	①	②	③	④	⑤
56	我是一个因循守旧、没有创意的人。	①	②	③	④	⑤
57	我常在对方没有提出请求的情况下给对方帮助和意见。	①	②	③	④	⑤
58	我经常有去纠正、干预其他群体或其他人的行为。	①	②	③	④	⑤

续表

题号		完全不同意	基本不同意	中等同意	大部分同意	完全同意
59	当别人不同意我的观点时,我会尽量跟对方讨论,说服对方。	①	②	③	④	⑤
60	我很关注自己的名誉和地位。	①	②	③	④	⑤
61	我觉得,能否当上领导主要取决于自己的能力。	①	②	③	④	⑤
62	在制订计划的时候,我相信一定能实现它。	①	②	③	④	⑤
63	自己能够主宰自己的生活。	①	②	③	④	⑤
64	能否当官取决于我是否足够走运,在恰当的时候处在恰当的位置。	①	②	③	④	⑤

二 请据您日常在单位工作、集体讨论中的经验,对下面的题目进行评价。答案没有对错之分。请在右面合适的数字上打"√"。[①]

题号		完全不符合	基本不符合	中等符合	大部分符合	完全符合
1	如果我尽力的话,可以对集体讨论的结果有重要影响。	①	②	③	④	⑤
2	当我的意见在集体中遭到反对时,我仍然可以应对自如。	①	②	③	④	⑤
3	即使我的观点不太合群,我也不会因此被领导或其他同事厌恶。	①	②	③	④	⑤
4	在单位决策过程中大家都能积极发言,彼此充分交流。	①	②	③	④	⑤

[①] 1. 阴影部分为反向计分题;2. 除特别说明外,其余变量均为正向计分,即分数越高,变量描述现象越强烈。

续表

题号		完全不符合	基本不符合	中等符合	大部符合	完全符合
5	我对单位决策讨论的整个过程通常很满意。	①	②	③	④	⑤
6	我认为，单位决策讨论的整个过程很合理。	①	②	③	④	⑤
7	我觉得，单位集体讨论所做出的决策都很合理。	①	②	③	④	⑤
8	我觉得，单位做出的决策能够产生预期的成果。	①	②	③	④	⑤
9	在讨论决策中，我通常感到很愉快。	①	②	③	④	⑤
10	我的上级领导属于公平的领导。	①	②	③	④	⑤
11	我对上级领导非常满意。	①	②	③	④	⑤
12	上级的言行令我佩服。	①	②	③	④	⑤
13	上级领导被赋予了以他自己的方式来行事的权力。	①	②	③	④	⑤
14	上级领导的意愿是我表态时重要的考虑因素。	①	②	③	④	⑤
15	上级领导在工作中对我获得升迁、福利等方面的利益影响很大。	①	②	③	④	⑤
16	我觉得集体讨论做决策时，应该对领导负责。	①	②	③	④	⑤
17	集体讨论做决策时，我应该对自己负责。	①	②	③	④	⑤
18	决策讨论中，应尽量跟大多数同事的表态保持一致。	①	②	③	④	⑤
19	无论我的意见是否跟大多数人一致，都会尽量保持自己意见的独立性。	①	②	③	④	⑤
20	作为组织成员，就应遵守组织的各种制度规则。	①	②	③	④	⑤
21	任何工作，只有按照制度规则要求去做，才能有好的结果。	①	②	③	④	⑤
22	我会遵守组织内的制度规则，因为违反了制度规则会给我带来很大的麻烦。	①	②	③	④	⑤
23	在做一项工作之前，我总是从现行的制度规则当中寻找依据或方法。	①	②	③	④	⑤

续表

题号		完全不符合	基本不符合	中等符合	大部符合	完全符合
24	要办成事情，不能完全机械按照组织章程来办。	①	②	③	④	⑤
25	实际工作中，没有必要太多关注民意。	①	②	③	④	⑤
26	工作中，领导要求要比社会的意见更值得重视。	①	②	③	④	⑤
27	获得上级的认可是我决策时重要的考虑因素。	①	②	③	④	⑤
28	单位同事的支持是我决策时重要的考虑因素。	①	②	③	④	⑤
29	在讨论决策时，我会坚持把公众利益放在首位。	①	②	③	④	⑤
30	在会议决策时，我能够秉承公平原则。	①	②	③	④	⑤
31	我是秉承民主原则来进行会议讨论的。	①	②	③	④	⑤
32	在决策的过程中我时刻凭良心办事。	①	②	③	④	⑤
33	在单位中，身为下属就应该习惯于听从上级领导的安排。	①	②	③	④	⑤
34	在工作中，需要有意识地揣摩上级领导的意见。	①	②	③	④	⑤
35	在日常工作中，如果能够与领导、身边同事搞好关系，就算委屈一下自己也无所谓。	①	②	③	④	⑤
36	在工作中，如果领导的意见与规章制度产生冲突，尽可能还是按领导的办。	①	②	③	④	⑤
37	对于工作中的政治性原则，无论受到什么外力的影响，都不能违背。	①	②	③	④	⑤
38	即使发现上级领导的安排欠妥当，我也不会向领导说出真实想法。	①	②	③	④	⑤
39	工作中出现失误，就算上级把责任归咎下来，也只能接受。	①	②	③	④	⑤
40	就算单位的风气使我变得刻板，我也会遵守。	①	②	③	④	⑤
41	对于组织的潜规则，我已经习惯并且接受。	①	②	③	④	⑤

续表

题号		完全不符合	基本不符合	中等符合	大部符合	完全符合
42	目前的政治体制很合理。	①	②	③	④	⑤
43	我认同当今社会的分配制度。	①	②	③	④	⑤
44	政府设计的经济政策能够有效地推动社会进步。	①	②	③	④	⑤
45	法治建设的问题与其说是立法，不如说是法律真正执行的问题。	①	②	③	④	⑤
46	只有公平的法律，才有公平的社会。	①	②	③	④	⑤
47	守法会吃亏。	①	②	③	④	⑤
48	工作中常常关注媒体动向。	①	②	③	④	⑤
49	公众监督和舆论批评可以保证官员维护大多数人利益。	①	②	③	④	⑤
50	当今媒体舆论对于政府施政的作用还是利大于弊。	①	②	③	④	⑤
51	媒体舆论是现代社会进步的产物，无论喜欢不喜欢，我都会接受它。	①	②	③	④	⑤
52	努力掌控媒体工具，尽量把媒体舆论为我所用。	①	②	③	④	⑤
53	在制定政策过程中，公平比经济发展更为重要。	①	②	③	④	⑤
54	贯彻上级政策是制定政策过程中的首要考虑。	①	②	③	④	⑤
55	民生福利是制定政策过程中的首要考虑。	①	②	③	④	⑤

三　请阅读下面材料并回答相关问题。

随着我国城市化进程的不断推进，如垃圾处理厂、污水处理厂、传染病防治中心等公共设施被陆续兴建。这类公共设施在为社会整体带来便利的同时，也会对其附近的民众造成不同方面的损害。由这类公共设施的建设方案而引发的民众抗争已经成为当前社会的热点问题之一。

近期在某市就出现了一起类似事件：由于城市交通建设需要，该市政府部门计划把几个地铁站的冷却塔集中建在某一小区附近的规划用地上。然而，该小区居民却认为冷却塔与其住所距离太近，极有可能产生超过标准的噪音并带来病菌。同时，他们还认为政府为了尽快通车，在建设规划中存在不透明和违规操作，并没有按照常规正式的程序进行，比如说没有举行听证会。

但政府相关部门负责人表示，冷却塔这类公共设施的建设选址无法保证所有城市居民的利益都不受到损害，肯定需要一小部分居民做出利益上的牺牲。该小区附近的用地选址是政府在综合考虑了各方面条件、情况下的最优结果，符合经济发展与大部分市民的利益。他们还列举了专家学者的观点，说明小区民众的担心和反对是不必要的。

然而，该小区居民并不接受政府的说法，大部分业主采用了到有关部门投诉、媒体曝光的方式要求与市政府进行对话，对工程方案进行重新评估。还有小部分业主甚至采用了在市政府门口"散步"、拉横幅抗议等方式，要求拆除、搬迁冷却塔。这件事情已经引起了市民的广泛关注。

1. 对于政府为了尽快通车而没有经过常规正常程序来进行建设规划的做法，您的态度是：（ ）

（1）非常支持　　（2）支持　　　　（3）一般
（4）不支持　　　（5）非常不支持

2. 对于上述材料中政府"为了保障大部分市民的利益，可以适当牺牲小部分市民利益"的说法，您的态度是：（ ）

（1）非常支持　　（2）支持　　　　（3）一般
（4）不支持　　　（5）非常不支持

3. 对于上述材料中，大多数业主采用的抗议做法，您的态度是：（ ）

（1）非常支持　　（2）支持　　　　（3）一般
（4）不支持　　　（5）非常不支持

4. 对于上述材料中，少数业主采用的抗议做法，您的态度是：（ ）

（1）非常支持　　（2）支持　　　　（3）一般
（4）不支持　　　（5）非常不支持

四　请在合适的选项后打"√"。

1. 性别：男_____；女_____

2. 年龄：25 岁以下＿＿＿＿＿＿＿；26—35 岁＿＿＿＿＿＿＿；36—45 岁＿＿＿＿＿＿＿；46—55 岁＿＿＿＿＿＿＿；56—65 岁＿＿＿＿＿＿＿；65 岁以上＿＿＿＿＿＿＿

3. 文化程度：小学以下＿＿＿＿＿＿＿；初中＿＿＿＿＿＿＿；高中或中专＿＿＿＿＿＿＿；大专＿＿＿＿＿＿＿；大学本科＿＿＿＿＿＿＿；硕士＿＿＿＿＿＿＿；博士＿＿＿＿＿＿＿

4. 部门类型：行政部门＿＿＿＿＿＿＿；党委机构＿＿＿＿＿＿＿；人大/政协/群团＿＿＿＿＿＿＿

5. 职务：一般职员＿＿＿＿＿＿＿；科级＿＿＿＿＿＿＿；处级＿＿＿＿＿＿＿；厅局级＿＿＿＿＿＿＿；部级＿＿＿＿＿＿＿

6. 所在地域：＿＿＿＿＿＿＿省＿＿＿＿＿＿＿市

7. 工作地点：城市＿＿＿＿＿＿＿；农村＿＿＿＿＿＿＿

8. 单位级别：乡镇＿＿＿＿＿＿＿；县政府＿＿＿＿＿＿＿；市（地）政府＿＿＿＿＿＿＿；省政府＿＿＿＿＿＿＿；中央＿＿＿＿＿＿＿

9. 公务员岗位工作经验：1 年以下＿＿＿＿＿＿＿；1—5 年＿＿＿＿＿＿＿；5—10 年＿＿＿＿＿＿＿；10—15 年＿＿＿＿＿＿＿；15—25 年＿＿＿＿＿＿＿；25 年以上＿＿＿＿＿＿＿

10. 最信任的媒体：报纸＿＿＿＿＿＿＿；电视＿＿＿＿＿＿＿；网络＿＿＿＿＿＿＿；杂志＿＿＿＿＿＿＿

11. 每天使用最久（多）的媒体：报纸＿＿＿＿＿＿＿；电视＿＿＿＿＿＿＿；网络＿＿＿＿＿＿＿；杂志＿＿＿＿＿＿＿

附录二

决策实验材料

决策实验材料书

您好，请阅读以下决策材料，并依此开始你们小组的讨论。

生活垃圾处理是一座城市生存与发展必须面对的问题。在巨大的垃圾处理压力下，中国各地的垃圾焚烧发电项目也频频推出。为了解决城市垃圾的处理问题，G市某区政府在近期会议上决定启动垃圾焚烧厂的建设计划并将进一步讨论具体选址事宜。然而，从多方面看，垃圾焚烧厂在选址问题上仍然有着众多的争论，具体的情况介绍如下。

该区是G市规划建设的一片新兴区域，借助于原有的交通区位优势和优惠政策，该区的工业、经济近年来得到了迅速的发展，并吸引了不少原市区居民和外来务工者的进入。产业的兴起和人口的涌入，也使得工业垃圾和生活垃圾的处理需求同时加大。居住在厂房附近的大部分居民和工业投资者对于垃圾焚烧厂的选址有着不同的偏好：从居民的角度而言，他们希望焚烧厂的选址能够尽量远离居住地，以规避由于焚烧工业垃圾而带来的健康风险。若焚烧厂选址处在他们住宅周围，他们声称将向政府抗争到底。从工业投资者的角度而言，他们更倾向于焚烧厂的选址处能接近厂房，以降低工厂的运输成本。处理贡献不少经济产值的工业投资者与试图激烈抗争的民众之间的冲突，是政府决策中必须面对的问题。

经济发展和功能规划上的差异使得该区在地理上可大致分为位于商业较为落后的工业生产区和商业较为发达的高档住宅区。在何处建设垃圾焚烧厂的问题上，工业生产区居民和高档区居民有着不同的看法：工业生产区的居民认为，虽然他们周边的商业环境并不发达，但这里却聚集了该区较多的居住人口，而且，这一片区不少民众由于在经济、教育资源上的短缺，将使得他们的抵御可能风险的能力更弱；高档区的民众则认为，政府若在他们周边选择垃圾焚烧厂的建址，将严重损害当前大部分商业中心的运行效益，这对于城市整体发展是较为不利的。可见，区政府在决策中，城市弱势群体和强势阶层之间的利益需要慎重权衡和选择。

　　同时，对于该区政府来说，在焚烧厂选址问题上，还需要充分考虑当前社会稳定的维持和城市长期规划之间的复杂关系：该区有一处尚未完全开发的地区，那里人烟稀少，却有着依山傍海的优美环境。低密度人口意味着这片区域在理论上是缓和当前民众排斥情绪的较好选择；然而，不少人也提出，区政府若仅仅为了维持当前的社会稳定而破坏如此优美且具特色的环境无疑是非常短视的，他们认为，在该区乃至G市的未来发展规划中，这样一片不可多得的原生态环境都将是一种重要的资源，为了城市长期的可持续发展和子孙后代的福利着想，这片土地一定不能受到焚烧厂的污染。

　　总之，垃圾焚烧厂的选址问题已经成为当前该区政府十分迫切的公共决策问题。

　　现假设你们小组的成员将作为该区各个相关部门的主要负责人参与垃圾焚烧厂选址问题的决策。请你们从政府官员的角度，从经济发展、社会稳定、城市环保等诸多方面进行综合考虑，并依据指导书中的规则来分析问题、开展讨论，形成一个决策方案。

实验前问卷

　　一　[指导语] 请根据你的实际情况（实际感受），对下面一些看法进行评价。在右面合适的数字上打"√"。答案没有对错之分，对每一个句子无须多考虑。

题号		完全不符合	基本不符合	中等符合	大部分符合	完全符合
1	如果别人没有听从我的意见，我会反复重复我的观点，并证实我的看法很对。	①	②	③	④	⑤

续表

题号		完全不符合	基本不符合	中等符合	大部分符合	完全符合
2	别人听从我的意见多过我听从别人的意见。	①	②	③	④	⑤
3	如果别人没有听从我的观点，我会非常不舒服。	①	②	③	④	⑤
4	我的人际关系情况不够好。	①	②	③	④	⑤
5	如果碰到一件不如意的事情，我的愤怒比一般人强。	①	②	③	④	⑤
6	对我来说，想出新的想法和具有创造性是非常重要的。我喜欢按照自己的独特方式做事。	①	②	③	④	⑤
7	对我来说，变得富有是非常重要的。我想要获得很多钱和许多昂贵的东西。	①	②	③	④	⑤
8	我认为，每一个人在这个世界上都应该被平等对待，这是很重要的。我相信每个人在人生中都应该有同样的机会。	①	②	③	④	⑤
9	对我来说，显示自己的能力是非常重要的。我想要人们赞赏我的所作所为。	①	②	③	④	⑤
10	对我来说，住在一个安全的环境中非常重要。我会避免任何可能威胁自身安全的事情。	①	②	③	④	⑤
11	我喜欢惊喜并且经常去找新鲜的事情来做。我认为在人生中做很多不同的事情是非常重要的。	①	②	③	④	⑤
12	我认为人们应该去做那些被告知要做的事情。我觉得人们在任何情况下都应该遵守规则，即使在无人监视的情况下也应如此。	①	②	③	④	⑤
13	我认为倾听那些与自己不同的人（的意见）是非常重要的。即使我不同意他们，我仍然想去了解他们。	①	②	③	④	⑤
14	对我来说，谦虚和恭谦非常重要。我不会试图去吸引人们对我的注意力。	①	②	③	④	⑤
15	享受一段美好时光对我来说很重要。我喜欢"宠着"自己。	①	②	③	④	⑤
16	对我来说，自己为自己做的事情做决定是很重要的。我喜欢自由地制订计划，而且不依赖其他人。	①	②	③	④	⑤
17	对我来说，帮助周围的人很重要。我想要很好地照顾他们。	①	②	③	④	⑤

续表

题号		完全不符合	基本不符合	中等符合	大部分符合	完全符合
18	对我来说，变得非常成功是很重要的。我希望人们能够认可我的成就。	①	②	③	④	⑤
19	对我来说，政府可以应对各种威胁，确保我的安全是很重要的。我希望自己的国家足够强大，这样才能保护她的公民。	①	②	③	④	⑤
20	我寻找刺激，喜欢承受风险。我希望有一个刺激的人生。	①	②	③	④	⑤
21	对我来说，举止得当非常重要。我会避免去做人们认为可能是错的事情。	①	②	③	④	⑤
22	对我来说，获得别人的尊重很重要。我想要人们按照我所说的去做。	①	②	③	④	⑤
23	对我来说，忠于自己的朋友很重要。我希望能为那些和自己关系亲密的人奉献自己。	①	②	③	④	⑤
24	我很坚定地认为人们应该尊重自然。保护环境对我来说很重要。	①	②	③	④	⑤
25	对我来说，传统是很重要的。我努力遵守宗教或者家庭传下来的习俗。	①	②	③	④	⑤
26	我寻找每一次能给我带来乐趣的机会。对我来说，去做那些能使自己感到愉悦的事情是很重要的。	①	②	③	④	⑤
27	世间万物之间的微妙关系令人惊叹。	①	②	③	④	⑤
28	人生意义问题常令我苦恼。	①	②	③	④	⑤
29	科技进步损伤了人性。	①	②	③	④	⑤
30	在物质利益和道德情感冲突时，往往选取物质利益。	①	②	③	④	⑤
31	做事总是优先考虑投入与获得是否划算。	①	②	③	④	⑤
32	重大决定凭自己的感受而不是付出与获益算计的方式而做出。	①	②	③	④	⑤
33	如果物质的获取与自己的内心标准不一，宁愿放弃。	①	②	③	④	⑤
34	为所谓高远理想而献身的人生，是不值得的。	①	②	③	④	⑤

续表

题号		完全不符合	基本不符合	中等符合	大部分符合	完全符合
35	人与人都是利益关系和算计关系。	①	②	③	④	⑤
36	信仰宗教是怪异的事情。	①	②	③	④	⑤
37	所谓精神境界的说法不是真实的。	①	②	③	④	⑤
38	"万物一体"的说法是荒谬的。	①	②	③	④	⑤
39	常常自我反思生命的根本价值。	①	②	③	④	⑤
40	有用的并不一定是最好的。	①	②	③	④	⑤
41	人的根本信仰是不能用"科学"来判断的。	①	②	③	④	⑤
42	我喜欢掌握各种事实与材料。	①	②	③	④	⑤
43	只有对人或事做了深入的思考我才会做判断。	①	②	③	④	⑤
44	我喜欢循序渐进地做事情。	①	②	③	④	⑤
45	我倾向于注意观察细节。	①	②	③	④	⑤
46	我总是想学习新的技能，可是开始学习后又容易厌倦。	①	②	③	④	⑤

二　下面是一些用于描述性格特征的词，请根据你的真实情况在词语右边的横线上填写相应的数字（比如完全不同意填写1，完全同意填写7）。

完全不同意	比较不同意	有一点不同意	不知道	有一点同意	比较同意	完全同意
1分	2分	3分	4分	5分	6分	7分

我觉得我自己是一个：

1. 外向、热情的人＿＿＿＿　　2. 批判性的、好争论的人＿＿＿＿

3. 可靠的、自律的人＿＿＿＿　　4. 焦虑的、易苦恼的人＿＿＿＿

5. 可以接受新事物、复杂的人＿＿＿＿　　6. 不爱表达自己、安静的人＿＿＿＿

7. 有同情心的、温暖的人＿＿＿＿　　8. 无计划安排、随意的人＿＿＿＿

9. 镇定的、情绪稳定的人＿＿＿＿　　10. 因循守旧、没有创意的人＿＿＿＿

实验后问卷

一 ［指导语］请根据你的实际情况（实际感受），对下面一些看法进行评价。在右面合适的数字上打"√"。答案没有对错之分，对每一个句子无须多考虑。

题号	题项	完全不符合	基本不符合	中等符合	大部分符合	完全符合
1	领导的言行对我的影响不大。	①	②	③	④	⑤
2	我认为领导的行为表现恰当。	①	②	③	④	⑤
3	小组的决策规则能够保障每个人表达意见的权利。	①	②	③	④	⑤
4	每个小组成员的地位都是平等的。	①	②	③	④	⑤
5	在这种决策规则下，决策小组中每位成员（包括领导）对最终决议的影响力大致是均等的。	①	②	③	④	⑤
6	我很清楚我们小组的决策规则是什么。	①	②	③	④	⑤
7	我很清楚我的决策任务是什么。	①	②	③	④	⑤
8	我在决策讨论中能够从核心决策者的角度来思考问题。	①	②	③	④	⑤
9	我在决策讨论的整个过程中，情绪总体平稳。	①	②	③	④	⑤
10	我根据决策规则来制订我的方案。	①	②	③	④	⑤
11	我根据决策规则的要求来进行决策讨论。	①	②	③	④	⑤
12	我根据决策规则的要求做出决策。	①	②	③	④	⑤
13	无论我是否认同决策规则，我都一直在遵循它。	①	②	③	④	⑤
14	我自始至终都在对决策规则负责。	①	②	③	④	⑤
15	无论其他小组成员是否遵从决策规则，我都自觉遵从决策规则。	①	②	③	④	⑤
16	我是在考虑和平衡了各种因素后才做出决策。	①	②	③	④	⑤

续表

题号	题项	完全不符合	基本不符合	中等符合	大部分符合	完全符合
17	我是重点考虑了小组共识后才做出决策的。	①	②	③	④	⑤
18	我是对每个备选方案利弊进行精确衡量计算后做出决策的。	①	②	③	④	⑤
19	在决策中,最重要的是对自己负责。	①	②	③	④	⑤
20	无论我的意见是否跟大多数人的意见一致,我都会尽量保持自己意见的独立性。	①	②	③	④	⑤
21	我在决策时会更多考虑其他小组成员的意见。	①	②	③	④	⑤
22	我根据自己的意愿做决策。	①	②	③	④	⑤
23	与其他成员的交流会帮助我理解决策规则。	①	②	③	④	⑤
24	其他成员的见解、观点对我理解决策规则有帮助。	①	②	③	④	⑤
25	我根据自己以往的知识经验来理解小组决策规则。	①	②	③	④	⑤
26	我会根据小组讨论的场景来理解决策规则。	①	②	③	④	⑤
27	我会思考如何把握决策规则的要领以便更好地理解规则。	①	②	③	④	⑤
28	决策规则为我理解决策事项提供了帮助。	①	②	③	④	⑤
29	决策规则在实践中促进了小组成员形成共同的行为规范。	①	②	③	④	⑤
30	决策规则为小组决策提供了达成共识的方式。	①	②	③	④	⑤
31	决策规则是判断小组讨论过程是否合理的标准。	①	②	③	④	⑤
32	如果我不遵守规则,我会担心受到惩罚。	①	②	③	④	⑤
33	如果不遵守规则,我将会受到很大的威胁。	①	②	③	④	⑤
34	如果不遵守规则,我就没法达到我的目的。	①	②	③	④	⑤
35	如果我违背了决策规则,感觉就像违背了法律一样,会受到制裁。	①	②	③	④	⑤

续表

题号	题项	完全不符合	基本不符合	中等符合	大部分符合	完全符合
36	所有组员都应该无条件遵循决策规则办事。	①	②	③	④	⑤
37	如果我不遵循决策规则,在别人面前我会感到羞愧。	①	②	③	④	⑤
38	如果我不遵守规则,就会被小组成员排斥。	①	②	③	④	⑤
39	跟其他小组成员一起遵循决策规则是一种恰当的行为。	①	②	③	④	⑤
40	遵循决策规则是一种责任和义务。	①	②	③	④	⑤
41	作为决策小组成员,我认为我遵循决策规则也符合其他小组成员对我的期待。	①	②	③	④	⑤
42	对我来说,身为决策小组成员,就应该遵循决策规则,这是理所当然的。	①	②	③	④	⑤
43	小组的决策规则应成为大家共同遵守和认可的一种文化。	①	②	③	④	⑤
44	如果没有决策规则,我不知道该如何行事。	①	②	③	④	⑤
45	如果没有遵循决策规则,我会感到自己是小组中的"异类"。	①	②	③	④	⑤
46	遵循决策规则是一件不言而喻的事情。	①	②	③	④	⑤
47	我会特别注意并运用决策规则当中我认为合理的部分。	①	②	③	④	⑤
48	对于决策规则中我不认同的部分,我会有意无意地忽略掉。	①	②	③	④	⑤
49	在讨论过程中,那些令我印象深刻的规则会更多地被我运用。	①	②	③	④	⑤
50	我会有意识地思考决策规则是否存在漏洞或不恰当的地方,并做出调整。	①	②	③	④	⑤

续表

题号	题项	完全不符合	基本不符合	中等符合	大部分符合	完全符合
51	我会有意识地考虑我所扮演的角色应当如何理解和应对这种决策规则。	①	②	③	④	⑤
52	我会参照别人对决策规则的理解来调整自己对规则的理解和应对策略。	①	②	③	④	⑤
53	我会根据实际讨论的情况来调整对规则的理解和应对策略。	①	②	③	④	⑤
54	我会在原则上不违背决策规则的前提下策略性地实现自己的目标。	①	②	③	④	⑤
55	我会参照决策规则与其他组员进行策略性沟通与合作。	①	②	③	④	⑤
56	我会通过建立自身的威信,从而影响小组的主流意见。	①	②	③	④	⑤
57	我试图在决策规则之外建立一套新的、我认为正确的规则。	①	②	③	④	⑤
58	在小组讨论过程中,我会策略性地规避某些使我不适应的决策规则。	①	②	③	④	⑤
59	在小组讨论过程中,我会策略性地规避某些不利于我的决策规则。	①	②	③	④	⑤
60	我会公开表达对决策规则的不满。	①	②	③	④	⑤
61	我会在行动上抵制决策规则。	①	②	③	④	⑤
62	如果我尽力去做的话,就可以影响最终的决议。	①	②	③	④	⑤
63	当我的意见遭到反对时,我仍然可以应对自如。	①	②	③	④	⑤
64	我很怀疑我的意见可以对决议产生影响。	①	②	③	④	⑤
65	我在讨论中发挥了很大的作用。	①	②	③	④	⑤

续表

题号	题项	完全不符合	基本不符合	中等符合	大部分符合	完全符合
66	如果我积极参与讨论过程,我就能够对决策进程产生影响。	①	②	③	④	⑤
67	我能够随心所欲地表达自己的意见和看法。	①	②	③	④	⑤
68	我不害怕呈现自我真实的想法。	①	②	③	④	⑤
69	我在表达意见时感受到了某种威胁和不安。	①	②	③	④	⑤
70	即使我提出的观点不太合群,我也不会因此而被领导或其他组员厌恶。	①	②	③	④	⑤
71	我不用担心表达自己真实的想法而受到来自领导或其他成员的排斥。	①	②	③	④	⑤
72	当我认为别人不同意我说的观点,我在表达观点的时候会觉得很困难。	①	②	③	④	⑤
73	有时,我觉得周围的人观点是错误的,但是我不会指出来。	①	②	③	④	⑤
74	当我与别人的观点不一致时,我更愿意听从他们的观点而不是为自己辩解。	①	②	③	④	⑤
75	当我认为别人和我的观点不一致时,我会表达自己的观点,这一点对我来说很容易。	①	②	③	④	⑤
76	当别人问我的意见并且我知道他(或者她)不认同我的观点时,我会感觉很尴尬、很不舒服。	①	②	③	④	⑤
77	保持沉默比起当着很多人的面说出一个多数人不知道的观点来说更加稳妥。	①	②	③	④	⑤
78	如果我不同意别人的看法,我会让他们知道,这一点我觉得不难。	①	②	③	④	⑤
79	我喜欢和这个小组中的成员开展讨论。	①	②	③	④	⑤

续表

题号	题项	完全不符合	基本不符合	中等符合	大部分符合	完全符合
80	我们小组成员行动一致就像一个整体。	①	②	③	④	⑤
81	如果有机会,我还会选择跟这些小组成员一起合作。	①	②	③	④	⑤
82	我觉得在小组讨论过程中大家都积极发言,彼此充分交流。	①	②	③	④	⑤
83	我对小组的整个讨论过程很满意。	①	②	③	④	⑤
84	我认为小组的整个讨论过程很合理。	①	②	③	④	⑤
85	我认为小组组员都按照决策规则进行讨论。	①	②	③	④	⑤
86	我在小组讨论中有很强烈的参与感。	①	②	③	④	⑤
87	我觉得我在小组中没有什么机会发言和表现。	①	②	③	④	⑤
88	我觉得我在刚才小组讨论的过程当中很投入。	①	②	③	④	⑤
89	我觉得我们小组决策的方案很合理。	①	②	③	④	⑤
90	我觉得我们小组决策方案的产生过程很合理。	①	②	③	④	⑤
91	我觉得我们小组决策的方案符合我的价值判断。	①	②	③	④	⑤
92	我认为我们小组将产生高质量的解决方案。	①	②	③	④	⑤
93	我认为我们小组将在很大程度上做出一个失败的决策。	①	②	③	④	⑤
94	我认为我们小组的解决方案不会是糟糕的。	①	②	③	④	⑤
95	我认为其他成员也是认同最终方案的。	①	②	③	④	⑤
96	我认为在重要问题的判断上,小组是全体一致的。	①	②	③	④	⑤
97	我们小组在很大程度上表现得团结一致。	①	②	③	④	⑤

二 感谢你的耐心填答,请根据你的感受继续回答以下问题。

1. 你对本次情境模拟任务有什么整体上的感受吗?如情绪变化、心理活动都可以告诉我们:你能大致猜一猜这个实验的目的是什么吗?

2. a. 你觉得你们小组的决策规则是怎样形成的？b. 刚才指导书中的决策规则介绍，你对哪几条的印象最为深刻？为什么？

3. 你认为在小组决策规则中，应该遵循的规则是什么？实质是什么？

4. 你在小组讨论过程中，遵循了哪些决策规则？没有遵循哪些规则？各自原因是什么？你觉得决策规则当中的漏洞或不足在哪里？

5. 在决策过程中，你对哪些规则进行了调整？如何调整的？你觉得调整后的规则是怎样的（跟原来的区别）？

6. 在决策过程当中，你的情绪感受是怎样的？是否有明显的变化？

7. 这个过程当中，你最大的感触是什么？

行为观察记录表

组别：	时间：	记录员：	决策所用时间： mins

附录二 决策实验材料

观察行为 \ 被试编号	实验指导书阅读时间	决策背景书阅读材料的时间	就实验进行提问	关于决策程序的提问次数	关于决策任务提问的次数	提到材料信息的次数	提出备选方案数目	独立发言次数（独自发言超过30秒）	提出建设性（修改）意见次数	提出抑制性意见（只是反对，但是没有提出新的意见）	提出启发引导式意见	是否有从直接到间接反对小组成员的转换表现	是否有从间接到直接反对小组成员的转换表现	提到决策规则的次数	领导是否有提醒注意决策规则	讨论的问题偏离决策材料的次数和时间	成员间互相赞同次数	是否有意见领袖的出现
1																		
2																		
3																		
4																		
5																		

观察行为 \ 被试编号	互相对望的次数	方案选择时讨论的激烈程度（1—5）	鼓励他人发言的次数	对他人意见（异议）表示尊重（点头等）的次数	领导是否成为意见领袖	是否有看着领导期待领导发言	是否有请求领导给出意见	是否有请求领导做出决策	是否正面评价决策结果	是否有集体沉默期待领导发言	是否有拒签行为	签字时是否有犹豫	是否对结果提出异议	提出有关决策规则意见的次数	规则选择时讨论的激烈程度（1—5）	决策规则形成的时间	备注
1																	
2																	
3																		
4																	
5																	

注：激烈程度说明："1"表示讨论气氛平缓，意见一致，偶尔有反对意见；"2"表示讨论气氛相对平缓，有些意见分歧，在一定程度上表达反对意见；"3"表示有一定分歧，结果有异议；"4"表示难以达成共识，比较坚持己见；"5"表示意见不一致，最终不能达成共识。

实验后访谈提纲

[指导语] 下面是访谈的时间，将由我们的访谈员对大家进行一对一的访谈。访谈的目的主要是对大家在实验中的感受和想法做进一步的了解，完全是一个自由交流的时间，访谈员将问一些问题，你可以按自己心里的真实想法回答，可以畅所欲言。访谈过程将被录音，但是我们绝对不会透露你的个人信息，访谈的内容也只做研究之用，绝对不会用于其他用途。访谈所需的时间为 10 —15 分钟，谢谢。

访谈员：同学你好，实验已经结束了，然后我们就随便聊一下，你可以随便说。

真被试访谈问题：

1. **访谈角色的进入：**
你对本次情境模拟任务有什么整体上的感受吗？如情绪变化、心理活动都可以告诉我们。你能大致猜一猜这个实验的目的是什么？

2. **"制度—心理"的互动感知：**
（1）a. 你觉得你们小组的决策规则是怎样形成的？（控制组适用）
　　　b. 刚才指导书中的决策规则介绍，你对哪几条的印象最为深刻？（民主集中制组、民主投票制组、民主协商制组适用），为什么？（考察制度学习过程与效果）
（2）你认为在小组决策规则中，应该遵循的规则是什么？实质是什么？（考察行动者的制度规则感知结构）
（3）你在小组讨论过程中，遵循/没有遵循哪些决策规则？原因是什么？你觉得决策规则当中的漏洞或不足在哪里？（考察制度化效果及制度心理化）
（4）在决策过程中，你对哪些规则进行了调整？如何调整的？你觉得调整后的规则是怎样的（跟原来的区别）？（考察行动者对制度的心理

能动建构：制度—现实规则的感知）

（5）在决策过程当中，你的情绪感受是怎样的？是否有明显的变化？（考察行动者在制度作用下的情感变化）

3. 这个过程当中，你最大的感触是什么？

参考文献

1. S. 海尔曼：《中国经济腾飞中的分级制政策试验》，《开放时代》2008年第5期。
2. ［德］马克斯·韦伯：《经济与社会》（上卷），林荣远译，商务印书馆1997年版。
3. 顾金喜：《地方政府决策创新的实践和启示——杭州市开放式决策的调研分析》，《理论探索》2011年第1期。
4. 景怀斌：《公务员职业压力：组织生态与诊断》，中央编译出版社2011年版。
5. 景怀斌：《心理意义实在论》（第2版），暨南大学出版社2005年版。
6. 景怀斌：《组织管理的心理基础》，北京大学出版社2015年版。
7. 刘永芳：《快速节俭启发式——相关争议与简短评论》，《心理科学进展》2009年第5期。
8. ［美］埃莉诺·奥斯特罗姆：《公共事务的治理之道：集体行动制度的演进》，余逊达、陈旭东译，上海三联书店2000年版。
9. ［美］布莱恩·琼斯：《再思民主政治中的决策制度：注意力、选择与公共政策》，李丹阳译，北京大学出版社2010年版。
10. ［美］查尔斯·林德布洛姆：《决策过程》，竺乾威、胡君芳译，上海译文出版社1988年版。
11. ［美］道格拉斯·诺斯：《制度、制度变迁与经济成就》，刘瑞华译，（台北）时报文化出版企业有限公司1994年版。
12. ［美］赫伯特·西蒙：《管理行为：管理组织决策过程的研究》，杨砾、韩春立、徐立译，北京经济学院出版社1988年版。

13. ［美］赫伯特·西蒙:《现代决策理论的基石》,杨砾、徐立译,北京经济学院出版社 1989 年版。

14. ［美］科斯、诺思、威廉姆森等:《制度、契约与组织——从新制度经济学角度的透视》,刘刚等译,经济科学出版社 2003 年版。

15. ［美］托马斯·戴伊、哈蒙·齐格勒:《民主的嘲讽》,孙占平、盛聚林、马骏译,世界知识出版社 1991 年版。

16. 潘维:《中国模式》,载潘维、玛雅主编《人民共和国六十年与中国模式》,生活·读书·新知三联书店 2010 年版。

17. 许跃辉、郝敬胜、余志虎:《政府在促进地方经济发展中的决策机制探索:兼论安徽乡(镇)政府决策机制的现实特点及运行条件》,《经济问题探索》2010 年第 5 期。

18. 张雷:《经济和传媒联姻:西方注意力经济学派及其理论贡献》,《当代传媒》2008 年第 1 期。

19. 张立荣:《当代中国政府决策与执行的结构解析》,《华中师范大学学报》2004 年第 3 期。

20. 张维为:《中国模式回应世界挑战》,《当代中国史研究》2008 年第 2 期。

21. Allison, G. T. & Zelikow, P., *Essence of Decision*: *Explaining the Cuban Missile Crisis*, Peking University, 2008.

22. Ahlquist, J. S. & Levi, M., "Leadership: What It Means, What It Does, and What We Want to Know About It", *Annual Review of Political Science*, Vol. 14, 2011.

23. Anderson, K. B., "Who Are the Victims of Identity Theft? The Effect of Demographics", *Journal of Public Policy & Marketing*, Vol. 25, Issue 2, Fall 2006.

24. Araújo, D., Davids, K., Hristovski, R., "The Ecological Dynamics of Decision Making in Sport", *Psychology of Sport and Exercise*, Vol. 7, No. 6, 2006.

25. Augier, M., March, G. M., Rhee, M., Zhou, X. G., "Special Issue on 'Ambiguity and Decision Making in Chinese Organizations and Thought'", *Management and Organization Review*, Vol. 8, Issue 3, Nov.

2102.

26. Avolio, B. J., Walumbwa, F. O. & Weber, T. J., "Leadership: Current Theories, Research, and Future Directions", *Annual Review of Psychology*, Vol. 60, 2009.

27. Barsalou, L. W., "Grounded Cognition", *Annual Review of Psychology*, Vol. 59, 2008.

28. Bendor, J., Herbert A. Simon, "Political Scientist", *Annual Review of Political Sciences*, Vol. 6, 2003.

29. Bennett III, R. H, "The Importance of Tacit Knowledge in Strategic Deliberations and Decisions", *Management Decision*, Vol. 36, Issue 9–10, Nov.–Dec. 1998.

30. Bruner, J., " Life as Narrative", *Social Research*, Vol. 54, 1987.

31. Cardella, E. & Chiu, R., "Stackelberg in the Lab: The Effect of Group Decision Making and 'Cooling–off' Periods", *Journal of Economic Psychology*, Vol. 33, No. 6, Dec. 2012.

32. Cegarra, J. & van Wezel, W., "Revisiting Decision Support Systems for Cognitive Readiness: A Contribution to Unstructured and Complex Scheduling Situations", *Journal of Cognitive Engineering and Decision Making*, Vol. 6, No. 3, Sep. 2012.

33. Carmeli, A., Halevi, M. Y., "How Top Management Team Behavioral Integration and Behavioral Complexity Enable Organizational Ambidexterity: The Moderating Role of Contextual Ambidexterity", *The Leadership Quarterly*, Vol. 20, No. 2, 2009.

34. Chen, Y. F. & Tjosvold, D., "Participative Leadership by American and Chinese Managers in China: The Role of Relationships", *Journal of Management Studies*, Vol. 43, Issue 8, Dec. 2006.

35. Connor, P. E., Becker, B. W., "Personal Value Systems and Decision–making Styles of Public Managers", *Public Personnel Management*, Vol. 32, Issue 1, Spring 2003.

36. Dutta, D. K. & Thornhill, S., "The Evolution of Growth Intentions: Toward a Cognition–based Model", *Journal of Business Venturing*, Vol. 23,

No. 3, 2008.

37. Esser, J. K., "Alive and Well after 25 Years: A Review of Groupthink Research", *Organizational Behavior and Human Decision Processes*, Vol. 73, Issue 2, Feb. -March. 1998.

38. Fabrigar, L. R. & Petty, R. E., "The Role of Affective and Cognitive Bases of Attitudes in Susceptibility to Affectively and Cognitively Based Persuasion", *Personality and Social Psychology Bulletin*, Vol. 25, No. 3, Mar 1999.

39. Fassinger, R. E., "Paradigms, Praxis, Problems, and Promise: Grounded Theory in Counseling Psychology Research", *Journal of Counseling Psychology*, Vol. 52, No. 2, Apr. 2005.

40. Felfe, J. & Petersen, L. E., "Romance of Leadership and Management Decision Making European ", *Journal of Work and Organizational Psychology*, Vol. 16, No. 1, Mar 2007.

41. Felfe, J. & Schyns, B., "Personality and the Perception of Transformational Leadership: The Impact of Extraversion, Neuroticism, Personal Need for Structure, and Occupational Selfefficacy", *Journal of Applied Social Psychology*, Vol. 36, 2006.

42. Ferris, G. R., Frink, D. D., Galang, M. C., et al., "Perceptions of Organizational Politics: Prediction, Stress - related Implications and Outcomes", *Human Relations*, Vol. 49, Issue 2, Feb. 1996.

43. Freeman, M. A. & Bordia, P., "Assessing Alternative Models of Individualism and Collectivism: A Confirmatory Factor Analysis", *European Journal of Personality* , Vol. 15, Issue 2, Mar. /Apr. 2001.

44. Friedrich, T. L., Vessey, W. B., Schuelke, M. J., Ruark, G. A. & Mumford, M. D., "A Ramework for Understanding Collective Leadership: The Selective Utilization of Leader and Team Expertise Within Networks", *The Leadership Quarterly*, Vol. 20, 2009.

45. Fry, L. W., "Toward a Theory of Spiritual Leadership", *Leadership Quarterly*, Vol. 14, No. 6, 2003.

46. Gardner, W. L., Cogliser, C. C., "Meso-modeling of Leadership:

Following James G. (Jerry) Hunt's Lead in Integrating Micro- and Macro-perspectives of Leadership", *The Leadership Quarterly*, Vol. 20, No. 4, 2009.

47. Gibson, J. J., *The Ecological Approach to Visual Perception*, Boston, MA: Houghton Mifflin, 1979.

48. Gerstenfeld, P. B., "A Time to Hate: Situational Antecedents of Intergroup Bias", *Analyses of Social Issues* and *Public Policy* (ASAP), Vol. 2, Issue 1, Dec. 2002.

49. Gigerenzer, G. & Todd, P. M., "Fast and Frugal Heuristics: The Adaptive Toolbox", In Ed. Gigerenzer, G., Todd, P. M., and the ABC Research Group, *Simple heuristics that make us smart*, New York: Oxford University Press, 1999.

50. Gigerenzer, G. & Gaissmaier, W., "Heuristic Decision Making", *Annual Review of Psychology*, Vol. 62, 2011.

51. Glaser, B. G., "Conceptualization: On Theory and Theorizing Using Grounded Theory", *International Journal of Qualitative Methods*, Vol. 1, Issue 2, Spring 2002.

52. Gormley, W. T. Jr., "Public Policy Analysis: Ideas and Impacts", *Annual Review of Political Science*, Vol. 10, 2007.

53. Goncalo, J. A., Duguid, M. M., "Hidden Consequences of the Group-serving Bias: Causal Attributions and the Quality of Group Decision making", *Organizational Behavior and Human Decision Processes*, Vol. 107, No. 2, 2008.

54. Greeno, J. G., "The Situativity of Knowing, Learning, and Research", *American Psychologist*, Vol. 53, No. 1, Jan. 1998.

55. Groenendaal, W. J. H. V., "Group Decision Support for Public Policy Planning", *Information & Management*, Vol. 40, No. 5, May 2003.

56. Hambrick, D. C. & Mason, P. A., "Upper Echelons: The Organization as a Reflection of Its Top Managers", *Academy of Management Review*, Vol. 9, Issue 2, Apr. 1984.

57. Hastie, R., "Problem for Judgment and Decision Making", *Annual Review of Psychology*, Vol. 52, 2001.

58. Hayes, J. & Allinson, C. W., "Cognitive Style and Its Relevance for Management Practice", *British Journal of Management*, Vol. 5, Issue 1, Mar. 1994.

59. He, K., "Decision Making During Crises: Prospect Theory and China's Foreign Policy Crisis Behavior after the Cold War", EAI Fellows Program Working Paper Series No. 33, The East Asia Institute (EAI), Korea, 2012.

60. Hirschman, A. O., "Having Opinions—one of the Elements of Wellbeing", *Am. Econ. Rev*, Vol. 79, Issue 2, May 1989.

61. Hodges, B. H., "Good Prospects: Ecological and Social Perspectives on Conforming, Creating, and Caring in Conversation", *Language Sciences*, Vol. 29, No. 5, 2007.

62. Hodgkinson, G. P. & Healey, M. P., "Cognition in Organizations", *Annual Review of Psychology*, Vol. 59, 2008.

63. Holmberg, S., Rothstein, B., Nasiritousi, N., "Quality of Government: What You Get", *Annual Review of Political Science*, Vol. 13, Jan. 2009.

64. Holtgraves, T. M. & Kashima, Yoshihisa, "Language, Meaning, and Social Cognition", *Personality and Social Psychology Review*, Vol. 12, No. 1, Feb. 2008.

65. Hirose, N., "An Ecological Approach to Embodiment and Cognition", *Cognitive Systems Research*, Vol. 3, No. 1-4, Dec. 2002.

66. Huhmann, B. A., Saqib, N. U., "Effects of Changing Public Policies of Cultural Protectionism on Sources of Cultural Identity and Consumer Information", *Journal of Public Policy & Marketing*, Vol. 26, Issue 1, Spring 2007.

67. Hunter, S. T., Bedell-Avers, K. E. & Mumford, M. D., "The Impact of Situational Framing and Complexity on Charismatic, Ideological, and Pragmatic Leaders: Investigation Using a Computer Simulation", *Leadership Quarterly*, Vol. 20, No. 3, June 2009.

68. Janis, I. L., *Groupthink: Psychological Studies of Policy Decisions and Fiascoes*, Boston: Houghton Mifflin, 1982.

69. Javidan, M., Dorfman, P. W., de Luque, M. S., House, R. J., "In the Eye of the Beholder: Cross Cultural Lessons in Leadership from Project Globe", *Academy of Management Perspectives*, Vol. 20, Issue 1, Feb. 2006.

70. Jensen, J. L., "Getting One's Way in Policy Debates: Influence Tactics Used in Group Decision-making Settings", *Public Administration Review*, Vol. 67, Issue 2, Mar. 2007.

71. Jeske, K. J. & Werner, U., "Impacts on Decision Making of Executives: Probabilities Versus Outcomes", *Journal of Neuroscience, Psychology, and Economics*, Vol. 1, Issue 1, 2008.

72. Jones, B. D., "Bounded Rationality and Public Policy: Herbert A. Simon and the Decisional Foundation of Collective Choice", *Policy Sciences*, Vol. 35, Issue 3, Sep. 2002.

73. Jost, J. T., "The End of the End of Ideology", *American Psychologist*, Vol. 61, 2006.

74. Jost, J. T., Federico, C. M. & Napier, J. L., "Political Ideology: Its Structure, Functions, and Elective Affinities", *Annual Review of Psychology*, Vol. 60, 2009.

75. Jost, J. T., Glaser, J., Kruglanski, A. W. & Sulloway, F. J., "Political Conservatism as Motivated Social Cognition", *Psychological Bulletin*, Vol. 129, No. 3, May 2003.

76. Judge, T. A., Piccolo, R. F. & Kosalka, T., "The Bright and Dark Sides of Leader Traits: A Review and Theoretical Extension of the Leader Trait Paradigm", *The Leadership Quarterly*, Vol. 20, No. 6, 2009.

77. Kameda, T., Tsukasaki, T., Hastie, R., Berg, N., "Democracy under Uncertainty: The Wisdom of Crowds and the Free-rider Problem in Group Decision Making", *Psychological Review*, Vol. 118, No. 1, Jan. 2011.

78. Karlsson, N., Loewenstein, G., McCafferty, J., "The Economics of Meaning", *Nordic Journal of Political Economy*, Vol. 30, 2004.

79. Keller, J. W., Yang, Y. E., "Leadership Style, Decision Context, and the Poliheuristic Theory of Decision Making: An Experimental Analysis", *Journal of Conflict Resolution*, Vol. 52, Issue 5, Oct. 2008.

80. King, G. A., "The Meaning of Life Experiences: Application of a Meta-Model to Rehabilitation Sciences and Services", *American Journal of Orthopsychiatry*, Vol. 74, No. 1, Jan. 2004.

81. Kissoon, N., Campbell, B. & Syed, N., "Does Your Organization Have Drive?", *Physician Executive Journal*, Vol. 35, Issue 2, Mar./Apr. 2009.

82. Lee, D., Seo, H. & Jung. M. W., "Neural Basis of Reinforcement Learning and Decision Making", *Annual Review of Neuroscience*, Vol. 35, 2012.

83. Lerner, J. S., Gonzalez, R. M., Small, D. A. & Fischhoff, B., "Effects of Fear and Anger on Perceived Risks of Terrorism: A National Field Experiment", *Psychological Science*, Vol. 14, Issue 2, Mar. 2003.

84. Lam, S. K., Schaubroeck, J., "Improving Group Decisions by Better Pooling Information: A Comparative Advantage of Group Decision Support Systems", *Journal of Applied Psychology*, Vol. 85, Issue 4, Aug. 2000.

85. Li, L. C., "Decision-making in Chinese Local Administrative Reform: Path Dependence, Agency and Implementation", *Public Administration and Development*, Vol. 29, Issue 1, Feb. 2009.

86. Lindblom, C. E., "The Science of 'Muddling Through'", *Public Administration Review*, Vol. 19, 1959.

87. Lodge, M. & Taber, C., "The Automaticity of Affect for Political Leaders, Groups, and Issues: An Experimental Test of the Hot Cognition Hypothesis", *Political Psychology*, Vol. 26, Issue 3, Jun. 2005.

88. Marcy, R. T. & Mumford, M. D., "Leader Cognition: Improving Leader Performance Through Causal Analysis", *The Leadership Quarterly*, Vol. 21, No. 1, 2010.

89. Marewski, J. N. & Schooler, L. J., "Cognitive Niches: An Ecological Model of Strategy Selection", *Psychological Review*, Vol. 118, No. 3, Jul. 2011.

90. McNamara, J. M., Trimmer, P. C. & Houston, A. I., "The Ecological Rationality of State-dependent Valuation", *Psychological Review*,

Vol. 119, No. 1, Jan. 2012.

91. Marcus, G. E., "Emotion in Politics", *Annual Review of Political Science*, Vol. 3, 2000.

92. Madsen, R. M., Sullivan, W. M., Swidler, A. & Tipton, S. M. S., *Meaning and Modernity: Religion, Polity and Self*, Berkeley and Los Angeles: University of California Press, 2002.

93. Maurer, K. L., Park, B., Judd, C. M., "Stereotypes, Prejudice, and Judgments of Group Members: The Mediating Role of Public Policy Decisions", *Journal of Experimental Social Psychology*, Vol. 32, Issue 5, Sep. 1996.

94. Miller, B. K., Rutherford, M. A., Kolodinsky, R. W., "Perceptions of Organizational Politics: A Meta-analysis of Outcomes", *Journal of Business Psychology*, Vol. 22, Issue 3, Mar. 2008.

95. Miller, G., "Reconciling Evolutionary Psychology and Ecological Psychology: How to Perceive Fitness Affordances", *Acta Psychologica Sinica*, Vol. 39, No. 3, May 2007.

96. Miller, S., Hickson, D. & Wilson, D., "From Strategy to Action: Involvement and Influence in Top Level Decisions", *Long Range Planning*, Vol. 41, No. 6, 2008.

97. Molden, D. C. & Dweck, C. S., "Finding 'Meaning' in Psychology: A Lay Theories Approach to Self-Regulation, Social Perception, and Social Development", *American Psychologist*, Vol. 61, Apr. 2006.

98. Morris, M. W., Leung, K., Ames, D. & Lickel, B., "Views from Inside and Outside: Integrating Emic and Etic Insights about Culture and Justice Judgment", *The Academy of Management Review*, Vol. 24, Issue 4, Oct. 1999.

99. Mumford, M. D., Antes, A. A., Caughron, J. J. & Friedrich, T. L., "Charismatic, Ideological and Pragmatic Leadership: Multi-level Influences on Emergence and Performance", *The Leadership Quarterly*, Vol. 19, No. 2, 2008.

100. Osborn, R. N., Hunt, J. G. & Jauch, L. R., "Toward a Contextual

Theory of Leadership", *The Leadership Quarterly*, Vol. 13, No. 6, 2002.

101. Ostrom, E., "Coping with Tragedies of the Commons", *Annual Review of Political Sciences*, Vol. 2, Issue 1, 1999.

102. Paarlberg, L. E., Perry, J. L., "Values Management: Aligning Employee Values and Organization Goals", *The American Review of Public Administration*, Vol. 37, No. 4, Dec. 2007.

103. Palanski, M. E. & Yammarino, F. J., "Integrity and Leadership: A Multi-level Conceptual Framework", *The Leadership Quarterly*, Vol. 20, No. 3, Jun. 2009.

104. Patel, V. L., Zhang, J., Yoskowitz, N. A., Green, R. & Sayan, O. R., "Translational Cognition for Decision Support in Critical Care Environments: A Review", *Journal of Biomedical Informatics*, Vol. 41, No. 3, Jun., 2008.

105. Peters, E., McCaul, K. D., Stefanek, M., Nelson, W., "A Heuristics Approach to Understanding Cancer Risk Perception: Contributions from Judgment and Decision-making Research", *Annals of Behavioral Medicine*, Vol. 31, Issue 1, 2006.

106. Pittinsky, T. L. & Zhu, C., "Contemporary Public Leadership in China: A Research Review and Consideration", *The Leadership Quarterly*, Vol. 16, No. 6, 2005.

107. Puvathingal, B. J. & Hantula, D. A., "Revisiting the Psychology of Intelligence Analysis: From Rational Actors to Adaptive Thinkers", *American Psychologist*, Vol. 67, No. 3, Apr. 2012.

108. Pye, A. & Pettigrew, A., "Strategizing and Organizing: Change as a Political Learning Process Enabled by Leadership", *Long Range Planning*, Vol. 39, No. 6, 2006.

109. Reyna, V. F., Nelson, W. L., Han, P. K. & Dieckmann, N. F., "How Numeracy Influences Risk Comprehension and Medical Decision Making", *Psychological Bulletin*, Vol. 135, 2009.

110. Rijnbout, J. S. & McKimmie, B. M., "Deviance in Organizational Group Decision-making: The Role of Information Processing, Confidence,

and Elaboration", *Group Processes and Intergroup Relations*, Vol. 15, No. 6, Nov. 2012.

111. Robbins, M. D., Simonsen, B. & Feldman, B., "Citizens and Resource Allocation: Improving Decision Making with Interactive Web-based Citizen Participation", *Public Administration Review*, Vol. 68, Issue 3, May 2008.

112. Roy, S., "What Grounded Theory is Not", *Academy of Management Journal*, Vol. 49, 2006.

113. Ryan, C. S., Judd, C. M. & Park, B., "The Effect of Stereotypes on Judgments of Individuals: The Moderating Role of Perceived Group Variability", *Journal of Experimental Social Psychology*, Vol. 32, Issue 1, Jan. 1996.

114. Sagar, H. A. & Schofield, S. W., "Racial and Behavioral Cues in Black and White Children's Perceptions of Ambiguously Aggressive Acts", *Journal of Personality and Social Psychology*, Vol. 39, 1980.

115. Schliemann, A. C., "Logic of Meaning and Situated Cognition", *Learning and Instruction.*, Vol. 8, 1998.

116. Secchi, D., *Extendable Rationality Understanding Decision Making: In Organizations*, NY: Springer Science Business Media, 2011.

117. Simon, H. A. & Newell, A., "Human Problem Solving: The State of the Theory in 1970", *American Psychologist*, Vol. 26, 1971.

118. Simon, H. A., "Information Processing Models of Cognition", *Annual Review of Psychology*, Vol. 30, 1979.

119. Simon, H. A., "Invariants of Human Behavior", *Annual Review of Psychology*, Vol. 41, Issue 1, 1990.

120. Simon, H. A., "Public Administration in Today's World of Organizations and Markets", *Political Science & Politics*, Vol. 33, Issue 4, Dec. 2000.

121. Simon, A. F., Xenos, M., "Dimensional Reduction of Word-frequency Data as a Substitute for Intersubjective Content Analysis", *Political Analysis*, Vol. 12, Issue 1, Jan. 2004.

122. Sims Jr. H. P., Faraj, S., Yun, S., "When Should a Leader Be

Directive or Empowering? How to Develop Your Own Situational Theory of Leadership", *Business Horizons*, Vol. 52, No. 2, 2009.

123. Shah, D. V., Watts, M. D., Domke, D., Fan, D. P., "News Framing and Cueing of Issue Regimes: Explaining Clinton's Public Approval in Spite of Scandal", *Public Opinion Quarterly*, Vol. 66, 2002.

124. Snyder, M. & Haugen, J. A., "Why Does Behavioral Confirmation Occur? A Functional Perspective on the Role of the Perceiver", *Journal of Experimental Social Psychology*, Vol. 30, Issue 3, May 1994.

125. Steger, M. F. & Frazier, P., "Meaning in Life: One Link in the Chain From Religiousness to Well-Being", *Journal of Counseling Psychology*, Vol. 52, No. 4, Oct. 2005.

126. Stokols, D., Misra, S., Moser, R. P., Hall, K. L. & Taylor, B. K., "The Ecology of Team Science: Understanding Contextual Influences on Transdisciplinary Collaboration", *American Journal of Preventive Medicine*, Vol. 35, No. 2, Aug. 2008.

127. Straus, S., Parker, A. & Bruce, J., "The Group Matters: A Review of Processes and Outcomes in Intelligence Analysis", *Group Dynamics: Theory, Research, and Practice*, Vol. 15, No. 2, Jun. 2011.

128. Trafimow, D. & Sheeran, P., "Some Tests of the Distinction between Cognitive and Affective Beliefs", *Journal of Experimental Psychology*, Vol. 34, Issue 4, Jul. 1998.

129. Triandis, H. C. & Gelfand, M., "Converging Measurement of Horizontal and Vertical Individualism and Collectivism", *Journal of Personality and Social Psychology*, Vol. 74, Issue 1, Jan. 1998.

130. Turnbull, N., "How Should We Theorise Public Policy? Problem Solving and Problematicity", *Policy & Society*, Vol. 25, No. 2, 2006.

131. Tversky, A. & Kahneman, D., "The Framing of Decisions and the Psychology of Choice", *Science*, Vol. 211, 1981.

132. van Ginkel, W. P. & van Knippenberg, D., "Group Leadership and Shared Task Representations in Decision Making Groups", *The Leadership Quarterly*, Vol. 23, No. 1, 2012.

133. Vigoda-Gadot, E., "Leadership Style, Organizational Politics, and Employees' Performance", *Personnel Review*, Vol. 36, 2007.

134. Weber, E. U. & Johnson, E. J., "Mindful Judgment and Decision Making", *Annual Review of Psychology*, Vol. 60, Jan. 2009.

135. Wilcox, C., Kenneth, D., Jelen, T. G., "Religious Preferences and Social Science: A Second Look", *The Journal of Politics*, Vol. 70, Issue 3, Jul. 2008.

136. Wink, P. & Dillon, M., "Spiritual Development Across the Adult Life Course: Findings from a Longitudinal Study", *Journal of Adult Development*, Vol. 9, Issue 1, Jan. 2002.